Schmidt

Grundzüge der Investitions- und Finanzierungstheorie

Grundzüge der Investitions- und Finanzierungstheorie

Von
Dr. Reinhard H. Schmidt

Professor für Betriebswirtschaftslehre
an der Universität Trier

2., durchgesehene Auflage

GABLER

Herr Prof. Dr. Reinhard H. Schmidt lehrt Betriebliche Finanzwirtschaft an der Universität Trier.

CIP-Titelaufnahme der Deutschen Bibliothek

Schmidt, Reinhard H.:
Grundzüge der Investitions- und Finanzierungs-
theorie / von Reinhard H. Schmidt. – 2., durchges.
Aufl., Nachdr. – Wiesbaden: Gabler, 1990
   (Gabler-Lehrbuch)
   ISBN 3-409-23700-3

1. Auflage 1983
2. Auflage 1986
Nachdruck 1987
Nachdruck 1988
Nachdruck 1989
Nachdruck 1990

Der Gabler Verlag ist ein Unternehmen der Verlagsgruppe Bertelsmann International.

© Betriebswirtschaftlicher Verlag Dr. Th. Gabler GmbH, Wiesbaden 1990

Satz: Satzpunkt Ewert, Braunschweig
Druck: Wilhelm & Adam, Heusenstamm

Printed in Germany

ISBN 3-409-23700-3

Vorwort

Dieses Lehrbuch soll eine Einführung in das Fachgebiet „Investition und Finanzierung" sein. Es richtet sich in erster Linie an Studenten am Ende des Grundstudiums. Entsprechend wird nicht mehr vorausgesetzt als die Kenntnis elementarer Grundbegriffe der Allgemeinen Betriebswirtschaftslehre.

Aufbau und Inhalt des Buches spiegeln meine Einschätzung wieder, daß es möglich und sinnvoll ist, Studenten in das umfassende Gebiet „Investition und Finanzierung" einzuführen, indem man sie zuerst mit den Grundzügen der Theorie und nicht mit der Institutionenlehre vertraut macht.

Der Titel dieses Buches drückt seinen Anspruch aus: Der Ausdruck „Theorie" soll betonen, daß ich vor allem grundlegende Probleme und Denkfiguren behandeln will, die im Fach immer wieder auftauchen und die man kennen sollte, um die Vielfalt der Modelle, Methoden und Theoreme einordnen und einschätzen zu können. Eine profunde Lehre von der unternehmerischen Finanzpolitik und eine ausführliche und solide Institutionenlehre muß sich der Leser an anderer Stelle suchen. Diese Teilgebiete mögen konkreter und praktischer sein, aber sie sind m.E. zum Einstieg weniger geeignet, weil sie es nicht so sehr wie die Theorie erlauben, von Einzelheiten zu abstrahieren und dadurch Grundprobleme und Zusammenhänge zu erkennen.

Auch das Wort „Grundzüge" im Titel enthält eine Absichtserklärung: In diesem Buch sollen nicht nur die wichtigsten einfachen Modelle der Investitions- und Finanzierungstheorie vorgestellt werden, sondern ich versuche immer wieder deutlich zu machen, wie die verschiedenen Problemstellungen und Lösungsansätze aufeinander aufbauen, wie sie zusammengehören und wie sie sich mitunter auch widersprechen. Erfahrungsgemäß ist es für Studenten schwierig und zugleich wichtig, einen solchen Überblick zu gewinnen. Ich hoffe, daß ich die einzelnen Bäume nicht zu sehr zurechtgestutzt habe, um den sprichwörtlichen ganzen Wald erkennen zu lassen.

Inhalt und Aufbau dieses Buches habe ich im Verlauf von sechs Jahren in vielen Lehrveranstaltungen ausprobiert. Dabei bin ich in meinen methodischen Einschätzungen bestärkt worden.

In der zweiten Auflage wurden zahlreiche Textstellen verbessert; das Literaturverzeichnis wurde aktualisiert.

Für all das, was zur Entstehung dieses Buches geführt hat, bin ich einer Reihe von Personen sehr dankbar. Wieviel ich meinen Frankfurter Lehrern und Kollegen verdanke, wird beim Lesen des Buches erkennbar. Die vielen Studenten, die die Vorfassungen zu dem nun vorliegenden Text mit differenzierter Geduld ertragen haben, haben mir dadurch deutlich gezeigt, was unbedingt verbessert werden mußte. Meine Göttinger „Hilfskräfte" Ulrich Auspurg, Christiane Prigge und Hans Weiß waren unermüdlich darin, meine verschiedenen Manuskriptfassungen zu lesen, zu kritisieren und zu diskutieren. Eva Terberger hat viele inhaltliche Unstimmigkeiten gefunden und wertvolle Verbesserungsvorschläge gemacht. Mein Bruder hat mir beim Korrekturlesen sehr geholfen.

Bei der technischen Herstellung dieses Buches war ich auf praktisches Mäzenatentum angewiesen. Die IPC-GmbH in Frankfurt hat mir die Schreibarbeit abgenommen. Frau Hanna Stauff hat die erste Fassung und zahllose Revisionen so schnell, fehlerlos und geduldig eingetippt, daß ich es immer noch nicht glauben kann.

Allen Genannten danke ich ganz herzlich.

REINHARD H. SCHMIDT

Inhaltsübersicht

IV. Teil
Finanzierungstheorie

V. Teil
Schluß

Inhaltsverzeichnis

II. Teil
Investitionstheorie bei sicheren Erwartungen

3. Kapitel
Methoden zur Berechnung der Vorteilhaftigkeit einzelner Investitionen

5. Kapitel
Der Kalkulationszinsfuß und die Grundidee der Simultanplanung

III. Teil
Entscheidungen bei Unsicherheit

6. Kapitel
Die Darstellung und Lösung von Entscheidungsproblemen bei Unsicherheit

7. Kapitel
Entscheidungen von Kapitalanlegern: Portfolio Selection

IV. Teil
Finanzierungstheorie

8. Kapitel
Finanzierungsformen

XIV

**V. Teil
Schluß**

12. Kapitel
Rückblick und Ausblick

I. Teil

Grundlagen

1. Teil

Grundlagen

1. Kapitel

Gegenstand, Betrachtungsweisen und Grundbegriffe

1.1. Lernziele

Das erste Kapitel soll in die Thematik dieses Buches einführen. Zu diesem Zweck soll der Gegenstandsbereich gekennzeichnet werden, den die Investitions- und Finanzierungstheorie behandelt. Wie zu zeigen ist, kann man dabei aber nicht, ehe man „zur Sache kommt", vorweg festlegen, was zur Sache gehört, wo die Grenzen des zu behandelnden Themas liegen und was sich innerhalb der Grenzen befindet.

(1) Das oberste Lernziel dieses Kapitels ist, daß die Leser genau dies erkennen: Die Abgrenzung und die inhaltliche Bestimmung des *Gegenstandes* einer Theorie gehen der Theoriebildung nicht voraus, sondern sie sind ein wichtiger Teil von ihr.

(2) Die Leser sollen lernen, daß es im Bereich „Finanzen" zwei *Betrachtungsweisen* gibt. Sie sollen sie kennen und unterscheiden lernen und ihre Bedeutung verstehen. Sie sollen auch sehen, daß jede der beiden Betrachtungsweisen die Fachgrenzen anders zieht und das, was sich innerhalb der Grenzen befindet, in anderer Weise behandelt.

(3) Das Kapitel soll *Grundbegriffe* des Faches vorstellen. Die Leser sollen lernen, was man mit den Begriffen Vermögen, Kapital, Investition und Finanzierung meint. Sie sollen aber zugleich erkennen, daß es nicht möglich ist, bestimmte Definitionen als die einzig richtigen auszugeben.

(4) Die Leser sollen lernen, daß die Kennzeichnung des Gegenstandes, die Auswahl einer Betrachtungsweise und die Definitionen der Grundbegriffe eng zusammenhängen: Die Betrachtungsweisen kennzeichnen nicht nur den Gegenstand des Faches, sondern sie bestimmen auch die Bedeutung der Grundbegriffe. Dieser Zusammenhang gilt auch umgekehrt: Anhand spezieller Definitionen der Grundbegriffe des Faches läßt sich die Betrachtungsweise kennzeichnen, zu der die Definitionen gehören.

Eine terminologische Vorbemerkung ist geboten: Für das gesamte Gebiet, das in diesem Buch behandelt werden soll und über das gerade das erste Kapitel einen Überblick geben soll, gibt es in der deutschen Sprache keinen Namen. Die Ausdrücke Investitions- und Finanzierungstheorie, Finanzierungslehre und Lehre von der betrieblichen Finanzwirtschaft bezeichnen jeweils nur einen Ausschnitt. Ein Oberbegriff fehlt jedoch. In der angelsächsischen Literatur gibt es diese Schwierigkeit nicht. Dort gebraucht man den Oberbegriff „finance". Daran angelehnt spreche ich hier, auch wenn es sprachlich nicht schön ist, von „den Finanzen" bzw. von „der Lehre von den Finanzen".

1.2. Die Bedeutung von Betrachtungsweisen in der Lehre von den Finanzen

Eine erste Vorstellung von dem Gegenstandbereich der Lehre von den Finanzen und von den Grundbegriffen „Investition" und „Finanzierung" bekommt man, wenn man sich ganz einfache Vorgänge des Wirtschaftslebens vor Augen führt: Eine Unternehmung erwirbt eine Spezialmaschine, auf der in den nächsten fünf Jahren bestimmte Produkte gefertigt werden sollen. Um die Maschine bezahlen zu können, nimmt die Unternehmung einen Kredit auf. Der Kauf der Maschine ist eine Investition, die Kreditaufnahme ist eine Finanzierung.

Die Investition schafft Nutzungs- und insbesondere Verdienstmöglichkeiten während zukünftiger Jahre, und die Finanzierung führt zu der Verpflichtung, später Zins- und Tilgungszahlungen zu leisten. Darüberhinaus haben beide Vorgänge, die Investition und die Finanzierung, zwei wichtige Gemeinsamkeiten:

(1) Sie sind mit Zahlungen verbunden, und

(2) sie haben eine zeitliche Erstreckung.

Die mit den elementaren Beispielen hervorgerufene Vorstellung vom Gegenstandsbereich und von den Grundbegriffen des Faches ist der Ausgangspunkt für die weiteren Überlegungen in diesem Kapitel.

Man könnte nun den Versuch machen, möglichst umfassend zu beschreiben, welche Fragen in der Lehre von den Finanzen behandelt werden und behandelt werden sollten. Ein solcher Versuch würde voraussetzen, daß man die Grenzen des Faches kennt. Weil diese Grenzen aber gerade nicht vorgegeben sind, wird auf den Versuch hier verzichtet. Die Leser sollen sich getrost auf ihr Vorwissen und ihre Intuition stützen. Ist es ein Mangel, daß die Grenzen des Faches nicht vorgegeben und klar erkennbar sind? Die Antwort auf diese Frage hängt davon ab, wozu man Fachgrenzen überhaupt braucht. M.E. sollten Fachgrenzen und die Kennzeichnung des Gegenstandsbereiches nicht die Funktion haben, als Grenzpfähle fachfremde Autoren und unkonventionelle Ideen abzuwehren. Vielmehr sollten sie das, was sich *innerhalb* der Grenzen befindet, genauer kenntlich machen. Die Suche nach Fachgrenzen wirkt also weniger nach außen als nach innen. Sie ist ein Mittel, mit dem sich zwischen den sonst eher zusammenhanglosen Aussagen zu Investitions- und Finanzierungsfragen ein innerer Zusammenhang herstellen läßt.

Es geht also letztlich in diesem Kapitel nicht um Fachgrenzen, sondern um innere Zusammenhänge. Statt von Zusammenhängen kann man auch von theoretischen Ansätzen oder konzeptionellen Vorstellungen sprechen, die ein Fachgebiet kennzeichnen. Hier soll der Ausdruck „Betrachtungsweisen" verwendet werden, denn konzeptionelle Vorstellungen bilden eine Art und Weise, den Gegenstandsbereich einschließlich seiner Grenzen zu sehen[1], und nur innerhalb der Betrachtungsweisen sind die Grundbegriffe eines Faches voll verständlich.

Daß Betrachtungsweisen sich unterscheiden können und daß sie nicht vorgegeben, sondern geschaffen sind, ist gerade für die Lehre von den Finanzen wichtig, denn innerhalb dieses Fachgebietes gibt es mehrere konkurrierende Betrachtungsweisen. In diesem Kapitel sollen zwei vorgestellt werden. Eine soll als „traditionell" bezeichnet werden und die andere als

---

1 Vgl. z.B. *Albert* [Wissenschaft], bes. S. 245.

„modern". Die Unterscheidung ist nicht wertend gemeint, wie vor allem im vierten Teil des Buches noch ausreichend deutlich werden wird. Sie zu kennen ist aber für das Verständnis des Faches unverzichtbar. Wer „Investition und Finanzierung" oder ein ähnlich bezeichnetes Teilgebiet der Betriebswirtschaftslehre studiert oder sich als Praktiker mit der Literatur und neueren Ideen beschäftigt, stößt immer wieder darauf, daß diese beiden Betrachtungsweisen gebraucht werden. Er muß nicht nur beide Betrachtungsweisen kennen, um nachvollziehen zu können, was er innerhalb einer Betrachtungsweise hört oder liest; er muß auch zuordnen können, welche Aussage in einem Buch, einem Aufsatz, einem Vortrag oder einer Vorlesung welcher Betrachtungsweise angehört. Das vermeidet Mißverständnisse und spart Zeit und Mühe. An vielen deutschen Universitäten ist es zudem üblich, Studenten im Grundstudium mit der „traditionellen" Betrachtungsweise vertraut zu machen und sie dann im Hauptstudium mit der „modernen" Betrachtungsweise zu konfrontieren. Für Studenten wird der Übergang leichter, wenn sie von vornherein wissen, daß es verschiedene Betrachtungsweisen gibt, die sich auf die Bedeutung der Grundbegriffe auswirken.

1.3. Die traditionelle Betrachtungsweise

1.3.1. Die Grundidee: Investition und Finanzierung als „Hilfsfunktionen"

Die traditionelle Betrachtungsweise innerhalb der Lehre von den Finanzen hat sich zu Beginn dieses Jahrhunderts herausgebildet. Sie ist in Deutschland — anders als in den USA[2] — als Teil der Betriebswirtschaftslehre entstanden und weist entsprechend starke Gemeinsamkeiten mit der Allgemeinen Betriebswirtschaftslehre jener Zeit auf. Die wichtigste Gemeinsamkeit ist, daß eine *im Grunde güterwirtschaftliche Sicht* vorherrscht. Für die Allgemeine Betriebswirtschaftslehre bedeutet dies, daß man die güterwirtschaftlichen Vorgänge einseitig in den Vordergrund rückt: die Leistungserstellung oder Produktion, daneben die Beschaffung, die Lagerung und den Absatz. Daß die güterwirtschaftlichen Funktionen dem Ziel der Gewinnerzielung dienen sollen, tritt nach traditioneller Sicht in den Hintergrund[3].

Was „güterwirtschaftliche Sicht" bei Problemen von Produktion und Absatz bedeutet, versteht sich in etwa von selbst. Aber was kann „güterwirtschaftliche Sicht" im Bereich der Finanzen bedeuten, in dem es anerkanntermaßen um Geld, Kapital, Zahlungen, Kredit usw. geht? Ist eine güterwirtschaftliche Sicht in der Lehre von der betrieblichen Finanzwirtschaft nicht paradox? Sie ist es nicht notwendigerweise, denn es liegt eine *im Grunde* güterwirtschaftliche Sicht dann vor, wenn güterwirtschaftliche Vorgänge auch für finanzwirtschaftliche Überlegungen den Ausgangspunkt und den Bezugspunkt darstellen und wenn Investition und Finanzierung als Voraussetzungen betrachtet werden, die erfüllt sein müssen, damit Produk-

---

2 In den USA hat das Fach „finance" seit jeher eine Zwischenstellung zwischen Betriebs- und Volkswirtschaftslehre, die u.a. an dem Inhalt der führenden Fachzeitschriften, wie dem Journal of Finance und dem Journal of Financial Economics, deutlich wird.
3 Vgl. dazu *Schneider* [Geschichte], bes. S. 129–145.

tion und Absatz stattfinden können. Als traditionell bezeichnen wir daher eine Betrachtungsweise von Investitions- und Finanzierungsproblemen, die einen solchen güterwirtschaftlichen Ausgangspunkt wählt.

Wie läßt sich der Grundzug der traditionellen Betrachtungsweise kennzeichnen? Der traditionellen Betrachtungsweise liegt eine plausible Vorstellung über das Wesen der Unternehmung oder des Betriebes[4] und über die Rolle von Geld und Kapital in der Unternehmung zugrunde: Die Unternehmung hat ein sogenanntes Sachziel, nämlich die Deckung fremden Bedarfs durch die Herstellung und den Absatz von Gütern und Dienstleistungen an Haushalte und andere Unternehmungen.

Das Sachziel ist güterwirtschaftlich beschrieben, z.B. als Herstellung und Absatz von Elektromotoren. Um ihr Sachziel zu erfüllen, beschafft die Unternehmung auf Beschaffungsmärkten die Produktionsfaktoren Rohstoffe, Werkstoffe und Maschinen und auf dem Arbeitsmarkt den „Produktionsfaktor" Arbeit. Die Produktionsfaktoren werden so kombiniert, daß Produkte — Güter und/oder Dienstleistungen — entstehen. Die Produkte werden schließlich auf den Absatzmärkten der Unternehmung angeboten und abgesetzt.

Beschaffung, Produktion und Absatz bilden den güterwirtschaftlichen Prozeß. Man kann ihn sich als einen Güterstrom vorstellen, der von den Beschaffungsmärkten durch die Unternehmung auf die Absatzmärkte fließt. Diesem Güterstrom fließt ein Geldstrom entgegen; er fließt von den Absatzmärkten in die Kasse der Unternehmung und von dort auf die Beschaffungsmärkte einschließlich des Arbeitsmarktes. Der Geldstrom ist das *Korrelat* des Güterstroms und genauso umgekehrt. Welcher der beiden Ströme der ursprüngliche ist, kann man natürlich nicht *feststellen*. Aber man kann einen als den ursprünglichen *behandeln*. Der traditionellen Betrachtungsweise entspricht es, von dem Güterstrom auszugehen: Er wird als die „Ursache" angesehen, der Geldstrom ist die „Folge".

Der Güterstrom und der Geldstrom beginnen nicht gleichzeitig zu fließen. Zwischen der Auszahlung für die Beschaffung der Produktionsfaktoren und der Einzahlung für die abgesetzten Produkte liegt typischerweise[5] eine Zeitspanne. Sie muß überbrückt werden. Dafür braucht eine Unternehmung andere Einzahlungen neben denjenigen, die sie aus dem Verkauf der Produkte erhält. Diese zusätzlichen Einzahlungen seien als *Finanzeinzahlungen* bezeichnet. Den Finanzeinzahlungen stehen spätere Auszahlungen gegenüber, die die Kapitalgeber oder Financiers fordern und/oder erwarten können. Die finanziellen Vorgänge, die sich als Zahlungen zwischen der Unternehmung und ihren Kapitalgebern abspielen, bilden, wie Gutenberg formuliert, „die Voraussetzung, gewissermaßen das Medium für den gesamtbetrieblichen Leistungsvollzug"[6].

Das Kennzeichen der traditionellen Betrachtungsweise ist also, daß finanzielle Vorgänge nicht Ausgangspunkt der Überlegungen sind, sondern als Korrelat oder Voraussetzung güterwirtschaftlicher Vorgänge behandelt werden. Die Investition und Finanzierung stellen Hilfsfunktionen dar, die erfüllt sein müssen, damit produziert und abgesetzt werden kann. Die Finanzierung erfüllt sogar eine „Hilfsfunktion zweiten Grades": Sie soll die Investitionen ermöglichen.

---

4 Hier wird nicht zwischen Unternehmung (Unternehmen) und Betrieb unterschieden, vgl. jedoch *Kolbeck* [Unternehmen], bes. S. 69.
5 Eine atypische Situation kann entstehen, wenn eine Unternehmung Kundenanzahlungen erhält oder Lieferantenkredit in Anspruch nimmt.
6 *Gutenberg* [Finanzen], S. 1.

Wie die gesamte Betriebswirtschaftslehre sind auch die Lehre von der betrieblichen Finanzwirtschaft und insbesondere die in ihr gebrauchten Begriffe stark von dem bilanzorientierten Denken beeinflußt worden. Die inhaltliche Beziehung zwischen Finanz- und Bilanzdenken läßt sich wohl vor allem aus der Einschätzung erklären, daß die Bilanz das Informationsinstrument ist, in dem sich die finanzwirtschaftlich wichtigen Sachverhalte widerspiegeln.

Bei dem Versuch, Einflüsse des bilanzorientierten Denkens auf die Finanzwirtschaftslehre und ihre Grundbegriffe zu verdeutlichen, trifft man jedoch auf eine Schwierigkeit: Es gibt nicht die eine und einzig richtige Bilanztheorie, deren Einfluß aufzudecken wäre, sondern mindestens drei Bilanzinterpretationen[7].

Ausgangspunkt der folgenden Überlegungen ist ein einfaches Bilanzschema: Auf der linken Seite, der Aktivseite, sind Grundstücke und Gebäude, Maschinen, Vorräte an Rohstoffen, Halb- und Fertigfabrikate, Forderungen und der Kassenbestand aufgeführt. Rechts, auf der Passivseite, stehen das Eigenkapital und die Schulden (Verbindlichkeiten, Fremdkapital).

Die erste gedankliche Verbindung zwischen Finanz- und Bilanzdenken ergibt sich, wenn man den Inhalt der rechten Bilanzseite als *Mittelherkunft* und die linke Bilanzseite als *Mittelverwendung* deutet. Mittelbeschaffung und Mittelverwendung sind nur die beiden Seiten eines einheitlichen Vorganges. In dieser elementaren Interpretation ist die Bilanz eine Methode zur Aufzeichnung vergangener Zahlungsvorgänge. Dies ist die *vergangenheitsorientierte* Bilanzinterpretation.

Man kann eine Bilanz auch *zukunftsgerichtet* deuten: Bilanzposten auf der linken Seite repräsentieren *zukünftige Einzahlungen*. So erinnern beispielsweise Vorräte an Zwischenprodukten daran, daß die Zwischenprodukte unter normalen Bedingungen der Unternehmensfortführung einmal in Endprodukte eingegangen sein werden und daß diese zu Einzahlungen führen oder daß die Zwischenprodukte selbst im Falle eines Konkurses verkauft werden können, um Schulden abzudecken. Entsprechend kann die Passivseite gedeutet werden: Sie enthält Posten, die wie die Verbindlichkeiten (Schulden) effektive *zukünftige Auszahlungsverpflichtungen* gegenüber Gläubigern oder wie das Eigenkapital *potentielle Auszahlungsansprüche* der Eigenkapitalgeber für Gewinnbeteiligungen und gegebenenfalls für Rückzahlungen im Falle einer Kündigung repräsentieren. Erweitert man diese Betrachtung ein wenig, findet man auf der linken Bilanzseite die Rechte und (sonstigen) Möglichkeiten, insbesondere Einzahlungserwartungen, der *Unternehmung gegenüber anderen* Wirtschaftseinheiten, und auf der rechten Bilanzseite die Rechte und Möglichkeiten, insbesondere die Auszahlungserwartungen, die *andere an die Unternehmung* richten können.

Diese zukunftsorientierte Bilanzinterpretation unterscheidet sich deutlich von der vergangenheitsorientierten. Gerade Veränderungen von Rechten der Kapitalgeber können, aber brauchen nicht mit Zahlungsvorgängen verbunden zu sein, die schon stattgefunden haben. Aus der Gegenüberstellung der vergangenheitsorientierten und der zukunftsorientierten Bilanzinterpretation sieht man, daß letztere mehr umfaßt. Die Erweiterung erscheint sinnvoll, denn auch Rechte, Möglichkeiten und Erwartungen, die sich auf zukünftige Zahlungen beziehen, sind

---

7 Bilanzinterpretationen sind von Bilanztheorien zu unterscheiden. Während letztere, gemäß der heute vorherrschenden Sicht, vor allem Aussagen darüber enthalten, welche Aufgaben Bilanzen erfüllen sollen und können und welche Posten mit welchen Wertansätzen in der Bilanz stehen sollten, sind Bilanzinterpretationen vor allem als didaktische Hilfsmittel zu verstehen, mit denen man sich den Inhalt von Bilanzen verdeutlichen kann. In einzelnen Bilanztheorien, z.B. der Schmalenbachschen „dynamischen Bilanzlehre" sind meist mehrere Bilanzinterpretationen enthalten. Vgl. dazu ausführlicher *Schneider* [Geschichte], S. 405–438, hier bes. S. 426.

für finanzwirtschaftliche Überlegungen wichtig. Weil sich aber nicht alle zukünftigen Zahlungen und nicht alle Änderungen von Rechten, Möglichkeiten und Erwartungen von Kapitalgebern in der Bilanz niederschlagen, ist die Orientierung allein an der Bilanz zu eng. Wenn eine Bank einer Unternehmung eine Kreditzusage macht oder eine Bürgschaft übernimmt, zeigt sich das nicht in der Bilanz, aber es betrifft zukünftige Handlungsmöglichkeiten und Zahlungserwartungen. Das geeignetere und umfassendere Informationsinstrument ist der Finanzplan. Er enthält alle zukünftigen Ein- und Auszahlungen.

Einen besonders starken Einfluß auf die Begriffsbildung und auf die Inhalte der Lehre von den Finanzen hat eine dritte Bilanzinterpretation, die man *gegenwartsorientiert* nennen kann. Ihr liegt die Vorstellung zugrunde, daß sich der Betriebsprozeß als Prozeß des Einsatzes, des Formwandels und der Freisetzung von „Kapital" darstellen läßt[8]. Die Bilanz ist eine Momentaufnahme, die anzeigt, in welchen Vermögensgütern das eingesetzte Kapital zum Bilanzstichtag gerade „gebunden" ist. Unter „Kapital" versteht man dabei eine abstrakte Qualität (Verfügungsmacht), die ihre Form wechselt, ihre „Substanz" dabei aber erhält. In diesem Sinne verstandenes Kapital wird der Unternehmung im Zuge der Finanzierung als „Geldkapital" zugeführt, durch Investitionen in „Realkapital" umgewandelt und schließlich durch den Verkauf von Produkten wieder „freigesetzt" und evtl. zurückgezahlt.

Die gegenwartsorientierte Bilanzinterpretation erscheint mir für finanzwirtschaftliche Fragestellungen unfruchtbar, gerade weil sie nahelegt, Kapital und Finanzierung abweichend von Zahlungsvorgängen und von Vorgängen der Gestaltung von Rechten, Ansprüchen und Erwartungen zu verstehen.

Wo die Bilanzorientierung als Einteilungskriterium dient[9], wird als Gegensatz zum bilanzorientierten Denken das *monetäre* Denken, das Denken in Zahlungsgrößen, genannt. In diesem Buch wird aber die Bilanzorientierung nicht zum Einteilungskriterium gemacht. Als traditionell wird vielmehr jede Betrachtungsweise bezeichnet, die Investition und Finanzierung als Hilfsfunktionen behandelt. Auch ein der Bilanzorientierung entgegengesetzter monetärer Denkansatz *kann* in diesem Sinne traditionell sein.

1.3.2. Inhaltliche Schwerpunkte: Deckung des „Kapital-bedarfs" und Sicherung des „finanziellen Gleich-gewichts"

Die Betrachtungsweise prägt den Inhalt der Lehre: Wenn die Investitionen eine Hilfsfunktion für die güterwirtschaftlichen Vorgänge erfüllen und wenn die Finanzierung eine Hilfsfunktion für die Investitionen hat, dann legt dies eine Vorstellung von schrittweiser Planung oder Sukzessivplanung nahe. Der Planungsprozeß beginnt bei der Bestimmung des Sachziels. Daraus ergibt sich das Absatz- und Produktionsprogramm. Dies führt dann zu Investitionsplänen. Die Investitionen müssen bezahlt werden. Daraus ergibt sich ein *Kapitalbedarf*. Diesen Kapitalbedarf zu decken ist die erste Finanzierungsfunktion. Inhalt der Finanzierungslehre ist daher in erster Linie, wie ein gegebener Kapitalbedarf gedeckt werden kann:

---

8 Vgl. z.B. *Beckmann* [Finanzierung], S. 19.
9 Vgl. z.B. *Fischer* [Finanzwirtschaft], S. 11–38.

— Welche Finanzierungsmöglichkeiten gibt es?

— Unter welchen Bedingungen kann man sich ihrer bedienen?

— Welche Eigenschaften haben die Finanzierungsmöglichkeiten, die man nutzen kann?

Den Begriff „Kapitalbedarf" kann man einfach interpretieren. Dann bezeichnet er den Bedarf an Geld oder finanziellen Mitteln — evtl. auch an zusätzlichen Haftungszusagen —, die der Unternehmung mittel- oder langfristig zur Verfügung stehen. Abgesehen von den Abgrenzungsschwierigkeiten zwischen kurz-, mittel- und langfristig ist dieser Begriff von Kapitalbedarf klar und für die Behandlung von Finanzierungsfragen ausreichend. Um Verwechslungen zu vermeiden, kann man den so erläuterten Kapitalbedarf als Finanzierungsbedarf bezeichnen. Auffallend ist, daß er sich erklären läßt, ohne daß dabei der „schillernde" Begriff des Kapitals[10] gebraucht würde.

Daneben gibt es in der Literatur zur betrieblichen Finanzwirtschaft einen zweiten Begriff von Kapitalbedarf, zu dessen Verständnis man den Begriff „Kapital" braucht. Kapital ist dabei als die im Zusammenhang mit der gegenwartsorientierten Bilanzinterpretation vorgestellte „abstrakte Qualität" zu verstehen. Dieser Begriff von Kapitalbedarf ist weiter als der des Finanzierungsbedarfs. Aber selbst für die traditionelle Betrachtungsweise ist der weitere Begriff verzichtbar: Auch ein zu deckender Finanzierungsbedarf kann aus güterwirtschaftlichen Erwägungen vorgegeben sein.

Der Aufgabenbereich und der Gegenstand der Finanzierungslehre sind mit Kapitalbeschaffung bzw. Deckung des Finanzierungsbedarfs nicht ausreichend beschrieben. Die Mittelbeschaffung löst ja auch spätere Auszahlungen wie Zins- und Tilgungszahlungen und Gewinnausschüttungen aus, und die güterwirtschaftlichen Vorgänge führen ihrerseits zu Ein- und Auszahlungen. Es gibt also ein ganzes Geflecht von Ein- und Auszahlungen. Der traditionellen Betrachtungsweise entspricht die Forderung, daß von dieser „finanziellen Sphäre" der Unternehmung keine Störungen ausgehen sollen, die den eigentlich interessierenden güterwirtschaftlichen Prozeß behindern oder sogar unterbrechen könnten. Einen Zustand, in dem von der finanziellen Seite keine Störungen des „gesamtbetrieblichen Leistungsprozesses" ausgehen, nennt man *finanzielles Gleichgewicht*[11]. Die Finanzierung hat nicht nur die Investitionen zu ermöglichen, sondern das hat so zu geschehen, daß das finanzielle Gleichgewicht gewahrt ist.

Eine Mindestvoraussetzung dafür, daß das finanzielle Gleichgewicht einer Unternehmung gewährleistet ist, ist ihre Zahlungsfähigkeit oder Liquidität. Von einer Wirtschaftseinheit, d.h. einer Unternehmung, einem Haushalt oder einer Einzelperson, sagt man, daß sie liquide sei, wenn sie jederzeit in der Lage ist, ihre fälligen Geldschulden im wesentlichen zu erfüllen[12]. Die Basis der Zahlungsfähigkeit einer Unternehmung sind ihre Ertragsaussichten. Diese bestimmen nicht nur, welche Zahlungen der Unternehmung aus ihrer güterwirtschaftlichen Tätigkeit zufließen, sondern sie bestimmen auch, ob es der Unternehmung in schwierigen Situationen möglich ist, zusätzliche Einzahlungen zu bekommen. Über die Ertragsaussichten einer Unternehmung sagt die Bilanz sehr wenig aus.

---

10 Vgl. *Engelhardt* [Finanzierung], S. 27.

11 Zum Begriff des finanziellen Gleichgewichts vgl. *Gutenberg* [Produktion], S. 458 f., und ausführlicher *Gutenberg* [Finanzen], S. 273–279.

12 Dies entspricht der juristischen Definition der Zahlungsunfähigkeit; vgl. z.B. *Uhlenbruck* [Insolvenzrecht], S. 69. In der betriebswirtschaftlichen Literatur, z.B. *Gutenberg* [Finanzen], S. 273, wird der abschwächende Zusatz „im wesentlichen" weglassen.

Die Vorstellung des finanziellen Gleichgewichts kann man eng fassen. Dann ist sie gleichbedeutend mit Zahlungsfähigkeit. Man kann sie aber auch weiter fassen: Von finanziellem Gleichgewicht kann man dann sprechen, wenn die Bedingung der Zahlungsfähigkeit erfüllt werden kann, ohne daß die güterwirtschaftlichen Prozesse durch Maßnahmen zur Erhaltung der Zahlungsfähigkeit tangiert werden. Wenn sich z.B. nur durch Notverkäufe eine Zahlungsfähigkeit vermeiden läßt, ist trotzdem das finanzielle Gleichgewicht der Unternehmung gestört.

Die traditionelle Finanzierungslehre enthält auch Ansätze zu einer Lehre von der betrieblichen *Finanzpolitik*. Sie will auch Entscheidungshilfen geben. Die Entscheidungshilfen sind jedoch nicht auf die Entscheidungsprobleme der Gesamtunternehmung oder der Unternehmensleitung ausgerichtet, sondern auf die der *Finanzabteilung*. Diese ist allein für die Sicherung des finanziellen Gleichgewichts zuständig. Und sie alleine hat dafür zu sorgen, daß die Finanzierung möglichst „günstig", d.h. „billig", erfolgt. Diese beiden Bereichsziele sind nicht gleichgewichtig, u.a. weil es im Rahmen der traditionellen Betrachtungsweise einfacher ist zu prüfen, ob finanzielles Gleichgewicht vorliegt, als die Finanzierungskosten zu bestimmen[13]. Außerdem ist die Bedeutung des finanziellen Gleichgewichts auch nach traditioneller Sicht offensichtlich groß, während es unklar bleiben muß, welche Funktion die Forderung nach „günstiger" Finanzierung im Planungs- und Entscheidungsprozeß spielen soll, wenn der Kapitalbedarf sich ohnehin vorweg aus dem Sachziel der Unternehmung ergibt.

1.3.3. Die wichtigsten Grundbegriffe gemäß der traditionellen Betrachtungsweise

Auf den bisher dargestellten Überlegungen aufbauend können wir jetzt die Begriffe Vermögen, Investition, Kapital und Finanzierung so definieren, wie sie gemäß der traditionellen Betrachtungsweise gebraucht werden.

(1) Als *Vermögen* kann man all das betrachten, worüber eine Unternehmung verfügt. Das Vermögen läßt sich nach einem Einteilungskriterium in Anlagevermögen (Grundstücke, Gebäude, Maschinen, Beteiligungen etc.) und Umlaufvermögen (Rohstoffe, Lagerbestände, Kundenforderungen etc.) und nach einem anderen Kriterium in Realvermögen und Finanzvermögen einteilen. Wie weit man sogenannte immaterielle Vermögensteile wie z.B. einen guten Ruf, Patente, eine starke Marktstellung, eine gut ausgebildete und eingearbeitete Belegschaft usw. zum Vermögen rechnen kann, ist umstritten. Dagegen spricht, daß diese „Objekte" nicht faßbar und häufig auch nicht individuell veräußerbar — und daher im Normalfall auch nicht bilanzierungsfähig — sind. Aber auch sie sind mögliche Mittelverwendungen, über die zu entscheiden ist, und sie sind zum erfolgreichen Ablauf des Betriebsprozesses ebenso wichtig wie z.B. Maschinen. Daher empfiehlt es sich auch für die traditionelle Betrachtungsweise, sie unter einem weiten Vermögensbegriff zu erfassen.

(2) Was ist *Kapital?* Nach traditioneller Betrachtungsweise kann man mit dem Ausdruck Kapital entweder

– Geld, das der Unternehmung mittel- oder langfristig zur Verfügung steht, oder

---

13 Zu den Kosten des Eigenkapitals vgl. ausführlich unten, S. 196–213.

- Passivkapital im Sinne von Ansprüchen, Rechten und Erwartungen anderer gegenüber der Unternehmung oder
- in Geld oder anderer Form gebundene Verfügungsmacht

bezeichnen[14].

Die traditionelle Lehre von der betrieblichen Finanzwirtschaft behandelt Kapital in allen drei Bedeutungen. Grundlegend ist die erste: Kapital als verwendbare Mittel, vor allem Geld. Geld fließt der Unternehmung zu, Geld muß sie haben, um nicht illiquide zu werden, Geld (in weitem Sinne, also einschließlich Buchgeld) braucht eine Unternehmung, um Maschinen etc. zu erwerben, und die Kapitalgeber fordern gegebenenfalls auch Geld als Verzinsung und Rückzahlung dessen, was sie eingesetzt haben. Ob der Begriff des Kapitals im Sinne von langfristig überlassenen Mitteln zu eng ist, hängt davon ab, ob man die mit dem Begriff von Kapital im Sinne von Passivkapital angesprochenen Rechte, Ansprüche und Erwartungen auch zum Gegenstand der Theorie machen will. Kapital in der dritten Bedeutung von Kapitalbindung ist als Begriff überflüssig und verwirrt nur.

(3) Bei der Bestimmung des Begriffs „Investition" kann man auf den Vermögensbegriff aufbauen. Allgemein versteht man unter Investition die Umwandlung von „Geldkapital" in „Realkapital" oder besser: von Geld in andere Formen von Vermögen. Im Zeitablauf ist der Investitionsbegriff kontinuierlich erweitert worden. Ursprünglich galt nur die Geldverwendung für die Beschaffung von realem Anlagevermögen als Investition. Dann wurde auch die Beschaffung von Teilen des Finanzvermögens und des Umlaufvermögens unter den Begriff „Investition" erfaßt. Und weil man erkannte, daß Ausgaben für Forschung, Werbung, Ausbildung etc. langfristig ebenso wichtig sind wie der Erwerb konkreter Vermögensteile, wurde der Investitionsbegriff auch in dieser Hinsicht kontinuierlich erweitert.

(4) Alle *Finanzierungsbegriffe* innerhalb der *traditionellen* Betrachtungsweise beziehen sich auf Kapitalbegriffe[15]. Wenn man Finanzierung auf die Beschaffung von Kapital — ursprünglich nur auf die Beschaffung von Eigenkapital, später auch auf die von langfristigem Fremdkapital und schließlich auf die gesamte Fremdkapitalbeschaffung — bezieht, liegt dieser Definition die erste Kapitaldefinition zugrunde. Die zweite Kapitaldefinition verwenden Autoren wie Schmalenbach, die als Finanzierung „alles, was die Passivseite der Bilanz verändert", ansehen[16]. Der auf Kapital*beschaffung* eingeengte Begriff schließt z.B. die Kapitalrückzahlung aus der Finanzierungslehre aus. Der auf *Passiv*kapital eingeengte Begriff schließt den Fall aus, daß z.B. der Kauf eines Lastwagens durch den Verkauf eines Grundstückes „finanziert" wird: Das ist ein „Aktivtausch", der die Passivseite der Bilanz nicht verändert, und doch wird man den Verkauf des Grundstücks als eine Alternative zu der Aufnahme eines Kredits nicht aus der finanzwirtschaftlichen Betrachtung ausschließen wollen[17].

Den bilanzorientierten Begriffen stellen Autoren wie Hax einen monetären Finanzierungsbegriff gegenüber. „Dieser Begriff ist abgestellt auf den Umsatzprozeß der Unternehmung"[18]. Als Finanzierung wird „die Beschaffung des für die Durchführung der betriebsnotwendigen Investitionen erforderlichen Kapitals"[19] bezeichnet. Kapital bedeutet in der Definition von

---

14 Zur Gegenüberstellung verschiedener Kapitalbegriffe vgl. *Deppe* [Grundlagen] S. 54–65, und *Schneider* [Investition], S. 149.

15 Vgl. die Zusammenstellung bei *Engelhardt* [Finanzierung], S. 29 f.

16 Das Zitat stammt von *K. Hax* [Investitionsentscheidungen], S. 416. Es bezieht sich aber wohl auf *Schmalenbach* [Finanzierung], S. 1. Vgl. dazu *Engelhardt* [Finanzierung], S. 33.

17 Vgl. *K. Hax* [Investitionsentscheidungen], S. 416.

18 *K. Hax* [Investitionsentscheidungen], S. 416.

19 *K. Hax* [Investitionsentscheidungen], S. 414. Vgl. dazu grundlegend *Preiser* [Kapitalbegriff].

Hax Geldkapital im Sinne von mittel- und langfristig zur Verfügung stehenden Mitteln. So modern er auch im Vergleich zu anderen Begriffen erscheint, entspricht dieser Finanzierungs-begriff doch ganz der traditionellen Betrachtungsweise: Investition und Finanzierung erfüllen Hilfsfunktionen. Die Investitionen sind „betriebsnotwendig" und die Kapitalbeschaffung ist „erforderlich".

1.4. Die moderne Betrachtungsweise

1.4.1. Die Grundidee: Investition und Finanzierung als Wahl zwischen zeitverschiedenen Vorteilen

Die moderne Betrachtungsweise herrscht in der Investitions- und Finanzierungstheorie vor. Sie sieht Investition und Finanzierung als *Entscheidungen*, bei denen es darum geht, zwischen *sicheren gegenwärtigen* und *unsicheren zukünftigen Vorteilen* auszuwählen. Die Vorteile wer-den meistens durch Einkommen gemessen, also durch Geld, das zu verschiedenen Zeitpunk-ten verbraucht werden kann. Weil die zeitverschiedenen Vorteile, zwischen denen zu wählen ist, und die Zielsetzung, an der sich die Auswahl orientiert, in der Regel durch Zahlungsgrö-ßen beschrieben werden, ist die moderne Betrachtungsweise strikt geldwirtschaftlich (mone-tär). Die güterwirtschaftlichen Vorgänge wie z.B. die durch den Kauf einer Maschine mögli-ch gemachte Produktionssteigerung bestimmen zwar die mit Kauf und Nutzung der Maschine verbundenen Zahlungen, doch sie treten in der Investitions- und Finanzierungstheorie hinter diese Zahlungen zurück.

Schon am Anfang des Kapitels ist auf die Bedeutung der Zeit für finanzwirtschaftliche Überle-gungen hingewiesen worden. Die Zeit und das mit ihr verbundene Phänomen des Zinses ver-anlaßten Irving Fisher zu der Frage, wovon es abhängt, ob jemand, der 1000 Geldeinheiten für zwei Jahre zur Verfügung hat, den ganzen Betrag im ersten Jahr verbraucht oder ob er ei-nen — und gegebenenfalls welchen — Teil für den Verbrauch im zweiten Jahr spart[20]. So wie in der statischen (zeitlosen) mikro-ökonomischen Theorie des Haushalts die Frage untersucht wird, wie ein Wirtschaftssubjekt einen gegebenen Geldbetrag auf den Kauf von zwei Gütern aufteilt, um den höchsten Nutzen zu erreichen, beschrieb und analysierte Fisher die Auftei-lung des Geldbetrages auf zwei Zeitpunkte oder allgemeiner: auf zwei Zeitperioden. Die theo-retischen Ansätze entsprechen sich in formaler Hinsicht vollkommen. Man kann, der Idee Fish-ers folgend, eine Geldeinheit, die am 1.1.1983 verbraucht wird, als ein anderes Gut ansehen als eine Geldeinheit, die am 1.1.1985 verbraucht wird. Auch abgesehen von einem möglichen Einfluß der Geldentwertung sind die zwei Güter „Konsum einer Geldeinheit früher" und „Konsum einer Geldeinheit später" für die meisten Menschen nicht gleichwertig. Viele Men-schen bevorzugen unter sonst gleichen Bedingungen den früheren Konsum. Sie sind ungedul-dig, oder wissenschaftlicher ausgedrückt, sie haben eine „positive Zeitpräferenz". Daneben gibt es einen weiteren Grund, warum „Geld heute" mehr wert ist als derselbe Geldbetrag „später": Wenn man ihn früher bekommt, kann man ihn — zinsbringende Anlagemöglich-keiten vorausgesetzt — bis zu dem späteren Zeitpunkt anlegen. Man bekommt dafür Zinsen und kann zum späteren Zeitpunkt mehr verbrauchen.

---

20 Vgl. *Fisher* [Interest]. Die Antwort wird schon mit dem Untertitel des Werkes gegeben: „As Determi-ned by Impatience To Spend Income and Opportunity To Invest It".

Wieviel sind 1000 (Geldeinheiten), die jemand am 1.1.1983, dem Zahlungszeitpunkt, erhält, am 1.1.1985, dem Bewertungs- oder Bezugszeitpunkt, wert? Das hängt vom Zinssatz ab. Wir unterstellen, der Zinssatz sei 10 % pro Jahr. Legt man den Betrag von 1000 am 1.1.1983 an, hat man den Betrag von 1100 am 1.1.1984; 1100 = 1000 · (1 + Zinssatz). Legt man den gesamten Betrag, also einschließlich der Zinsen, für ein weiteres Jahr an, hat man am 1.1.1985 den Betrag von 1210 = 1100 · (1 + Zinssatz) = 1000 · (1 + Zinssatz) · (1 + Zinssatz). Die 1210 sind der Wert der 1000 am 1.1.1985, die die betrachtete Person am 1.1.1983 erhalten hat.

Durch Ersparnis oder Geldanlage kann man *faktisch* Konsum in die Zukunft verschieben: Man verzichtet auf den früheren Konsum und schafft sich die Möglichkeit, dafür später mehr zu verbrauchen. Man kann auch sagen: Durch die Geldanlage wird das Gut „Konsum früher" in das Gut „Konsum später" eingetauscht. Der Zinssatz bestimmt das Tauschverhältnis oder die relativen Preise. Die *rechnerische* Operation, durch die die Verschiebung von Konsummöglichkeiten in die Zukunft erfaßt werden kann, heißt *Aufzinsung*.

Betrachten wir nun die umgekehrte Fragestellung: Wieviel sind 1000, die jemand am 1.1.1985 erhält, zu dem früheren Zeitpunkt, am 1.1.1983, wert? Nehmen wir an, wie es Fisher getan hat, man könne zu demselben Zinssatz von 10 % pro Jahr Kredit erhalten, zu dem man Geld anlegen kann. Der Wert des späteren Geldes zum früheren Zeitpunkt ist dann gleich dem Betrag, den man zum früheren Zeitpunkt als Kredite aufnehmen und *einschließlich* Zinsen und Zinseszinsen durch die 1000 nach zwei Jahren tilgen kann. Im Beispiel ist der Betrag 826,45. Ein am 1.1.1983 aufgenommener Kredit von 826,45 wächst wegen der Zinsen nach einem Jahr auf 909,09 und, wenn die Zinsen dann der Kreditsumme zugerechnet, aber nicht vom Kreditnehmer gesondert eingezahlt werden, nach einem weiteren Jahr auf 1000. Durch Kreditaufnahme — oder allgemeiner: durch Finanzierung — läßt sich die Konsummöglichkeit *faktisch* zeitlich *vorziehen*. Der früher konsumierbare Betrag, den man als Gegenwartswert bezeichnet, ist jedoch geringer als der Betrag, den man später erhält und, wenn man nicht den Kredit zu tilgen hätte, für Konsumzwecke ausgeben könnte. Die *Berechnung* des Gegenwartswertes einer Geldsumme ist die Umkehrung der Berechnung von Zinsen und Zinseszinsen. Man nennt die Operation Abzinsung oder *Diskontierung*.

Durch Anlage und Kreditaufnahme bzw. rechnerisch durch Aufzinsung und Diskontierung (Abzinsung) kann man Zahlungen, die zu verschiedenen Zeitpunkten anfallen, vergleichbar machen. Das ist die Grundidee der modernen Betrachtungsweise. Man kann, was ohne diesen Kunstgriff nicht möglich wäre, Geldbeträge verschiedener Zeitpunkte addieren. Damit eröffnet sich auch die Möglichkeit, nach präzise angebbaren Kriterien darüber zu entscheiden, ob eine Investition durchgeführt werden soll.

1.4.2. Inhaltliche Schwerpunkte: Finanzplanung und Unsicherheit

Ausgehend von der ursprünglich in der Investitionstheorie entstandenen Einsicht, daß es sinnvoll ist, Investitionsmöglichkeiten nur durch die Reihe der mit ihnen verbundenen Aus- und Einzahlungen zu beschreiben, erkannte man bald, daß sich Finanzierungen ebenfalls als Zahlungsreihen darstellen lassen. Durch die gleichartige Darstellung — Ein- und Auszahlungen mit Angabe der Zeitpunkte, zu denen sie erfolgen — wird es möglich, Investitionen als Mittelverwendung und Finanzierungen als Mittelbeschaffung direkt gegenüberzustellen und über beide zusammen zu entscheiden.

Investitionsentscheidungen und die mit ihnen zusammenhängenden Finanzierungsentscheidungen sollen vernünftig oder rational getroffen werden. Diese Attribute bedeuten hier: zielgerecht. Dies legt es nahe, auch die Ziele als Zahlungsreihen oder als von ihnen abgeleitete Größen zu beschreiben. Die so beschriebenen Ziele sind nicht Bereichsziele, die nur von der Finanzabteilung zu verfolgen wären, sondern sie sind Ziele für die ganze Unternehmung. Auf die investitions- und finanzierungstheoretischen Zielformulierungen wird im nächsten Kapitel ausführlich eingegangen.

Wenn man annimmt, daß man auf dem Kapitalmarkt Geld *nicht* zu demselben Zinssatz anlegen kann, den man für einen Kredit zu entrichten hat, kann man nicht über einzelne Investitionsobjekte isoliert entscheiden. Man muß dann, wie im fünften Kapitel erläutert wird, ganze Investitions- und Finanzierungsprogramme betrachten und im Hinblick auf die Unternehmensziele optimal zu gestalten versuchen. Im Zuge solcher Überlegungen erweitert man den Kreis der in die Planung einbezogenen Objekte und Tätigkeiten damit schrittweise immer mehr. Man schreitet vom einzelnen Investitionsprojekt über eng abgegrenzte Investitionsprogramme bis zur gesamten Unternehmung fort, die man dann folgerichtig als ein einziges großes Investitionsprogramm ansieht.

Eine weitere Ausweitung der Investitions- und Finanzierungstheorie zu einer Theorie der Unternehmensgesamtplanung ergibt sich aus dem Umstand, daß zukünftige Ereignisse nicht mit Sicherheit vorhersehbar sind. Das Wahlproblem zwischen zeitverschiedenen Vorteilen wird bei Berücksichtigung der Unsicherheit durch ein zweites Wahlproblem ergänzt: durch das Problem der Wahl zwischen sicheren und unsicheren Vorteilen. (Näheres dazu im Teil III dieses Buches.) Weil sich aus Gründen der Unsicherheit und der Unsicherheitsbewältigung zusätzliche Abhängigkeiten zwischen einzelnen betrieblichen Projekten, Bereichen und Aktivitäten ergeben, führt auch die Einbeziehung der Unsicherheit verstärkt dazu, daß die gesamte Unternehmenspolitik und nicht die Probleme eines Funktionsbereiches den Gegenstandsbereich des Faches „Finanzen" ausmachen.

Eine Frage drängt sich auf: Wenn die Investitions- und Finanzierungstheorie die gesamte Unternehmenspolitik zum Gegenstand hat, sind dann nicht die Fachgrenzen zu weit gezogen? Ist dann nicht alles Investition und/oder Finanzierung? Eine Abgrenzung des Gegenstandsbereiches scheint doch geboten. Sie ist in der modernen Betrachtungsweise auch enthalten. Nur erfolgt sie nicht wie bei der traditionellen Betrachtungsweise unmittelbar dadurch, daß man für bestimmte Phänomene, Probleme und Handlungen entscheidet, ob sie zum Gegenstandsbereich gehören. Man grenzt vielmehr mittelbar ab, indem man in erster Linie die *Aspekte* heraushebt, die eine investitions- und finanzierungstheoretische Betrachtung ausmachen. Das sind die Aspekte der intertemporalen Wahl und der Unsicherheit. Mittelbar ergibt sich daraus auch eine Abgrenzung von Phänomenen, Problemen und Handlungen: Diejenigen gehören nicht zum Gegenstandsbereich, die man ausreichend erklären oder behandeln kann bzw. über die man entscheiden kann, ohne auf die für die Betrachtungsweise spezifischen Aspekte des Vergleichs zeitverschiedener unsicherer Vorteile Bezug nehmen zu müssen[21].

Es gibt im Bereich der Finanzen zwei Grundprobleme: Einerseits sollen die Investitionen rentabel und die Finanzierung günstig im Sinne von billig sein, und andererseits muß die Zahlungsfähigkeit gewahrt sein. Bei der modernen Betrachtungsweise der Investitions- und Finanztheorie ist die Aufmerksamkeit gerade umgekehrt wie bei der traditionellen Betrachtungsweise auf diese beiden Grundprobleme verteilt. Die Forderung nach Rentabilität läßt

---

21 Ähnlich auch *Engels* [Rentabilität], S. 27.

sich in nahezu idealer Weise erfassen, da ja das gesamte Unternehmensgeschehen als eine umfassende Zahlungsreihe betrachtet wird, die in finanzieller Hinsicht optimal, d.h. „rentabel", gestaltet werden soll. Die Forderung nach Aufrechterhaltung der Liquidität gilt natürlich auch im Rahmen der modernen Betrachtungsweise als wichtig. Gleichwohl beschäftigt man sich mit ihr weniger. Das dürfte einen Grund darin haben, daß es die innerhalb der modernen Betrachtungsweise entwickelten Begriffe und Modelle bisher nicht erlauben, die Liquiditätssicherung wirklich als Problem zu erfassen: Wenn man einerseits, wie es in der Investitionstheorie üblich ist, mit sicheren Erwartungen über die Zukunft rechnet, kann und muß man bei Planungsmodellen zwar berücksichtigen, daß es keine negativen Kassenbestände geben kann. Aber das Problem der Liquidität hat man damit nicht ausreichend erfaßt. Es ist unweigerlich mit Überraschungen, also mit Unsicherheit, verbunden. Wenn man andererseits, wie in den grundlegenden Arbeiten zur modernen Finanzierungstheorie, davon ausgeht, daß trotz unsicherer Erwartungen der Kapitalmarkt vollkommen ist, bekommt man das Liquiditätsproblem auch nicht in den Griff: Auf einem vollkommenen Kapitalmarkt kann eine Unternehmung Liquiditätsengpässe immer durch die Beschaffung von Kredit oder von Beteiligungskapital überwinden, wenn sie nur ausreichend gute Ertragsaussichten hat.

1.4.3. Zwei Richtungen der Investitions- und Finanzierungstheorie

Innerhalb der Investitions- und Finanzierungstheorie, die der modernen Betrachtungsweise folgt, sind zwei Richtungen zu unterscheiden. Unterscheidungsmerkmal ist die Annahme darüber, ob „der Kapitalmarkt"[22] eher als vollkommen oder als unvollkommen anzusehen ist, und zugleich die Art und Weise, wie der unbestrittenen Tatsache Rechnung getragen wird, daß die Zukunft unsicher ist. Die beiden Richtungen können als zwei spezifische Vereinfachungen des vollständigen oder komplexen Problems angesehen werden, bei dem die Unsicherheit der Erwartungen *und* Unvollkommenheiten des Kapitalmarktes zu berücksichtigen wären.

Eine Richtung, die innerhalb der Investitionstheorie entstanden ist und in Deutschland verbreiteter war und ist als in den USA, baut auf der Annahme auf, Kapitalmärkte wären in ausgeprägter Form unvollkommen. Wie es scheint, wird diese Annahme für weitgehend problemlos und die entsprechende Theorie für „realistisch" gehalten. Zugleich wird jedoch weitgehend mit der Annahme sicherer Erwartungen operiert.

Wenn der Kapitalmarkt unvollkommen ist, wird die zielgerechte Planung von Investitions- und Finanzierungsprogrammen sehr schwierig. Insbesondere ist dann zu beachten, daß die Durchführung und Finanzierung eines Investitionsvorhabens die Durchführbarkeit und die Vorteilhaftigkeit anderer Investitionsvorhaben verändern kann. Dann werden, wie im fünften Kapitel ausführlich erläutert wird, komplizierte Planungsmethoden nötig, um die „Interdependenzen" zwischen den Investitions- und Finanzierungsvorhaben zu erfassen. Die Annahme eines unvollkommenen Kapitalmarktes mag plausibel erscheinen. Gleichwohl ruht sie auf

---

22 „Der Kapitalmarkt" wird hier als theoretischer Begriff gebraucht; er bezeichnet die Gesamtheit von Angebot und Nachfrage und die Art ihrer Abstimmung. Dieser theoretische Begriff ist von dem empirischen Begriff des Kapitalmarktes zu unterscheiden. Dieser bezeichnet vor allem den organisierten Kapitalmarkt, speziell für langfristige Kapitalüberlassung. Ein wichtiger Teil des organisierten Kapitalmarktes ist die Börse.

einer wenig verläßlichen Basis: Aus der Beobachtung verschiedener Zinssätze könnte man höchstens in einer Welt sicherer Erwartungen schließen, daß Kapitalmärkte unvollkommen sind. In einer Welt unsicherer Erwartungen sind unterschiedlich riskante Kredite – ähnlich wie zeitverschiedene Einkommen – als unterschiedliche Güter anzusehen. Daß für sie unterschiedlich hohe Zinsen zu zahlen sind, ist bei unsicheren Erwartungen auch dann zu erwarten, wenn auf vollkommenen Kapitalmärkten Gleichgewicht herrscht. Solange man an der Annahme sicherer Erwartungen festhält, kann man Unvollkommenheiten des Kapitalmarktes nicht durch Beobachtung feststellen. Will man daran aber festhalten, ist die Annahme der Marktunvollkommenheit zudem unplausibel, denn wenn diese Annahme zutreffen würde, gäbe es vermutlich keine gewichtigen Unvollkommenheiten des Kapitalmarktes. Da es sehr schwer ist, Finanzierungsprobleme mit der Annahme sicherer Erwartungen überhaupt zu behandeln, liegt der Schwerpunkt der Arbeiten, die man der ersten Richtung zurechnen kann, weniger bei Finanzierungs- als bei Investitionsfragen.

Die andere Richtung innerhalb der modernen Betrachtungsweise baut auf der entgegengesetzten Annahmenkonstellation auf: Sie berücksichtigt die Unsicherheit der Erwartungen stärker und geht weitgehend davon aus, daß Kapitalmärkte *trotz Unsicherheit vollkommen* sind. Diese Richtung ist innerhalb der Finanzierungstheorie entstanden und prägt die Fachdiskussion in den USA mehr als in Deutschland. Wir werden darauf vor allem im zehnten und elften Kapitel eingehen. Vorweg sei gesagt, daß diese Annahmenkombination dazu führt, daß Investitions- und Finanzierungsprobleme nicht etwa kompliziert, sondern im Gegenteil sehr einfach, zum Teil sogar gegenstandslos werden.

Es ist eine Grundfrage der modernen Investitions- und Finanzierungstheorie, ob man — trotz unsicherer Erwartungen — reale Kapitalmärkte eher als vollkommen oder eher als unvollkommen ansehen soll. In einigen Zusammenhängen, zumal in solchen, die die organisierten Kapitalmärkte wie die Wertpapierbörsen betreffen, ist die Annahme weitgehend vollkommener Kapitalmärkte als realistisch einzustufen[23]. In den meisten anderen Zusammenhängen wird man sie hingegen nur als Vereinfachung akzeptieren können: als eine Vereinfachung, die mitunter sehr hilfreich ist, praktische Probleme lösbar zu machen und grundlegende Einsichten zu gewinnen, die aber manchmal solche Einsichten gerade verhindert. Eine generelle Entscheidung für oder gegen die Annahme vollkommener Kapitalmärkte wird in diesem Buch nicht getroffen. Die Annahmen der Vollkommenheit bzw. Unvollkommenheit der Kapitalmärkte ist deswegen auch nicht das Kriterium, nach dem in diesem Kapitel die traditionelle und die moderne Betrachtungsweise unterschieden werden. Welcher der beiden Richtungen innerhalb der modernen Betrachtungsweise man folgt, hat nicht nur gravierende Auswirkungen auf die inhaltlichen Aussagen der Investitions- und Finanzierungstheorie, sondern auch auf ihre Grundbegriffe. Weil die erste der genannten Richtungen, die sichere Erwartungen unterstellt, die ältere ist, werden im folgenden die Grundbegriffe zuerst unter der Annahme sicherer Erwartungen erläutert.

---

23 Dies gilt jedenfalls für die amerikanische Börse; vgl. dazu den Überblick bei *Schmidt* [Aktienkursprognose], bes. S. 375–398, und *Mühlbradt/Reiss* [Verhalten] zu entsprechenden deutschen Untersuchungen.

1.4.4. Die wichtigsten Grundbegriffe gemäß der modernen Betrachtungsweise

1.4.4.1. Die Grundbegriffe bei sicheren Erwartungen

Die Begriffe „*Vermögen*" und „*Kapital*" werden gemäß der modernen Betrachtungsweise nahezu synonym gebraucht. Beide bezeichnen den — mit einem sachgerecht gewählten Zinssatz berechneten — Gegenwartswert einer Reihe oder eines Stroms zukünftiger Vorteile. Welche Vorteile dabei zu erfassen sind, hängt von dem speziellen Problem ab. Das Vermögen (oder Kapital) einer Unternehmung ist der Gegenwartswert der zukünftigen im allgemeinen unsicheren Einnahmenüberschüsse, die die Unternehmung erwirtschaften wird.

Die Begriffe „Vermögen" und „Kapital" werden aber nicht nur in Verbindung mit Unternehmungen verwendet. So bezeichnet man zum Beispiel die Summen der auf den Bezugszeitpunkt diskontierten Einkommen, die eine Person im Laufe ihres Lebens zu beziehen erwartet, als ihr Humankapital (oder Humanvermögen)[24].

Die zukünftigen Vorteile, die Zahlungen, sind die ursprünglichen Größen; sie sind zeitraumbezogene Größen oder *Stromgrößen*. Vermögen und Kapital sind von ihnen abgeleitete Größen; sie sind zeitpunktbezogene Größen oder *Bestandsgrößen*. Als solche sind sie in jedem Fall errechnete Größen. Ihnen können wirkliche Zeitpunktgrößen wie Preise oder eingesetzte Güter- oder Geldbeträge entsprechen; doch dies ist nicht begriffsnotwendig. Eher trifft die Umkehrung zu: Charakteristisch für den modernen Gebrauch der Begriffe „Vermögen" und „Kapital" ist, daß es keine korrespondierenden wirklichen Bestandsgrößen zu geben braucht. Das Beispiel des Humanvermögens (oder Humankapitals) stellt insofern gleichsam den Musterfall für die moderne Fassung der Begriffe dar, denn seit die Sklaverei abgeschafft ist, kann man Humanvermögen nicht verkaufen (von Profifußballspielern u. dgl. abgesehen). Dem Vermögen (oder Kapital) entspricht in diesem Fall kein Preis. An demselben Beispiel erkennt man auch, daß man von einem Vermögen (oder Kapital) sprechen kann, ohne daß zu dessen Schaffung Geld eingesetzt worden sein muß und ohne daß dem Vermögen ein konkreter Gegenstand oder ein bestimmtes Recht entsprechen müßte. Grundlegend für die Begriffe Vermögen und Kapital ist also, daß es sich um Gegenwartswerte, um Summen diskontierter zukünftiger Vorteile handelt. Damit spiegeln diese Begriffe die zentrale Idee der Diskontierung wider. Die Kennzeichnung von Vermögen und Kapital als aus Zahlungsreihen abgeleiteten Größen legt aber nahe zu vermuten, daß diese Begriffe nicht — oder höchstens zur vereinfachten Beschreibung von Zahlungsreihen — gebraucht werden.

Die Begriffe „*Investition*" und „*Finanzierung*" werden im Rahmen der modernen Betrachtungsweise zahlungsstromorientiert verwendet. Schon 1936 definierte Boulding eine Investition als „die vollständige Geschichte der Zahlungen auf und von einem Konto. Sie besteht algebraisch aus einer Reihe von Zahlungen, von denen einige positiv und einige negativ sind; jede ist mit einem bestimmten Datum verbunden"[25]. Ebenso wie eine Investition ist eine Finanzierung eine Zahlungsreihe. Von einer Investition sprechen wir, wenn zuerst eine oder mehrere Auszahlungen aus der Unternehmenskasse und später eine oder mehrere Einzahlungen in die Unternehmenskasse erfolgen. Eine Finanzierung liegt vor, wenn die erste Einzahlung vor der

---

24 Vgl. zum Begriff des Humankapitals bzw. Humanvermögens *Engels u.a.* [Volksvermögen], bes. S. 29.
25 *Boulding* [Time], S. 196; eigene Übersetzung.

oder den Auszahlungen liegt[26]. Diese Begriffe von Investition und Finanzierung lassen sich, wie man sieht, ohne Bezug auf die Bestandsgrößen Vermögen und Kapital definieren.

Wie im nächsten Kapital gezeigt wird, lassen sich auch finanzielle Ziele als Zahlungsreihen abbilden. Daran wird deutlich, wie sehr die Definition der Grundbegriffe einer bestimmten Vorstellung vom Gegenstandsbereich des Faches entspricht: Gegenstand der Investitions- und Finanzierungstheorie ist, wie man die möglichen Investitions- und Finanzierungszahlungsreihen so auswählt und kombiniert, daß die gewünschte „Zielzahlungsreihe" erreicht wird. Und bei dieser Kennzeichnung des Gegenstandes des Faches sind die Bestandsgrößen Vermögen bzw. Kapital ebenfalls verzichtbar.

1.4.4.2. Die Grundbegriffe bei unsicheren Erwartungen

Die vorgestellte Begriffsbildung und Kennzeichnung des Gegenstandes des Faches ist konsequent. In ihrem Rahmen sind die aus Zahlungen abgeleiteten Begriffe „Vermögen" und „Kapital" überflüssig, da es keine Aussagen innerhalb der mit den zahlungsstromorientierten Begriffen für Investition und Finanzierung operierenden Theorie gibt, bei denen sich die Bestandsgrößen nicht durch die ihnen entsprechenden Zahlungs-Stromgrößen vollständig ersetzen ließen. Dies ist jedoch eine Folge der Annahme sicherer Erwartungen. Bei Unsicherheit werden „Vermögen" und „Kapital" ebenfalls als Gegenwartswerte erwarteter zukünftiger Vorteile verstanden. Dabei erweist es sich zwar als Problem, wie die Unsicherheit berücksichtigt werden kann, aber anders als bei Sicherheit sind diese Begriffe nicht überflüssig. Es ist genau der Aspekt der Unsicherheit, der dazu führen kann, daß die Bestandsgrößen Vermögen bzw. Kapital eine eigenständige Bedeutung bekommen, denn bei Unsicherheit ist die Beziehung zwischen Strom- und Bestandsgrößen viel problematischer als bei Sicherheit. Die Erwartungsbildung wird zu einer selbständigen Einflußgröße. Bei Unsicherheit und zumal bei sich ändernden Erwartungen kann sich die Bestandsgröße ändern, ohne daß sich die Zahlungsströme ändern. Hinzu kommt ein weiterer Gesichtspunkt: Unter Unsicherheit kann ein Kapitalgeber, z.B. ein Aktionär, viel mehr Anlaß sehen, seinen Anspruch auf zukünftige Zahlungen aus der Unternehmung zu verkaufen als bei Sicherheit. Im Zusammenhang mit dem Kauf und Verkauf von Anteilen sind die Bestandsgrößen wichtig, denn der Börsenkurs einer Aktie ist das Musterbeispiel für die Bestandsgrößen Vermögen oder Kapital im oben definierten Sinne: Der Börsenkurs läßt sich als Gegenwartswert der erwarteten Dividenden betrachten. Änderungen von Bestandsgrößen und damit die Bestandsgrößen selbst sind also nur bei Unsicherheit als wichtig zu erkennen. Die sichere Erwartungen unterstellenden strikt zahlungsstromorientierten Begriffe für Investition und Finanzierung erweisen sich deshalb bei Unsicherheit auch als zu eng.

Um den Aspekt der Unsicherheit einzubeziehen, empfiehlt es sich, den Begriff der *Investition* so zu fassen, wie er oben auf der Seite 13 schon gebraucht wurde: Eine Investition ist eine Reihe von Vor- und Nachteilen, die zu verschiedenen Zeitpunkten anfallen und die (unterschiedlich) unsicher sind; die Reihe beginnt mit einem Nachteil, in der Regel einer Auszahlung. Wer eine Investition vornimmt, tauscht einen gegenwärtigen und in der Regel sicheren Vorteil gegen zukünftige und in der Regel unsichere Vorteile. Die *Finanzierung* könnte man analog definieren: Wer eine Finanzierung vornimmt, schafft sich einen sicheren gegenwärti-

---

26 Vgl. bes. *Schneider* [Investition], S. 151.

gen Vorteil, die Mittelzuführung, und nimmt dafür möglicherweise unsichere zukünftige Nachteile in Kauf: Er muß Gewinnanteile abtreten oder Zinsen zahlen und Rückzahlung leisten.

Damit ist die Unsicherheit aber noch nicht ausreichend erfaßt. Letztlich hängt es von den *Investitionserträgen* ab, wieviel als Zinsen, Tilgung und Gewinnbeteiligung an alle Kapitalgeber zusammen bezahlt werden kann. Die Investitionserträge sind aber unsicher. Und es hängt von der Art der *Finanzierung* ab, wieviel ein Kapitalgeber wirklich erhält. So können Kreditgeber Zinsen und Rückzahlung fordern, ehe Eigenkapitalgeber Gewinnanteile bekommen. Wie sich eine Unternehmung finanziert, bestimmt somit nicht nur, wieviel Geld ihr zugeführt wird, sondern auch, wie die unsicheren Investitionserträge auf verschiedene Kapitalgeber *aufgeteilt* werden. In einem Teil der deutschen Literatur ist es üblich, die aufzuteilende Größe, hier den unsicheren Investitionsertrag, als die „Position" zu bezeichnen. Die Regelung, wer unter welchen Bedingungen welchen Anteil erhält, schafft die „Teile", die man als „Parten" bezeichnet. Finanzierung ist demnach „*Partenteilung*"[27]. Der andere Teil der Finanzierung, die Zuführung von Mitteln, geht durch diese Begriffsbildung nicht unter. Man kann nämlich die Mittelzuführung verstehen als den Preis, den ein Kapitalgeber dafür bezahlt, daß er eine „Parte", also ganz bestimmte Rechte auf zukünftige Zahlungen, eingeräumt bekommt.

Die Begriffsbildung der Finanzierung als Zerlegung einer „Position" in „Parten" und als Verkauf der „Parten" ist sehr hilfreich, wie im vierten Teil des Buches deutlich werden wird. Das ergibt sich nicht nur daraus, daß durch diese Begriffsbildung die Unsicherheit der Erwartungen bewußt gemacht wird, sondern auch daraus, daß zugleich die Idee, „Parten" könnten verkauft werden, angesprochen wird. Damit wird die in der modernen Finanztheorie vorherrschende Auffassung vom Inhalt und den Grenzen des Faches zum Ausdruck gebracht: Investitions- und Finanzierungstheorie erscheint in erster Linie als Theorie des Marktes, an dem „Parten" gehandelt werden, also als Kapitalmarkttheorie. Wie später zu zeigen sein wird, ist diese Auffassung sehr eng. Sie impliziert nämlich, daß die Wahrscheinlichkeitsverteilung der aufzuteilenden Investitionserträge, die „Position", und die Regelung der Aufteilung in „Parten" unveränderbar sind, sobald über die Finanzierung entschieden ist. Diese Unterstellung ist realitätsfremd. Sie übersieht, daß die „Position" und die „Parten" verändert werden können. Zum Beispiel kann ein Kreditgeber seinen Kredit kündigen. Damit würde er die vereinbarte Aufteilung der künftigen Zahlungen verändern. Ebenfalls nicht erfaßt ist, daß eine Unternehmung Maßnahmen ergreifen kann, die einzelne „Parten" wertvoller und andere wertloser machen können. Dies wäre z.B. dadurch möglich, daß sie risikoreichere oder risikoärmere Investitionen vornimmt als bisher. Schließlich ist nicht erfaßt, daß jemand, z.B. ein Aktionär, seine „Parte" aufgrund veränderter Erwartungen weiterverkaufen möchte. Wieviel er dabei erlösen kann, hängt davon ab, wie gut er und die möglichen Käufer seiner „Parte" über die Zukunftsaussichten informiert sind. Kündigungsrechte, Kontroll- und Mitwirkungsrechte und Informationen sind in der Realität für Kapitalgeber wichtig. Sie geben den Kapitalgebern Einflußmöglichkeiten auf die „Position" und auf die „Parten". Das sind wichtige Vorteile. Sie beeinflussen daher auch, wieviel ein Kapitalgeber für eine „Parte" zu bezahlen bereit sein müßte, und sie beeinflussen dadurch die Möglichkeit von Unternehmen, sich Mittel zu beschaffen. Die Ausgestaltung solcher Rechte und besonders die Information der Kapitalgeber stellen keine Zahlungsvorgänge dar, und sie gehen auch über das hinaus, was mit dem hier verwendeten Begriff der „Partenteilung" erfaßt ist. Wie im achten Kapitel ausgeführt

---

27 Vgl. dazu ausführlicher und mit Quellenangaben Abschnitt 8.2.2. unten.

wird, sollte die Finanzierungstheorie sie trotzdem behandeln. Diese Überlegung legt nahe, den Finanzierungsbegriff noch weiter zu fassen und mit Swoboda Finanzierung zu definieren als „die Gestaltung der Beziehungen (besonders der Zahlungen) zwischen der Unternehmung und ihren Kapitalgebern"[28].

Wird Finanzierung so weit definiert, sind die Bestandsgrößen Vermögen und Kapital und ihre Veränderungen wichtig. Sie sind dann nicht mehr wie bei sicheren Erwartungen im Grunde überflüssig. Auch diese Begriffsbildung bringt eine konsistente und weite Auffassung vom Gegenstand und von den Grenzen des Faches zum Ausdruck, die hinsichtlich der Weite der traditionellen Betrachtungsweise vergleichbar ist[29].

1.5. Zusammenfassung

In diesem Kapitel wurden zwei Betrachtungsweisen und damit zwei Hauptrichtungen innerhalb der Lehre von den Finanzen inhaltlich und durch die Erläuterung ihrer Grundbegriffe gekennzeichnet und gegenübergestellt. Die traditionelle Betrachtungsweise bzw. die Lehre von der betrieblichen Finanzwirtschaft und die moderne Betrachtungsweise bzw. die Investitions- und Finanzierungstheorie unterscheiden sich in sechs wesentlichen Punkten:

1. Die Finanzwirtschaftslehre beschreibt Institutionen und Instrumente der Kapitalbeschaffung. Sie ist in erster Linie *deskriptiv* ausgerichtet. Die Investitions- und Finanzierungstheorie zielt vor allem darauf ab, Regeln für rationale, zielgemäße Entscheidungen anzugeben. Sie ist in erster Linie *präskriptiv* oder normativ ausgerichtet.

2. Der traditionellen Betrachtungsweise entspricht eine betriebliche *Funktionslehre*. Es werden Aufgaben und Möglichkeiten in einem betrieblichen Teilbereich, der Finanzabteilung, behandelt, und sie werden aus der Perspektive des Teilbereichs diskutiert. Die Investitions- und Finanzierungstheorie stellt hingegen eine Betrachtungsweise dar, die für das *Unternehmensganze* gilt.

3. Gemäß der traditionellen Betrachtungsweise erfüllen Investition und Finanzierung *Hilfsfunktionen,* die die eigentlich wichtigen Funktionen Produktion und Absatz ermöglichen und vor Störungen schützen sollen. Gemäß der modernen Betrachtungsweise sind Investitions- und Finanzierungsentscheidungen selbst die letztlich wichtigen Entscheidungen. Investitions- und Finanzierungsmaßnahmen sind der Kern der *Unternehmenspolitik*.

4. *Die traditionelle Betrachtungsweise ist im Grunde güterwirtschaftlich* orientiert. Die Unternehmung wird als Produktionsstätte verstanden. Geld bzw. Kapital sind nur wichtig, weil und insoweit sie zur Produktion und zum Absatz von Gütern gebraucht werden. Die moderne Betrachtungsweise ist dagegen ausschließlich *geldwirtschaftlich* ausgerichtet. Die Unternehmung wird als Investitionsobjekt oder Zahlungsreihe verstanden. Produktion und Absatz sind nur als Determinanten von Zahlungsreihen wichtig.

---

28 *Swoboda* [Finanzierung], S. 15, und *Swoboda* [Investition], S. 13. Das Zitat im Text ist eine Zusammensetzung aus beiden Quellen.

29 Die Definition entspricht fast wörtlich der von *Schmalenbach* in [Finanzierung], S. 1. Die Entsprechung zur traditionellen Finanzierungslehre hinsichtlich der weiten Abgrenzung des Gegenstandsbereichs ergibt sich aus Swobodas Erläuterungen zu seiner Definition und aus seinem theoretischen Ansatz besonders in [Finanzierung].

5. In der Finanzwirtschaftslehre steht bei der Investitionsplanung die *Liquidität* im Vordergrund. Das Ziel der Rentabilität wird nur in zweiter Linie berücksichtigt. In der Investitions- und Finanzierungstheorie wird hingegen vor allem die *Rentabilität* im Sinne von finanzieller Vorteilhaftigkeit behandelt. Liquidität ist zwar eine unverzichtbare Nebenbedingung, aber sie wird selten als Problem diskutiert.

6. Die traditionelle Betrachtungsweise geht weitgehend von der Vorstellung aus, die Unternehmung sei ein Gebilde mit *eigenen Zielen* („entity concept"). Gemäß der modernen Betrachtungsweise ist die Unternehmung ausschließlich ein *Instrument,* dessen sich Personen bedienen, um ihre Ziele zu erreichen („agency concept")[30].

Beide Betrachtungsweisen oder Hauptrichtungen lassen sich noch einmal in je zwei Richtungen unterteilen. Bei der Finanzwirtschaftslehre ist die Bilanzorientierung das Einteilungsmerkmal, bei der Investitions- und Finanzierungstheorie die Annahme über die Vollkommenheit des Kapitalmarktes und über die Sicherheit der Erwartungen. Die Einteilung der vier Richtungen ist in der folgenden Abbildung zusammengefaßt.

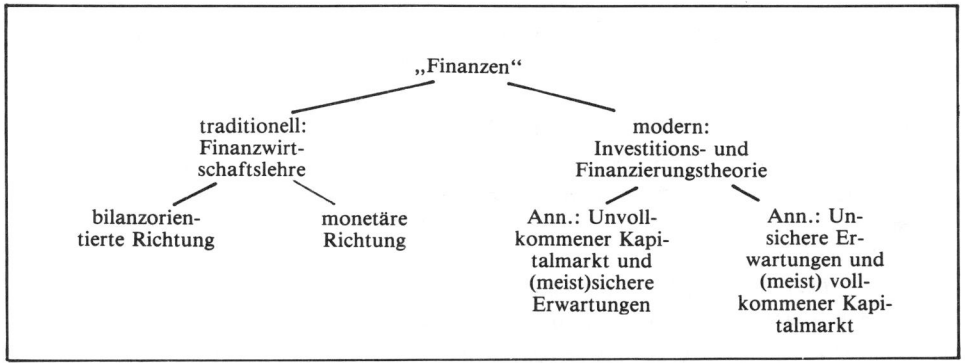

Abb. 1.1: Betrachtungsweisen und Richtungen

In den folgenden Kapiteln werden alle Richtungen außer der bilanzorientierten berücksichtigt. Das Schwergewicht liegt jedoch auf der modernen Betrachtungsweise und somit auf der Investitions- und Finanzierungstheorie. Die Bezeichnungen „traditionell" und „modern" klingen wertend. So sind sie nicht gemeint. Man kann nicht generell sagen, daß die moderne Betrachtungsweise der traditionellen überlegen ist. Auch die beiden Richtungen der Investitions- und Finanzierungstheorie haben charakteristische Mängel. Sie sollen bei der Behandlung der Investitionstheorie im Teil II dieses Buches, besonders im fünften Kapitel, sowie im Teil IV, besonders im achten Kapitel, herausgestellt werden. Verglichen mit der traditionellen Betrachtungsweise verleitet die moderne Betrachtungsweise dazu, Probleme zu sehr zu vereinfachen.

Aus der Einsicht in die Mängel der modernen Theorie ergibt sich, in welche Richtung sich die Lehre von „den Finanzen" in den nächsten Jahren entwickeln könnte. Ich vermute, daß die

---

30 Vgl. zur sog. „Instrumentalfunktion" der Unternehmung ausführlich *Schmidt* [Wirtschaftslehre], bes. S. 49–58. Die Begriffe „agency" und „entity" und ihre Gegenüberstellung stammen aus der amerikanischen Diskussion über die Verfassung der Aktiengesellschaft; vgl. *Wiethölter* [Interessen], S. 177–205.

Zukunft zeigen wird, daß die traditionelle Betrachtungsweise einige Einsichten enthält, die man auch im Rahmen theoretischer Diskussionen nicht aufgeben sollte. Der letzte Abschnitt dieses Buches wird darauf Bezug nehmen.

1.6. Literaturhinweise zum 1. Kapitel

Zu den methodologischen Grundlagen, insb. zur Problematik von Fachgrenzen und zur Begriffsbildung, ist

> *Dieter Schneider,* „Geschichte betriebswirtschaftlicher Theorie", München/Wien 1981, bes. S. 5–80,

sehr lesenswert. Schneider behandelt auf den S. 326–378 auch die Geschichte der Fächer Investition und Finanzierung.

Auch wenn eine solche Zuordnung immer nur mit Einschränkungen gilt, scheinen mir doch die folgenden vier neueren Gesamtdarstellungen des Faches mehr als andere weitgehend die in diesem Kapital unterschiedenen vier Richtungen zu repräsentieren:

(1) *Otfried Fischer,* Finanzwirtschaft der Unternehmung I, Tübingen/Düsseldorf 1977 (traditionelle Betrachtungsweise, bilanzorientierte Richtung).

(2) *Karl Hax,* Art. „Langfristige Finanz- und Investitionsentscheidungen", in: Handbuch der Wirtschaftswissenschaften, hrsg. von K. Hax und Th. Wessels, 2. Aufl., Köln/Opladen 1966, Bd. 1, Betriebswirtschaftslehre, S. 399–489 (traditionelle Betrachtungsweise, monetäre Richtung).

(3) *Dieter Schneider,* Investition und Finanzierung, 5. Aufl., Wiesbaden 1980 (moderne Betrachtungsweise, Schwerpunkt auf unvollkommenem Kapitalmarkt).

(4) *Richard Brealey/Stewart Myers,* Principles of Corporate Finance, 2nd ed., New York 1984 (moderne Betrachtungsweise, Schwerpunkt auf unsicheren Erwartungen und vollkommenem Kapitalmarkt).

2. Kapitel

Ziele für Investitions- und Finanzierungsentscheidungen

2.1. Lernziele

(1) Die Leser sollen die Bedeutung von Zielen für Entscheidungen im allgemeinen erkennen. Entscheiden heißt bewußtes Auswählen in Bezug auf gegebene Ziele. Daher ist es notwendig, Ziele so präzise zu formulieren, daß sich Entscheidungen daran messen lassen, wie sehr sie zur Zielerreichung beitragen.

(2) Die Leser sollen die spezifische Schwierigkeit kennenlernen, die bei der Formulierung von Zielen für Investitions- und Finanzierungsentscheidungen auftritt: Da die Folgen solcher Entscheidungen sich auf mehrere zukünftige Zeitpunkte erstrecken und unsicher sind, muß auch die Formulierung der Ziele die Aspekte der Mehrperiodigkeit und der Unsicherheit erfassen.

(3) Die relativ ausführliche Behandlung von nichtfinanziellen Zielen und von Zielen von Personen, die nicht Eigentümer der Unternehmung sind, soll den Lesern bewußt machen, daß es eine Vereinfachung der Theorie und eine mögliche Fehlerquelle in der Praxis ist, wenn wir uns in späteren Kapiteln darauf beschränken, Investitions- und Finanzierungsentscheidungen fast ausschließlich an den finanziellen Zielen von Eigentümern (Eigenkapitalgebern) zu messen.

(4) Die Gegenüberstellung von Individualzielen einerseits und Gruppenzielen andererseits soll erkennen lassen, daß mit dem Übergang von Individualzielen auf Gruppenziele in der Finanztheorie nicht nur eine Erweiterung vorgenommen wird, sondern vielmehr eine Änderung der theoretischen Vorstellungen erfolgt, die in der Zieldiskussion enthalten sind.

2.2. Grundlagen der Lehre von den Zielen

2.2.1. Die Bedeutung und die Problematik von Aussagen über Ziele für Investitions- und Finanzierungsentscheidungen

Es entspricht der im ersten Kapitel als modern bezeichneten Betrachtungsweise, daß Investitions- und Finanzierungsfragen als Entscheidungsprobleme angesehen werden. Wenn es in den nachfolgenden Kapiteln hauptsächlich darum gehen wird, Gesichtspunkte und Kriterien für „rationale" Investitions- und Finanzierungsentscheidungen anzugeben und zu diskutieren, dann muß vorweg geklärt werden, welche Ziele durch Investitionen und Finanzierungen erreicht werden sollen. Ziele werden gebraucht, weil man ohne die Kenntnis von Zielen nicht beurteilen kann, welche Entscheidungen zweckmäßig oder zielgerecht sind.

Aus der Bedeutung der Ziele für eine betriebswirtschaftliche Teiltheorie folgt aber noch nicht, daß die Ziele auch im Rahmen dieser Teiltheorie abgehandelt werden müßten. Man könnte ja die Formulierung der Ziele aus der Allgemeinen Betriebswirtschaftslehre übernehmen. Doch die dort häufig genannten Ziele wie Gewinnmaximierung oder Maximierung des Deckungsbeitrages erfassen die charakteristischen Merkmale der Mehrperiodigkeit und der Unsicherheit nicht. Was heißt schon Gewinnmaximierung im Zeitablauf und unter Unsicherheit? Um hier Antworten geben und geeignete Ziele formulieren zu können, braucht man die Investitions- und Finanzierungstheorie. Die Zieldiskussion ist also der Theorie nicht vorgeschaltet, sondern sie ist ein Teil der Theorie[1].

In der Diskussion über unternehmerische Ziele werden vier Fragen behandelt:

(1) Wie *gewinnt* man Aussagen über unternehmerische Ziele?

(2) Inwiefern *gelten* Aussagen über unternehmerische Ziele innerhalb der Investitions- und Finanzierungstheorie? Gibt die Theorie an, welche Ziele jemand verfolgen soll oder verfolgen muß?

(3) *Wessen* Ziele werden in der Investitions- und Finanzierungstheorie — und in diesem Buch — zugrunde gelegt?

(4) *Welche* Ziele gibt es, und welche Ziele sollen bei der Theoriebildung zugrunde gelegt werden?

Die ersten drei Fragen werden in diesem Abschnitt (2.2.) erörtert; die folgenden Abschnitte behandeln ausführlicher die spezifisch investitions- und finanzierungstheoretische vierte Frage. Alle vier Fragen werden hier unter dem Gesichtspunkt betrachtet, daß Ziele die Beurteilung von Entscheidungen zulassen sollen. Aus dieser speziellen Funktion ergeben sich drei Anforderungen an „gute" Aussagen über unternehmerische Ziele:

(1) Sie müssen *widerspruchsfrei* sein: Sonst kann man jede Entscheidung nach Belieben als gut oder schlecht einstufen.

(2) Sie müssen *akzeptabel* sein: Jemand, der sich bei seinen Entscheidungen an ihnen orientieren will, muß Gründe für die Einschätzung haben können, daß die Ziele auch wirklich seine Ziele sind.

(3) Sie müssen *operational,* d.h. anwendbar sein: Es muß möglich sein zu messen, wie sich Entscheidungen auf die Zielerreichung auswirken.

2.2.2. Die Gewinnung von Aussagen über Ziele

Welche Ziele jemand verfolgt, läßt sich auf zwei grundlegenden Wegen feststellen: Man kann die Ziele empirisch zu ermitteln versuchen, und man kann sie aus plausiblen allgemeinen Annahmen gewinnen.

Die wichtigste *empirische Methode* ist die Befragung. Unternehmensziele sind häufig auf die-

---

1 Vgl. z.B. *Moxter* [Grundsätze], S. 28 ff., *ders.* [Präferenzstruktur], *Schneider* [Investition], bes. S. 158–216, und *Bromwich* [Economics], S. 23–33.

sem Wege untersucht worden[2]. Dabei wurden u.a. die Ziele Gewinn, soziale Verantwortung gegenüber der Belegschaft, Unabhängigkeit, Sicherheit, Umsatz, Marktanteil, Wachstum, Kapitalerhaltung sowie Traditions- und Kundenpflege genannt. Die auf dem Wege der Befragung erreichbaren Ergebnisse können — für die hier betrachtete Fragestellung — aus zwei Gründen nicht befriedigen:

(1) Es ist kaum anzunehmen, daß Unternehmer ihre Ziele so genau kennen, daß sie auf die Befragung hin ein widerspruchsfreies und operationales Zielsystem angeben könnten; darauf weist die mangelnde Systematik der Antworten hin.

(2) Es ist noch weniger anzunehmen, daß sie ihre Ziele — soweit sie sich ihrer bewußt sind — aufzudecken bereit sind. Kein Unternehmer wird vor sich selbst, seiner Belegschaft, der Öffentlichkeit und der Konkurrenz zu radikaler Ehrlichkeit in der Lage sein.

In der Investitions- und Finanzierungstheorie ist der andere Weg zur Gewinnung von Aussagen über unternehmerische Ziele, die *theoretische Methode*[3], verbreiteter. Bei dieser Methode geht man in zwei Schritten vor. Im ersten Schritt trifft man sehr allgemeine und plausible grundlegende Annahmen über mögliche Ziele. Im zweiten Schritt werden dann die Annahmen so weit spezifiziert und konkretisiert, daß man operationale Ziele gewinnt, an denen die Vorteilhaftigkeit von Entscheidungen gemessen werden kann. Ein Beispiel für die allgemeine Annahme im ersten Schritt ist, daß ein Entscheider einen möglichst hohen Nutzen aus dem Einkommen, das durch eine Investition entsteht, erzielen möchte. Ein Beispiel für die operationale Zielsetzung, die im zweiten Schritt gewonnen wird, ist das Ziel der Maximierung des Kapitalwertes der Investitionen. (Die Beispiele werden unten aufgegriffen und erläutert.)

Der Vorteil der theoretischen Methode besteht darin, daß sie es erlaubt, frei von psychologischen Hemmnissen vorzugehen, von vornherein auf die Widerspruchsfreiheit der Aussagen zu achten, die grundlegenden Annahmen möglichst allgemein und dadurch für viele akzeptabel zu wählen und die speziellen Ziele operational zu formulieren. Diese Vorteile sind in der Tat so gewichtig, daß auch in diesem Kapitel die theoretisch–analytische Methode verwendet werden soll. Gerade deshalb ist aber ein Hinweis auf eine Schwäche dieser Methode geboten: Die grundlegenden Annahmen wie z.B. die der Nutzenmaximierung sind zwangsläufig so wenig bestimmt, daß es kaum Möglichkeiten gibt zu prüfen, ob sie zutreffen. Aus demselben Grunde eignen sie sich auch nicht dazu, Entscheidungen direkt zu beurteilen. Das scheint nichts auszumachen, denn operational sollen nicht die allgemeinen Annahmen sein, sondern die speziellen Ziele. Man könnte denken, daß die speziellen Ziele gerade deshalb akzeptabel wären, weil sie aus den allgemeinen Annahmen abgeleitet wären. Dieser Eindruck trügt jedoch. Die operationalen Ziele werden *nicht abgeleitet,* sondern sie werden mit Hilfe einer Reihe zusätzlicher Annahmen z.B. über die Beschaffenheit des Kapitalmarktes *konstruiert.* Aus den allgemeinen Annahmen folgen die speziellen und operationalen Ziele nämlich nur dann, wenn auch die zusätzlichen Annahmen gelten. Die Rechtfertigung der zusätzlichen Annahmen stellt in den meisten Fällen gerade das schwierige Problem dar, und dieses Problem kann man nicht durch den Hinweis auf die Plausibilität der allgemeinen Annahme lösen, daß alle Menschen ihren Nutzen maximieren wollen. Wir werden deshalb im folgenden auch die Annahme über den Kapitalmarkt immer wieder hervorheben und die Annahme der Nutzenmaximierung als unproblematisch behandeln.

---

2 Vgl. *Heinen* [Zielsystem], S. 34–44.
3 Heinen [Zielsystem], S. 33 unterscheidet sinngemäß ähnlich in eine „direkte" und eine „indirekte" Methode.

2.2.3. Die Geltung von Aussagen über Ziele

Aussagen über Ziele klingen oft so, als ob sie Verbindlichkeit für die Ziele in Anspruch nehmen würden. Man betrachte nur den Satz „Das Ziel einer Unternehmung ist die langfristige Gewinnmaximierung". Er scheint eine Verpflichtung zum Ausdruck zu bringen. Allein dieser Anschein zwingt dazu, genauer zu fragen: Für wen soll die Verpflichtung gelten, und in welcher Weise wird jemand verpflichtet? Kann man sagen, daß ein Unternehmer gehalten ist, zum Beispiel die Zielsetzung der Kapitalwertmaximierung zu verfolgen, wie ein Verkehrsteilnehmer die Straßenverkehrsordnung beachten soll?

Eine *Norm* kann die Betriebswirtschaftslehre nicht postulieren. Sie hat als Wissenschaft keinen Zugang zu irgendwelchen Quellen der Erkenntnis, aus denen sich Geltungsansprüche herleiten ließen. Aus dem „Wesen" der Unternehmung folgt auch nicht, welche Ziele in und mit Unternehmungen verfolgt werden sollen.

Die Rolle der in diesem Kapitel diskutierten Ziele besteht also nur darin, *Geltungsbedingung* der in den folgenden Kapiteln enthaltenen Empfehlungen zu sein: Was später empfohlen wird, gilt nur für denjenigen, der die hier unterstellten Ziele hat.

Die Forderung nach Wissenschaftlichkeit und damit die Forderung nach der Vermeidung originärer Wertungen[4] zwingt also nicht dazu, das wichtige und heikle Thema der Ziele auszusparen. Die Investitions- und Finanzierungstheorie ist insofern werturteilsfrei, als sie keine allgemeinverbindlichen Normen enthält, sondern nur bedingte Empfehlungen gibt. Aus der Funktionsbestimmung von Zielen als Geltungsbedingungen von Empfehlungen folgt aber, daß mit der Unterstellung bestimmter Ziele festgelegt wird, *für wen* die praktischen Handlungsempfehlungen der Theorie anwendbar sein sollen: Wenn in der Investitions- und Finanzierungstheorie bisher — und auch in diesem Buch — fast ausschließlich die finanziellen Ziele von Kapitalgebern berücksichtigt werden, ist mit dieser „Basisentscheidung"[5] eine Vorentscheidung dafür getroffen, daß die Theorie in erster Linie denen als Entscheidungshilfe dienen soll, die in unserer Gesellschaft Kapital mit finanziellen Zielen einsetzen können und wollen. Die Investitions- und Finanzierungstheorie ist — wie die meisten Teile der Betriebswirtschaftslehre — nicht neutral. Man sollte nicht auf die Werturteilsfreiheit hinweisen, ohne diese Einseitigkeit der Theorie zu erwähnen[6].

2.2.4. Unternehmensziele, unternehmerische Ziele und Organisation

Wenn die Unternehmenspolitik an Zielen ausgerichtet werden soll, muß festgelegt werden, *wessen Ziele* verfolgt werden sollen. In der älteren Literatur und in vielen Schriften, die sich unmittelbar an „die Praktiker" richten, ist meistens von den Zielen „der Unternehmung" die Rede. Aber eine Unternehmung hat keine Bedürfnisse, keine Motive und keine Ziele. Wir behandeln die Unternehmung hier nicht als eine künstliche Person mit eigenen Zielen („entity-Konzept"), sondern als Instrument, dessen sich natürliche Personen bedienen, um ihre eige-

---

4 Vgl. *Albert* [Werturteilsproblem].
5 Ebd., S. 426 f.
6 So auch *Kirsch* [Betriebswirtschaftslehre], bes. S. 173–183.

nen Ziele zu erreichen (,,agency–Konzept"). Dabei ist zu beachten, daß die Ziele verschiedener Personen und Personengruppen nicht übereinzustimmen brauchen. Die Rede von ,,den Unternehmenszielen" ist geeignet, reale Interessenkonflikte zu übertünchen. Man kann mit dem mißverständlichen Ausdruck jedoch auch etwas anderes bezeichnen: Man kann damit das Zielsystem bezeichnen, zu dem sich in einem Prozeß formeller und informeller Verhandlungen die ,,Ziele der Teileinheiten integrieren"[7].

In einer Großunternehmung (Aktiengesellschaft) lassen sich acht wichtige Interessengruppen unterscheiden, deren Ziele für die Investitions- und Finanzierungspolitik bestimmend sein können. Typischerweise gibt es zwischen den Gruppen Ziel- und Interessenkonflikte. Die Gruppen sind:

1. die Großaktionäre oder allgemeiner: Eigentümer mit direktem Einfluß auf die Geschäftsführung,

2. die Kleinaktionäre oder allgemeiner: Eigentümer ohne direkten Einfluß auf die Geschäftsführung,

3. die Unternehmensleitung oder die ,,Manager",

4. die Arbeitnehmer,

5. die Gläubiger, insbesondere die Banken,

6. Kunden und Lieferanten

7. der Staat als Steuereinnehmer (Fiskus) und

8. die sog. (sonstige) Öffentlichkeit.

Nicht nur zwischen den Gruppen, sondern auch innerhalb der Gruppen kommen Interessenkonflikte vor. Auf ein wichtiges Beispiel gehen wir im Abschnitt 2.5. ausführlich ein.

In den folgenden Ausführungen werden wir jedoch von den Einflüssen der Organisation absehen und nur die Ziele einer Personengruppe betrachten. Wie es in der Literatur üblich ist, gehen wir nur von den Zielen der Eigenkapitalgeber aus. Wir legen also *willkürlich* fest, daß die Unternehmung als ein Instrument zur Erreichung von Eigentümerzielen behandelt wird. Inwiefern ist diese Festlegung legitim oder sogar geboten, und inwiefern ist sie einschränkend?

Legitim ist sie insofern, als die Investitions- und Finanzierungstheorie Empfehlungen zu geben versucht. Die Empfehlungen sollen für möglichst viele Personen, die Entscheidungen zu treffen haben, relevant sein. Kapitaleigentümer sind sehr häufig die Entscheider in Unternehmungen, oder zumindest kann man davon ausgehen, daß wichtige Entscheidungen in ihrem Interesse getroffen werden. Da es bisher keine Investitions- und Finanzierungstheorie gibt, die für alle denkbaren Adressaten gleichermaßen relevante Empfehlungen geben könnte, kommt die Theorie nicht ohne die Vorentscheidung aus, welche Adressaten angesprochen werden sollen. Diese Vorentscheidung ist vom Interesse an einer weitreichenden Anwendbarkeit der Theorie her verständlich. Sie ist aber nicht aufgrund höherer Normen oder wissenschaftlicher Erkenntnisse geboten: Die Wirtschaftsverfassung der Bundesrepublik Deutschland ist nach vorherrschender Meinung nicht in der Weise festgelegt, daß nur Kapitalgeberinteressen die Investitions- und Finanzierungsentscheidungen bestimmen dürften[8]. Auch die Theorie der Wirtschaftsordnung besagt nach unserem heutigen Wissen nicht, daß es zum Wohle aller gereichen würde, wenn Investitions- und Finanzierungsentscheidungen allein im Interesse der Kapitalgeber getroffen würden[9]. Die allgemein übliche Beschränkung auf Kapitalgeberziele

7 *Bidlingmaier* [Zielbildung], S. 249.
8 Vgl. z.B. *Hesse* [Grundzüge], S. 11, S. 290 und S. 336–339.
9 Zum aktuellen Diskussionsstand vgl. die Beiträge in *Streißler/Watrin* [Theorie].

erhält somit ihre Rechtfertigung vor allem aus der pragmatischen Überlegung, daß eine Investitions- und Finanzierungstheorie, die auch von den Zielen anderer Personen als der Kapitalgeber ausgeht, bisher noch nicht ausgearbeitet ist.

Die Einschränkung ist insofern gravierend, als die Theorie damit einseitig, nicht–neutral wird. Aber sie unterstellt nicht, daß die Interessen der Arbeitnehmer oder der Menschen, die die Umwelt bewohnen, überhaupt nicht gewahrt würden. Interessenkonflikte können nämlich — auf der finanzwirtschaftlich relevanten Ebene — in zwei Formen geregelt werden. Die eine Form ist die des Kompromisses nach Verhandlungen in einem Gremium wie z.B. dem Vorstand oder dem Aufsichtsrat einer Aktiengesellschaft. Wenn davon ausgegangen wird, daß nur die Ziele von Eigenkapitalgebern für Investitions- und Finanzierungsentscheidungen maßgeblich sind, liegt genau hier die Vereinfachung: Es wird unterstellt, daß sich in Verhandlungsprozessen nur die Eigenkapitalgeberinteressen durchsetzen.

Es gibt aber noch eine zweite Form der Konfliktregelung: die durch Verträge, Satzungen und Gesetze. Wenn diese in Kraft treten, begrenzen sie die Handlungsmöglichkeiten derer, die die Entscheidungen zu treffen haben, und sie sichern so — wenigstens zum Teil — die Interessen derer, die dann an den Entscheidungen selbst nicht mehr beteiligt sind. Beispiele für Konfliktregelungen durch Verträge, Satzungen und Gesetze sind individuelle Kredit-, Kauf- und Arbeitsverträge, die Satzung (d.h. der Gesellschaftsvertrag) einer Aktiengesellschaft, die Gläubigerschutzvorschriften des Aktiengesetzes, das Mitbestimmungs- und Betriebsverfassungsrecht sowie Umweltschutz- und Steuergesetze. Verträge sind um so wirksamer zur Wahrung von Interessen, je mehr jemand die Möglichkeit hat, sich dann nicht auf eine Beziehung zu der Unternehmung einzulassen, wenn er glaubt, daß eine vertragliche Regelung seinen Interessen nicht ausreichend Rechnung trägt. Die Gläubiger sind hier als Beispiel zu nennen: Sie sind häufig in der Lage, für die Berücksichtigung ihrer Interessen zu sorgen, indem sie entsprechende Auflagen in Kreditverträge hineinschreiben. Wenn Kreditnehmer nicht bereit sind, die Auflagen hinzunehmen, wird der Kreditvertrag nicht abgeschlossen. Die Beziehung kommt nicht zustande. Gesetzliche Schutzrechte kann man als Ausgleich dafür deuten, daß Personen oder Personengruppen nicht die nötige Marktmacht haben, um die und nur die Verträge abzuschließen, die ihnen die Wahrung ihrer Interessen erlauben würden.

Die Beschränkung auf Eigentümerziele ist also so gravierend nicht. Sie besagt nicht, daß andere Ziele als die von Eigenkapitalgebern nicht wichtig und nicht legitim wären, sondern sie geht davon aus, daß die Interessen von Nicht–Eigenkapitalgebern über Verträge, Satzungen und Gesetze sichergestellt sind. Dadurch gehen auch sie mittelbar, nämlich als Einschränkungen des Entscheidungsspielraums, in „das Zielsystem der Unternehmung" ein, das die Unternehmenspolitik bestimmt[10].

2.2.5. Arten unternehmerischer Ziele

Die nun im einzelnen darzustellenden und zu systematisierenden Ziele sind nicht nur die Ziele von Unternehmern im engen Sinne von Fabrikanten, Bankiers, selbständigen Kaufleuten etc., sondern wirtschaftlich relevante Individualziele schlechthin. Trotzdem erleichtert es die Vorstellung und das Verständnis, wenn man sich die Ziele als Ziele von Personen denkt, die zugleich Eigentümer und Leiter von Unternehmungen sind.

---

10 Dazu *Ballwieser/Schmidt* [Unternehmensverfassung], bes. S. 654.

Unternehmerisches Handeln wird von einem komplexen Bündel von Motiven bestimmt. Motive sind „das, was der Entscheidende insgeheim will"[11]. Von Zielen wollen wir dann sprechen, wenn die Motive begrifflich geklärt sind und/oder bewußt verfolgt werden. Um einen Überblick über unternehmerische Ziele zu gewinnen, kann man eine Einteilung in finanzielle und nichtfinanzielle Ziele vornehmen. Daneben gibt es eine dritte Gruppe, die sich zwischen den finanziellen und den nichtfinanziellen Zielen einordnen läßt.

Unter den unternehmerischen Zielen sind die finanziellen Ziele besonders wichtig. Wie sie zu messen sind und was die in diesem Zusammenhang gebrauchten Begriffe Einkommen, Vermögen und Gewinn bedeuten, wird im Abschnitt 2.4. untersucht. Bis dahin verwenden wir den undefinierten Begriff „Gewinn" als gleichbedeutend mit „finanziellem Ziel". Welche Bedeutung finanzielle Ziele im Vergleich zu nichtfinanziellen Zielen eines Unternehmers haben, ist nur zum Teil eine Frage nach seinem Geschmack, den sog. Präferenzen. Es ist auch eine Folge objektiver Bedingungen: Ein Unternehmer, der intensiver Konkurrenz ausgesetzt ist, muß nach maximalem Gewinn streben, allein um Verluste zu vermeiden. Er kann sich den „Luxus" nichtfinanzieller Ziele weniger leisten als ein Unternehmer, der wegen unvollkommener Konkurrenz auf dem Absatzmarkt seiner Unternehmung eine „Monopolrente" verdient und dadurch einen Freiheitsspielraum hat.

2.3. Andere als rein finanzielle Ziele

2.3.1. Nichtfinanzielle Ziele im engeren Sinne

Es gibt fünf maßgebliche eigenständige nichtfinanzielle Ziele, die um ihrer selbst willen neben dem Gewinn und zum Teil auch auf dessen Kosten verfolgt werden:

(1) Es gibt das Streben nach *Macht und Prestige*. Macht ist das Vermögen, andere auch gegen deren Widerstreben zu einem bestimmten Verhalten zu veranlassen[12]. Das Streben nach Prestige bedeutet den Wunsch, „im Werturteil der menschlichen Mitwelt einen möglichst hohen Rang einzunehmen"[13].

In unserer Wirtschafts- und Gesellschaftsordnung ist unternehmerische Tätigkeit ein hervorragendes Mittel, Macht und Prestige zu erwerben. Unternehmer haben Macht. Sie haben Anordnungsbefugnisse über Arbeitnehmer. Bei einer entsprechenden Marktstellung können sie auf Lieferanten, Kunden und Konkurrenten Druck ausüben. Vor allem hat ein Unternehmer die Möglichkeit, wichtige Entscheidungen zu treffen. Prestige erreicht man dadurch, daß man sich mit Statussymbolen umgibt. Eine florierende Unternehmung ist ein ausgezeichnetes Statussymbol.

(2) Das Bestreben, sich *sozial verantwortlich zu verhalten,* kann rein gesellschaftlich institutionalisiert sein. Dann ist es nur ein Mittel, Prestige zu erlangen. Bei vielen Entscheidungen — und im Selbstverständnis vieler Unternehmer — werden ethische und soziale Motive auch nur zur Verschleierung anderer Ziele vorgeschoben. Dennoch ist es wahrscheinlich, daß Unterneh-

---

11 *Schneider* [Investition], S. 49.
12 Vgl. *Weber* [Wirtschaft], S. 28.
13 *Lersch* [Aufbau], S. 119, zitiert nach *Heinen* [Zielsystem], S. 79.

mer sich aus originären Motiven, d.h. weil sie als Persönlichkeiten diese Werte bejahen, von der Rücksicht auf andere leiten lassen. Manche Unternehmer fühlen sich für „ihre Arbeitnehmer", für deren persönliches Wohlergehen und für die Sicherung der Arbeitsplätze verantwortlich. Für solche Unternehmer erwächst aus der Sozialbindung des Eigentums (Artikel 14 GG) eine Fürsorgepflicht.

(3) Ein bedeutendes Motiv unternehmerischen Verhaltens ist das Streben nach wirtschaftlicher *Unabhängigkeit*. Die Unabhängigkeit eines Unternehmers kann von vielen Seiten gefährdet werden: von potentiellen Käufern der ganzen Unternehmung, von wichtigen Lieferanten und Kunden, von Banken, die sich Einflußrechte sichern wollen, und von Mitbestimmung fordernden Arbeitnehmern und Gewerkschaften. Besondere Bedeutung hat auch die Furcht vor staatlicher Einflußnahme. Die Politik großer Unternehmen wird gelegentlich daran orientiert, welche Maßnahmen gerade noch gewählt werden können, ohne staatliche Intervention zu provozieren.

(4) Die vierte Gruppe nichtfinanzieller Ziele ist darin begründet, daß Arbeitnehmer und Unternehmensleiter wesentliche Teile ihres Lebens am Arbeitsplatz verbringen. Sie erbringen dort einen wichtigen Teil der Leistungen ihres Lebens, sie identifizieren sich mit ihrer Unternehmung. Diese persönlichen Momente drücken sich vielfältig in dem Streben nach *Selbstverwirklichung* oder *Daseinserfüllung* aus.

(5) Als eigenständiges Ziel oder als Unterziel zu den unter (2) und (4) dargestellten ist das Streben nach *Pflichterfüllung* zu nennen[14]. Besondere Bedeutung hat dieses nichtfinanzielle Ziel für angestellte Unternehmensleiter, sog. Manager: Wenn man unterstellt, daß Manager Entscheidungen im Interesse ihrer Auftraggeber, der Eigentümer, zu treffen versuchen, dann unterstellt man wohl auch, daß sie aus Pflichterfüllung so handeln, denn nur ihren eigenen finanziellen Interessen folgen sie damit normalerweise nicht[15].

2.3.2. Sicherheit als Ziel?

Ob *Sicherheit* ein eigenes Ziel ist und ob es gegebenenfalls ein finanzielles oder ein nichtfinanzielles Ziel ist, ist umstritten. Die Antwort hängt davon ab, in welchem Zusammenhang man Sicherheit betrachtet und wie man Sicherheit definiert und mißt.

Sicherheit kann als Zahlungsfähigkeit verstanden werden. Dann erscheint es sinnvoll, Sicherheit nicht als Ziel, sondern als *Nebenbedingung* für mittel- und langfristige Gewinnerzielung zu betrachten, denn Liquidität ist eine Existenzvoraussetzung und damit eine Voraussetzung dafür, daß eine Unternehmung Gewinnchancen wahrnehmen kann. In modernen langfristigen Planungsmodellen der Kapitaltheorie, die im fünften Kapitel kurz vorgestellt werden, wird Sicherheit im Sinne von Liquiditätserhaltung als Nebenbedingung eingesetzt.

Sicherheit und Gewinn können auch als *konkurrierende Ziele* betrachtet werden. Diese Sicht ist z.B. bei der kurzfristigen Finanzplanung angemessen, in der Liquiditätsprobleme behandelt werden. Sicherheit ist in diesem Falle die Wahrscheinlichkeit, vor Illiquidität bewahrt zu werden.

---

14 Vgl. *Schneider* [Investition], S. 50, der (u.a.) mit dem Pflichtmotiv erklärt, warum Manager doch oft im Eigentümerinteresse handeln.
15 Zur Interessenabstimmung zwischen Eigentümern und Managern vgl. ausführlicher *Ballwieser/ Schmidt* [Unternehmensverfassung], S. 662–673 und die dort angegebene Literatur.

Sicherheit kann auch als *Eigenschaft oder Dimension des Gewinns* angesehen werden. Eine Investition, die mit 50 % Wahrscheinlichkeit einen Gewinn von 100 und mit 50 % Wahrscheinlichkeit einen Gewinn von 0 erbringt, ist weniger sicher als eine andere, die in jedem Fall (100 % Wahrscheinlichkeit) zu einem Gewinn von 50 führt. Für langfristige Betrachtungen, bei denen das Problem der Liquidität ausgeschaltet ist, ist nur diese Sicht passend. Gewinn und Sicherheit (in dieser Interpretation) können dann schon aus logischen Gründen keine konkurrierenden Ziele sein. Die Konzeption Sicherheit als Eigenschaft des finanziellen Ziels Gewinn läßt sich verallgemeinern: Auch nichtfinanzielle Ziele werden im Zeitablauf erreicht, bei allen Zielen können verschiedene Wahrscheinlichkeiten für unterschiedliche Grade der Zielerreichung existieren[16].

2.3.3. Hilfsziele: Umsatz, Unternehmenserhaltung und Wachstum

Häufig werden als unternehmerische Ziele Umsatz, Marktanteil, Unternehmenserhaltung und Unternehmenswachstum genannt. Um welche Art von Zielen handelt es sich dabei, und wie sind diese Ziele als Maßstäbe für die Beurteilung von Entscheidungen zu bewerten?

Umsatz ist das Produkt aus verkaufter Menge und Preis pro Einheit, also der Gesamterlös. *Umsatzmaximierung* kann ein Mittel zur Gewinnmaximierung sein. Die Bedingungen dafür, daß Umsatz- und Gewinnmaximierung zusammenfallen, sind aber sehr eng. Wenn sie erfüllt sind, besteht kein Gegensatz, aber Umsatz ist dann auch nicht Ziel, sondern Mittel. In vielen Fällen besteht jedoch ein Gegensatz zwischen Umsatzziel und Gewinnziel, da eine Umsatzsteigerung auf Kosten des Gewinns gehen kann. Wenn man die finanzielle Zielsetzung der Eigentümer betrachtet, erscheint Umsatzmaximierung nicht generell als sinnvoll. In vielen Großunternehmen ist die Erfolgsbeteiligung der Vorstandsmitglieder an den Umsatz gekoppelt. Eine Umsatzsteigerung bedeutet eine Vergrößerung ihres Einkommens. Für Unternehmen, deren Ziele weitgehend autonom von den Managern festgelegt werden, kann Umsatzmaximierung daher eher als „Unternehmensziel" angesehen werden. Es gibt ein weiteres Argument für dieses Ziel: Macht und Prestige einer Unternehmung hängen sehr stark vom Umsatz ab. Da Unternehmensleiter und Großaktionäre von der Macht und dem Prestige der Unternehmung oft direkte nichtfinanzielle Vorteile beziehen, werden sie Umsatzmaximierung als Mittel zur Realisierung ihrer nichtfinanziellen Ziele ansehen.

Die Umsatzmaximierung ist also kein Ziel, das auf der gleichen Ebene wie Gewinn oder Prestige anzusiedeln wäre. Als Mittel oder Unterziel zur Erreichung finanzieller oder nichtfinanzieller Ziele ist sie jedoch bedingt geeignet. Für die Ziele *Umsatzsteigerung* und *Marktanteilsmaximierung* bzw. *Marktanteilssteigerung* gelten gleiche Überlegungen.

Daß die *Erhaltung eines Unternehmens* ein wichtiges Ziel sei, wird vor allem in der traditionellen Literatur mit Entschiedenheit behauptet. Unter dem Gesichtspunkt finanzieller Ziele von Eigenkapitalgebern ist die Unternehmenserhaltung kein Ziel. Die Erhaltung einer Unternehmung lohnt sich nur solange, wie bei Unternehmensfortführung mehr verdient werden kann als bei Unternehmensauflösung. Andernfalls ist unter finanziellen Gesichtspunkten zu liqui-

---

16 Eine ähnliche Zwischenstellung wie Sicherheit nimmt das Ziel „Muße" ein; vgl. dazu grundlegend *Moxter* [Präferenzstruktur].

dieren. Wenn eine Unternehmung dennoch nicht aufgelöst wird, können dafür nichtfinanzielle Ziele oder Nicht-Eigentümer-Ziele ausschlaggebend sein.

Ähnlich ist *Unternehmenswachstum* als selbständiges Ziel zu beurteilen: Daß eine Unternehmung wächst, kann für den Unternehmer Prestige oder Befriedigung über die eigene Leistung bedeuten. Wachstum kann also ein Mittel zur Erreichung nichtfinanzieller Ziele sein. Ein allgemeines finanzielles Ziel ist es nicht, denn eine Unternehmung wächst gerade dann, wenn Gewinne nicht entnommen, sondern reinvestiert werden. Dadurch bekommt der Unternehmer erst ein kleineres und eventuell später ein größeres Einkommen. Für ein wachsendes Einkommen spricht aber genausoviel oder genausowenig wie für ein gleichmäßiges oder jedes andere mögliche Einkommen im Zeitablauf.

Es ist nicht schwer zu zeigen, daß Umsatz, Marktanteil und ähnliche Ziele nicht als generell sinnvolle Formulierungen für finanzielle Ziele angesehen werden können. Über diese berechtigte Kritik darf man jedoch nicht vergessen, daß Ziele nicht nur die Funktion haben, Maßstäbe für die Beurteilung von Entscheidungen zu sein. Ziele haben daneben im Prozeß der Unternehmensführung auch die Funktion, als Vorgaben das Verhalten von Abteilungen zu steuern. Ziele, die als Vorgaben gesetzt werden, müssen einfach formuliert sein; die Abteilungen müssen ermessen können, auf welche Weise die gesetzten Ziele erreicht werden können und wie weit sie erreicht worden sind. Dafür eignen sich Ziele wie Umsatz und Marktanteil möglicherweise besser als die korrekt formulierten finanziellen und nichtfinanziellen Ziele[17].

Wir werden nichtfinanzielle Ziele und „Hilfsziele" wie Umsatz und Wachstum im folgenden nicht weiter berücksichtigen. Angesichts der Tatsache, daß solche Ziele von Unternehmern (angeblich) verfolgt werden, ist es eine beträchtliche Vereinfachung und eine mögliche Fehlerquelle, wenn wir uns auf die Betrachtung finanzieller Ziele beschränken. Diese Vereinfachung läßt sich — genau wie die Vernachlässigung von Nicht–Eigentümer–Zielen — nicht mit tiefsinnigen Argumenten rechtfertigen: Es ist nicht nur häufig, sondern auch völlig legitim, wenn jemand seine Investitions- und Finanzierungsentscheidungen an nichtfinanziellen Zielen ausrichtet. Zur Rechtfertigung für ihre Vernachlässigung kann nur das pragmatische Argument angeführt werden, daß die Investitions- und Finanzierungstheorie über nichtfinanzielle Ziele nicht viel mehr zu sagen weiß, als daß sie wichtig sind.

2.4. Finanzielle Ziele von Einzelpersonen

2.4.1. Einkommen als finanzielles Ziel

Als finanzielles Ziel wird häufig die Gewinnmaximierung genannt. Ohne Definition dessen, was mit Gewinn gemeint ist, ist dieses Ziel nichtssagend: Finanzielles Ziel und Gewinn sind vorerst noch zwei Namen für dasselbe — und genau so wurde der Ausdruck Gewinn bisher verwendet. Es ist daher nötig, die bisher noch undefinierte Zielgröße Gewinn, das finanzielle Ziel, genauer zu betrachten.

Man geht in der Wirtschaftstheorie davon aus, daß der Konsum das letzte (analysierte oder analysierbare) Ziel wirtschaftlicher Tätigkeit ist. Konsum schafft „Nutzen". Aber der Kon-

---

17 Vgl. besonders *Baumol* [Behavior].

sum als eine „Folge angenehmer Empfindungen" läßt sich nicht messen. Mengen konsumierter Güter lassen sich zwar messen, aber man kann verschiedene Güter nicht zusammenzählen. Es hat sich daher in der investitions- und finanzierungstheoretischen Literatur durchgesetzt, den Strom des für Konsumzwecke vorgesehenen Einkommens als das maßgebliche finanzielle Ziel zu betrachten. Diesen Strom bezeichnen wir im folgenden als das *Konsumeinkommen*. Von dem, was im allgemeinen Sprachgebrauch Einkommen heißt, den mehr oder minder regelmäßigen Zahlungen aus einer bestimmten Einkommensquelle, unterscheidet sich das Konsumeinkommen in einer wesentlichen Hinsicht: Der Teil der Zahlungen aus der Unternehmung an den Unternehmer, den der Unternehmer nicht zum Konsum verwendet, sondern „spart", gehört nicht zu seinem Konsumeinkommen. Erst in der Periode, in der die „Ersparnisse" aufgelöst werden, stellen sie Konsumeinkommen dar[18].

Für den wirklichen Konsum wie für das Konsumeinkommen gilt, daß er bzw. es eine zeitliche Struktur hat. Konsum findet zu verschiedenen Zeitpunkten statt. Man kann daher von dem Konsumstrom in der Zeit oder von einem *Konsumeinkommensstrom* sprechen[19]. Verschiedene Individuen haben vermutlich verschiedene Vorstellungen darüber, welche zeitliche Struktur ihr Konsum haben soll: Manche bevorzugen ein gleichmäßiges Konsumniveau in allen betrachteten Zeitperioden, manche wünschen ein hohes Konsumniveau in bestimmten Perioden und sind bereit, dafür geringere Konsumniveaus in anderen Perioden in Kauf zu nehmen. Welche zeitliche Struktur des Konsums jemand bevorzugt, ist zum Teil „Geschmackssache" und zum Teil abhängig von objektiven Umständen wie Lebensalter und Familienstand. Allgemeine Aussagen über die gewünschte zeitliche Struktur des Konsums sind daher nicht möglich.

Die zeitliche Verteilung des Konsums oder die *zeitliche Struktur* ist nur eine Dimension von Konsumströmen bzw. von Konsumeinkommensströmen. Eine andere Dimension ist die *Breite*. Daß man von einem Konsumstrom sagen kann, er sei breiter als ein anderer, setzt voraus, daß sich die Ströme hinsichtlich der zeitlichen Struktur nicht unterscheiden. Genauer: Ein Konsumstrom A ist breiter als ein Konsumstrom B, wenn der Strom A in jeder Zeitperiode mindestens ebensoviel und in mindestens einer Periode mehr Konsum erlaubt als der Strom B. Ein breiterer Konsumeinkommensstrom ist besser als ein weniger breiter.

Ein Beispiel soll die Bedeutung der Dimensionen „Breite" und „zeitliche Struktur" verdeutlichen. Ein Individuum habe die Möglichkeit, zwischen den drei Konsum(einkommens)strömen A, B und C zu wählen. Sie führen in den drei Zeitpunkten t_1, t_2 und t_3 zu den Einzahlungen für Konsumzwecke, die in der Tabelle 2.1 angegeben sind.

Zeit / K-Strom	t_1	t_2	t_3
A	17	22	25
B	20	20	20
C	17	20	25

Tab. 2.1: Vergleich von Konsumströmen

---

18 Vgl. *Schneider* [Steuerbilanzen], S. 26 f. und *Moxter* [Gewinnermittlung], S. 21–24.
19 Diese auf *Fisher* [Interest] zurückgehenden Unterscheidungen werden diskutiert in *Moxter* [Gewinnermittlung], S. 5–9, und *Drukarczyk* [Investitionstheorie], S. 15–21.

Der Konsumstrom A ist breiter als der Konsumstrom C, denn in t_2 bringt der Strom A zwei Einheiten mehr und in keinem Zeitpunkt weniger als der Strom C. Die Ströme A und B — ebenso wie B und C — kann man nicht nach ihrer Breite ordnen, weil der Strom B in t_1 und der Strom A in t_2 und in t_3 mehr Konsum erlaubt. Ohne Information darüber, welche zeitliche Struktur ein Individuum bevorzugt, kann man nicht sagen, ob es sich für den Konsumstrom A oder für den Konsumstrom B entscheiden würde.

Die dritte Dimension eines Konsum(einkommens)stroms ist seine *Unsicherheit*. Bezüglich der Unsicherheit gilt wie bezüglich der zeitlichen Struktur, daß es zum Teil vom individuellen Geschmack und zum Teil von objektiven Lebensumständen abhängt, wie ein Individuum die Unsicherheit bewertet. Wenn in dem angegebenen Beispiel der Konsumstrom A unsicherer ist als der Konsumstrom C, kann man nicht mehr sagen, daß A besser als C ist, solange man nicht weiß, wie „mehr Breite" gegenüber „weniger Unsicherheit" abzuwägen ist.

Wir halten fest: Individuen wünschen Konsum im Zeitablauf, also Konsumströme. Man mißt die Konsumströme anhand von Konsumeinkommensströmen. Konsumströme bzw. Konsumeinkommensströme sind durch drei Dimensionen — Breite, zeitliche Struktur und Unsicherheit — zu beschreiben. Der Konsum(einkommens)strom eines Individuums soll möglichst breit sein und eine bestimmte zeitliche Struktur und Sicherheit aufweisen. Angaben über bevorzugte zeitliche Strukturen und über die Bewertung der Unsicherheit gehören zu einer vollständigen Kennzeichnung des finanziellen Ziels eines Individuums.

Da Ziele die Beurteilung von Entscheidungen erlauben sollen, ist nun zu fragen, ob das Ziel Konsumeinkommensstrom diese Funktion erfüllen kann. Aus drei Gründen erscheint der Konsumeinkommensstrom trotz der ohnehin mit ihm schon verbundenen Vereinfachungen nicht als eine für die Beurteilung von Entscheidungen geeignete Zielsetzung:

(1) Der Zusammenhang zwischen den zu beurteilenden Entscheidungen in der Unternehmung und dem finanziellen Ziel ist sehr komplex. Investitions- und Finanzierungsentscheidungen haben unmittelbare Auswirkungen auf die Zahlungen zwischen der Unternehmung und der Umwelt. Sie haben hingegen nur mittelbare Auswirkungen auf die Zahlungen zwischen Unternehmung und Unternehmer. Eine Unternehmung hat eine Kasse. Einzahlungen aus der Umwelt erhöhen den Kassenbestand. Zu Einzahlungen in die Brieftasche des Unternehmers werden sie nur, wenn die Ausschüttung oder Entnahme des Geldes aus der Unternehmung beschlossen und durchgeführt wird. Zwischen die Investitions- und Finanzierungsentscheidungen der Unternehmung und den Konsum des Unternehmers schieben sich also die Kassenhaltung und die Ausschüttungs- oder Entnahmepolitik.

(2) Das Konsumeinkommen eines Unternehmers hängt nicht nur von den Zahlungen ab, die er aus einer Unternehmung erhält, sondern von allen Zahlungen aus allen Geldanlagen. Wie soll man aber übersehen können, welche Ersparnisse ein Unternehmer außerhalb der „Firma", in der eine Investition geplant wird, bildet und auflöst? Selbst für einen Einzelunternehmer wäre dies sehr schwierig, für eine Gesellschaft mit vielen Eigentümern ist es ganz unmöglich[20].

(3) Mögliche Konsumeinkommensströme sind noch nicht wirkliche Konsumeinkommensströme. Von den möglichen wird der „beste" ausgewählt. Letztlich interessiert, wie sich Entscheidungen auf den wirklich geplanten Konsumeinkommensstrom auswirken würden. Dies könn-

---

20 Daher unterscheidet auch *Schneider* [Investition], S. 158–168, zwischen Zielen für „personenbezogene" und für „firmenbezogene" Unternehmen, bei letzteren sei der Bezug auf Konsumpläne nicht möglich.

te man aber nur dann abschätzen, wenn der Unternehmer eine Vorstellung darüber hätte, welchen Konsumstrom er bis an sein (unsicheres) Lebensende realisieren möchte.

2.4.2. Vermögen und andere Ersatzgrößen

Selbst wenn man, wie es hier und im folgenden geschieht, die Dimension „Unsicherheit" durch die Annahme sicherer Erwartungen ausschließt, erscheint es wünschenswert, weitere Vereinfachungen vorzunehmen. Sie sollten es erlauben, Handlungsmöglichkeiten in Unternehmungen an Konsumzielen von Eigentümern zu messen, ohne dabei die unbequeme Dimension „zeitlicher Struktur" berücksichtigen zu müssen. Dabei ist es unumstritten, daß es Individuen nicht gleichgültig ist, wie ihr Konsum zeitlich verteilt ist. Wir fragen also: Gibt es Maßgrößen für die Attraktivität von Einkommensströmen, die dennoch eine einfachere Zielformulierung erlauben und eine direkte Bewertung möglich machen? In diesem Unterabschnitt sollen drei Ersatzgrößen und Vereinfachungen diskutiert werden.

(1) Die erste denkbare Vereinfachung besteht darin, eine Zielgröße zu suchen, die die Möglichkeit zu zukünftigem Konsum, das *„Konsumpotential"*, zusammenfassend kennzeichnet.

(2) Die zweite mögliche Vereinfachung besteht darin, statt des gewünschten *wirklichen* Konsumeinkommensstroms den *möglichen* Konsumeinkommensstrom zu betrachten. Man könnte damit das Problem der Konsumplanung zu umgehen versuchen, indem man nur fragt, wieviel jemand in einer Periode maximal verbrauchen kann, ohne seine Konsummöglichkeiten für die Zukunft zu verringern.

(3) Bei der dritten und am weitesten gehenden Vereinfachung geht man statt von der wirklich gewünschten zeitlichen Struktur des Konsumeinkommensstroms von bestimmten vereinfachten Strukturen aus.

Betrachten wir die erste Vereinfachung: Bei der Kennzeichnung der modernen Betrachtungsweise im ersten Kapitel wurde schon darauf hingewiesen, daß man Zahlungen faktisch durch Geldanlage und Kreditaufnahme verschieben kann. Durch die entsprechenden Rechenoperationen der Auf- und Abzinsung können Einkommensströme vergleichbar gemacht werden. Wenn sie vergleichbar sind, läßt sich unmittelbar ablesen, welcher von zwei Strömen breiter ist. Der Extremfall der rechnerischen Verschiebung von Zahlungen verschiedener Zeitpunkte liegt vor, wenn für eine Zahlungsreihe der Gegenwartswert V_0 ermittelt wird. Durch die Diskontierung werden alle Zahlungen auf den Zeitpunkt t_0 („Gegenwart") umgerechnet. Gegenwartswerte kann man als Vermögen interpretieren. Die Gegenwartswerte oder Vermögen, die zwei Zahlungsreihen entsprechen, können direkt miteinander verglichen werden.

Das *Vermögen* als Gegenwartswert der Zahlungen, die ein Unternehmer zu erhalten erwartet, mißt seine Möglichkeiten zum Konsum. Ein höheres Vermögen bedeutet größere Konsummöglichkeiten, in welcher zeitlichen Verteilung diese Konsummöglichkeiten auch immer genutzt werden sollen[21]. Das Vermögen ist in dieser Hinsicht eine vollwertige Ersatzgröße für die interessierenden Konsumeinkommensströme. Man kann das Vermögen anhand der Zahlungen bestimmen, die der Unternehmer aus der Unternehmenskasse erhält. Man braucht die Konsumpläne also überhaupt nicht zu kennen, um das Vermögen auszurechnen, das einem

---

21 Vgl. *Fisher* [Interest], S. 263–275, und die Darstellungen bei *Fama/Miller* [Finance], S. 5–28, und *Brealey/Myers* [Principles], S. 14–22, sowie *Drukarczyk* [Finanzierungstheorie], S. 27–53.

Einkommensstrom entspricht, oder um zwei Einkommensströme anhand ihrer Gegenwartswerte vergleichen zu können. Der Rückschluß von dem Vermögen auf den Einkommensstrom ist zwar nicht möglich, weil die Information über dessen zeitliche Struktur durch die Diskontierung verloren geht, aber wenn man zwei Einkommensströme anhand der ihnen zugeordneten Vermögensgrößen vergleicht, kann man sagen, daß der mit dem größeren Vermögen auch den breiteren Einkommensstrom bei *jeder* gewünschten zeitlichen Struktur ermöglichen würde. Daß dies so ist, hängt aber in entscheidendem Maße von zwei Voraussetzungen ab:

— Für jede Zeitperiode, in der Zahlungen erfolgen, muß die Bedingung erfüllt sein, daß der Zinssatz, den man bei Geldanlage erhält, und der, den man bei Kreditaufnahme zahlen muß, gleich sind. (Von Periode zu Periode dürfen sich die Zinssätze jedoch unterscheiden.) Sind der Zinssatz bei Geldanlage und der bei Kreditaufnahme verschieden, muß man doch die Konsumpläne kennen, um zu wissen, mit welchem Zinssatz zu rechnen ist[22].

— Der Zinssatz — bzw. bei verschiedenen Zinssätzen pro Periode: die Gesamtheit aller zukünftigen Periodenzinssätze — muß zudem bekannt und gegeben sein. Er darf sich nicht in Abhängigkeit von den Entscheidungen des Unternehmers ändern.

Diese beiden Voraussetzungen sind sehr streng. Sie werden in der Literatur oft zusammenfassend als die Annahme eines „vollkommenen Kapitalmarktes"[23] bezeichnet. Die Annahme sicherer Erwartungen ist aber kein notwendiges Element eines vollkommenen Kapitalmarktes. Nur muß bekannt sein, welcher Zinssatz unter welchen sonstigen Bedingungen herrschen wird.

Die Bedeutung der Annahmen über den Zinssatz ist sehr groß, denn anders als der Einkommensstrom hängt der Gegenwartswert, das Vermögen, außer von den zukünftigen Zahlungen auch vom Zinssatz ab. Eine Änderung des Zinssatzes bewirkt eine Änderung des Vermögens, das einer Einkommensreihe entspricht. Diese Vermögensänderung braucht nicht mit verbesserten Konsummöglichkeiten verbunden zu sein. Der Effekt einer Zinsänderung läßt sich an einem einfachen Beispiel demonstrieren: Jemand erhält aufgrund einer Beteiligung am Ende eines jeden Jahres einen Betrag a in Höhe von 10. Der für seine Vermögensberechnung relevante Zinsfuß i (für alle zukünftigen Perioden) sei 10 %. Der Gegenwartswert dieses Einkommensstromes ist mit der einfachen Formel $V_0 = a/i$ zu berechnen[24]. Er beträgt $V_0 = 10/0,10 = 100$. Der geplante Konsum, das Konsumeinkommen im oben definierten Sinne, sei auch 10 pro Jahr. Sinkt nun der zur Verschiebung von Zahlungen in Frage kommende Zinssatz auf 5 %, ergibt sich $V_0 = 10/0,05 = 200$. Das Vermögen hat sich verdoppelt, dem Empfänger der jährlichen Zahlungen geht es aber nicht besser, er erhält nach wie vor nur 10 pro Periode. Daß er die Anwartschaft auf das Einkommen jetzt möglicherweise für 200 verkaufen kann, bringt ihm auch keinen Vorteil, weil er einen uniformen Einkommensstrom haben möchte und dazu die 200 wieder zu 5 % anlegen müßte.

Es lassen sich sogar Beispiele konstruieren, in denen das Vermögen im Sinne von Gegenwartswert wegen einer unerwarteten Änderung des für alle zukünftigen Perioden erwarteten Zinssatzes steigt und gleichzeitig der mögliche Konsumeinkommensstrom sinkt: Jemand besitzt nichts außer einem Wertpapier, für das ihm an jedem Jahresende 10 ausgezahlt werden. Sein

---

22 Vgl. dazu *Hirshleifer* [Theory].
23 Vgl. zur Kennzeichnung vollkommener und unvollkommener Kapitalmärkte *Lehmann* [Probleme], bes. S. 52–54, und *Saelzle* [Investitionsentscheidungen], S. 60–68; siehe auch unten S. 45 f. zur Annahme eines vollkommenen Kapitalmarktes bei Unsicherheit.
24 Zur Berechnung im allgemeinen Fall siehe unten S. 64 f.

gewünschter Konsumeinkommensstrom ist aber nicht uniform. Er möchte im ersten Jahr nichts verbrauchen, im zweiten Jahr möglichst viel und in den folgenden Jahren die 10, die ihm für sein Wertpapier ausgezahlt werden. Bei einem Zinssatz von $i = 0,10$ hat er einen Gegenwartswert von $10/0,10 = 100$. Der Zinssatz fällt nun auf 0,05. Der Gegenwartswert steigt auf $10/0,05 = 200$. Sein mögliches Einkommen im zweiten Jahr beträgt jedoch nicht mehr $10 + 10 \cdot 1,10 = 21$, sondern nur noch $10 + 10 \cdot 1,05 = 20,5$. Der Unterschied ergibt sich daraus, daß er die 10, die er in der ersten Periode bekommt aber nicht verbraucht, sondern spart, nun nicht mehr zu 10 %, sondern nur noch zu 5 % anlegen kann. Das Vermögen ist also nicht in jedem Fall als einfachere finanzielle Zielsetzung geeignet: Es eignet sich, wenn *zu einem Zeitpunkt mit einem Diskontierungszinssatz* Gegenwartswerte von Einkommensströmen verglichen werden. Es eignet sich jedoch nicht, wenn im Zeitablauf Vermögensänderungen infolge von *unerwarteten* Zinsänderungen betrachtet werden. Mit Sicherheit *erwartete* Zinsänderungen machen die Rechnungen zwar komplizierter, aber sie ändern nichts an der grundsätzlichen Eignung des Vermögens als Ersatzgröße für den Konsumeinkommensstrom.

Betrachten wir nun die zweite mögliche Vereinfachung: Finanzmathematisch ebenso möglich wie die Berechnung des Gegenwartswertes ist die Rückverwandlung eines Gegenwartswertes in eine uniforme Reihe, die *Annuität* oder (ewige) Rente genannt wird. Sie erfolgt durch Multiplikation des Gegenwartswertes mit dem sogenannten Wiedergewinnungs- oder Annuitätenfaktor. Hier interessiert nur der Rentenbetrag, der sich ergibt, wenn der Gegenwartswert in eine ewige uniforme Reihe umgewandelt wird. Dem Gegenwartswert V_0 ist in diesem Falle der Rentenbetrag a gemäß der Formel $a = V_0 \cdot i$ äquivalent.

Diesen Betrag a, der sich als Verzinsung des Gegenwartswertes ansehen läßt, bezeichnet man auch als kapitaltheoretischen oder „*ökonomischen Gewinn* ‘‘[25]. Der ökonomische Gewinn gibt an, welche Ausschüttungen durchschnittlich möglich sind. Die durchschnittlichen Ausschüttungen brauchen aber nicht die wirklichen Ausschüttungen zu sein. Genau wie das Vermögen (oder der Gegenwartswert) kann sich der ökonomische Gewinn (oder die Annuität) wegen einer Senkung des Zinssatzes erhöhen, ohne daß sich das Konsumeinkommen ändert. Bei vollkommenem Kapitalmarkt und gegebenem Zinssatz — bzw. bei gegebenen sicheren Erwartungen über alle zukünftigen Zinssätze — kann man den ökonomischen Gewinn zwar zum Vergleich von Einkommensströmen gebrauchen, aber Änderungen des ökonomischen Gewinns im Zeitablauf, die auf *unerwartete* Zinsänderungen zurückzuführen sind, sind nicht aussagefähig. Der ökonomische Gewinn kann daher auch nicht generell als sinnvolle Zielgröße angesehen werden.

Stellt es eine Kritik an den Ersatzgrößen Vermögen und ökonomischer Gewinn dar, wenn man darauf hinweist, daß sie sich ändern können, obwohl der Einkommensstrom gleichbleibt oder sich sogar in der entgegengesetzten Richtung ändert? Wie durch die nachdrückliche Unterscheidung von unerwarteten und erwarteten Zinsänderungen deutlich werden sollte, kann sich der Verwirrung stiftende Effekt nur einstellen, wenn eine vorher ausdrücklich getroffene Annahme verletzt wird. Der Zinssatz kann sich nur dann in unerwarteter Weise ändern, wenn — entgegen der Annahme — eben doch keine sicheren Erwartungen bestanden haben bzw. wenn sich die Annahme als unberechtigt erweist. Wenn man, wie es die Kritik an der Ersatzgröße Vermögen impliziert, die Annahme sicherer Erwartungen bezüglich des Zinssatzes faktisch aufhebt, indem man seine unerwarteten Änderungen berücksichtigt, ist es etwas willkürlich, trotzdem mit den Einkommensströmen so zu rechnen, als hätte man in Bezug auf sie sichere

---

25 Vgl. *Schneider* [Bilanzgewinn].

Erwartungen. Es ist also weniger eine Kritik an den Ersatzgrößen selbst — sie sind logisch einwandfrei — als an den extrem engen Bedingungen, unter denen man sich an ihnen orientieren kann, bzw. es ist eine Kritik an ihrer nicht zulässigen Verwendung für Vermögensvergleiche im Zeitablauf und unter Unsicherheit.

Damit kommen wir zur dritten Vereinfachung: Die Annahmenkombination vollkommener Kapitalmarkt *und* sichere Erwartungen ist wirklich sehr einengend. Insbesondere die Annahme vollkommener Kapitalmärkte ist in der Literatur, die die finanziellen Ziele ausführlich diskutiert hat, als unrealistisch abgelehnt worden[26]. Folgt man dieser Einschätzung, dann erweist sich der Gebrauch der Ersatzgrößen als sehr problematisch. Wenn der Kapitalmarkt unvollkommen ist, muß man seine Konsumpläne kennen, um seine finanziellen Ziele richtig formulieren zu können. Diese Konsumpläne erstrecken sich im Prinzip auf sehr viele zukünftige Perioden. In der Realität ist es aber fast immer so, daß der Planungszeitraum kürzer ist als der Zeitraum, in dem man leben wird und zu konsumieren beabsichtigt. Es ist dann nötig, weitere Vereinfachungen hinsichtlich der zeitlichen Struktur des Konsums bzw. der Konsummöglichkeiten vorzunehmen. Für praktische Planungsaufgaben erscheinen drei Zielformulierungen geeignet:

(1) „Einkommensmaximierung": Damit ist gemeint, daß das Endvermögen am Ende des Planungszeitraums einen vorgegebenen Wert hat und das Konsumeinkommen für jede Periode innerhalb des Planungszeitraums möglichst groß sein soll.

(2) „Vermögensmaximierung": Damit ist gemeint, daß das Konsumeinkommen für alle Perioden innerhalb des Planungszeitraums vorgegeben ist und das Endvermögen am Ende des Planungszeitraums möglichst groß sein soll.

(3) „Wohlstandsmaximierung": Laufendes Einkommen und Endvermögen sollen gemeinsam maximiert werden. Dies setzt eine Regel voraus, wie eine Einheit laufendes Einkommen gegen eine Einheit Endvermögen zu verrechnen ist.

Besonders die Zielsetzungen (1) und (2) sind als handhabbare Vergröberungen des Ziels „optimaler Konsumeinkommensstrom" anzusehen. Der Vorteil, daß sich mit ihnen leicht rechnen läßt, kostet den Preis, daß sich die wirklich gewünschten zeitlichen Strukturen von den vereinfachten Strukturen unterscheiden können.

Diese von Dieter Schneider[27] in die deutsche Literatur eingeführten Namen für die Ziele sind eine Quelle möglicher Mißverständnisse, weil die Ausdrücke „Einkommen", „Vermögen" und „Wohlstand" in der allgemeinen Literatur anders gebraucht werden, nämlich „Vermögen" als Gegenwartswert des Einkommensstroms im Anfangszeitpunkt, „Einkommen" entweder als Zahlungsreihe von der Unternehmung an den Unternehmer oder als „economic income", d.h. als maximal möglicher Konsum des Unternehmers in allen Zeitperioden, und „Wohlstand" in gleichem Sinne wie Vermögen. Wir haben bisher die allgemein üblichen Begriffe verwendet und werden uns daran auch weiterhin halten.

---

26 Vgl. z.B. *Moxter* [Grundsätze], S. 41, *ders.* [Verschuldungsumfang], S. 151 f. und *Schneider* [Investition], S. 176 und 211.

27 Vgl. *Schneider* [Investition], S. 161–165 bzw. frühere Auflagen. Ähnlich vorher schon *Hax* [Investitions- und Finanzplanung].

2.4.3. Bilanzgewinn als finanzielles Ziel?

Die Vorstellung, daß man finanzielle Ziele als Konsumstrom oder Konsumeinkommensstrom oder als Strom der maximal möglichen Konsumbeträge in allen zukünftigen Zeitperioden mißt, ist dem kaufmännischen Denken — immer noch — recht fremd. Der Kaufmann sieht in der Regel den Gewinn als sein finanzielles Ziel, und er meint damit den Periodengewinn oder Bilanzgewinn. Die für die Unternehmenspraxis zweifellos wichtigen Vorschriften des Handels-, Gesellschafts- und Steuerrechts sind ebenfalls an der Vorstellung eines bilanziell zu ermittelnden Periodengewinns ausgerichtet. Diese Sachverhalte allein rechtfertigen die Fragen, ob der Bilanzgewinn eine sinnvoll formulierte finanzielle Zielsetzung darstellt und wodurch sich der Bilanzgewinn von den kapitaltheoretischen Einkommensvorstellungen unterscheidet.

Für unsere Zwecke ist es erforderlich, zwei Fragestellungen zu trennen: Zum einen ist zu fragen, ob die *gesamte Reihe* zukünftiger Bilanzgewinne eine sinnvolle Zielgröße darstellt. Dazu muß man unterstellen, daß die Bilanzgewinne aller zukünftigen Perioden bekannt sind. Zum anderen ist zu fragen, ob der Bilanzgewinn *einer Periode,* zum Beispiel der nächsten oder der gerade abgeschlossenen, eine sinnvolle Größe ist, an der die Zielerreichung gemessen werden kann.

Bilanzgewinne sind — nach dem System der doppelten Buchführung — gleichzeitig als Überschuß der Periodenerträge über die Periodenaufwendungen in der Gewinn- und Verlustrechnung und als Überschuß des Netto-Bilanz-Vermögens am Periodenende über das Netto-Bilanz-Vermögen am Periodenanfang, also als Vermögenszuwachs, (vermehrt um die Nettoentnahmen während der Periode) aus Bilanzen abzulesen. Wie Periodengewinne inhaltlich zu verstehen sind, hängt davon ab, was man als Ertrag und Aufwand verrechnet bzw. was man mit welchen Wertansätzen in die Bilanzen schreibt. Folgt man der sogenannten dynamischen Bilanztheorie[28], dann erkennt man, daß Aufwand und Ertrag von Zahlungsgrößen abgeleitet sind: Aufwand/Ertrag und Auszahlungen/Einzahlungen unterscheiden sich nicht bei denjenigen Zahlungen, die in der Rechnungsperiode sofort zu Aufwand bzw. Ertrag werden. Das ist z.B. bei Löhnen und Barumsätzen der Fall. Sie unterscheiden sich aber z.B. bei den Auszahlungen, die für die Beschaffung von Maschinen vorgenommen werden. Die Maschinen sollen in mehreren Perioden genutzt werden, und deshalb sollen die Auszahlungen „verursachungsgemäß" auf die Nutzungsperioden verteilt werden. Nur ein Teil der Auszahlung für die Beschaffung der Maschine wird dem Jahr der Beschaffung als Aufwand „zugerechnet". Der Rest wird „aktiviert" und damit auf spätere Perioden verschoben. Auszahlungen/Einzahlungen und Aufwand/Ertrag unterscheiden sich also hinsichtlich ihrer zeitlichen Verteilung[29].

Ein einfaches Beispiel einer Unternehmung, die unmittelbar vor dem Zeitpunkt t_0 gegründet und errichtet wird, zwei Perioden tätig ist und im Zeitpunkt t_2 aufgelöst wird, macht den Unterschied zwischen Zahlungs- und Gewinnrechnung deutlich:

---

28 Vgl. *Schmalenbach* [Dynamische] und die Interpretation in *Moxter* [Bilanzlehre], S. 245–343, bes. S. 333–338.

29 Genauer müßte man noch zwischen Auszahlungen/Einzahlungen und Ausgaben/Einnahmen unterscheiden, vgl. *Weber* [Rechnungswesen], S. 31–34. Zu den zeitlichen Verschiebungen zwischen der Erfolgsrechnung (Aufwand/Ertrag) und der Zahlungsrechnung (Auszahlungen/Einzahlungen) vgl. z.B. *Moxter* [Bilanzlehre], S. 282–288.

	t_0	t_1	t_2
Aus- und Einzahlungen	– 1000	+ 600	+ 600
Aktivierung (+) und			
Abschreibung (–)	+ 1000	– 500	– 500
Periodengewinne	0	+ 100	+ 100

Wir können nun die erste Frage aufgreifen: Ist die ganze Folge der Einzahlungsüberschüsse oder die ganze Folge der Periodengewinne die sinnvollere Zielgröße?

(1) Selbst wenn wir die Betrachtung mit dem Zeitpunkt t_0 beginnen lassen, sind die Einzahlungsüberschüsse die sinnvollere Größe, denn den Unternehmer interessiert, was er konsumieren kann: Wenn er die Unternehmung gründet, kann er in t_0 1000 weniger und in t_1 und t_2 je 600 mehr verbrauchen, als wenn er die Gründung unterlassen würde.

(2) Wenn die Unternehmung schon existiert, also in einem Moment *nach* t_0, entsprechen den Abschreibungen keine Auszahlungen. Ihre Verrechnung mindert nicht die Konsummöglichkeiten. Es könnten in t_1 und t_2 je 600 und nicht nur 100 mehr ausgegeben werden, wenn man die — annahmegemäß schon errichtete — Unternehmung *nach* t_0 bekäme. Die Gewinnrechnung läßt die Konsummöglichkeiten zu ungünstig und die existierende Unternehmung weniger wertvoll erscheinen als die Zahlungsrechnung.

Die Periodengewinne erscheinen also nicht als sinnvolle Zielgröße, weil sie die Konsummöglichkeiten falsch darstellen. Die Verzerrung kann auch in die andere Richtung wirken: Die Periodengewinne können die Konsummöglichkeiten zu günstig erscheinen lassen. Auch dazu ein Beispiel: Eine Unternehmung habe in der Periode, die im Zeitpunkt t_0 endet, einen Gewinn, der zugleich Einzahlungsüberschuß aus der Geschäftstätigkeit ist, von 100 Geldeinheiten erwirtschaftet. Die 100 werden aber nicht ausgeschüttet (entnommen), sondern zum Erwerb einer Beteiligung verwendet, die ab t_1 in jeder Periode Einzahlungen = Gewinne = Ausschüttungen von 10 Geldeinheiten erbringt. Betrachten wir nun die Reihe der Gewinne und die der Einzahlungsüberschüsse (und möglichen Ausschüttungen):

	t_0	t_1	t_2	...
Gewinne	+ 100	+ 10	+ 10	...
Einzahlungsüberschüsse	0	+ 10	+ 10	...

Die Reihe der Periodengewinne enthält eine Doppelzählung: Sie zählt das Huhn (die 100 in t_0) und die Eier, die es legt (die 10 ab t_1). Man kann nicht beide verspeisen! Die Aufgabe, die Konsummöglichkeiten des Unternehmers zu messen, erfüllt die Zahlungsrechnung besser. *Dies ist die wichtigste Lehre bezüglich der Eignung des Bilanz- oder Periodengewinns als Zielgröße.* Es folgt aber nun eine Einschränkung, die den Periodengewinn wieder etwas aufwertet, und danach eine Einschränkung der Einschränkung, also eine weitere Kritik an der Eignung des Periodengewinns als Zielgröße.

Zuerst die *Einschränkung:* Das bisherige Ergebnis stimmt nur dann, wenn die Voraussetzung, die gesamten Folgen zukünftiger Einzahlungsüberschüsse und Periodengewinne seien bekannt, wirklich erfüllt ist. In der Realität ist diese Voraussetzung häufig nicht erfüllt. Vielmehr kann man oft nur wenige zukünftige Perioden genau überblicken. Nehmen wir das erste Beispiel von der Unternehmung auf, die zwischen t_0 und t_2 existiert, um es zu variieren. Die Zahlungsreihe – 1000, + 600, + 600 soll nun nur noch eine Investition darstellen. Nach

Beendigung der Investition soll eine gleiche Investition möglich sein, die mit einer Auszahlung von 1000 in t_2 beginnt und Einzahlungen von je 600 in t_3 und t_4 ermöglicht. Danach folgen weitere Investitionen derselben Art. Ist nun der Gewinn von 100 oder der Einzahlungsüberschuß von 600 im Zeitpunkt t_1 die geeignetere Zahl, um die Konsummöglichkeiten des Unternehmers anzuzeigen? Der Gewinn ist geeigneter, denn die „Abschreibung" von 500 darf, obwohl sie Einzahlungsüberschuß ist, nicht verbraucht werden. Die 500 der ersten Periode und die 500 aus der zweiten Periode werden gebraucht, um im Zeitpunkt t_2 die Auszahlung von 1000 für die neue Maschine vorzunehmen. Unter den veränderten Annahmen zeigt der Periodengewinn von 100 die langfristig möglichen Konsumbeträge besser an als der Einzahlungsüberschuß von 600. Genau das ist eine Funktion des Bilanzgewinns nach „(neo-)dynamischer" Bilanzauffassung: Der Bilanzgewinn soll eine *extrapolierbare Größe* sein, eine Maßgröße für die zu erwartende Durchschnittsausschüttung in der Zukunft[30].

Nun folgt die *Einschränkung der Einschränkung:* Daß der Gewinn der ersten Periode im modifizierten Beispiel eine so gute Basis für eine Fortschreibung in die Zukunft darstellt, liegt an der Konstruktion des Beispiels: Dort folgt in der Zukunft, d.h. ab t_2, immer nur eine Wiederholung der Vergangenheit. Die Verhältnisse in dem modifizierten Beispiel ändern sich nicht, sie sind „statisch". Wenn sich die Verhältnisse ändern und sich schon vor dem Zeitpunkt t_1 andere Entwicklungen abzeichnen, als sie im Zeitpunkt t_0 erwartet wurden, eignet sich der Periodengewinn nicht mehr als Extrapolationsbasis. Nehmen wir z.B. an, man würde schon vor t_1 erkennen, daß es für die Zukunft „besser" ist, ab t_1 eine andere Maschine einzusetzen, obwohl die alte nur weggeworfen werden kann. „Besser" heißt: Die Einzahlungsüberschüsse können beträchtlich gesteigert werden. Diese günstige Entwicklung, mit der in t_0 nicht gerechnet worden ist, zeigt sich nicht in einer Erhöhung des Bilanzgewinns. Vielmehr ist das Gegenteil der Fall, denn die Maschine steht vor t_1 noch mit 1000 zu Buche. Außer der geplanten Abschreibung von 500 ist nun in t_1 eine Sonderabschreibung von 500 nötig. Statt des Periodengewinns von 100 würde in t_1 sogar ein Periodenverlust von 400 ausgewiesen.

Nun ein Beispiel für den umgekehrten Fall: Die Erwartungen über die zukünftigen Absatzmöglichkeiten verschlechtern sich zwischen den Zeitpunkten t_1 und t_2. Deswegen wird beschlossen, im Zeitpunkt t_2 doch keine neue Maschine zu kaufen. Statt dessen soll die alte Maschine bis zum Zeitpunkt t_3 weiterbenutzt werden. Es wird erwartet, daß sie in t_3 zusammenbricht. Die Einzahlungsüberschüsse, die mit der Maschine noch zu erwirtschaften sind, seien 300. Wie zeigen sich die verschlechterten Zukunftsaussichten in den Bilanzgewinnen? Der Bilanzgewinn steigt an. Auf Gewinne von 100 in t_1 und in t_2 folgt ein Gewinn von 300 in t_3, denn die Maschine war schon voll abgeschrieben. Den Einzahlungsüberschüssen kann kein Aufwand mehr gegenübergestellt werden.

Der Bilanzgewinn enthält eine Komponente, die *systematisch* eine Entwicklung in die falsche Richtung anzeigt, wenn sich die Verhältnisse — und die erwartete Zielerreichung — anders entwickeln, als erwartet worden war. Der auf seine Extrapolierbarkeit hin konstruierte Bilanzgewinn gemäß dynamischer Bilanzauffassung, der sog. „dynamische Gewinn", „wird mit dynamischen Verhältnissen nicht fertig"[31].

Was ist gewichtiger: der Hinweis auf die Prognoseeignung des Gewinns bei statischen Verhältnissen oder der Nachweis, daß diese Prognoseeignung bei dynamischen Verhältnissen sich ge-

---

30 Vgl. *Moxter* [Bilanztheorien], hier S. 682 f. und [Gewinnermittlung], S. 197 f., sowie vorher schon *Engels* [Bewertungslehre], S. 182–184.
31 *Moxter* [Grundsätze], S. 44.

rade in ihr Gegenteil umkehrt? Ich kenne keine Argumente, die hier ein vernünftiges Abwägen erlauben. Man kann nicht generell sagen, ob die Komponente, die die Korrektur von Prognosefehlern der Vergangenheit enthält und dadurch die Gewinnentwicklung systematisch falsch anzeigt, gewichtiger ist als die extrapolierbare Komponente.

Darstellung und Kritik des Bilanzgewinns als Zielgröße waren noch sehr abstrakt. Sie sah von den für die Bestimmung des Periodengewinns durch die Bilanz und die Gewinn- und Verlustrechnung geltenden Vorschriften und von den Bilanzierungsgewohnheiten der Praxis ab. Will man den Bilanzgewinn als Maßstab für die Zielerreichung untersuchen, muß man diese Abstraktion aufgeben und die Aufgaben berücksichtigen, die die Bilanzerstellung hat. Unter diesen steht bei Aktiengesellschaften die „Gewinnverteilungsregelung" im Vordergrund. Ein Ziel der aktienrechtlichen Vorschriften zum Jahresabschluß (§§ 149–160 AktG) ist zu verhindern, daß die Gläubiger dadurch geschädigt werden, daß ihnen durch zu große Ausschüttungen ein Teil des als Haftungsgrundlage angesehenen Eigenkapitals entzogen wird. Neben diesen ausschüttungshemmenden Vorschriften des Aktiengesetzes ist auch der Einfluß steuerrechtlicher Vorschriften zu beachten. Die Bilanzerstellung — und damit die Gewinnfeststellung — geschieht unter Berücksichtigung der zu erwartenden Steuerverpflichtungen, sie wird aus Steuergründen „frisiert"[32].

Der Bilanzgewinn selbst ist also keine sinnvolle Zielgröße, und er ist nicht einmal ein guter Maßstab für die Zielerreichung. Der Bilanzgewinn realer Unternehmungen ist durch viele Faktoren so verzerrt, daß er als Indikator dafür, welche Hilfe die Unternehmung einem Unternehmer bei der Verfolgung seiner finanziellen Ziele bietet, nur sehr schlecht geeignet ist. Insbesondere ist hervorzuheben, daß sich die üblichen Bilanzen hauptsächlich auf Vergangenheitszahlungen stützen, die Unternehmer aber ein Interesse an zukünftigem Einkommen und damit an Zukunftserfolgen der Unternehmung und an Zukunftszahlungen haben.

2.5. Finanzielle Ziele von Personengruppen

2.5.1. Zielkonflikte, Abstimmung und Einstimmigkeit

Wie wir gesehen haben, bewerten Einzelpersonen idealerweise Investitionsobjekte nach den Zahlungsreihen, die sie infolge der Investitionsentscheidung als Einkommen erhalten und für Konsumzwecke verwenden können. Selbst wenn wir die Betrachtung auf finanzielle Ziele von Eigentümern (Eigenkapitalgebern) beschränken, sind Zielkonflikte möglich: Wenn es mehrere Eigentümer einer Unternehmung gibt und wenn sich deren Zielvorstellungen hinsichtlich der zeitlichen Struktur des Einkommens und hinsichtlich der Bewertung der Unsicherheit unterscheiden, stellt sich das Problem, woran Investitions- und Finanzierungsentscheidungen zu messen sind. In dem oben auf S. 33 diskutierten Beispiel ist es möglich, daß ein Eigentümer ein im Zeitablauf wachsendes Einkommen wünscht und deshalb den Plan oder Konsumstrom A (mit den Einkommenszahlungen 17, 22 und 25) bevorzugt. Ein anderer Eigentümer würde sich hingegen für ein gleichbleibendes Einkommen entscheiden und den Plan oder Konsumstrom B (mit den Einkommenszahlungen 20, 20 und 20) vorziehen. Welche Entscheidung soll-

---

32 Vgl. dazu ausführlicher *ders.* [Bilanzlehre] und *Schneider* [Steuerbilanzen].

te die Unternehmung — z.B. vertreten durch einen angestellten Manager, der im Interesse beider Eigentümer zu handeln beabsichtigt — in dieser Situation treffen?

Der Interessenkonflikt wird noch komplizierter, und Lösungen scheinen noch schwerer zu finden, wenn es viele Eigentümer gibt und wenn der Manager, der die Entscheidungen zu treffen hat, die Wünsche der Eigentümer hinsichtlich der zeitlichen Struktur und ihre Einstellungen gegenüber der Unsicherheit nicht kennt. Dies gilt insbesondere bei den großen Publikumsaktiengesellschaften.

Angesichts des Interessenkonflikts kann eine Unternehmensleitung einzelne Eigentümer bevorzugen. Sie kann sich an den Wünschen der Eigentümer mit dem größten Kapitalanteil orientieren, oder sie kann, im Falle einer AG, die Kleinaktionäre favorisieren[33]. Sie kann auch herauszufinden versuchen, ob es bei ihren Aktionären vorherrschende oder typische Einkommenswünsche gibt, und sich nach diesen richten. Aber all diese Vorschläge haben mindestens einen, oft aber zwei Mängel: In jedem Falle stellt sich die Frage, mit welcher Berechtigung einzelne Eigentümer benachteiligt werden dürfen. Und meistens stellt es sich als praktisch unmöglich heraus, die Wünsche der zu bevorzugenden Eigentümer bezüglich der Zeitstruktur und der Unsicherheit überhaupt zu ermitteln.

Man kann erwägen, Zielkonflikte zwischen Eigenkapitalgebern durch Abstimmung zu lösen. Dies ist nicht so sehr als Vorschlag zum praktischen Vorgehen gemeint, sondern als gedankliche Konstruktion: Die Unternehmensleitung könnte sich überlegen, welchen Investitions- und Ausschüttungsplan die Eigentümer bei einer Abstimmung befürworten würden, und sie könnte das gedachte Abstimmungsergebnis praktisch umzusetzen versuchen.

Wenn abgestimmt werden soll, braucht man eine Abstimmungsregel. Eine einfache Abstimmungsregel ist die Mehrheitsregel. Betrachten wir dazu einen einfachen Fall: Zur Wahl stehen drei Pläne, die mit A, B und C bezeichnet werden. Jeder Plan enthält eine Festlegung über ein oder mehrere Investitionsobjekte und über die Ausschüttungen der Unternehmung an die Eigentümer. Jeder Plan entspricht einem Einkommensstrom. Es gebe drei Eigentümer, die mit I, II und III bezeichnet werden. Jeder der drei Eigentümer hat eine Vorstellung, wie er die drei Pläne bewertet. Er bildet eine Rangordnung: Der am höchsten bewertete Plan erhält die Rangziffer 1, der nächste die Rangziffer 2 und der am schlechtesten eingestufte Plan die Rangziffer 3. Die individuellen Bewertungen können beispielsweise zu der folgenden Abstimmungsmatrix führen:

Eigentümer Plan	I	II	III
A	1	3	2
B	2	1	3
C	3	2	1

Tab. 2.2: Abstimmungsmatrix

Wird nun paarweise über je zwei Pläne abgestimmt, ergibt sich, daß Plan A von den Eigentümern I und III dem Plan B vorgezogen wird. A hat eine Mehrheit vor B. Die weitere Abstimmung zeigt, daß Plan C mit Mehrheit dem Plan A vorgezogen wird. Plan C kann trotzdem

---

33 So z.B. *Rittershausen* [Finanzierungen], S. 144.

nicht als der beste angesehen werden, denn Plan C unterliegt dem Plan B. Die Abstimmung führt nicht zu einer Entscheidung, sondern zu einem Zirkel:

A vor B, C vor A und B vor C.

Solche wenig hilfreichen Ergebnisse sind bei vielen Abstimmungsproblemen möglich. Es gibt keine Abstimmungsregel, bei der sie nicht auftreten können[34]. Die Abstimmung führt jedoch immer dann zu einem eindeutigen und sinnvollen Ergebnis, wenn alle Eigentümer einen Plan als den besten ansehen, d.h. bei Einstimmigkeit. Wir müssen daher nun fragen, ob und unter welchen Bedingungen es einen von allen bevorzugten Plan gibt.

2.5.2. Die Grundidee der Marktwertmaximierung

Unter der Bedingung eines vollkommenen Kapitalmarktes wird von allen Aktionären derjenige Unternehmensplan einstimmig bevorzugt, der den Marktwert des Eigenkapitals — oder bei gegebener Zahl der Aktien: den Börsenkurs — am höchsten werden läßt. Der Marktwert ist das Produkt aus Kurs einer Aktie und Zahl der Aktien. Warum sollte die Marktwertmaximierung im gemeinsamen Interesse aller Aktionäre liegen?

Beginnen wir wieder mit dem oben schon verwendeten Beispiel mit den zwei zur Wahl stehenden Plänen A und B und zwei Aktionären. Jeder Aktionär habe eine Aktie. Die Zahlungen der Pläne A und B von 17, 22 und 25 bzw. 20, 20, 20 seien zusätzliche Dividenden, die pro Aktie ausgeschüttet werden, wenn die Pläne realisiert würden. Die beiden Pläne schließen sich gegenseitig aus. Der Aktionär I bevorzugt einen wachsenden Einkommensstrom, wie ihn der Plan A schaffen würde. Der Aktionär II plant Konsumausgaben, die im Zeitablauf gleichbleiben wie die mit Plan B verbundenen Ausschüttungen. Wenn die (zusätzlichen) Dividenden bestimmen, welche (zusätzlichen) Konsumausgaben die beiden Aktionäre vornehmen, tritt der Konflikt auf.

Der Konflikt ist aber vermeidbar, denn Aktien kann man verkaufen, und Konsumausgaben kann man aus dem Verkaufserlös bestreiten. Was man beim Verkauf erlöst, hängt vom Börsenkurs ab. Dieser wird wesentlich bestimmt durch die zu erwartenden zukünftigen Dividenden[35]. Nehmen wir zur Vereinfachung an, der erwartete zukünftige Kurs nach der letzten zusätzlichen Dividende im Zeitpunkt t_3 sei, unabhängig von der anstehenden Entscheidung, 100. Wenn keiner der Pläne gewählt wird, bleibt der Kurs im Zeitpunkt t_0 auf 100. Jetzt werden Vermutungen darüber gebraucht, wie sich die Entscheidung für einen der beiden Pläne auf den Kurs auswirken würde. Nehmen wir an, daß die Entscheidung für Plan A und die Bekanntgabe der Entscheidung den Kurs im Entscheidungszeitpunkt t_0 auf 152 steigen ließe. Bei Plan B wird mit einer Kursänderung auf 149 gerechnet.

Die Unternehmensleitung handelt im Interesse beider Aktionäre, wenn sie sich für Plan A entscheidet, die Entscheidung bekannt gibt und den Plan verwirklicht. Zur Begründung ist auf die Konsumpläne der Aktionäre Bezug zu nehmen[36]. Daß Aktionär I den Plan A bevorzugt, ist ohnehin klar, da er einen wachsenden Einkommensstrom wünscht. Aktionär II bevorzugt ei-

---

34 Vgl. *Arrow* [Choice] und dazu *Schauenberg* [Logik], S. 55–77.
35 Vgl. z.B. *Sharpe* [Investments], S. 366–387.
36 Der in amerikanischen Lehrbüchern verbreitete Hinweis, daß Aktionäre investieren, um möglichst reich zu werden, wird dort wohl als ausreichende Begründung angesehen. Er ist jedoch nichtssagend. Vgl. explizit *Lewellen* [Cost], S. 2, und sinngemäß *Solomon* [Theory] S. 22 f.

nen gleichmäßigen Dividendenstrom. Aber ein gleichmäßiger Dividendenstrom von 20, 20, 20 kostet an der Börse 49 (= 149—100), wie aus der Prognose der Auswirkungen von Plan B abgelesen werden kann. Für die 52 (= 152—100), um die der Plan A den Kurs der Aktie steigen läßt, wird sich der Aktionär II an der Börse einen seinen Wünschen entsprechenden gleichbleibenden Dividendenstrom kaufen können, der ihm mehr als die (zusätzlichen) 20 in den Zeitpunkten t_1, t_2 und t_3 einbringt. Der durch Anteilsverkauf und Wiederanlage erreichbare Strom könnte z.B. 21, 21, 21 betragen. Dem Aktionär II ist es also auch lieber, wenn der den Marktwert (Börsenkurs) maximierende Plan A gewählt wird, da er dadurch einen breiteren gleichmäßigen Einkommensstrom hätte als bei Wahl des Planes B, der die von ihm bevorzugte zeitliche Struktur der Dividenden hat.

Dieselbe Überlegung gilt hinsichtlich der Unsicherheit. Nehmen wir wieder an, es gäbe zwei Pläne. Der Plan A läßt höhere aber unsicherere Dividenden erwarten als der Plan B. Wieder werden zwei Aktionäre betrachtet. Aktionär I sei risikoscheuer. Er würde den Plan B bevorzugen, wenn die mit diesem Plan verbundenen zukünftigen Dividenden sein Konsumeinkommen wären. Der weniger risikoscheue Aktionär II würde Plan A vorziehen. Plan A führt zu einem höheren Marktwert der Aktien. Die Unternehmensleitung handelt im gemeinsamen Interesse beider Aktionäre, wenn sie sich für Plan A entscheidet. Die Begründung erfolgt wie oben: Der Aktionär I, dem Plan A zu riskant erscheint, kann seine Aktie verkaufen und dafür andere Aktien erwerben, die einen Dividendenstrom erwarten lassen, der ebenso (wenig) riskant, zugleich aber breiter ist als der Dividendenstrom, den er erhielte, wenn Plan B realisiert würde.

Die für den Fall von zwei Aktionären vorgetragene Überlegung läßt sich auf den Fall vieler Aktionäre verallgemeinern: Wenn eine Unternehmensleitung den Marktwert der Aktien maximiert, handelt sie im Interesse aller Aktionäre. Die Unternehmensleitung braucht sich um die Konsumpläne der einzelnen Aktionäre nicht zu kümmern — und in der Regel könnte sie das auch nicht, weil sie die Konsumpläne nicht kennt. Sie braucht auch nicht zu entscheiden, welche Aktionäre sie durch ihre Investitions- und Ausschüttungspolitik bevorzugen will. Aktionäre, die die zeitliche Struktur oder das Risiko der Dividenden nicht mögen, können ja ihre Aktien verkaufen. Je mehr sie dafür erlösen, um so besser ist es für sie, denn um so breiter ist der Einkommensstrom, den sie sich — ihren Zeit- und Risikopräferenzen entsprechend — mit dem Verkaufserlös verschaffen können. Entscheidend ist, daß diese Aktionäre bei Marktwertmaximierung einen „besseren" Einkommensstrom bekommen können als den, den sie hätten, wenn die Unternehmung einen ihren Konsumwünschen entsprechenden aber nicht marktwertmaximierenden Plan realisiert hätte. Nur deshalb würden auch sie bei einer gedachten Abstimmung für den Plan votieren, der den Marktwert maximiert.

Die Erläuterung zeigt, welche Bedingung erfüllt sein muß, damit Marktwertmaximierung einstimmig befürwortet wird: Der Kapitalmarkt muß den Aktionären, die „umsteigen" wollen, wirklich die Möglichkeit dazu bieten. Er muß weitgehend „vollkommen" sein. Was das im einzelnen heißt, ist ein immer noch umstrittenes Thema[37]. Hier sollen Andeutungen genügen:

(1) Die Transaktionskosten (Spesen, Gebühren etc. sowie Informationskosten) beim Kauf und Verkauf von Wertpapieren müssen gering sein. Wenn sie hoch sind, bleibt der Interessenkonflikt bestehen. Im obigen Zahlenbeispiel beträgt die kritische Größe für die Transaktionskosten drei (Warum?).

---

37 Vgl. außer den in Anm. 23 genannten Quellen die in *Ballwieser/Schmidt* [Unternehmensverfassung] angegebene Literatur.

(2) Es muß am Kapitalmarkt Anlagemöglichkeiten geben, die die Eigenschaften (zeitliche Struktur, Unsicherheit) haben, die die „umsteigewilligen" Aktionäre suchen, oder die gewünschten Eigenschaften müßten sich durch eine Kombination von Anlagemöglichkeiten herstellen lassen. Im obigen Beispiel erscheint diese Anforderung harmlos, ein uniformer Dividendenstrom dürfte leicht zu finden sein. Im allgemeinen ist sie jedoch nicht leicht zu erfüllen[38].

(3) Dividendenströme mit gleichen Eigenschaften müssen den gleichen Preis haben. Wenn im obigen Beispiel der Plan B zu einer Kurssteigerung der Aktie um 49 führt, dürfen andere Dividendenströme der Form 20, 20, 20 auch nicht bedeutend mehr als 49 kosten.

(4) Aktienkurse müssen auch die Ausschüttungserwartungen und das Risiko in etwa „richtig" widerspiegeln. Tun sie das nicht oder sind Kurse gar manipuliert, muß ein „umsteigewilliger" Aktionär befürchten, daß er seine Aktien zu billig verkauft. Er wird durch diese Befürchtung daran gehindert, den seinen Konsumwünschen entsprechenden Einkommensstrom zu erwerben.

Wie vollkommen der Markt für Aktien ist, weiß man nicht. Einige empirische Untersuchungen lassen vermuten, daß man nicht mit extremen Unvollkommenheiten zu rechnen braucht[39]. Diese Untersuchungsergebnisse sprechen dafür, der Investitions- und Finanzierungstheorie die Zielsetzung Marktwertmaximierung zugrunde zu legen. Doch viele Zweifel an der Berechtigung der Annahme vollkommener Kapitalmärkte lassen sich nicht ausräumen.

Vielleicht eine Schwäche, jedenfalls aber eine Schwierigkeit der Zielsetzung Marktwertmaximierung ist darin zu sehen, daß die Unternehmensleitung sich bei ihren Entscheidungen nur dann an dieser Zielsetzung orientieren kann, wenn sie weiß, wie der Kapitalmarkt („die Börse") Unternehmensanteile bewertet. Die Unternehmensleitung braucht eine Theorie über die Bewertung unsicherer mehrperiodischer Vorteilsströme am Kapitalmarkt. Wie später gezeigt wird, gibt es Ansatzpunkte einer erklärenden Theorie der Marktbewertung. Man könnte einwenden, daß die Zielsetzung Marktwertmaximierung das Problem nur verschiebt: Auch die Marktbewertung von Anteilen hängt von den Wünschen ab, die die Aktionäre hinsichtlich der zeitlichen Struktur und der Unsicherheit von Einkommensströmen haben. Dies trifft zweifellos zu, aber das Problem ist damit an eine Stelle verschoben, an der es eher lösbar erscheint. Denn wenn sich die Leitung einer Unternehmung an den Konsumwünschen *ihrer gegenwärtigen* Aktionäre orientieren wollte, müßte sie über diese *mehr* wissen, als sie bei der Zielsetzung Marktwertmaximierung über die Konsumwünsche *aller* Aktionäre an der Börse zu wissen braucht.

Eine zweifellos gravierende Schwäche der Zielsetzung Marktwertmaximierung ist, daß sie für die allermeisten Unternehmungen nicht relevant ist, da deren Anteile nicht an der Börse gehandelt werden.

Die wesentliche Stärke der Zielsetzung Marktwertmaximierung ist, daß der Zusammenhang zwischen Unternehmung und den Konsumplänen der Aktionäre zwar gelockert aber nicht aufgelöst wird. Die Möglichkeit, Aktien zu verkaufen, besteht auch bei unsicheren Erwartungen. Man muß sie berücksichtigen. Optimismus bezüglich dieser Möglichkeit und damit die Annahme weitgehender Marktvollkommenheit trotz unsicherer Erwartungen kennzeichnet die marktorientierte Richtung innerhalb der modernen Betrachtungsweise, die in der amerika-

---

38 Diese Annahme wird unter der Bezeichnung „Marktvollständigkeit" in der Literatur diskutiert, vgl. *Arrow* [Role] und *Debreu* [Theory], S. 98 f.
39 Vgl. die oben auf S. 16 in Anm. 23 genannten Quellen

nischen Literatur vorherrscht. Hier wurde jedoch die Marktwertmaximierung bewußt nicht als die generell richtige finanzielle Zielsetzung, als „das Unternehmensziel", dargestellt, sondern als eine, für die sich relativ leicht Einstimmigkeit bei einer gedachten Abstimmung beweisen läßt. Das theoretisch wichtigere Konzept ist die Einstimmigkeit. Es gibt auf unvollkommenen Kapitalmärkten Bedingungen, unter denen die Aktionäre einstimmig für andere Pläne als die marktwertmaximierenden votieren würden. Diese Pläne sind dann besser, und „das Unternehmensziel" ist dann nicht die Marktwertmaximierung[40]. Wir verwenden deshalb in den folgenden Kapiteln die Marktwertmaximierung auch nicht immer als Ziel, sondern nur dort, wo die Annahme vollkommener Kapitalmärkte ungefährlich ist oder wo man ohne sie überhaupt nichts sagen kann.

2.6. Zusammenfassung

Ziele sind Ausdruck der Wünsche der Personen, die Entscheidungen treffen, und Maßstäbe zur Beurteilung von Entscheidungen. Weil Investitions- und Finanzierungsentscheidungen zu Handlungsfolgen führen, die in mehreren zukünftigen Perioden wirksam werden und unsicher sind, müssen die Aspekte der Mehrperiodigkeit und der Unsicherheit auch in der Formulierung von Zielen erfaßt werden. In der Lehre von den Zielen wird diskutiert,

— wie man Aussagen über Ziele gewinnt,

— inwiefern solche Aussagen einen Anspruch auf Verbindlichkeit enthalten,

— wessen Ziele in der Investitions- und Finanzierungstheorie zugrunde gelegt werden (sollen) und

— welche Ziele zugrunde gelegt werden (sollen).

Ziele kann man empirisch, z.B. durch Befragung, ermitteln oder aus allgemeinen Annahmen und speziellen Zusatzhypothesen konstruieren. Aussagen über Ziele sind nicht in dem Sinne normativ, daß jemand verpflichtet wäre, die Ziele zu verfolgen, sondern sie sind Geltungsbedingungen für die in diesem Buch zu gebenden Handlungsempfehlungen: Nur für den gelten die Empfehlungen, der die Ziele hat, die hier angenommen werden.

Es gibt nicht „das Ziel der Unternehmung", sondern nur Ziele von Individuen. Diese können Eigentümer, Arbeitnehmer, Gläubiger, Kunden, Bewohner der Umwelt, Bürger des Steuern erhebenden Staates etc. sein. Von „dem Unternehmensziel" kann man allenfalls dann sprechen, wenn man damit eine Art von Kompromiß meint, in den die Ansprüche und Interessen der genannten Personen und Personengruppen eingegangen sind und der die Entscheidungen der Unternehmensleitung bestimmt. Da die organisationstheoretischen Kenntnisse über das Zustandekommen und die Natur solcher Kompromisse bisher weitgehend fehlen, geht die Investitions- und Finanzierungstheorie bisher einseitig und vereinfachend davon aus, daß nur die Ziele von Eigenkapitalgebern für Investitions- und Finanzierungsentscheidungen maßgeblich sind.

Es gibt nichtfinanzielle Ziele, finanzielle Ziele und solche, die eine Zwischenstellung einnehmen. Macht, Prestige, soziale Verantwortlichkeit, Unabhängigkeit, Daseinserfüllung und Pflichterfüllung sind die wichtigsten nichtfinanziellen Ziele. Ob Sicherheit ein eigenes Ziel ist

---

40 Vgl. z.B. *Laux* [Nutzenmaximierung] und verallgemeinernd *de Angelo* [Unanimity].

und ob es gegebenenfalls ein finanzielles oder ein nichtfinanzielles Ziel ist, kann man nicht allgemein sagen. Es hängt davon ab, wie man ein Entscheidungsmodell unter Berücksichtigung der Unsicherheit formuliert.

Nichtfinanzielle Ziele werden in der Investitions- und Finanzierungstheorie nicht berücksichtigt, nicht weil sie unwichtig wären, sondern weil die Theorie bisher nicht viel mit ihnen anzufangen weiß.

Das finanzielle Ziel von Einzelpersonen ist Konsum im Zeitablauf, der als Konsumeinkommensstrom gemessen wird. Konsumeinkommensströme sollen möglichst breit sein und eine bestimmte zeitliche Struktur und Sicherheit aufweisen. Angaben über bevorzugte zeitliche Strukturen und über die Bewertung der Unsicherheit gehören zur vollständigen Kennzeichnung des finanziellen Ziels einer Person.

Konsumeinkommensströme sind ein wenig operationales Ziel. Man sucht daher nach Vereinfachungen. Das „Vermögen" als Maß des Konsumpotentials in der Zukunft und das „ökonomische Einkommen" als Maß des durchschnittlich möglichen Konsums in jeder zukünftigen Periode sind zwei wichtige Ersatzgrößen für Konsumeinkommensströme. Einen vollwertigen Ersatz stellen sie jedoch nur bei vollkommenem Kapitalmarkt dar. Der Bilanzgewinn ist hingegen keine geeignete Ersatzgröße.

Zwischen verschiedenen Personen bestehen im Normalfall Zielkonflikte, weil sie Einkommensströme mit unterschiedlichen zeitlichen Strukturen bevorzugen und/oder die Unsicherheit unterschiedlich bewerten. Solche Zielkonflikte gibt es auch zwischen Eigentümern oder Aktionären einer Unternehmung: Daher stellt sich die Frage, woran sich eine Unternehmensleitung orientieren könnte, die versuchen würde, Entscheidungen im Interesse der Eigentümer oder Aktionäre zu treffen. Dieses Problem läßt sich dann lösen, wenn in einer gedachten Abstimmung die Eigentümer oder Aktionäre einstimmig für eine bestimmte Unternehmenspolitik votieren würden. Hinreichende Bedingungen dafür, daß sich Einstimmigkeit erzielen läßt, sind dann erfüllt, wenn Unternehmensanteile auf einem vollkommenen Kapitalmarkt gehandelt werden können. Die Konflikte ausschließende Zielsetzung ist dann die Maximierung des Marktwertes der Anteile an der Unternehmung oder kürzer: die Marktwertmaximierung. Um diese Zielsetzung mit ihren Entscheidungen verfolgen zu können, muß eine Unternehmensleitung jedoch wissen, wie am Kapitalmarkt unsichere Einkommensströme bewertet werden. Sie braucht eine Bewertungstheorie.

2.7. Literaturhinweise zum 2. Kapitel

Einen allgemeinen, nicht speziell auf Investitions- und Finanzierungsentscheidungen bezogenen, Überblick über die Zielsetzungsdiskussion in der Betriebswirtschaftslehre gibt der Artikel
„Ziele und Zielsysteme in der Unternehmung" von *Edmund Heinen* im Handwörterbuch der Wirtschaftswissenschaft, hrsg. von Willi Albers u.a., Band 9, Stuttgart/Tübingen/ Göttingen 1982, S. 616–623.
Allgemeine und speziell investitions- und finanzierungstheoretische Aspekte der Zielsetzung und den Bezug zum Bilanzgewinn als finanziellem Ziel diskutieren
Adolf Moxter in dem Aufsatz „Die Grundsätze ordnungsmäßiger Bilanzierung und der Stand der Bilanztheorie" in: Zeitschrift für betriebswirtschaftliche Forschung, 18. Jg. (1966), S. 29–58.

und *Dieter Schneider* in seinem Lehrbuch „Investition und Finanzierung", 5. Aufl., Wiesbaden 1980, bes. S. 48–61, 158–177 und 200–208.

Zur Diskussion organisationstheoretischer Aspekte und speziell zur Zielsetzung Marktwertmaximierung sei verwiesen auf

Wolfgang Ballwieser und Reinhard H. Schmidt „Unternehmensverfassung, Unternehmensziele und Finanztheorie", in: Unternehmensverfassung als Problem der Betriebswirtschaftslehre, hrsg. von K. Bohr u.a., Berlin 1981, S. 645–682, sowie auf

Helmut Laux „Nutzenmaximierung und finanzwirtschaftliche Unterziele", in: Die Finanzierung der Unternehmung, hrsg. von H. Hax und H. Laux, Köln 1975, S. 65–84.

II. Teil

Investitionstheorie bei sicheren Erwartungen

3. Kapitel

Methoden zur Berechnung der Vorteilhaftigkeit einzelner Investitionen

3.1. Lernziele

Im Teil II wird die Investitionstheorie behandelt, soweit sie von sicheren Erwartungen ausgeht. In diesem Kapitel werden hauptsächlich die drei sogenannten klassischen (oder) finanzmathematischen Methoden der Investitionsrechnung vorgestellt. Die Anwendung dieser Methoden gibt unter bestimmten Bedingungen eine Antwort auf die Frage, ob es für einen Investor vorteilhaft ist, eine bestimmte Investition durchzuführen.

In diesem Kapitel sollen die Leser lernen,

(1) welche Verfahren oder Methoden der Investitionsrechnung es gibt und wie man unter ihnen die finanzmathematischen Methoden einordnen kann,

(2) wie man ein Investitionsobjekt beschreiben muß, damit es mit finanzmathematischen Methoden beurteilt werden kann, und welche Probleme bei der Datenbeschaffung zu lösen sind,

(3) wie die drei finanzmathematischen Methoden operieren und wie sie — in einfachen Fällen — anzuwenden sind,

(4) welche Überlegungen hinter den Rechenverfahren stehen, d.h. wie man die Rechnungen und die dabei verwendeten Grundbegriffe interpretieren kann,

(5) welche versteckten (impliziten) Annahmen die Rechenverfahren hinsichtlich der Finanzierungsmöglichkeiten und der Möglichkeiten zur Geldanlage enthalten und

(6) unter welchen Bedingungen die Anwendung der Rechenverfahren zu zieladäquaten Entscheidungen führt, insbesondere welcher Zusammenhang zwischen den Rechenverfahren und dem Ziel „Konsumeinkommensstrom" des Investors besteht.

Den Umgang mit den Rechenverfahren sollte ein Anfänger anhand von Aufgaben einüben, wie sie in vielen Lehrbüchern zu finden sind. Es ist aber eine vielfach bestätigte Erfahrung, daß es Anfängern leichter fällt, die Verfahren zu erlernen und auf einfache Fallbeispiele anzuwenden als den Gehalt der Rechnungen zu interpretieren und die Bedingungen und Grenzen der Anwendbarkeit der Verfahren einzuschätzen.

3.2. Überblick über die Methoden der Investitionsrechnung

3.2.1. Einordnung der finanzmathematischen Methoden

Im Hochschulunterricht zur Investitionsrechnung stehen die finanzmathematischen Verfahren (oder Methoden) eindeutig im Vordergrund. Auch in diesem Buch ist dies der Fall. Um zu verhindern, daß der falsche Eindruck entsteht, es gäbe nur diese Methoden oder sie wären Höhepunkt und Abschluß der theoretischen Entwicklung, wird der Versuch einer Einordnung vorausgeschickt. Die Abbildung 3.1 auf der nächsten Seite bietet einen Überblick über die vorhandenen Methoden, Ansätze und Modelle zur rechnerischen Vorbereitung von Investitionsentscheidungen. Die Einteilungskriterien, die in der Abbildung verwendet werden, seien kurz erläutert:

(1) Die Unterscheidung auf der ersten Ebene erfolgt nach dem Kriterium, ob die *Unsicherheit* der Zukunftserwartungen *ausdrücklich berücksichtigt* wird oder nicht. Investitionsentscheidungen sind immer mit Unsicherheit (Risiko) behaftet. Daraus folgt aber nicht, daß man die Unsicherheit ausdrücklich berücksichtigen müßte. So zu rechnen, als wären die Zukunftserwartungen sicher, stellt eine Vereinfachung dar. Die Annahme sicherer Erwartungen erleichtert die Investitionsrechnung beträchtlich, aber sie kann auch zu falschen Entscheidungen führen. Man darf mit faktisch nicht zutreffenden Annahmen rechnen, zumal wenn dadurch Vereinfachungen möglich werden. Mitunter kommt man sogar ohne solche Vereinfachungen nicht aus. Pauschal läßt sich sagen, daß die Verfahren der Investitionsrechnung, die die Unsicherheit ausdrücklich berücksichtigen, weniger gut entwickelt, schwerer anzuwenden und schwerer zu verstehen sind als die mit der Annahme sicherer Erwartungen operierenden Verfahren.

(2) Auf der nächsten Ebene wird nach dem *Kreis der in die Rechnung einbezogenen Investitionsvorhaben* unterschieden. Diese Unterscheidung ist wichtig, weil sich Investitionsprojekte hinsichtlich ihrer Vorteilhaftigkeit gegenseitig beeinflussen können. Wechselseitige Abhängigkeiten erfaßt man dadurch, daß man statt über einzelne Projekte über Investitionsprogramme entscheidet. Die Verfahren zur Beurteilung von Einzelinvestitionen enthalten also wieder *in jedem Falle* eine Vereinfachung, und diese ist eine *mögliche* Fehlerquelle. Wieso nur eine mögliche Fehlerquelle? Eine wichtige Ursache für wechselseitige Abhängigkeiten zwischen Investitionsprojekten ist angeblich, daß nur beschränkte finanzielle Mittel für Investitionen zur Verfügung stehen oder daß der Kapitalmarkt in sonstiger Hinsicht unvollkommen ist. Ob die Annahme vollkommener Kapitalmärkte tatsächlich falsch ist, kann man jedoch noch nicht sagen.

Die Berechnung der Wirtschaftlichkeit einzelner Investitionen ist bei vollkommenem Kapitalmarkt eine fehlerfreie oder legitime Vereinfachung. Besondere Methoden zur Berechnung von Investitionsprogrammen sind daher bei vollkommenem Kapitalmarkt nicht nötig. Deshalb sind sie auch in der Abbildung 3.1 nicht aufgeführt. Nur bei unvollkommenem Kapitalmarkt bedeutet die Betrachtung von Einzelinvestitionen, daß man um des Vorteils der Vereinfachung willen Fehler in Kauf nehmen muß.

All diese Überlegungen gelten für den Fall sicherer Erwartungen ebenso wie für den Fall unsicherer Erwartungen.

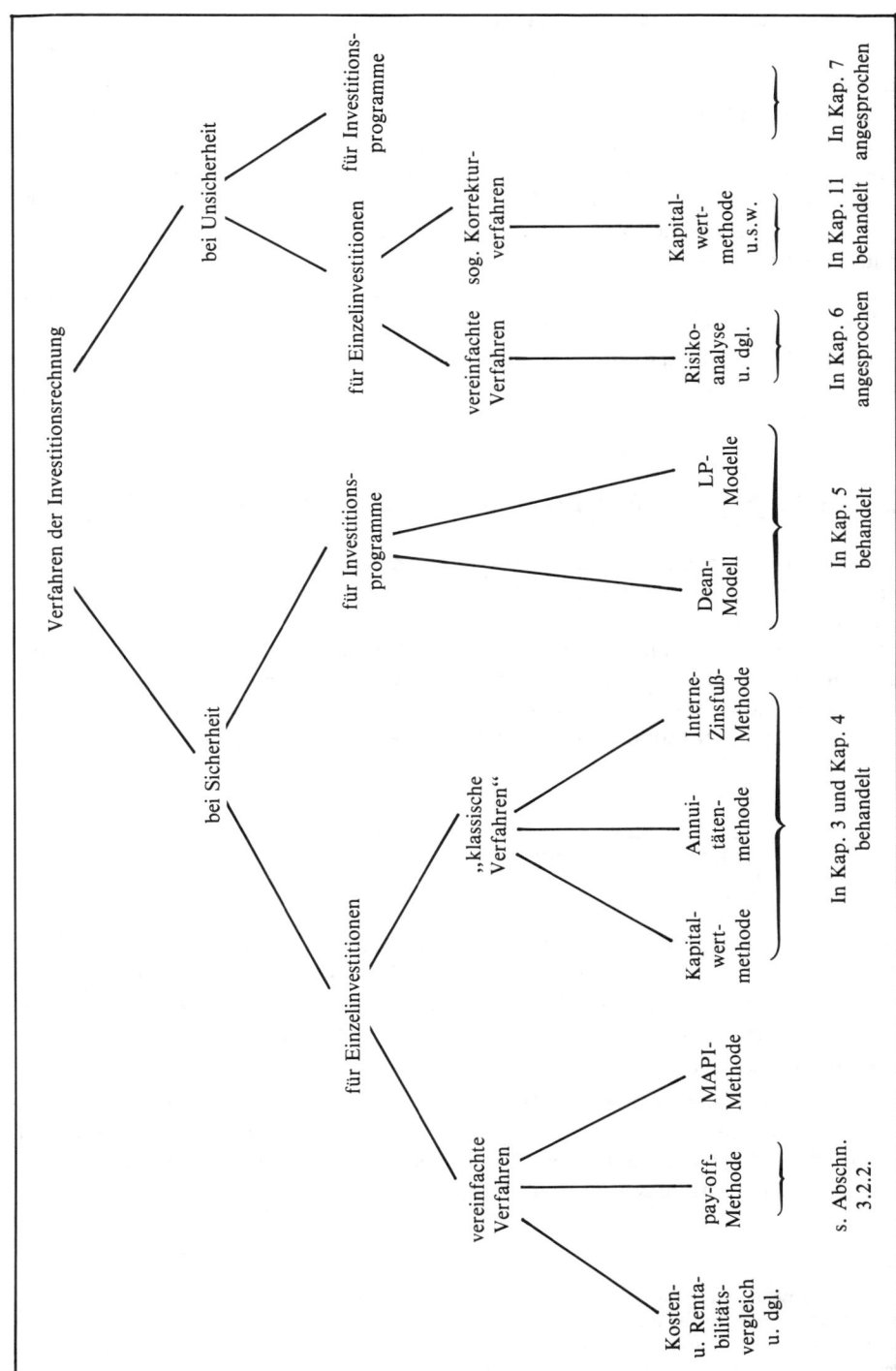

Abb. 3.1: Verfahren der Investitionsrechnung

55

(3) Auf der dritten Ebene wird — sowohl bei Sicherheit als auch bei Unsicherheit — für die Verfahren zur Berechnung der Vorteilhaftigkeit von Einzelinvestitionen das Einteilungskriterium *Willkürlichkeit* verwendet. Die jeweils links angeführten vereinfachten Verfahren sind „ad-hoc-Verfahren". Sie sind willkürlich, selbst wenn man die vorangegangenen Vereinfachungen akzeptiert. Willkürlich bedeutet, daß sich keine lückenlose Kette von Argumenten angeben läßt, durch die sich die Ergebnisse der Rechenverfahren mit den Zielen der Eigentümer der Unternehmung (oder mit den Unternehmenszielen) verbinden lassen. Grob gesagt: Die Anwendung der „ad-hoc-Verfahren" führt zu Ergebnissen, bei denen unklar bleibt, was man mit ihnen anfangen soll.

(4) Auf der vierten Ebene sind — ohne Anspruch auf Vollständigkeit — einzelne Verfahren, Methoden oder Modelle mit ihren gängigen Bezeichnungen aufgeführt.

Aus der Einteilung folgt eine erste Kennzeichnung der klassischen Verfahren: Sie erfassen die Unsicherheit und Unvollkommenheit des Kapitalmarktes nicht, dafür berücksichtigen sie Kapitalgeberziele in konsistenter Weise.

3.2.2. Die pay-off-Methode als abschreckendes Beispiel

Ein in der Praxis verbreitetes und beliebtes Verfahren der vereinfachten Wirtschaftlichkeitsrechnung ist die pay-off-Methode. Sie wird auch als pay-back-Methode, als Methode der Amortisationsdauer und als Kapitalrückflußrechnung bezeichnet. Wir behandeln sie hier nur, um anhand ihrer Kritik Anforderungen herauszustellen, die „gute" Verfahren der Investitionsrechnung erfüllen sollten[1]. Bei der pay-off-Methode wird berechnet, wie viele Zeitperioden (Jahre) es dauert, bis der Investitionsbetrag wieder in die Unternehmenskasse zurückgeflossen ist. Mit einer Investition seien folgende (Netto-)Zahlungen verbunden:

	t_0	t_1	t_2	t_3	t_4
Auszahlung	− 300				
Einzahlung		+ 100	+ 120	+ 80	+ 100

Nach drei Jahren ist der Investitionsbetrag „abgezahlt". Die Rückflußdauer oder pay-off-Periode T beträgt 3. Diese Zahl vergleicht man mit einer Sollgröße für die Rückflußdauer. Ist die „pay-off-Periode" einer Investition kleiner (kürzer) als die Sollgröße, gilt die Investition als vorteilhaft. Von zwei Investitionen wird die mit der kürzeren Rückflußdauer vorgezogen.

Drei Argumente sprechen *gegen* die Verwendung der pay-off-Methode:

(1) Sämtliche Zahlungen nach T, der pay-off-Periode, werden nicht berücksichtigt. Offensichtlich beeinflussen sie aber die finanzielle Vorteilhaftigkeit einer Investition wesentlich. Von den beiden folgenden Beispielinvestitionen wird die zweite nach dem Kriterium Rückflußdauer bevorzugt; daß das nicht sinnvoll ist, fällt ins Auge:

---

1 Die kritische Behandlung dieser Methode unter der Überschrift „sichere Erwartungen" ist insofern etwas unfair, als man ihr zugute halten könnte, daß sie ein Verfahren darstellt, mit dem man der Unsicherheit wenigstens ansatzweise Rechnung tragen könnte. Dafür ist sie freilich auch nur sehr schlecht geeignet, vgl. *Blohm/Lüder* [Investition], S. 160–163.

		t_0	t_1	t_2	t_3	4
Investition 1	Auszahlung	− 1000				
	Einzahlung		+ 300	+ 500	+ 500	+ 500
Investition 2	Auszahlung	− 1000				
	Einzahlung		+ 500	+ 500	+ 100	0

(2) Die pay-off-Methode berücksichtigt nicht, daß spätere Einzahlungen weniger wert sind als frühere[2]. Daß von zwei Investitionsobjekten mit gleicher pay-off-Dauer dasjenige vorzuziehen ist, bei dem große Einzahlungen früher erfolgen als bei dem anderen, ist beinahe selbstverständlich. Ein Beispiel dazu erübrigt sich.

(3) Es läßt sich nur willkürlich festlegen, nach welcher Zeit eine Investition amortisiert sein muß, wenn sie überhaupt annehmbar erscheinen soll. Aus den im zweiten Kapitel erörterten Zielen läßt sich nicht ableiten, wie lang die maximal zulässige Rückflußdauer sein darf.

Die Kritik der pay-off-Methode zeigt, daß ein „gutes" Verfahren der Wirtschaftlichkeitsrechnung mindestens

(1) alle Folgen einer Investitionsentscheidung, insbesondere alle Zahlungen, erfassen sollte,

(2) berücksichtigen sollte, daß nicht nur die Höhe, sondern auch der Zeitpunkt von Aus- und Einzahlungen für ihren Wert bestimmend ist, und

(3) zu Entscheidungen führen sollte, bei denen es nachvollziehbar ist, inwiefern sie zielgerecht sind.

Wenn es verschiedene Verfahren der Investitionsrechnung gibt, muß man auswählen, welches man für die Lösung eines konkreten Problems verwendet. Es gibt einfache Verfahren wie die vorgestellte pay-off-Methode und äußerst komplizierte Verfahren zur Planung von Investitionsprogrammen. Die finanzmathematischen Methoden nehmen eine Mittelstellung ein.

Einfache Verfahren haben den Vorteil, daß sich die benötigten Zahlen leichter beschaffen lassen und daß die Rechnung selbst weniger aufwendig ist. Dem steht der Nachteil gegenüber, daß einfachere Verfahren zu Ergebnissen führen können, die — im Lichte der Ergebnisse betrachtet, die man mit komplizierten Verfahren hätte erhalten können — fehlerhaft sind. Als Faustregel wird man sagen können, daß die Erreichbarkeit von Daten die Wahl des Rechenverfahrens bestimmt: Komplizierte Verfahren nützen nichts, wenn man die benötigten Daten nicht hat oder wenn man nur ganz grobe Schätzungen vornehmen kann. Außerdem gilt: Je wichtiger und größer das Projekt, um so eher lohnen sich aufwendige Rechnungen[3].

Sind diese Hinweise trivial? Sie sind es nicht, denn in der betriebswirtschaftlichen Literatur entsteht mitunter der Eindruck, daß man das komplizierteste Verfahren wählen müßte[4]. Dies würde jedoch nur gelten, wenn die Datenbeschaffung keinerlei Probleme und Kosten verursachen würde und wenn die Rechnung selbst kosten- und mühelos wäre.

Mitunter entsteht bei Anfängern auch der Eindruck, es sei „betriebswirtschaftlich richtig" und damit geboten, die finanzmathematischen Methoden der Investitionsrechnung anzuwen-

---

2 Es gibt auch eine Variante der pay-off-Methode, bei der Zinsen dadurch berücksichtigt werden, daß man die diskontierten Einzahlungen kumuliert und prüft, nach wieviel Perioden die Anschaffungsauszahlung ausgeglichen ist; vgl. *ebd.*, S. 75–80.

3 Die Anwendung dieser Faustregel lernt man am besten anhand von Fallstudien, vgl. z.B. *Adelberger/Günther* [Fall- und Projektstudien].

4 Vgl. z.B. *Wöhe* [Einführung], S. 680–698, auch *Moxter* [Probleme], bes. S. 10, und *Schneider* [Investition], S. 171–182.

den, einfach weil sie im akademischen Unterricht so ausführlich behandelt werden. Der Eindruck trügt jedoch. Wie aus der Einteilung im Abschnitt 3.2.1. deutlich wird, enthalten auch die finanzmathematischen Methoden fehlerträchtige Vereinfachungen. Diese können in einzelnen Fällen so verzerrend sein, daß man statt der finanzmathematischen Methoden eher kompliziertere anwenden sollte. Wenn man andererseits schon einen vollkommenen Kapitalmarkt und sichere Erwartungen unterstellt, von Abhängigkeiten zwischen Investitionsprojekten absieht und ohnehin fehlerträchtige Daten bei der Rechnung verwendet, ist es im Prinzip vertretbar, auch weiter zu vereinfachen. Die Empfehlung, finanzmathematische Methoden und insbesondere die Kapitalwertmethode zu gebrauchen, kann sich aber auf die Einschätzung stützen, daß sie in vielen Situationen einen *vernünftigen Kompromiß* zwischen den einander widersprechenden Anforderungen der Einfachheit und Operationalität und der Kompliziertheit und Fehlerfreiheit darstellen. Um ermessen zu können, ob der Kompromiß situationsgerecht ist, muß man nicht nur die finanzmathematischen Methoden, sondern auch ihre Anwendungsbedingungen genau kennen.

3.3. Voraussetzungen der klassischen oder finanzmathematischen Methoden der Investitionsrechnung

3.3.1. Zur Notation

Die im folgenden zu behandelnden finanzmathematischen Verfahren der Investitionsrechnung verwenden eine sehr abstrakte Art, Investitionen und Finanzierungen zu beschreiben. Sie werden durch Zahlungsreihen dargestellt. Jede Zahlung ist datiert, d.h. zusammen mit der Angabe über die Höhe der Aus- oder Einzahlung erfolgt die Angabe über den Zeitpunkt, zu dem die Zahlung erfolgt. Auszahlungen werden mit A_t, Einzahlungen mit E_t gekennzeichnet. Der Index gibt den Zeitpunkt der Zahlung an. $E_3 = 300$ bedeutet beispielsweise, daß im Zeitpunkt 3 eine Einzahlung von 300 erfolgt. Eine Auszahlung ist eine negative Einzahlung.

Es haben sich in der investitionstheoretischen Literatur einige Konventionen eingebürgert, die die Darstellung und Berechnung der Vorteilhaftigkeit von Investitionen erleichtern. Wir folgen ihnen hier. Die erste Konvention ist, daß die Zeit gedanklich in Zeiteinheiten oder Perioden gleicher Größe eingeteilt wird. Die naheliegende Periodenlänge ist ein Jahr, man kann aber auch andere wählen. Perioden werden fortlaufend numeriert. Jede Zeitperiode wird von zwei Zeitpunkten eingegrenzt. Der Anfangszeitpunkt einer Periode ist zugleich der Endzeitpunkt der vorangegangenen. Es ist üblich, den Endzeitpunkt genau so zu bezeichnen wie die Periode. In der Wahl eines Nullpunktes ist man grundsätzlich frei. Gewöhnlich wählt man als t_0, d.h. als den Anfangszeitpunkt der ersten Periode, denjenigen Zeitpunkt, in dem die Entscheidung zu treffen ist, oder den Zeitpunkt, zu dem die erste Zahlung erfolgt. Die Notation sei in der Abbildung 3.2 verdeutlicht.

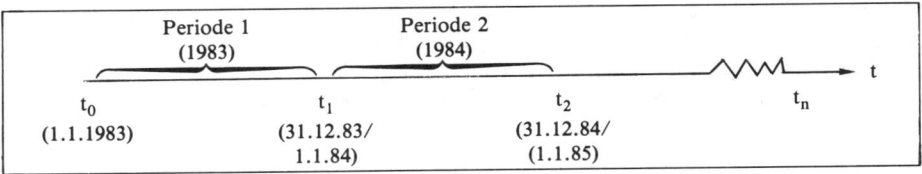

Abb. 3.2: Notation

Wird ein endlicher Zeitraum betrachtet, bezeichnet man den (unbestimmten) letzten Zeitpunkt mit t_n. Bei unendlich lange laufenden Zahlungsreihen ist n = ∞.

Die zweite wichtige Konvention ist, daß Zahlungen nur zum Anfang oder zum Ende einer Periode anfallen. Wenn man eine Zahlungsreihe aufstellt und dabei Zahlungen, die — genau genommen — innerhalb der Perioden anfallen, zur Vereinfachung einzelnen Zeitpunkten zuordnet, unterstellt man, daß die Auszahlungen einer Periode am Periodenanfang und die Einzahlungen am Periodenende erfolgen. Diese Konvention beugt Liquiditätsproblemen während der Periode vor.

Betrachten wir als Beispiel den Kauf und die Nutzung einer Maschine. Über dem Zeitstrahl sind die Zahlungen angegeben und erläutert. Auszahlungen (Einzahlungen) aus der (in die) Unternehmenskasse haben ein negatives (positives) Vorzeichen.

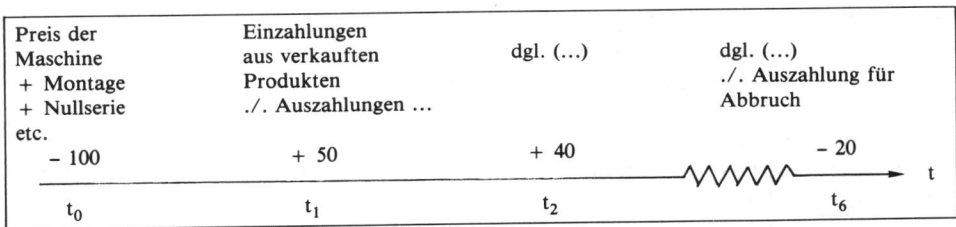

Abb. 3.3: Beispiel einer Investition

Finanzierungszahlungsreihen werden entsprechend beschrieben. Damit unterstellt man zugleich, daß Zinsen auf einen Kredit dem Kreditbetrag erst *am Periodenende* zugeschlagen werden („postnumerando").

Von den Konventionen kann man abrücken, wenn das Problem es erfordert. Man kann z.B. statt einer („diskreten") Zeitpunktbetrachtung eine („kontinuierliche") Zeitraumbetrachtung wählen und zugleich unterstellen, daß die Zinsen einem Schuldbetrag sofort zuwachsen[5].

Mit einer Investition sind nicht nur Zahlungen verbunden, sondern auch Aufwendungen und Erträge, Kosten und Leistungen und realwirtschaftliche Vorgänge. Warum abstrahiert man von allem anderen und betrachtet nur die Zahlungen? Der Grund dafür ist, daß Zahlungen diejenigen Größen sind, die in unmittelbarer Beziehung zu den Zielgrößen stehen, an denen die Vorteilhaftigkeit von Investitionen gemessen wird. Konsumströme werden aus Zahlungsströmen zwischen der Unternehmung und den Haushalten der Eigentümer gespeist, und

---

5 Vgl. dazu z.B. *Lohmann* [Wertpapieranalyse], S. 50–58. Einen Fall mit kontinuierlicher Verzinsung werden wir im Anhang zu Kapitel 4 betrachten.

59

Marktwerte von Unternehmungen hängen (vermutlich) von erwarteten zukünftigen Dividenden ab. Beides ist seinerseits direkt abhängig von den Zahlungen zwischen der Unternehmenskasse und der Umwelt. Es ergibt sich also aus der Zielorientierung der Investitionstheorie, daß der Pfad der betriebswirtschaftlichen Tugend entlang der Zahlungsströme führt, wie Dieter Schneider einmal einprägsam formuliert hat[6]. Wenn man annehmen würde, daß die Erreichung finanzieller Ziele von anderen Größen als von Zahlungen abhängig ist, müßten auch die Investitionen durch diese anderen Größen beschrieben werden[7].

3.3.2. Zum Problem der Datenbeschaffung

Nur zu wissen, daß in die Investitionsrechnung allein Zahlungsreihen eingehen, bedeutet nicht, daß man die Daten schon hätte oder daß man wüßte, woher sie zu bekommen sind. Wenn im folgenden die Zahlungsreihen als bekannt vorausgesetzt werden, werden zwei Probleme übergangen: Das erste ist das Problem der *Ermittlung von Investitionsmöglichkeiten,* das andere ist das Problem der Datenbeschaffung zur genauen *Beschreibung der einzelnen Investitionsmöglichkeiten.*

Woher man Ideen für mögliche Investitionen gewinnen kann, welche psychologischen Techniken man zur Schaffung von Ideen einsetzen kann und wie eine Organisation so gestaltet werden kann, daß möglichst viele gute Investitionsideen aufkommen und der Unternehmensleitung bekannt werden, diskutieren wir hier überhaupt nicht[8]. Wir gehen davon aus, daß Investitionsmöglichkeiten bekannt sind.

Als Datenbeschaffung wird die Ermittlung der Zahlungen bezeichnet, die in die Investitionsrechnung zur Bestimmung der Vorteilhaftigkeit einzelner Investitionen eingehen. Die Datenbeschaffung ist eine schwierige und wichtige Aufgabe. Sie bietet vielfältige Möglichkeiten, Fehler zu machen und damit von vornherein das Ergebnis der Investitionsrechnung zu entwerten. Welche konkreten Daten für die Investitionsrechnung benötigt werden, hängt von der Art des betrachteten Investitionsprojektes ab. *Allgemeine und zugleich konkrete* Aussagen über die Datenbeschaffung sind zwar nicht möglich, aber das Prinzip der Datenerfassung läßt sich angeben:

> Bei der Investitionsrechnung sind *alle* durch die betrachtete Entscheidung ausgelösten *zusätzlichen* („marginalen") Zahlungen zu berücksichten; und *nur sie* sind zu berücksichtigen.

Die Angaben über diese Zahlungen sind zu beschaffen. Sie sind das Ergebnis von *Prognosen* und von *Planungen*[9]. So wird man von Fachleuten der Vertriebsabteilung der Unternehmung Informationen über erwartete zukünftige Absatzmöglichkeiten einholen, von Ingenieuren Schätzungen über die Reparaturanfälligkeit einer Maschine und von der Personalabteilung Erwartungen über die zukünftige Lohnentwicklung und so weiter. Darin steckt das Element der Prognose. Prognosen allein genügen nicht. Denn z.B. die Absatzmöglichkeiten legen noch nicht fest, welche Absatzpolitik betrieben wird. In der Investitionsrechnung sind die Zahlun-

---

6 Vgl. zur Begründung *Schneider* [Investition], S. 649 ff.
7 Dies ist z.B. bei ausdrücklicher Berücksichtigung der Unsicherheit der Fall; siehe unten Kapitel 6, 7 und 11.
8 Zur Organisation der Investitionsplanung vgl. z.B. *Brealey/Myers* [Principles], S. 239–259.
9 Vgl. dazu ausführlich *Ballwieser* [Unternehmensbewertung], S. 23–31.

gen zu verwenden, die sich aus der gegebenenfalls zu verfolgenden Absatz-, Reparatur- und Personalpolitik ergeben werden. Darin steckt das Element der Planung.

Das genannte Prinzip der Datenbeschaffung läßt sich weiter erläutern:

(1) *Alle* zahlungswirksamen Folgen der Entscheidung für oder gegen eine Investition sind zu erfassen. Betrachtet man z.B. isoliert die Möglichkeit, eine neue Fertigungsanlage anzuschaffen und in die Produktion einzugliedern, sind nicht nur die Auszahlungen für die Beschaffung und Aufstellung der Maschinen als Investitonsbetrag relevant, sondern z.B. auch die Auszahlungen für eine gegebenenfalls als notwendig angesehene Erhöhung des Lagerbestandes an Roh-, Hilfs- und Betriebsstoffen. Die Einzahlungen sind Nettoeinzahlungen. Von den Einzahlungen aus dem Absatz der Produkte sind Auszahlungen für Löhne, Material etc. abzuziehen. Dasselbe gilt für Steuern, die sich der Investition direkt zurechnen lassen wie z.B. Verbrauchsteuern und die Grundsteuer[10]. Wenn die betrachtete Fertigungsanlage den Absatz von Produkten ermöglicht, die bei Käufern an die Stelle von anderen Produkten desselben Anbieters treten, sind auch die Erlösminderungen (genauer: Mindereinzahlungen) bei den anderen Produkten abzuziehen.

(2) Welche *zusätzlichen* Zahlungen ein Investitionsprojekt auslöst, hängt davon ab, was die Alternative zur Durchführung der Investition ist. „Zusätzlich" heißt immer „im Vergleich zu". Vergleichsbasis ist immer die beste Alternative, die nicht ausdrücklich in die Investitionsrechnung eingeht. Die Alternative zur Anschaffung einer großen Maschine kann z.B. entweder die Anschaffung einer kleinen Maschine sein oder die Unterlassung jeglicher Anschaffung, die sogenannte Null-Alternative. Wenn vorweg entschieden ist, daß mindestens die kleine Maschine angeschafft werden soll, genügt es zur Beurteilung der großen Maschine, die zusätzlichen Zahlungen relativ zur Anschaffung der kleinen Maschine zu berücksichtigen. Es kommt aber auf dasselbe heraus, wenn man für beide Maschinen die zusätzlichen Zahlungen relativ zur Null-Alternative ermittelt und dann durch eine Investitionsrechnung herausfindet, welche Maschine die bessere Investition darstellt.

Die Bestimmung der zusätzlichen Zahlungen im Vergleich zur Null-Alternative ist nur dann relativ einfach, wenn eine Investition nicht in eine bestehende Unternehmung eingefügt wird. Der andere Fall ist häufiger. Betrachten wir wieder das Beispiel der neuen Fertigungsanlage. Sie würde nicht nur den Absatz der bisher gefertigten Produkte behindern, sondern sie würde auch den Einsatz knapper Produktionsfaktoren z.B. eines Vorproduktes X erfordern, das dann nicht mehr an anderer Stelle in der Unternehmung genützt werden könnte. Dies muß erfaßt werden. Aber es muß auch berücksichtigt werden, daß dann, wenn das Vorprodukt X an anderer Stelle nicht mehr eingesetzt werden kann, an dieser Stelle z.B. Arbeitskräfte eingespart werden könnten, die wiederum woanders eingesetzt werden könnten. Das ganze komplexe Gefüge von Rückwirkungen muß erfaßt werden. Dabei muß bedacht werden, daß die Anpassungen, zu denen die Anschaffung der neuen Anlage zwingt, möglichst „gut" vorgenommen werden.

Es gibt eine formale Lösung für das skizzierte Problem der Bestimmung der „marginalen" Effekte einer Investition. Man muß einen Mit-Ohne-Vergleich vornehmen. Man muß die „optimalen" Unternehmenspläne bei Durchführung und bei Unterlassung der Investition gegenüberstellen. Sie umfassen jeweils die optimale Produktions-, Absatz-, Personal- und Instand-

---

10 Auf die sehr komplexe und umstrittene Frage der korrekten Berücksichtigung von Steuern gehen wir nicht weiter ein. Vgl. dazu *Wagner/Dirrigl* [Steuerplanung], S. 38–83, und *Mellwig* [Sensitivitätsanalyse].

haltungspolitik und so weiter. Die Zahlungsreihe der zu beurteilenden Investition sind die zusätzlichen Aus- und Einzahlungen, die bei der Verfolgung des „optimalen" Unternehmensplans mit der Investition erwartet werden, im Vergleich zum optimalen Unternehmensplan ohne die Investition.

Soweit es möglich ist, durch eine konsequente Anwendung des Mit-Ohne-Vergleichs technisch — d.h. nicht durch die Knappheit der verfügbaren finanziellen Mittel — bedingte Abhängigkeiten zwischen Investitionsobjekten zu erfassen, entfällt einer der Gründe, die sonst zur Planung ganzer Investitionsprogramme zwingen würden[11].

Die Daten und die Rechenfähigkeit sind meist nicht ausreichend, um wirklich optimale Pläne aufzustellen. Aber man sollte wissen, was man unterstellt, wenn man Zahlungsreihen hinschreibt und mit ihnen rechnet. Und man sollte wissen, was man erfassen möchte, wenn man zusätzliche Zahlungen abzuschätzen versucht. In vielen praktischen Fällen wäre es eine schlechte Schätzung der zusätzlichen Zahlungen, wenn man nur die berücksichtigte, die sich wie Anschaffungsauszahlung und Verkaufseinzahlungen problemlos erfassen und zurechnen lassen.

(3) *Nur zusätzliche* Zahlungen sind relevant. In der Praxis ist man oft darauf angewiesen, bei der Investitionsrechnung Daten aus dem Rechnungswesen der Unternehmung zu verwenden. Abgesehen davon, daß Zahlen des Rechnungswesens sich oft auf die Vergangenheit beziehen und daß die Zukunft oft anders ist als die Vergangenheit, besteht die weitere Gefahr, daß in die Investitionsrechnung Zahlen eingehen, die keine von der Investitionsentscheidung abhängigen Zahlungen darstellen. Das wichtigste Beispiel bilden Abschreibungen auf eine Maschine, die ersetzt werden soll. Es ist eine aus anderen Gründen gewollte Fiktion, daß ein Teil der Anschaffungsausgaben jeder Nutzungsperiode zugeordnet wird. Bei der Investitionsrechnung ist diese Fiktion nur störend, denn wenn man die Maschine ein Jahr früher ersetzt als ursprünglich geplant, kann man die Anschaffungsausgaben nicht mehr rückgängig machen.

Ein ähnliches Problem ergibt sich, wenn man Zahlungen anhand von Kosten abzuschätzen versucht. In die Kosten können Fixkosten und Gemeinkostenbestandteile eingerechnet sein, die von der Investitionsentscheidung unbeeinflußt bleiben.

Das allgemeine Prinzip, alle zusätzlichen Zahlungen — und nur diese — zu erfassen, ist gleichbedeutend mit der Forderung, die Alternative Durchführung der Investition mit der Null-Alternative vergleichbar zu beschreiben. Wenn mehrere Investitionen verglichen werden sollen, ist auch streng auf die Vergleichbarkeit zu achten. Ist sie nicht gewahrt, kann man dem Ergebnis der Investitionsrechnung nicht trauen.

Wir unterstellen im folgenden, daß die Zahlungsreihen der betrachteten Investition gegeben und bekannt sind. Damit unterstellen wir zugleich, daß der Investor sichere Erwartungen hat.

3.3.3. Annahmen über den Kapitalmarkt

Wir unterstellen außerdem, daß die Finanzierungskosten für ein Investitionsobjekt nicht davon abhängen, ob andere Investitionen durchgeführt werden und wie sie finanziert werden. Diese Annahme bedeutet, daß wir in diesem und dem nächsten Kapitel von der *Annahme eines vollkommenen Kapitalmarktes* ausgehen. Wir unterstellen damit auch, daß es keine

---

11 Vgl. zum Interdependenzproblem *Jacob* [Entwicklungen] und kritisch dazu *Schneider* [Investition], S. 219–223.

Transaktionskosten (Bankgebühren u.ä.) gibt und daß ein einzelner Investor oder eine Unternehmung zu einem einheitlichen und konstanten Zinssatz beliebige Geldbeträge anlegen und aufnehmen kann. Der Zinssatz, der im folgenden mit i bezeichnet wird, gibt an, wieviel eine Geldanlage erbringt, wieviel Kredite kosten und wie sich Konsummöglichkeiten in der Zeit verschieben lassen.

Die Annahme eines vollkommenen Kapitalmarktes wird mit Recht als unrealistisch eingestuft. Bankspesen und dergleichen gibt es. Davon abzusehen mag als Vereinfachung trotzdem akzeptabel sein. Erstaunlicher ist die Unterstellung unbeschränkter Kapitalaufnahmemöglichkeiten zu einem Zinssatz. Natürlich kann man sich in der Realität nicht beliebig verschulden, denn in der Realität kann der Kreditgeber nicht sicher sein, daß der Kreditnehmer nicht mit dem Kredit auf Nimmer-Wiedersehen verschwindet. Beschränkte Kreditaufnahmemöglichkeiten sind also jedenfalls eine Folge der Unsicherheit über die Zukunft. Was in einer Welt mit sicheren Erwartungen wirklich der Fall wäre, kann man nicht beobachten. Aber wenn wir in der Investitionstheorie mit sicheren Erwartungen rechnen, müssen wir konstruieren: Gäbe es in dieser Welt Kreditbeschränkungen? Dafür gäbe es keinen Anlaß. Daher ist es nur konsequent, zusammen mit der Annahme sicherer Erwartungen auch die des vollkommenen Kapitalmarktes zu verwenden. Wem bei dieser Konstruktion die Konsequenz zu sehr auf Kosten der Realitätsnähe bevorzugt wird, möge sich mit der beruhigenden Formulierung begnügen, ein Investor oder eine Unternehmung könne sich „praktisch unbeschränkt" zum Satz i verschulden.

Eine Konsequenz der Annahme eines vollkommenen Marktes bei sicheren Erwartungen ist, daß sich Finanzierungsarten nicht unterscheiden lassen, denn Fremdkapital und Eigenkapital unterscheiden sich ja vor allem hinsichtlich des Risikos. Erfahrungsgemäß ist es für Anfänger einfacher, sich eine Finanzierung als die Aufnahme eines Kredites vorzustellen. Die differenziertere Betrachtung der Finanzierung wird erst im Teil IV dieses Buches eingeführt.

3.3.4. Zusammenfassung der Annahmen

Fünf Annahmen werden den folgenden Überlegungen zugrunde gelegt:

(1) Investitionen lassen sich durch *Zahlungsreihen* kennzeichnen. Interdependenzen bestehen nicht, oder sie sind in den Zahlungsreihen erfaßt. Die Zahlungsreihen sind bekannt.

(2) Es herrschen *sichere Erwartungen* über die Zukunft. Diese Annahme gilt für die Zahlungsreihen der Investitionsmöglichkeiten und für die Finanzierungsmöglichkeit.

(3) Es gibt einen *vollkommenen Kapitalmarkt*. Bei sicheren Erwartungen bedeutet dies, daß zu einem gegebenen einheitlichen Zinssatz beliebige Geldbeträge angelegt und aufgenommen werden können.

(4) Die Unternehmung hat *keine Kasse*. Auszahlungen und Einzahlungen der Unternehmung sind daher immer gleich Auszahlungen und Einzahlungen der Eigentümer. Wegen der Annahmen (2) und (3) braucht die Unternehmung keine Kasse. Ein eigenständiges Problem der Ausschüttungspolitik gibt es daher auch nicht.

(5) Wir nehmen weiterhin an, daß wir es mit einer Unternehmung *ohne Organisation* und mit Eigentümern (Unternehmern) *ohne nichtfinanzielle Ziele* zu tun haben (vgl. Kapitel 2).

3.4. Die Kapitalwert-Methode

3.4.1. Die Definition des Kapitalwertes

Eine Investition ist eine Zahlungsreihe. Einer Zahlungsreihe kann man einen Barwert oder Gegenwartswert zuordnen, indem man alle vor dem Bezugszeitpunkt liegenden Zahlungen bis zum Bezugszeitpunkt aufzinst und alle nach dem Bezugszeitpunkt liegenden Zahlungen abzinst und dann die Summe aller auf den Bezugszeitpunkt umgerechneten Zahlungen bildet. Ein Barwert kann für jeden beliebigen Zeitpunkt und mit jedem Zinssatz berechnet werden.

Der *Kapitalwert* ist ein besonderer Gegenwartswert. Bezugszeitpunkt ist der Zeitpunkt unmittelbar vor der ersten Zahlung, der Auszahlung A_0 im Zeitpunkt t_0. Zur Berechnung des Kapitalwertes kann kein beliebiger Diskontierungszinssatz verwendet werden, sondern nur der ökonomisch sinnvolle, hier der Einheitszinssatz i auf dem annahmegemäß vollkommenen Kapitalmarkt.

Es seien

K_0 = Kapitalwert
E_t = Einzahlung am Ende der Periode t, (t = 0, 1, 2,..., n)
A_t = Auszahlung am Ende der Periode t, (t = 0, 1, 2,..., n)
i = Zinssatz am vollkommenen Kapitalmarkt

t ist der Index für die Periode bzw. den Zeitpunkt. n ist der Zeitpunkt der letzten Zahlung. n kann unendlich (∞) sein.

$$(3.1) \qquad K_0 = E_0 + \frac{E_1}{1+i} + \frac{E_2}{(1+i)^2} + \ldots + \frac{E_n}{(1+i)^n}$$

$$- (A_0 + \frac{A_1}{1+i} + \frac{A_2}{(1+i)^2} + \ldots + \frac{A_n}{(1+i)^n})$$

Wir vereinfachen mit Hilfe der Summenformel zu

$$(3.2) \qquad K_0 = \sum_{t=0}^{n} \frac{E_t}{(1+i)^t} - \sum_{t=0}^{n} \frac{A_t}{(1+i)^t}$$

| Kapitalwert der Investition | = | Gegenwartswert der Einzahlungen | − | Gegenwartswert der Auszahlungen |

Für Investitionen des Normaltyps[12], bei denen im Zeitpunkt t_0 eine Auszahlung und in späteren Zeitpunkten (Netto-) Einzahlungen erfolgen, gilt die einfache Formel

$$(3.3) \qquad K_0 = \sum_{t=1}^{n} \frac{E_t}{(1+i)^t} - A_0$$

---

12 Eine Normalinvestition oder eine Investition vom Typ „point input — continuous output" beginnt mit einer Auszahlung, auf die (Netto-)Einzahlungen folgen. Die angesprochene Typologie für Investitionen findet man bei *Friedrich und Vera Lutz* [Theory], S. 5 f.

Sind die Einzahlungen in n Perioden jeweils gleich, liegt der Fall einer endlichen „Rente" vor. n ist die Rentendauer. Der Gegenwartswert einer endlichen nachschüssigen Rente mit n Einzahlungen berechnet sich nach der Formel

$$(3.4) \qquad K_0 = E \cdot \frac{(1+i)^n - 1}{(1+i)^n \cdot i} - A_0$$

Den Bruch in (3.4) nennt man „Rentenbarwertfaktor". Der Kapitalwert ist um A_0 geringer als der „Rentenbarwert". Im Sonderfall einer ewigen nachschüssigen „Rente" mit der Einzahlung E an jedem Periodenende kann weiter vereinfacht werden:

$$(3.5) \qquad K_0 = \frac{E}{i} - A_0$$

Den Faktor $\frac{1}{(1+i)^t}$ nennt man Diskontierungsfaktor. Für praktische Kapitalwertrechnungen kann man sich finanzmathematischer Tabellen bedienen, die Diskontierungsfaktoren für viele Kombinationen von Zinssatz i und Zahl t der Perioden, um die abgezinst wird, enthalten. Dort findet man Werte für v^{-t}, wobei $v = (1+i)$. Moderne Taschenrechner liefern die Rechenergebnisse ebenso problemlos.

Gelten für verschiedene Perioden unterschiedliche Zinssätze, führen die Formeln (3.1) bis (3.5) zu falschen Ergebnissen, da sie mit einem im Zeitablauf konstanten Zinssatz rechnen. (Man beachte, daß verschiedene Zinssätze in den einzelnen Perioden mit der Annahme eines vollkommenen Kapitalmarktes vereinbar sind!) Bei variablen Periodensätzen trägt der Zinssatz i einen Periodenindex $\tau : i_\tau$. An die Stelle des Diskontierungsfaktors

$$\frac{1}{(1+i)^t} \quad \text{tritt} \quad \frac{1}{(1+i_1)(1+i_2) \dots (1+i_t)}$$

Ein Produkt der Form $a_1 \cdot a_2 \cdot \dots \cdot a_n$ schreibt man — ähnlich wie die bekanntere Summenformel — als:

$$(3.6) \qquad a_1 \cdot a_2 \cdot \dots \cdot a_n = \prod_{j=1}^{n} a_j$$

Die Diskontierungsfaktoren für die Zahlungen in den Zeitpunkten t (t = 1, 2,... n)

kann man mit Hilfe der Produktformel verkürzend als $\prod_{\tau=1}^{t} (1+i_\tau)$ schreiben.

Beispielsweise ist der Diskontierungsfaktor für drei Perioden das Produkt aus den einperiodischen Diskontierungsfaktoren für die erste, die zweite und die dritte Periode. Einsetzen der Produktformel in Gleichung (3.3) ergibt die allgemeine Formel für den Kapitalwert von Normalinvestitionen bei verschiedenen Periodenzinssätzen[13].

$$(3.7) \qquad K_0 = \sum_{t=1}^{n} \frac{E_t}{\prod_{\tau=1}^{t} \cdot (1+i_\tau)} - A_0$$

_____

13 Vgl. auch *Hax* [Investitionstheorie], S. 14.

Die Formeln (3.3) und (3.5) sollte auch ein Anfänger auswendig lernen. Alle Formeln müßte man sich konstruieren können, wenn man sie vergessen hat!

Neben dem Begriff des Kapitalwertes gibt es den Begriff des *Ertragswertes*. Der Ertragswert ist der auf den Zeitpunkt t_0 bezogene Gegenwartswert der (Netto-)Einzahlungen ab t_1. Er ist um A_0 größer als der Kapitalwert. Man kann den Ertragswert auch als den Kapitalwert der nachfolgenden Zahlungen betrachten, wobei aber der Bezugszeitpunkt nicht unmittelbar *vor,* sondern *unmittelbar nach* dem Zeitpunkt t_0 liegt, in dem die Anschaffungsauszahlung A_0 geleistet wird.

3.4.2. Ein Beispiel

Wir berechnen nun den Kapitalwert der Investition mit der folgenden Zahlungsreihe:

	t_0	t_1	t_2	t_3
Auszahlung	– 100			
Einzahlung		+ 50	+ 50	+ 50

Die Anwendung der Formel (3.3) mit $i = 0,10 = 10\,\%$ ergibt:

$$K_0 = \frac{50}{1+0,1} + \frac{50}{(1+0,1)^2} + \frac{50}{(1+0,1)^3} - 100 = 45,45 + 41,32 + 37,57 - 100 = 24,34$$

Der Ertragswert ist 100 + Kapitalwert = 124,34. Die Rechnung mit unterschiedlichen Periodenzinssätzen führt zu einem abweichenden Ergebnis. Es sei $i_1 = 0,05$, $i_2 = 0,10$ und $i = 0,15$. Setzt man diese Zahlen in die Formel (3.7) ein, erhält man

$$K_0 = \frac{50}{1+0,05} + \frac{50}{(1+0,05)\,(1+0,10)} + \frac{50}{(1+0,05)\,(1+0,10)\,(1+0,15)} - 100 = 28,55$$

Der allgemeine Fall mit unterschiedlichen Periodenzinssätzen wird im folgenden nicht weiter betrachtet.

Der Inhalt der Rechnung gemäß der Formel (3.3) läßt sich durch folgende Überlegung verdeutlichen. Man kann im Zeitpunkt t_0 einen Kredit zum Zinssatz $i = 0,10$ in Höhe von 124,34 aufnehmen. Die Einzahlungen der Investition reichen gerade aus, den Kredit einschließlich Zinsen und Zinseszinsen zu tilgen. Wir erhalten folgenden Tilgungsplan:

Periode/ Zeitpunkt	Investitions- zahlungen	Kredit und Zinsen	Rückzahlung incl. Zinsen	Restschuld am Periodenende
0	– 100	+ 124,34	0	(124,34)
1	+ 50	(136,77)	– 50	(86,77)
2	+ 50	(95,45)	– 50	(45,45)
3	+ 50	(50,00)	– 50	(0)

Die Zahlen in Klammern stellen keine Zahlungen, sondern nur Erinnerungshilfen dar. Wir überführen diesen Tilgungsplan nun in die Form des Finanzplanes, der nur Zahlungen enthält:

Investition	Auszahlung	− 100			
	Einzahlung		+ 50	+ 50	+ 50
Kredit	Auszahlung		− 50	− 50	− 50
	Einzahlung	+ 124,34			
Einzahlungsüberschuß		+ 24,34	0	0	0

Eine weitere Rechnung zur Verdeutlichung der Formel (3.3) zeigt, daß ein Investor einen Betrag von 124,34 zum Zinssatz i anlegen müßte, um dreimal 50 bekommen zu können.

Periode	Anlage + Zinsen	Einkommen (Entnahme)	Restguthaben am Periodenende
0	− 124,34	0	(124,34)
1	(136,77)	+ 50	(86,77)
2	(95,45)	+ 50	(45,45)
3	(50)	+ 50	(0)

Als Finanzpläne für die Investition und die mögliche alternative Mittelverwendung von 124,34 erhält man

		t_0	t_1	t_2	t_3
Investition	Auszahlung	− 100			
	Einzahlung		+ 50	+ 50	+ 50
Geldanlage	Auszahlung	− 124,34			
	Einzahlung		+ 50	+ 50	+ 50

3.4.3. Die Interpretation von Kapitalwert und Ertragswert

Bei der Bestimmung des Kapitalwertes vergleicht man die Handlungsmöglichkeit „Durchführung der Investition" mit einer Alternative. Die Alternative ist

entweder (1) Verzicht auf Kreditaufnahme zum Zinssatz i, wenn der Investor kein Geld hat und die Investition mit einem Kredit finanzieren würde,

oder (2) Anlage vorhandener Mittel zum Zinssatz i, wenn der Investor den Investitionsbetrag hat.

Aus den Finanzplänen ergibt sich eine Interpretation für den Kapitalwert: Er ist eine *Vermögensmehrung* im Zeitpunkt des Investitionsbeginns t_0 oder der Betrag, den der Investor im Zeitpunkt t_0 mehr konsumieren (oder anlegen) kann, wenn er einen Kredit zum Zinssatz i aufnimmt, die Investition durchführt und mit den Einzahlungen aus der Investition den Kredit einschließlich der Zinsen zurückzahlt.

Eine andere — aber nicht etwa widersprechende — Interpretation lautet: Der Kapitalwert ist der Betrag, den man maximal für die Möglichkeit, die Investition durchzuführen, bezahlen kann, ohne finanziell schlechter zu stehen als bei Verzicht auf die Investition. Der Kapitalwert wird hier als der *Grenzpreis für die Investitionsmöglichkeit* aufgefaßt. Dies wird an der zweiten Vergleichsrechnung besonders deutlich: Wenn man alternativ 124,34 anlegen müßte, um die Einzahlungen von drei mal 50 zu bekommen, dann müßte ein vernünftiger Investor bereit sein, bis zu 24,34 (= 124,34 − 100), z.B. für ein Patent oder eine Lizenz zu bezahlen, die ihm die Investitionsmöglichkeit eröffnen würde.

Der *Ertragswert* eines Investitionsobjektes (im Beispiel: 124,34) ist der Betrag, den man alternativ am Kapitalmarkt anlegen muß, um einen gleichen Einkommenstrom wie aus dem Investitionsobjekt (im Beispiel: dreimal 50) zu erhalten. Der Ertragswert ist der *Grenzpreis der Einzahlungen aus dem Investitionsobjekt.* Der Grenzpreis der Investitionsmöglichkeit (= Kapitalwert) ist der Ertragswert vermindert um die Anschaffungsauszahlung A_0, da ein Investor, der die Investitionsmöglichkeit hat, noch die Anschaffungsauszahlung leisten muß, ehe ihm die Einzahlungen zufließen.

3.4.4. Das Entscheidungskriterium

Die Investition ist vorteilhaft, wenn der Kapitalwert positiv ist. Sie ist nicht vorteilhaft und nicht unvorteilhaft, wenn der Kapitalwert Null ist. Sie ist unvorteilhaft, wenn der Kapitalwert negativ ist.

Dieses Kriterium gilt unter der Prämisse, daß Kreditaufnahme zum Einheitszinsfuß und Tilgung jederzeit möglich sind oder daß Kapitalrückflüsse zum Einheitszinsfuß angelegt werden können.

3.4.5. Reinvestitions- und Finanzierungsannahmen

Wie sich aus der Interpretation ergibt, setzt die Kapitalwert-Berechnung voraus, daß man Mittel zum Zinssatz i beschaffen (wenn man sie nicht hat) und/oder alternativ anlegen kann (wenn man sie hat).

Die Annahme des vollkommenen Kapitalmarktes bedeutet nicht nur, daß ein Investor sich zum Zinssatz i verschulden kann, sondern auch, daß Kreditrückzahlungen jederzeit möglich sind. In dem oben angegebenen Tilgungsplan wurde laufende Tilgung unterstellt. Für das Thema des nächsten Kapitels ist es wichtig zu zeigen, daß die Annahme, laufende Kreditrückzahlung sei möglich, der Annahme entspricht, daß Einzahlungen aus dem Investitionsobjekt zum Zinssatz i reinvestiert werden können. Um das zu verdeutlichen, variieren wir das Beispiel: Der Kredit von 124,34 kann zu 10 % aufgenommen werden, aber die Rückzahlung einschließlich der Zinsen und Zinseszinsen ist nur in einem Betrag im Zeitpunkt t_3 möglich.

Wir führen nun zwei Rechnungen durch: Im ersten Fall unterstellen wir, daß die zurückfließenden Beträge von je 50 in t_1 und t_2 bis t_3 zu 10 % angelegt werden können. Im zweiten Falle soll eine Wiederanlage ausgeschlossen sein, die Beträge verzinsen sich also mit 0 %.

1. Variante		t_0	t_1	t_2	t_3
Investition	Auszahlung	– 100			
	Einzahlung		+ 50	+ 50	+ 50
Wiederanlage	Auszahlung		– 50		
	Einzahlung				+ 60,50
Wiederanlage	Auszahlung			– 50	
	Einzahlung				+ 55
Kredit	Auszahlung				– 165,50
	Einzahlung	+ 124,34			
Überschuß	Einzahlung	+ 24,34	0	0	0

2. Variante		t_0	t_1	t_2	t_3
Investition	Auszahlung	– 100			
	Einzahlung		+ 50	+ 50	+ 50
Wiederanlage	Auszahlung		– 50		
	Einzahlung				+ 50
Wiederanlage	Auszahlung			– 50	
	Einzahlung				+ 50
Kredit	Auszahlung				– 165,50
	Einzahlung	+ 124,34			
Überschuß	Auszahlung				– 15,50
	Einzahlung	+ 24,34	0	0	

Nur bei der ersten Variante tritt als *einziger* Nettoeffekt die Vermögensmehrung von 24,34 in t_0 auf, bei der zweiten Variante ist der Mehrkonsum in Höhe des Kapitalwertes von 24,34 nicht mehr möglich; die Rückflüsse würden die um Zinsen vermehrten Schulden nicht mehr decken. Die Gegenüberstellung der beiden Rechnungen sollte verdeutlichen, daß die Annahme beliebiger Rückzahlungsmöglichkeiten der Annahme entspricht, daß die zwischenzeitliche Wiederanlage zurückgeflossener Beträge zum Kalkulationszinssatz möglich ist. Bei Wiederanlage zu einem anderen Zinssatz würde sich der Kapitalwert ändern.

3.5. Die Annuitäten-Methode

3.5.1. Die Definition der Annuität

Durch Auf- und Abzinsung kann man die ursprüngliche Struktur einer Zahlungsreihe in eine andere Struktur überführen, ohne ihren Kapitalwert zu verändern. Eine Reihe von gleichgroßen Zahlungen mit gleichem zeitlichen Abstand zwischen den Zahlungen, die denselben Kapitalwert hat wie die ungleichmäßig strukturierte Zahlungsreihe der Investition, nennt man deren äquivalente Annuität oder einfach deren Annuität. Reihen äquidistanter uniformer Zahlungen werden auch als Renten bezeichnet. Wir betrachten hier Annuitäten oder Renten, bei denen die Zahlung am Periodenende, also „nachschüssig", erfolgt[14]. Der erste Zahlungstermin sei mit t_1 bezeichnet. Der Bezugszeitpunkt ist wie bisher t_0.

---

14 Vgl. zu diesem und anderen finanzmathematischen Begriffen *Lohmann* [Wertpapieranalyse], hier S. 62–78.

Die Berechnung der Annuität a geht von einem Kapitalwert aus. Sie ist die Umkehrung der Kapitalwertberechnung für eine (ewige oder endliche) uniforme Reihe. Man gewinnt die Annuität, indem man den Kapitalwert („Rentenbarwert") mit dem Annuitäten- oder Wiedergewinnungsfaktor, Wgf (n,i), dem Kehrwert des Rentenbarwert-Faktors für nachschüssige Renten, multipliziert. Der Wiedergewinnungsfaktor ist eine Funktion der Rentendauer n und des Zinssatzes i.

(3.8) $\qquad a = K_0 \cdot Wgf (n,i)$

Annuität gleich Kapitalwert mal Wiedergewinnungsfaktor:

(3.9) $\qquad a = K_0 \cdot \dfrac{(1+i)^n \cdot i}{(1+i)^n - 1}$.

Für ewige Renten vereinfacht sich diese Formel wegen $n = \infty$ zu

(3.10) $\qquad a = K_0 \cdot i$.

Für viele Werte der Rentendauer n und des Kalkulationszinsfußes i kann man Annuitäten oder Wiedergewinnungsfaktoren in finanzmathematischen Tabellen nachschlagen.

Es ist gleichgültig, ob man die Gewinnannuität einer Investition errechnet, indem man den Kapitalwert der Investition mit dem Annuitätenfaktor multipliziert, oder ob man die Annuität der Auszahlungsreihe von der Annuität der Einzahlungsreihe abzieht und so die durchschnittlichen Einzahlungsüberschüsse — die Gewinnannuität — ermittelt.

3.5.2. Ein Beispiel

Betrachten wir ein Beispiel, das dem oben verwendeten entspricht: Es ist die Gewinnannuität bei einer Rentendauer von drei Perioden mit dem Kalkulationszinsfuß von 10 % für die folgende Zahlungsreihe zu bestimmen.

	t_0	t_1	t_2	t_3
Auszahlung	– 100			
Einzahlung		+ 68,18	+ 30	+ 50

Die Annuität der Auszahlung, die Verteilung der 100 auf t_1, t_2 und t_3, ist

$$- 100 \cdot \frac{(1+0,10)^3 \cdot 0,10}{(1+0,10)^3 - 1} = - 40,21.$$

Die Annuität der Einzahlungen errechnet sich als Annuität des Ertragswertes von 124,34. Sie ist + 50,00. Die Differenz zwischen der Annuität der Einzahlungen und der Annuität der Auszahlung, die Gewinnannuität, ist

$$a = 50 - 40,21 = 9,79.$$

Bei der direkten Berechnung der Gewinnannuität mit Hilfe des (Netto-)Kapitalwertes ergibt sich

$$a = 24,34 \cdot \frac{(1+0,10)^3 \cdot 0,10}{(1+0,10)^3 - 1} = 24,34 \cdot 0,4021 = 9,79.$$

Um den ökonomischen Gehalt der Rechnung zu verdeutlichen, stellen wir einen Finanzplan auf, in den die ursprüngliche Zahlungsreihe, eine Zwischenanlage zu 10 % und ein Kredit zu 10 % in Höhe von 100 eingehen.

		t_0	t_1	t_2	t_3
Investition	Auszahlung	– 100			
	Einzahlung		+ 68,18	+ 30	+ 50
Wiederanlage zu 10 %	Auszahlung		– 18,18		
	Einzahlung			+ 20	
Kredit zu 10 %	Auszahlung		– 40,21	– 40,21	– 40,21
	Einzahlung	+ 100			
Überschuß = Gewinnannuität	Auszahlung	0	+ 9,79	+ 9,79	+ 9,79

3.5.3. Die Interpretation der Annuität

Aus dem Finanzplan wird deutlich, daß man die Annuität als den — finanzmathematisch richtig berechneten — *Durchschnitt* der Auszahlungen, der Einzahlungen und der Nettozahlungen über die Rentendauer ansehen kann, die oft, aber nicht zwangsläufig der Investitionsdauer entspricht. Eine mehr inhaltlich ausgerichtete Interpretation besagt, daß die Gewinnannuität denjenigen Einkommensbetrag bezeichnet, den der Unternehmer am Ende einer jeden Periode innerhalb der Rentendauer zusätzlich entnehmen und verbrauchen kann, wenn er die Investition durchführt und mit einem Kredit finanziert oder auf die alternative Geldanlage am Kapitalmarkt verzichtet. Diesen gleichmäßigen Einkommensstrom haben wir oben für den wichtigen Sonderfall der ewigen Rente ($n = \infty$) schon als kapitaltheoretischen oder *ökonomischen Gewinn* kennengelernt. Man kann den ökonomischen Gewinn auch auf endliche Zahlungsreihen beziehen. Die Entnahme des ökonomischen Gewinns in allen Zeitpunkten *vor* dem letzten Zeitpunkt t_n bewirkt eine „Kapitalerhaltung": Es bleibt *vor* t_n immer gerade so viel „Kapital" in der Unternehmung erhalten, daß in allen folgenden Zeitpunkten innerhalb der Rentendauer, also einschließlich t_n, wieder derselbe Betrag entnommen werden kann. Man nennt daher den ökonomischen Gewinn den Betrag, den man maximal entnehmen kann, wenn man die „Ertragskraft erhalten" will[15].

Betrachten wir diesen Zusammenhang zwischen Entnahme und Ertragskrafterhaltung an dem obigen Beispiel. Der ökonomische Gewinn beträgt 9,79. Die Schulden gegenüber dem Kreditgeber betragen im Zeitpunkt t_1 wegen der Zinsen 110. Davon werden 40,21 getilgt. Die 40,21 sind die Nettoeinzahlung von 68,18, vermindert um die Wiederanlage von 18,18 und um die

---

15 Vgl. dazu *Schneider*, z.B. [Investition], S. 206–215.

Entnahme von 9,79. Im Zeitpunkt t_2 betragen die Schulden noch

$$(110 - 40,21) \times (1 + 0,1) = 76,77.$$

Aus der Investition und der Zwischenanlage fließen $30 + 20$ zu. Wenn nun genau 9,79 davon entnommen werden, können die Schulden um $(30 + 20 - 9,79)$ auf 36,56 reduziert werden.

Das ist der Betrag, der wegen der Zinsen bis t_3 auf 40,21 anwächst. Wird er dann zurückgezahlt, bleiben von der Nettoeinzahlung in Höhe von 50 gerade 9,79 für Entnahme und Konsum übrig. In diesem Beispiel ist die Investition, deren Annuität betrachtet wird, mit Kredit finanziert. Da der Kredit verzinst und getilgt werden muß, ist der entnehmbare Betrag, der ökonomische Gewinn, die Gewinnannuität. Wäre die Kreditaufnahme nicht nötig, weil der Investor die Mittel für die Anschaffungsauszahlung hätte, könnte mehr entnommen und verbraucht werden, nämlich 50, die Annuität der Einzahlungen bzw. des Ertragswertes.

Eine Annuität mit endlicher Laufzeit, die einem Kredit äquivalent ist, hat die finanzmathematische Besonderheit, daß sie eine von Periode zu Periode konstante Summe aus Zinsen und Tilgung darstellt. Der Anteil der Zinsen an dieser konstanten Summe sinkt im Zeitablauf zugunsten des Anteils, der die Tilgung des Kredits bildet, weil infolge der Tilgung die zu verzinsende Restschuld abnimmt. Entsprechende Überlegungen gelten auch für eine Annuität von Einzahlungen, die z.B. den Einzahlungen aus einer Investition äquivalent ist: Weil bei einer endlichen Laufzeit auch die Zahl der zukünftigen Termine abnimmt, zu denen der ökonomische Gewinn entnehmbar sein soll, nimmt auch das „Kapital" im Zeitablauf ab, das zum Zweck der „Ertragskrafterhaltung" zurückbehalten werden muß.

Besondere Bedeutung hat der Spezialfall der ewigen Rente, weil es eine plausible Vorstellung ist, daß jemand sich seine Konsummöglichkeiten auf Dauer erhalten will. Bei einer ewigen Rente stehen in jedem Zeitpunkt noch gleich viele zukünftige Zahlungen bevor, nämlich unendlich viele. Um sie zu ermöglichen, muß (bei konstantem Zinssatz) in jeder Periode die gleiche Ertragskraft oder das gleiche „Kapital" erhalten werden. Das zu erhaltende „Kapital" ist der Gegenwartswert aller Nettoeinzahlungen der Investition nach t_0, es ist der Ertragswert der Investition. Im wichtigen Sonderfall der ewigen Rente bedeutet Ertragskrafterhaltung, daß der Ertragswert erhalten bleiben muß. Ein Betrag in Höhe von Ertragswert mal Zinssatz ist „entziehbar". Im Falle einer Investition, die im Zeitpunkt t_0 mit vorhandenen eigenen Mitteln finanziert worden ist, ist der gesamte entziehbare Betrag auch für den Konsum des Investors verwendbar. Der ökonomische Gewinn ist in diesem Falle gleich den Zinsen auf den *Ertragswert*.

Die Situation ist anders, wenn die Investition mit einem Kredit finanziert worden ist. Der „entziehbare" Betrag muß auch die Zinsen auf den Kredit in Höhe von A_0 decken. Der Rest ist für den Konsum entnehmbar, er ist der ökonomische Gewinn. Da der Ertragswert definitionsgemäß die Summe aus dem Investitionsbetrag A_0 und dem Kapitalwert K_0 ist, ist der ökonomische Gewinn in diesem Fall gleich den Zinsen auf den *Kapitalwert*.

Der ökonomische Gewinn im Falle der ewigen Rente ist nicht nur im Rahmen der Investitionstheorie, sondern auch im Rahmen der Bilanztheorie wichtig, weil er eine Klärung darüber erlaubt, unter welchen Bedingungen der Bilanzgewinn einer Unternehmung als ausschüttbar angesehen werden kann[16].

---

16 Vgl. *ders.* [Bilanzgewinn] und *ders.* [Steuerbilanzen], bes. S. 71–101.

3.5.4. Das Entscheidungskriterium

Aus der Interpretation der Annuität als maximal entnehmbarem Betrag gleicher Höhe für (zusätzlichen) Konsum folgt das Entscheidungskriterium: Eine Investition ist vorteilhaft, wenn die finanzmathematisch richtig berechneten durchschnittlichen jährlichen Einzahlungen größer als die ebenso berechneten durchschnittlichen Auszahlungen sind, d.h. wenn die Annuität der Einzahlungen größer als die der Auszahlungen und somit die Gewinnannuität positiv ist. Die Investition ist nicht vorteilhaft und nicht unvorteilhaft, wenn die Gewinnannuität null ist. Die Investition ist unvorteilhaft, wenn die durchschnittlichen Einzahlungen kleiner als die durchschnittlichen Auszahlungen sind, d.h. wenn die Gewinnannuität negativ ist.

3.5.5. Reinvestitions- und Finanzierungsannahmen

An dem Beispiel und dem Finanzplan erkennt man auch die Reinvestitions- und Finanzierungsannahmen, die der Annuitäten-Methode zugrunde liegen: Kreditaufnahmen und Geldanlagen sind jederzeit in der benötigten Höhe zum Kalkulationszinsfuß möglich. Die Annahmen entsprechen denen, die bei der Kapitalwert-Methode vorliegen. Daraus folgt, daß sich die beiden Methoden entsprechen.

3.6. Die Methode des Internen Zinsfußes

3.6.1. Die Definition des Internen Zinsfußes

Der Interne Zinsfuß ist derjenige Zinsfuß, bei dessen Verwendung als Kalkulationszinsfuß der Kapitalwert einer Investition Null ist, oder mit anderen Worten, bei dem der Gegenwartswert der Auszahlungen gleich dem Gegenwartswert der Einzahlungen ist.
Der Interne Zinsfuß wird mit dem Symbol r bezeichnet. Er ergibt sich als Auflösung der Gleichung

(3.11)
$$\sum_{t=0}^{n} \frac{E_t}{(1+r)^t} - \sum_{t=0}^{n} \frac{A_t}{(1+r)^t} = 0$$

nach r.
Bei Investitionen mit einer Anschaffungsauszahlung A_0 und späteren (Netto-) Einzahlungen E_t gilt vereinfacht

(3.12)
$$\sum_{t=1}^{n} \frac{E_t}{(1+r)^t} - A_0 = 0.$$

Bei Investitionen mit einer Anschaffungsauszahlung und einer endlichen Reihe von n uniformen (Netto-)Einzahlungen E gilt:

(3.13) $\qquad E \cdot \dfrac{(1+r)^n - 1}{(1+r)^n \cdot r} - A_0 = 0.$

Der Bruch ist der sog. Rentenbarwertfaktor. Man kann ihn in finanzmathematischen Tabellen nachschlagen und so r bestimmen, wenn man n, A_0 und E kennt. Im einfachsten Fall einer ewigen uniformen Einzahlungsreihe, einer ewigen Rente, vereinfacht sich die Ausgangsgleichung zu

(3.14) $\qquad \dfrac{E}{r} - A_0 = 0 \ \text{ bzw. } r = \dfrac{E}{A_0}.$

Eine Besonderheit des Internen Zinsfußes ist, daß seine Berechnung mitunter Probleme bereiten kann. Es ist möglich, daß eine Zahlungsreihe keinen (reellen), einen, zwei oder mehrere Interne Zinsfüße hat. Ökonomische Interpretationen gibt es nur für reelle Interne Zinsfüße.

Wie ist der Fall mehrerer Interner Zinsfüße möglich? Betrachten wir den einfachsten Fall einer Zahlungsreihe mit den Zahlungen A_0, E_1 und A_2. Versucht man die Gleichung (3.11) nach r aufzulösen, erhält man eine quadratische Gleichung. Es ist aus der Schulmathematik bekannt, daß eine quadratische Gleichung zwei Lösungen hat. Zwei ökonomisch sinnvolle Lösungen, d.h. zwei reelle Interne Zinsfüße gibt es aber nur, wenn die Zahlungsreihe mit einem negativen Glied (Auszahlung) beginnt, mit einem positiven Glied (Einzahlung) fortgesetzt wird und mit einem negativen Glied endet.

Ein bekanntes Beispiel für zwei Interne Zinsfüße ist die Zahlungsreihe eines Bergwerks: $A_0 =$ (−) 1000 (Schachtbau), $E_1 = 2090$ (Abbau der Kohle), $A_2 = (−) 1092$ (Abbruch und Abraumbeseitigung)[17]. Diese Investition hat die Internen Zinsfüße $r_1 = 0,04$ und $r_2 = 0,05$. Wir können verallgemeinern: Eine Zahlungsreihe hat (höchstens) so viele Interne Zinsfüße, wie Vorzeichenwechsel in ihr vorkommen[18]. Die meisten Investitionen haben erst Auszahlungen und dann Einzahlungen. Da sie nur einen Vorzeichenwechsel haben, besitzen sie einen eindeutigen Internen Zinsfuß.

Der Fall mehrerer Interner Zinsfüße scheint also ohne praktisches Interesse zu sein. Der Eindruck täuscht. Die Möglichkeit mehrerer Interner Zinsfüße macht die Verwendung dieser Methode bei der Beurteilung von Investitionsalternativen mit Hilfe der Differenz-Investition[19] unbrauchbar.

Selbst wenn man nur Normalinvestitionen mit einem Vorzeichenwechsel betrachtet, kann bei mehr als drei Zahlungszeitpunkten die analytische Berechnung von r schwierig sein, weil sie die Lösung von Gleichungen höheren Grades erfordern würde. In der Zeit der billigen Taschenrechner ist es aber nicht nötig, diese Gleichungen per Hand zu lösen. Auch die algebraischen und graphischen Näherungsverfahren sind überflüssig geworden. Wenn der Taschenrechner nicht ohnehin so programmiert ist, kann man den Internen Zinsfuß beliebig gut ap-

---

17 Vgl. *Erich Schneider* [Wirtschaftlichkeitsrechnung], S. 39 f.
18 Vgl. *Kilger* [Kritik], S. 769 f.
19 siehe unten, S. 91.

proximieren, indem man mit variierenden Kalkulationszinsfüßen Kapitalwerte ausrechnet, bis diese nahe bei Null liegen.

3.6.2. Ein Beispiel

Für die Beispielinvestition − 100; + 50; + 50; + 50 ist r = 0,2337 oder 23,37 %. Man kann das durch folgende Überlegung zeigen: Wenn man 100 zum Zinssatz r anlegen könnte, könnte man ein Einkommen von dreimal 50 erhalten.

	t_0	t_1	t_2	t_3
Anlage	100	–	–	–
angelegter Betrag mal $(1+r)$		123,37	90,51	50
Einkommen		50	50	50
verbleibende Anlage		73,37	40,51	0

Dasselbe läßt sich auch analog zu der Darstellung im Abschnitt 3.4.2. durch folgende Rechnung zeigen: Wenn man für die Durchführung der Beispielinvestition einen Kredit aufnimmt, der den Zinssatz r kostet und den man durch die drei Raten zu 50 tilgt, erhält man einen Tilgungsplan, der weder Auszahlungs- noch Einzahlungsüberschüsse enthält:

Tilgungsplan mit i = r

Periode	Investitions-zahlungen	Kredit und Zinsen	Rückzahlung incl. Zinsen	Restschuld am Periodenende
0	− 100	+ 100		(100)
1	+ 50	(123,37)	− 50	(73,37)
2	+ 50	(90,51)	− 50	(40,51)
3	+ 50	(50,00)	− 50	(0)

Die Zahlen in Klammern sind wieder nur Erinnerungsposten, keine Zahlungen.

In der Darstellung als Finanzplan zeigt sich ebenfalls, daß der Kredit zu r gerade durch die Einzahlungsüberschüsse der Investition verzinst und getilgt werden kann:

		t_0	t_1	t_2	t_3
Investition	Auszahlung	− 100			
	Einzahlung		+ 50	+ 50	+ 50
Kredit	Auszahlung		− 50	− 50	− 50
	Einzahlung	+ 100			
Überschuß		0	0	0	0

3.6.3. Die Interpretation des Internen Zinsfußes

Für den Internen Zinsfuß gibt es ebenfalls zwei Interpretationen, die sich wie die beiden Interpretationen des Kapitalwerts nicht widersprechen. Sie ergeben sich aus den Beispielrechnungen.

Erste Interpretation: Man kann den Internen Zinsfuß als die *Effektiv-Verzinsung des jeweils* „*gebundenen" Kapitals* ansehen. Als „jeweils gebundenes Kapital" wird dabei der Teil der Anschaffungsauszahlung bezeichnet, der noch nicht durch Einzahlungen aus dem Investitionsobjekt an den Investor zurückgeflossen ist. Im Beispiel ist die Einzahlung von 50 im Zeitpunkt t_1 aufzuspalten in 23,37 Zinsen auf die vom Zeitpunkt t_0 her „gebundenen" 100 und 26,63 Rückzahlung oder „Kapitalfreisetzung". Vom Zeitpunkt t_1 an sind nur noch 73,37 ($= 100 - 26,63$) „gebunden". Im Zeitpunkt t_3 ist schließlich das gesamte eingesetzte Kapital „freigesetzt".

Zweite Interpretation: Man kann den Internen Zinsfuß als *kritischen Zinssatz* ansehen. Für einen Investor, der eine Investition mit einem Kredit finanziert, ist die Durchführung der Investition nur dann vorteilhaft, wenn die Kreditzinsen geringer sind als der Interne Zinsfuß, denn nur dann kann er durch die Wahrnehmung der Investitionsmöglichkeit seine Konsummöglichkeiten verbessern.

3.6.4. Das Entscheidungskriterium

Zur Beurteilung einer Investition stellt man den Internen Zinsfuß dem Kalkulationszinsfuß i gegenüber. Annahmegemäß gibt i die Möglichkeiten zur Kreditaufnahme und zur Alternativanlage von Geld an.

Eine Investition ist vorteilhaft gegenüber der Alternative Nicht-Investition, wenn der Interne Zinsfuß größer als der Kalkulationszinsfuß ist. Sie ist nicht vorteilhaft und nicht unvorteilhaft, wenn Interner Zinsfuß und Kalkulationszinsfuß gleich sind. Sie ist unvorteilhaft, wenn der Interne Zinsfuß kleiner als der Kalkulationszinsfuß ist.

Jemand, der das Geld zur Durchführung der Investition hat, kann sich bei $r < i$ einen breiteren Konsumstrom verschaffen, wenn er die Investition unterläßt und das Geld zum Zinssatz i anlegt. Jemand, der sich Geld z.B. durch Kreditaufnahme zum Zinssatz i beschaffen müßte, um die Investition vorzunehmen, würde bei $r < i$ durch Investition und Kreditaufnahme seine Konsummöglichkeiten verringern.

Bei der Beurteilung einer Investition mit dem Internen Zinsfuß r kann eine Schwierigkeit auftauchen: r ist eine Zahl, die für die ganze Investitionsdauer gilt. Der Kalkulationszinsfuß i ist hingegen nicht immer für alle Perioden, in denen mit der Investition verbundene Zahlungen erfolgen, derselbe. Wenn zum Beispiel der Interne Zinsfuß r einer Investition, die über vier Perioden läuft, 10 % und der Kalkulationszinsfuß i für zwei Perioden 8 % und für zwei Perioden 12 % beträgt, kann man nicht mehr sagen, ob die Investition vorteilhaft ist oder nicht. Das angegebene Entscheidungskriterium ist dann nicht anwendbar.

3.6.5. Reinvestitions- und Finanzierungsannahmen

Wie die Kapitalwert-Berechnung enthält auch die Berechnung des Internen Zinsfußes bestimmte implizite Annahmen. Oben in dem Beispiel sind wir davon ausgegangen, daß Kreditrückzahlungen jederzeit gerade in dem Maße möglich sind, wie das Investitionsobjekt Einzahlungen schafft. Dieser Annahme entspricht die, daß Einzahlungen zwischenzeitlich zum Zinssatz r angelegt werden können. Wenn diese Voraussetzung nicht erfüllt ist, gleichen sich die mit der Investition verbundenen Zahlungen und die mit dem Kredit verbundenen Zahlungen nicht genau aus. Um das herauszustellen, variieren wir unser Standardbeispiel und führen wieder eine Alternativrechnung durch: Wir nehmen jetzt an, es sei möglich, zur Finanzierung der Investition einen Kredit zu r aufzunehmen, der aber nicht in beliebigen Teilbeträgen, sondern nur in einem Betrag einschließlich Zinsen im Zeitpunkt t_3 zurückgezahlt werden kann. In der ersten Rechnung unterstellen wir, die rückfließenden Beträge aus t_1 und t_2 könnten zu r angelegt werden, während in der zweiten Rechnung eine Zwischenanlage nicht möglich ist und somit die Beträge unverzinst bleiben.

1. Variante		t_0	t_1	t_2	t_3
Investition	Auszahlung	− 100			
	Einzahlung		+ 50	+ 50	+ 50
Wiederanlage	Auszahlung		− 50		
	Einzahlung				+ 76,09
Wiederanlage	Auszahlung			− 50	
	Einzahlung				+ 61,69
Kredit	Auszahlung				− 187,78
	Einzahlung	+ 100			
Überschuß		0	0	0	0

2. Variante		t_0	t_1	t_2	t_3
Investition	Auszahlung	− 100			
	Einzahlung		+ 50	+ 50	+ 50
Wiederanlage	Auszahlung		− 50		
	Einzahlung				+ 50
Wiederanlage	Auszahlung			− 50	
	Einzahlung				+ 50
Kredit	Auszahlung				− 187,78
	Einzahlung	+ 100			
Überschuß	Auszahlung	0	0	0	− 37,78

Man erkennt hier die Prämisse der Internen-Zinsfuß-Methode, daß Beträge zu r angelegt werden können, wenn sich der Betrag des Internen Zinsfußes nicht ändern soll[20]. Diese Annahme unterscheidet sich von der der Kapitalwert-Methode.

Wir können auch das Beispiel mit zwei Internen Zinsfüßen verwenden, um die impliziten Annahmen der Methode des Internen Zinsfußes noch einmal zu betrachten. Die oben genannte Zahlungsreihe mit den Zinsfüßen von 4 % und 5 % läßt sich zusammen mit Krediten und Mittelanlagen zu 4 % und 5 % in Finanzplänen darstellen. Wir erhalten

---

20 Wenn die Zwischenanlage nur zum Zinssatz i möglich ist, ändert sich zwar der Betrag des Internen Zinsfußes, aber das Vorzeichen der Differenz zwischen (dem veränderten) r und i ändert sich nicht, vgl. unten S. 84.

bei r = 0,04:

		t_0	t_1	t_2
Investition	Auszahlung	− 1000		− 1092
	Einzahlung		+ 2090	
Kredit	Auszahlung		− 1040	
	Einzahlung	+ 1000		
Wiederanlage	Auszahlung		− 1050	
	Einzahlung			+ 1092
Überschuß		0	0	0

und bei r = 0,05

		t_0	t_1	t_2
Investition	Auszahlung	− 1000		− 1092
	Einzahlung		+ 2090	
Kredit	Auszahlung		− 1050	
	Einzahlung	+ 1000		
Wiederanlage	Auszahlung		− 1040	
	Einzahlung			+ 1092
Überschuß		0	0	0

Die Rechnungen für die Investition mit den zwei Internen Zinsfüßen von 4 % und 5 % machen deutlich, daß die Interne-Zinsfuß-Methode die Möglichkeit der Kreditaufnahme und der Geldanlage zu r unterstellt. An diesem Beispiel sieht man auch, wie wenig sinnvoll diese Annahme ist: In der Rechnung mit r = 0,05 wird unterstellt, daß Geld zu 5 % angelegt wird. In der Rechnung mit r = 0,04 wird eine Finanzierung zu 4 % angenommen. Wenn die beiden Rechnungen einen ökonomischen Sinn haben sollen, müssen Kreditaufnahme und Mittelanlage sowohl zu 4 % als auch zu 5 % möglich sein. Ist das aber der Fall, wird ein vernünftiger Investor den billigen Kredit in t_0 zu 4 % aufnehmen und seinen ganzen Einzahlungsüberschuß von 2090 in t_1 zu 5 % anlegen. Man erhält dann einen Finanzplan, bei dem nicht alle Einzahlungsüberschüsse null sind, sondern in t_2 ein Einzahlungsüberschuß von 20,90 (= 1 % von 2090) vorliegt.

Die problematischen stillschweigenden Unterstellungen über Geldanlage- und Finanzierungsmöglichkeiten sind der wichtigste Grund, warum man die Interne-Zinsfuß-Methode nur mit Vorsicht gebrauchen sollte[21].

3.7. Zusammenfassung

Es gibt eine große Zahl von Verfahren oder Methoden der Investitionsrechnung. Sie lassen sich grob nach dem Maßstab der Einfachheit anordnen. Die finanzmathematischen Methoden nehmen nach diesem Maßstab eine mittlere Position ein. Genauer lassen sie sich als Methoden kennzeichnen, die die Beurteilung von Einzelinvestitionen statt von Investitionsprogrammen

---

21 Vgl. dazu ausführlich: *Schneider* [Investition], S. 182–193.

erlauben und die von der Unsicherheit der Erwartungen und von Unvollkommenheiten des Kapitalmarktes absehen, dafür aber in konsistenter Weise mit der Zielsetzung des Investors verknüpft sind.

Investitionen beschreibt man durch Zahlungsreihen. Die Zahlungsreihe einer Investition muß alle durch die Investition ausgelösten zusätzlichen Zahlungen erfassen. Die finanzmathematischen Methoden werden unter der Annahme diskutiert, es gäbe einen vollkommenen Kapitalmarkt.

Die drei finanzmathematischen Methoden sind die Kapitalwert-Methode, die Annuitäten-Methode und die Methode des Internen Zinsfußes. Bei der Kapitalwertmethode wird der Gegenwartswert der Einzahlungsüberschüsse aus der Investition der Anschaffungsauszahlung gegenübergestellt. Eine Investition ist vorteilhaft, wenn sie einen positiven Kapitalwert hat. Der Kapitalwert läßt sich als Vermögensmehrung in dem Zeitpunkt interpretieren, in dem die Investition begonnen wird.

Die Annuitäten-Methode ist eine Variante der Kapitalwert-Methode. Eine Investition ist vorteilhaft, wenn sie zu einer positiven Gewinnannuität führt. Die Gewinnannuität läßt sich als durchschnittliche Einkommenserhöhung während der Laufzeit der Investition interpretieren.

Bei der Methode des Internen Zinsfußes wird der Interne Zinsfuß einer Investition mit einem gegebenen Kalkulationszinsfuß verglichen. Der Interne Zinsfuß ist derjenige Zinssatz, bei dessen Verwendung als Diskontierungssatz der Kapitalwert der Investition Null ist. Man kann den Internen Zinsfuß als die Rendite des jeweils noch in der Investition gebundenen Kapitals — oder kürzer: als die richtig berechnete Rendite der Investition — interpretieren.

3.8. Literaturhinweise zum 3. Kapitel

Siehe unten, Abschnitt 4.8.

4. Kapitel

Der Zusammenhang zwischen den finanzmathematischen Methoden

4.1. Lernziele

Im Anschluß an die Vorstellung der finanzmathematischen Methoden der Investitionsrechnung im letzten Kapitel soll nun untersucht werden, welcher Zusammenhang zwischen ihnen besteht.

(1) Die Leser sollen lernen, daß die Kapitalwert-Methode und die Methode des Internen Zinsfußes zu *widersprüchlichen* Investitionsentscheidungen führen können.

(2) Sie sollen erkennen, unter welchen Bedingungen sich Widersprüche einstellen können und woran das liegen kann.

(3) Dabei sollen sie die Bedeutung der Anlage- und Finanzierungsannahmen, die in den Methoden enthalten sind, genau verstehen, um auch für praktische Belange abschätzen zu können, wann Investitionen ausreichend vergleichbar sind.

(4) Sie sollen schließlich lernen, daß bei Widersprüchen zwischen den Methoden der Kapitalwertmethode eher zu trauen ist als der Methode des Internen Zinsfußes.

Wenn er das Kapitel durchgearbeitet hat, sollte ein Leser in der Lage sein, selbständig Beispiele zu konstruieren, in denen die Kapitalwert-Methode und die Methode des Internen Zinsfußes zu verschiedenen Entscheidungen führen. Er sollte verschiedene Möglichkeiten kennen, wie der Widerspruch aufgelöst werden kann, und er sollte eine begründete Wahl zwischen den möglichen Auflösungen des Widerspruchs treffen können.

Die Diskussion über mögliche Widersprüche zwischen den Investitionsrechenverfahren soll zu der Einsicht führen, daß das zentrale Problem der Investitionstheorie die Wahl des „richtigen" Kalkulationszinsfußes ist. Wie dieses Problem entweder gelöst *oder* umgangen werden kann, wird das Thema des folgenden Kapitels sein.

4.2. Arten von Entscheidungssituationen

Man kann drei Arten von Entscheidungssituationen ùnterscheiden:

(1) Ja-Nein-Entscheidungen („accept-reject-decisions")

Das sind Entscheidungen, bei denen zwischen den Alternativen „Durchführung einer Investition" und „Unterlassung der Investition" auszuwählen ist. Zur Alternative „Durchführung" gehört gegebenenfalls — nämlich dann, wenn der Investor den Investitionsbetrag *nicht* hat — die Finanzierung (Kreditaufnahme)[1]. Zur Alternative „Unterlassung" gehört, daß auch auf die Kreditaufnahme verzichtet wird bzw. daß gegebenenfalls — nämlich dann, wenn der Investor den Investitionsbetrag hat — der Investitionsbetrag am Kapitalmarkt angelegt oder verbraucht wird.

(2) Auswahl-Entscheidungen („ranking decisions")

Das sind Entscheidungen, bei denen eines von mehreren Investitionsobjekten ausgewählt und durchgeführt wird. Die verschiedenen Investitionsobjekte schließen sich z.B. aus technischen Gründen gegenseitig aus. Die Alternative zur Durchführung einer bestimmten Investition sind die Durchführung einer anderen Investition oder die Anlage vorhandener Mittel am Kapitalmarkt bzw. der Verzicht auf die Finanzierung (Kreditaufnahme).

(3) Programmentscheidungen

Im Gegensatz zu (2) geht es nicht darum, eines von mehreren Investitionsobjekten zu realisieren, sondern darum, ein Investitionsprogramm aufzustellen. Ein Investitionsprogramm beinhaltet im Normalfall die gleichzeitige Durchführung mehrerer Investitionsprojekte.

Dieses Kapitel behandelt nur die Entscheidungssituationen (1) und (2). Es führt zu den Programmentscheidungen hin. Diese werden aber erst im nächsten Kapitel diskutiert.

4.3. Die Kapitalwert-Funktion

Um die Zusammenhänge zwischen den investitionstheoretischen Methoden erläutern zu können, ist es zweckmäßig, das Konzept der Kapitalwert-Funktion einzuführen. Der Kapitalwert K_0 einer Investition wird bei Normalinvestitionen (auf eine Anschaffungsauszahlung A_0 folgen n Nettoeinzahlungen E_t ($t = 1,...,n$)) nach der Formel

$$K_0 = \sum_{t=1}^{n} \frac{E_t}{(1+i)^t} - A_0$$

berechnet. Wie man sieht, ist K_0 nicht nur von den Zahlungen A_0 und E_t ($t = 1,...,n$) abhängig, sondern auch von dem Zinssatz i, mit dem die zukünftigen Einzahlungen diskontiert werden. Wie man auch durch Differentiation von K_0 nach i nachweisen könnte, sinkt der Kapitalwert mit steigendem Zinssatz: Je höher i ist, um so mehr werden die zukünftigen Einzahlungen „abgewertet", um so vorteilhafter wird die Alternativanlage bzw. um so teurer wird die Finanzierung der Investition. Der Kapitalwert ist eine Funktion des Kalkulationszinsfußes. Wenn man diesen funktionalen Zusammenhang betonen will, spricht man deshalb von K_0 (i) als der Kapitalwertfunktion.

Für die Kapitalwertfunktion einer Normalinvestition gilt

(4.1) $\dfrac{dK_0}{di} < 0, \qquad \dfrac{dK_0^2}{d^2i} < 0, \qquad \lim_{i \to \infty} K_0 (i) = -A_0 \qquad$ für $i \geqslant 0$.

---

1 Es sei daran erinnert, daß wegen der Annahme sicherer Erwartungen alle Arten der Finanzierung einheitlich wie Kreditaufnahmen behandelt werden können.

Anschaulicher als die analytische Darstellung der Kapitalwertfunktion ist die graphische. Sie ist in der Abbildung 4.1 enthalten:

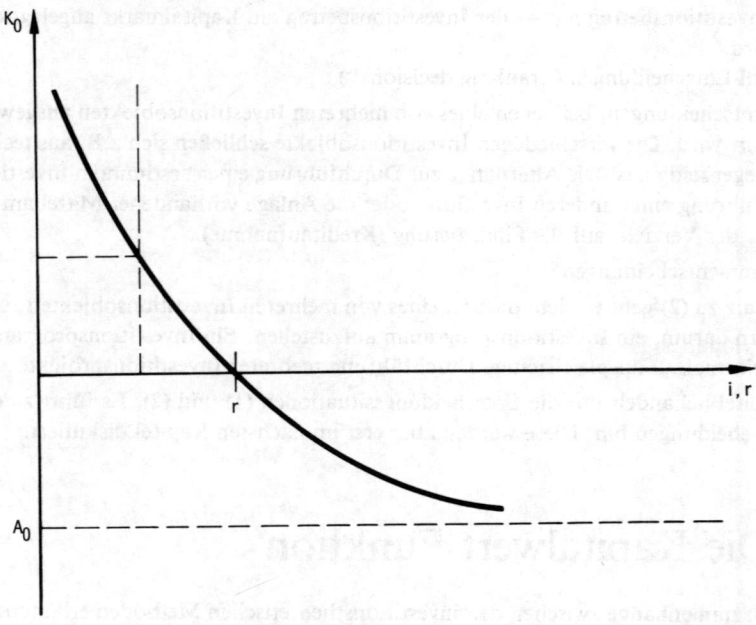

Abb. 4.1: Kapitalwertfunktion einer Normalinvestition

Die Kapitalwert-Funktion einer Normalinvestition fällt monoton bis zur negativen Asymptote A_0. Es gibt maximal eine Nullstelle. Diese gibt den Internen Zinssatz an, denn der ist ja definiert als derjenige Kalkulationszinsfuß, bei dessen Verwendung der Kapitalwert Null ist. Wenn die Summe der Einzahlungen kleiner als die Anfangsauszahlung ist, dann gibt es keine Nullstelle, d.h. der Kapitalwert ist im gesamten Definitionsbereich i > 0 negativ.

Der Verlauf der Kapitalwert-Funktion für eine bestimmte Investition hängt von den Zahlungen A_0 und E_t (t = 1,...,n) dieser Investition ab.

Bei unserer Beispielinvestition − 100; + 50; + 50; + 50 erhält man folgende Wertetabelle für den Kapitalwert

i	K_0
0	50
0,05	36,20
0,10	24,33
0,15	14,16
0,20	5,32
0,2337	0
0,25	− 2,40
0,30	− 9,19

Tab. 4.1: Kapitalwerte K_0 in Abhängigkeit vom Zinssatz i.

Allgemein kann man sagen, daß die Kapitalwert-Funktion um so steiler verläuft, je später die Einzahlungen erfolgen. Eine steilere Kapitalwert-Funktion zeigt an, daß die Vorteilhaftigkeit der Investition stark vom Zinssatz abhängt. Späte Einzahlungen werden bei der Berechnung um viele Perioden abgezinst. Ihr Gegenwartswert ist daher stärker zinsabhängig als der bald nach t_0 erfolgender Einzahlungen.

4.4. Entsprechungen bei Ja-Nein-Entscheidungen

Wir betrachten zuerst den Zusammenhang zwischen der Kapitalwert-Methode und der Annuitäten-Methode. Nach der Kapitalwert-Methode ist eine Investition vorteilhaft, wenn sie einen positiven Kapitalwert K_0 hat. Nach der Annuitäten-Methode ist sie bei einer positiven Gewinnannuität a vorteilhaft. Die Gewinnannuität ist das Produkt aus dem Kapitalwert und dem Wiedergewinnungsfaktor

$$a = K_0 \cdot Wgf\,(n,i)$$

Der Wiedergewinnungsfaktor ist bei positivem Zinssatz i immer positiv,

(4.2) $$\frac{(1+i)^n \cdot i}{(1+i)^n - 1} > 0 \qquad \text{für } i > 0.$$

Die Multiplikation einer Zahl mit einem positiven Faktor ändert das Vorzeichen nicht. Daher gilt:

(4.3) $$K_0 \gtreqqless 0 \longleftrightarrow a \gtreqqless 0.$$

Die Kapitalwert-Methode und die Annuitäten-Methode führen also immer zu gleichen Entscheidungen. Diese Entsprechung folgt auch daraus, daß beide Methoden übereinstimmend unterstellen, Geldanlage und Kreditaufnahme seien zum Kalkulationszinsfuß i möglich.

Betrachten wir nun den Zusammenhang zwischen der Kapitalwert-Methode und der Methode des Internen Zinsfußes. Die Kapitalwert-Funktion einer Normalinvestition fällt monoton. Sie hat (höchstens) eine Nullstelle. Daher ist immer dann, wenn der mit dem Kalkulationszinsfuß i berechnete Kapitalwert positiv (negativ) ist, der Interne Zinsfuß r größer (kleiner) als der Kalkulationszinsfuß:

(4.4) $$K_0 \gtreqqless 0 \longleftrightarrow r \gtreqqless i.$$

Ein Blick auf die Kapitalwert-Funktion in Abbildung 4.1 zeigt, daß die Kapitalwert-Methode und die Methode des Internen Zinsfußes bei Ja–Nein–Entscheidungen zu übereinstimmenden Ergebnissen führen. Man könnte dieser Aussage mißtrauen, weil oben herausgestellt wurde, daß die beiden Methoden unterschiedliche Annahmen bezüglich der Möglichkeit enthalten,

Geld zur Veränderung der zeitlichen Struktur von Zahlungsreihen anzulegen und aufzunehmen. Dieser Unterschied besteht wohl, aber er ist bei Ja–Nein–Entscheidungen noch ohne Folgen. Betrachten wir zur Verdeutlichung eine Investition mit $K_0 > 0$ und $r > i$, bei der wie in den Beispielen des dritten Kapitels eine zwischenzeitliche Geldanlage vorgesehen ist. K_0 würde nicht negativ, auch wenn man gemäß der Methode des Internen Zinsfußes unterstellen würde, daß die zwischenzeitliche Anlage eine Rendite von $r > i$ erbrächte: Der Kapitalwert der Zwischenanlage wäre wegen $r > i$ auch positiv, und die Summe der beiden Kapitalwerte könnte dann nicht negativ werden. Wenn man hingegen gemäß der Kapitalwert-Methode unterstellen würde, daß die Zwischenanlage (nur) die Rendite i erbrächte, änderte sich zwar der Betrag des Internen Zinsfußes. Der Interne Zinsfuß der veränderten Zahlungsreihe wäre dann ein Durchschnitt aus r und i. Der Durchschnitt kann aber nicht kleiner oder gleich i sein. Die Relation $r > i$ bliebe erhalten. Entsprechende Überlegungen gelten für eine eventuell vorgesehene zwischenzeitliche Kreditaufnahme zu r bzw. zu i. Die widersprüchlichen Annahmen führen also nicht zu widersprüchlichen Ergebnissen.

Wegen der vollständigen Entsprechung von Kaptialwert-Methode und Annuitäten-Methode führt letztere bei Ja–Nein–Entscheidungen auch nicht zu anderen Ergebnissen als die Methode des Internen Zinsfußes. Wir betrachten im folgenden die Annuitäten-Methode nicht mehr gesondert. Für sie gilt auch bei Auswahl-Entscheidungen, was für die Kapitalwert-Methode gesagt wird.

4.5. Mögliche Widersprüche bei Auswahlentscheidungen

Es liegt nahe, in Analogie zu den Entscheidungskriterien bei Ja–Nein–Entscheidungen folgende Regeln für Auswahl-Entscheidungen zu formulieren:

(1) Von mehreren Investitionsobjekten, die sich gegenseitig ausschließen, soll man dasjenige wählen, das den höchsten Kapitalwert aufweist.

(2) Von mehreren Investitionsobjekten, die sich gegenseitig ausschließen, soll man dasjenige wählen, das den höchsten Internen Zinsfuß aufweist.

Anhand von Beispielen soll untersucht werden, ob die beiden Regeln immer vereinbar sind. Wir betrachten zuerst zwei Investitionsobjekte. Ihre Kapitalwerte seien mit K_1 und K_2 und ihre Internen Zinsfüße mit r_1 und r_2 bezeichnet. Die beiden zur Auswahl stehenden Investitionen seien durch die folgenden Zahlungsreihen gekennzeichnet:

		t_0	t_1	t_2	t_3	...
Investition 1	Auszahlung	– 100				
	Einzahlung		+ 10	+ 10	+ 10	...
Investition 2	Auszahlung	– 100				
	Einzahlung		+ 115,5			

Der Kalkulationszinsfuß sei i = 0,05.
Die Kapitalwerte sind leicht zu berechnen.

$$K_1 = -100 + \frac{10}{0,05} = 100$$

$$K_2 = -100 + \frac{115,5}{1 + 0,05} = 10$$

Der Kapitalwertvergleich zeigt an, daß die erste Investition vorteilhafter ist. Wir vergleichen nun die Internen Zinsfüße. Sie sind aus den Zahlen des Beispiels direkt ablesbar.

$$-100 + \frac{10}{r_1} = 0; \qquad\qquad r_1 = 10 \%$$

$$-100 + \frac{115,5}{1 + r_2} = 0; \qquad\qquad r_2 = 15,5 \%.$$

Der Vergleich der Internen Zinsfüße zeigt an, daß die zweite Investition vorteilhafter ist.

Ehe entschieden werden kann, ob der Vergleich der Kapitalwerte oder der Vergleich der Internen Zinsfüße zu der Entscheidung führt, die der Zielsetzung des Investors entspricht, soll die Entscheidungssituation anhand der folgenden graphischen Darstellung der Kapitalwert-Funktionen der beiden Investitionen verdeutlicht werden. (Die Abbildung 4.2 ist nicht maßstabsgerecht!)

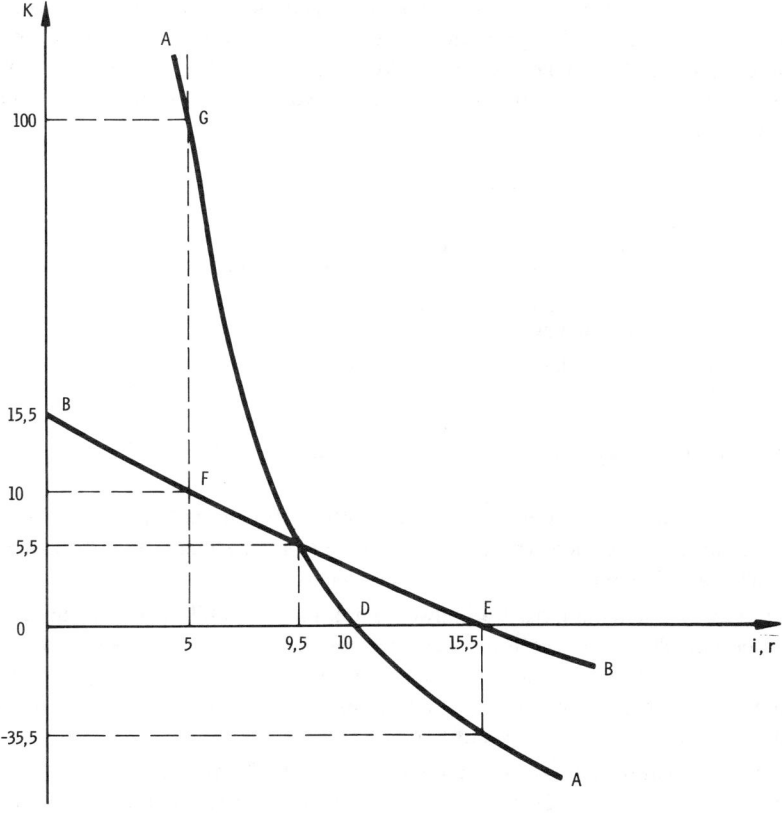

Abb. 4.2: Kapitalwert-Funktionen zweier Investitionen mit verschiedenen Laufzeiten

Die steilere Kapitalwert-Funktion AA stellt die erste Investition dar, die flachere Kapitalwert-Funktion BB die zweite Investition. Der durch die Berechnung der Kapitalwerte und der Internen Zinsfüße festgestellte Widerspruch ist in der Abbildung 4.2 zu erkennen, wenn man die Punkte F und G bzw. die Punkte E und D vergleicht. An der Abbildung sieht man auch, daß es in diesem Beispiel zu keinem Widerspruch kommt, wenn der Kalkulationszinsfuß größer oder gleich 9,5 % ist.

Der Widerspruch zwischen den Ergebnissen, die die beiden Methoden nahelegen, kann sich nur einstellen, weil Investitionen verglichen werden, die nicht vergleichbar sind: Eine führt zu einer ewigen Rente, die andere ist nach einer Periode beendet. Die Investitionen müssen *vergleichbar* gemacht werden, so daß direkt diejenige ausgewählt werden kann, die zu dem breiteren Konsumeinkommensstrom führt.

Vergleichbarkeit kann zum Beispiel in der Weise hergestellt werden, daß man die zeitliche Struktur der zweiten Investition an die der ersten anpaßt. Dazu ist in t_1 eine Wiederanlage von 100 bzw. 110 vorzusehen, die ab t_2 eine ewige Rente erbringt. Doch zu welchem Zinssatz ist die Wiederanlage möglich?

Sowohl die Kapitalwert-Methode als auch die Methode des Internen Zinsfußes stellen die Vergleichbarkeit durch *implizite Reinvestitionsprämissen* her. Wie schon im dritten Kapitel gezeigt worden ist, widersprechen sich die Reinvestitionsprämissen der beiden Methoden. Bei der Kapitalwert-Methode wird angenommen, Reinvestitionen seien zum Kalkulationszinsfuß i, im Beispiel also zu 5 %, möglich. Wenn die Vergleichbarkeit dadurch hergestellt wird, daß bei der zweiten Investition im Zeitpunkt t_1 der Betrag von 110 reinvestiert wird, erhalten wir folgende Finanzpläne:

		t_0	t_1	t_2	t_3	...
Investition 1	Auszahlung	– 100				
	Einzahlung		+ 10	+ 10	+ 10	...
Investition 2	Auszahlung	– 100				
	Einzahlung		+ 115,5			
Wiederanlage	Auszahlung		– 110			
zu i = 5 %	Einzahlung			+ 5,5	+ 5,5	...
Investition 2	Auszahlung	– 100				
mit Wiederanlage	Einzahlung		+ 5,5	+ 5,5	+ 5,5	...

Jetzt sind die Zahlungsreihen vergleichbar. Es ist offensichtlich, daß die Investition 1 höhere Nettoeinzahlungen pro Periode erbringt als die Investition 2 zuzüglich Wiederanlage zu 5 %. Das entspricht dem Ergebnis des Kapitalwert-Vergleichs: $K_1 > K_2$.

In der graphischen Darstellung der Kapitalwert-Funktionen (Abbildung 4.2) würde diese Angleichung der zeitlichen Strukturen der beiden Investitionen eine Drehung der Kapitalwert-Funktion BB um den Punkt F bedeuten. Nach der Drehung schneiden sich die Kapitalwert-Funktionen nicht mehr; die Investitionen sind direkt vergleichbar. (Der Interne Zinsfuß der zweiten Investition sinkt von 15,5 % auf 5,5 %.)

Bei der Internen Zinsfuß-Methode wird dagegen unterstellt, Reinvestitionen seien zum jeweiligen Internen Zinsfuß möglich. Da wir die Angleichung der zweiten Investition an die erste betrachten und da der Interne Zinsfuß der zweiten Investition 15,5 % beträgt, sind im Zeitpunkt t_1 nur 100 zu reinvestieren. Man erhält dann folgende Finanzpläne:

		t_0	t_1	t_2	t_3	...
Investition 1	Auszahlung	– 100				
	Einzahlung		+ 10	+ 10	+ 10	...
Investition 2	Auszahlung	– 100				
	Einzahlung		+ 115,5			
Wiederanlage zu r = 15,5 %	Auszahlung		– 100			
	Einzahlung			+ 15,5	+ 15,5	...
Investition 2 mit Wiederanlage	Auszahlung	– 100				
	Einzahlung		+ 15,5	+ 15,5	+ 15,5	...

Wenn die Wiederanlagemöglichkeit, die die Interne-Zinsfuß-Methode unterstellt, gegeben ist, erhält man bei Investition 2 und Wiederanlage höhere periodische Einzahlungen als bei Investition 1, was dem Ergebnis des Vergleichs der Internen Zinsfüße entspricht: $r_1 < r_2$. Auch diese Angleichung wäre in der Graphik der Kapitalwert-Funktionen als Drehung der Kurve BB darstellbar: Sie würde um den Punkt E gedreht. Der Interne Zinsfuß bleibt konstant, während der Kapitalwert auf 210 (= 15,5 : 0,05 – 100) steigt.

Die Angleichung kann auch in umgekehrter Richtung vorgenommen werden. Die Investition 1 kann in ihrer zeitlichen Struktur an die Investition 2 angeglichen werden. Dazu muß man sich vorstellen, daß im Zeitpunkt t_1 als Ergänzung zur Investition 1 ein Kredit aufgenommen wird, dessen Verzinsung genau durch die periodischen Einzahlungen der 10 erfolgt, die die Investition 1 ab t_2 erbringt. (Tilgung entfällt wegen unendlicher Laufzeit.) Nach dieser Ergänzung unterscheiden sich die beiden Investitionen nur noch hinsichtlich des möglichen Konsums im Zeitpunkt t_1. In allen folgenden Zeitpunkten ist der Einzahlungsüberschuß 0.

Die entscheidende Frage ist, wie hoch der Kredit sein kann, der in t_1 aufgenommen und zusammen mit dem Einzahlungsüberschuß von 10 ausgeschüttet und durch die 10 ab t_2 verzinst werden kann. Die Kapitalwert-Methode unterstellt die Möglichkeit der Kreditaufnahme zu i. Daher kann in unserem Beispiel mit i = 5 % ein Kredit von 200 aufgenommen werden. 210 (= 10 + 200) können in t_1 verbraucht werden. Da dies mehr als die Einzahlung von 115 der Investition 2 im Zeitpunkt t_1 ist, erweist sich die erste Investition als besser, wie es der Vergleich der Kapitalwerte auch erwarten läßt. Könnte, wie es die Methode des Internen Zinsfußes unterstellt, ein Kredit nur zum Zinssatz r_1 (10 %) aufgenommen werden, wäre der maximal mögliche Kreditbetrag 100. Weil 110 (= 10 + 100) weniger ist als 115, ist die zweite Investition günstiger, wie es auch der Vergleich der Internen Zinsfüße erwarten läßt. (Als Übung wird empfohlen, die entsprechenden Finanzpläne zu erstellen.) Die beiden Angleichungen der ersten Investition an die zweite wären in der Graphik als Drehungen um die Punkte G (Kapitalwert bleibt gleich) bzw. D (Interner Zinsfuß bleibt gleich) darstellbar.

Bisher wurde das Problem der Vergleichbarkeit bei solchen Investitionen behandelt, die sich hinsichtlich der zeitlichen Struktur der Nettoeinzahlungen unterscheiden. Für Investitionen, die sich im Hinblick auf den Investitionsbetrag unterscheiden, gilt Entsprechendes. Auch dazu ein Beispiel mit zwei Investitionen. Beide Investitionen führen zu unendlich lange fließenden Einzahlungsströmen oder „ewigen Renten".

		t_0	t_1	t_2	t_3	...
Investition 1	Auszahlung	– 100				
	Einzahlung		+ 10	+ 10	+ 10	...
Investition 2	Auszahlung	– 50				
	Einzahlung		+ 6	+ 6	+ 6	...

Bei dem Kalkulationszinssatz 5 % ergeben sich als Kapitalwerte:

$$K_1 = -100 + \frac{10}{0,05} = 100 \text{ und}$$

$$K_2 = -50 + \frac{6}{0,05} = 70.$$

Die internen Zinsfüße betragen:

$$r_1 = \frac{10}{100} = 10 \text{ % und}$$

$$r_2 = \frac{6}{50} = 12 \text{ %.}$$

Auch hier führen die beiden Entscheidungsverfahren zu widersprüchlichen Ergebnissen. Die Ursache dafür sind unterschiedliche Annahmen über die Anlagemöglichkeit der Differenz zwischen den Investitionsbeträgen bzw. der Möglichkeit, die Differenz von 50 durch Kreditaufnahme zu finanzieren[2]. Wir betrachten hier nur den Fall, daß der Investor den größeren Investitionsbetrag von 100 hat. Die zweite Investition wird in Bezug auf den Investitionsbetrag an die erste angeglichen. (Den Fall mit Kreditaufnahme sollte der Leser zur Selbstkontrolle selbst erarbeiten.)

Bei der Kapitalwert-Methode wird unterstellt, die bei der zweiten Investition „übriggebliebenen" 50 könnten nur zum Kalkulationszinsfuß von 5 % angelegt werden. Sie erbrächten einen unendlich lange fließenden Einzahlungsstrom, eine „ewige Rente", von 2,5, so daß die Investition 2 einschließlich der Ergänzungsinvestition eine „ewige Rente" von 8,5 liefern würde. Wie auch der Kapitalwertvergleich zeigt, ist die erste Investition günstiger, da sie zu einem Einzahlungsstrom von 10 pro Periode führt.

Bei der Methode des Internen Zinsfußes wird impliziert, die „übriggebliebenen" 50 könnten zum Internen Zinsfuß derjenigen Investition angelegt werden, die angeglichen werden soll. Da wir die Angleichung der zweiten Investition an die erste betrachten und da der Interne Zinsfuß der zweiten Investition 12 % beträgt, erbrächte die Ergänzungsinvestition ebenfalls pro Periode 6. Die Investition 2 einschließlich der Ergänzungsinvestition wäre mit 12 pro Periode günstiger als die Investition 1. Bei dieser Annahme zeigt der direkte Vergleich der Zahlungsströme dasselbe wie der Vergleich der Internen Zinsfüße.

4.6. Die Forderung nach Vergleichbarkeit und die Bedeutung des Kalkulationszinsfußes

Welche von zwei Investitionen bei Anwendung finanzmathematischer Methoden vorteilhafter erscheint, hängt, wie anhand der Gegenüberstellung der Kapitalwert-Methode und der Metho-

---

2 Bei *vollständiger* Kreditfinanzierung zum jeweiligen Internen Zinsfuß wären die Einzahlungsüberschüsse jeder Investition in allen Perioden definitionsgemäß gleich Null. Dieser Fall ist daher nicht relevant.

de des Internen Zinsfußes gezeigt werden konnte, von den Annahmen ab, die diese Methoden hinsichtlich der Reinvestitions- und Finanzierungsmöglichkeiten enthalten. Die Frage nach dem richtigen Entscheidungskriterium erweist sich als die Frage nach den richtigen Anlage- und Finanzierungsannahmen. Da wir bisher die Annahme des vollkommenen Kapitalmarktes noch nicht aufgehoben haben, ist nur die Kapitalwert-Methode richtig, denn sie unterstellt, daß Mittel zum Kalkulationszinsfuß i angelegt und/oder beschafft werden können.

Wenn man sich des Problems nicht durch den Verweis auf eine Annahme entledigen will, hat man trotzdem mindestens ein gewichtiges Argument, um die Kapitalwert-Methode gegenüber der Methode des Internen Zinsfußes zu bevorzugen: Letztere unterstellt Finanzierungskosten und Reinvestitionsmöglichkeiten in Höhe des Internen Zinsfußes. Dies kann allein aus logischen Gründen nicht überzeugen, denn wenn zwei Investitionen verglichen werden sollen, gibt es auch zwei Interne Zinsfüße und — scheinbar — auch zwei verschiedene Anlage- und Finanzierungsmöglichkeiten. Die Richtigkeit von Behauptungen über die Realität — und um solche handelt es sich bei den Reinvestitions- und Finanzierungsmaßnahmen — kann sich aber nicht ändern je nach dem, ob die Investition 1 an die Investition 2 angeglichen wird oder umgekehrt. Die Reinvestitions- und Finanzierungsmöglichkeiten hängen nicht davon ab, wie der Investor rechnet. Sie verbessern bzw. verschlechtern sich auch nicht dann automatisch, wenn er eine Investitionsmöglichkeit mit einem höheren Internen Zinsfuß entdeckt. Genau dies unterstellt aber die Methode des Internen Zinsfußes. In dieser Hinsicht ist die Kapitalwert-Methode besser, deren Reinvestitions- und Finanzierungsannahme unabhängig davon ist, wie hoch der Kapitalwert einer betrachteten Investition ist.

Die Diskussion über den Methodenvergleich zeigt, welche große Bedeutung dem Kalkulationszinsfuß zukommt. Er muß Vergleichbarkeit zwischen Investitionsobjekten herstellen, und er beschreibt zusammenfassend die Teile der „ökonomischen Umwelt" eines Investors, die dieser in seiner Planung nicht explizit berücksichtigt.

Es wurde gezeigt, daß zwei Investitionsobjekte sich hinsichtlich der Investitionsbeträge oder hinsichtlich der Laufzeiten unterscheiden können. Betragsdifferenzen und Laufzeitdifferenzen können natürlich zusammen auftreten. Und Investitionen können sich zusätzlich dadurch unterscheiden, daß die Einzahlungen im Zeitablauf unterschiedlich verteilt sind. Vergleichbarkeit muß also — von Risikounterschieden noch ganz abgesehen — in drei Hinsichten hergestellt werden. Die Einschätzung ist plausibel, daß *ein* Kalkulationszinsfuß eine zu wenig differenzierte Annahme darstellt, um die „ökonomische Umwelt" des Investors abzubilden und Vergleichbarkeit herzustellen.

In der Literatur ist die Auffassung vertreten worden, man müßte die impliziten Annahmen, speziell soweit sie die Reinvestitionsmöglichkeiten betreffen, vermeiden und statt dessen mit wirklichen Geldanlagemöglichkeiten rechnen[3]. Dadurch könnte man einen vollständigen Vorteilhaftigkeitsvergleich vornehmen[4]. Eine operationalisierte Fassung dieser Idee ist die sogenannte Endwert-Methode[5]. Bei ihr werden nicht einfach die beiden alternativen Investitionsobjekte verglichen, sondern „two alternative courses of action"[6], bestehend aus den ursprünglichen Investitionszahlungsreihen und allen dazu gehörenden Ergänzungszahlungsreihen. Gewählt wird die Kombination von Zahlungsreihen, die zum größeren Endvermögen am Ende der Lebensdauer des längsten Projektes führt.

---

3 Als wichtigste deutsche Quelle vgl. *Heister* [Rentabilitätsanalyse].
4 Vgl. *Schneider* [Investition], S. 170–173.
5 Vgl. ausführlich *Blumentrath* [Finanzplanung], S. 55 ff.
6 *Solomon* [Arithmetic], S. 127.

Beispiel: Auszuwählen ist zwischen Investition 1 und Investition 2, deren ursprüngliche Zahlungsreihen im folgenden Finanzplan enthalten sind:

		t_0	t_1	t_2	t_3
Investition 1	Auszahlung	– 400			
	Einzahlung		+ 100	0	+ 600
Investition 2	Auszahlung	– 500			
	Einzahlung			0	+ 800	0

Wir brauchen drei Ergänzungsinvestitionen: EI_1 beschreibt die Anlage der bei Investition 1 nicht benötigten 100 über drei Perioden. EI_2 ist die Wiederanlage der bei Investition 1 in t_1 zurückfließenden 100. Die 800 der Investition 2, die in t_2 eingezahlt werden, müssen bis zum Vergleichszeitpunkt angelegt werden. Das ist EI_3. Was die drei Ergänzungsinvestitionen erbringen, wird nicht allgemein angenommen, sondern individuell empirisch ermittelt.

Die in unserem Beispiel gewählten Zahlen sind willkürlich. Vollständig beschrieben werden die Alternativen in den folgenden Finanzplänen:

		t_0	t_1	t_2	t_3
Investition 1	Auszahlung	– 400			
	Einzahlung		+ 100		+ 600
Ergänzung 1	Auszahlung	– 100			
	Einzahlung				+ 130
Ergänzung 2	Auszahlung		– 100		
	Einzahlung				+ 118
Gesamtinv. 1	Auszahlung	– 500			
	Einzahlung		0	0	+ 848
Investition 2	Auszahlung	– 500			
	Einzahlung			+ 800	
Ergänzung 3	Auszahlung			– 800	
	Einzahlung				+ 860
Gesamtinv. 2	Auszahlung	– 500			
	Einzahlung		0	0	+ 860

Das Ergebnis ist eindeutig: Bei dem gleichen Investitionsbetrag und der gleichen Investitionsdauer bringt die zweite Investition 12 mehr als die erste Investition. Die Endwert-Methode hat den großen Vorteil, daß bei ihr deutlich gemacht wird, was die anderen Methoden mit ihren Prämissen verdecken. Doch der Ansatz individueller empirischer „Supplementinvestitionen"[7] verursacht enorme Probleme der Datenbeschaffung. Die Endwert-Methode hat auch theoretische Mängel:

Sie führt leicht ins Uferlose, wenn die Investitionsdauer der Ergänzungsinvestitionen nicht gleichzeitig mit der Investitionsdauer der ursprünglich betrachteten Investitionsobjekte endet. Bei vielen Ergänzungsobjekten ist es fast ausgeschlossen, einen sachlich gerechtfertigten gemeinsamen Endtermin zu finden.

Außerdem geht die Endwert-Methode von einer sehr speziellen Zielsetzung aus. Die Konsumausgaben vor dem Endtermin werden nicht berücksichtigt.

---

7 *Heister* [Rentabilitätsanalyse], pass.

Schließlich ist einzuwenden, daß man mit der Endwert-Methode zwar unterscheiden kann, welche von mehreren Investitionen die vorteilhafteste ist, aber ob überhaupt eine der betrachteten Investitionen durchgeführt werden soll, kann man nur bestimmen, wenn man die Kapitalkosten kennt.

Auch der „empirische" Ansatz von Ergänzungsinvestitionen ist problematisch: Nur solche Investitionen kann man als Supplemente zu den ursprünglich betrachteten Zahlungsreihen hinzurechnen, die dann durchgeführt werden, wenn die Investition selbst realisiert wird, und die sonst unterbleiben würden. Ergänzungsinvestitionen, die ohnehin vorgenommen werden, beeinflussen die Vorteilhaftigkeit des betrachteten Objektes nicht. Woher weiß man aber, ob die in Betracht gezogenen Supplemente in jedem Falle durchgeführt werden oder nicht? Man kann diese Frage nicht beantworten, solange man isoliert die Vorteilhaftigkeit einer einzelnen Investition untersucht.

Abschließend ist noch eine Methode zu nennen, wie man — vermeintlich — das Problem der Auswahl von Investitonen lösen kann. Es ist die Methode der Differenzinvestition[8]. Sie sei an dem Beispiel erläutert, das oben auf Seite 84 verwendet worden ist: Investition 1 bringt unendlich lange Einzahlungen von 10, Investition 2 eine einmalige Einzahlung von 115,5 in t_1. Nehmen wir an, daß die Vorteilhaftigkeit der Investiton 2 schon erwiesen sei. Um zu ermitteln, ob die Investiton 1 vorteilhafter ist oder nicht, untersuchen wir, was es kostet und erbringt, wenn man *statt* der Investition 2 die Investition 1 durchführen würde. Der Übergang „kostet" in t_1 einen Verzicht auf Einzahlungen in Höhe von 115,5 – 10 = 105,5 und bringt in t_2 und allen folgenden Perioden + 10. Dem Übergang läßt sich daher wie einer Investiton eine Zahlungsreihe zuordnen. Diese Zahlungsreihe nennt man die „Differenzinvestition".

Sofern die Differenzinvestition einen positiven Kapitalwert hat, ist der Übergang vorteilhaft. Man führt dann Investition 2 und die Differenzinvestition durch, d.h. man realisiert das Investitionsobjekt 1.

Differenzinvestitionen zu betrachten, stellt oft eine große Erleichterung der Rechnung dar, besonders wenn sich zwei Investitionen nur geringfügig unterscheiden. Bei der Methode der Differenzinvestition wird scheinbar der Kapitalwert einer Investition berechnet. Materiell liegt aber auch hier ein Kapitalwertvergleich vor, bei dem *beide* Investitionsobjekte an dem Maßstab Kalkulationszinsfuß gemessen werden. Das Ergebnis hängt daher auch von der Wahl des Kalkulationszinsfußes ab. Alle Probleme, die mit der Wahl und der Verwendung des Kalkulationszinsfußes verbunden sind, stellen sich also auch bei dieser Methode[9].

Das Interesse daran, in der Investitionsrechnung die Verwendung eines Kalkulationszinsfußes zu vermeiden, ist durchaus verständlich. Im nächsten Kapitel wird gezeigt, wie dies geschehen kann.

---

8 Vgl. *Erich Schneider* [Wirtschaftlichkeitsrechnung], S. 39 f.
9 Auf eine Besonderheit ist hinzuweisen: Aus Abschnitt 4.4. ist die Äquivalenz der Kapitalwert-Methode und der Methode des Internen Zinsfußes bekannt, wenn über eine Investition zu entscheiden ist. Man kann deshalb die Differenzinvestition nach dem Kriterium r > i zu beurteilen versuchen. Dabei gibt es aber die Schwierigkeit, daß die Zahlungsreihen von Differenzinvestitionen häufig keine Normalinvestitionen darstellen oder daß sie mehrere Interne Zinsfüße haben.

4.7. Zusammenfassung

In diesem Kapitel sind vor allem Entscheidungssituationen diskutiert worden, in denen zwischen mehreren Investitionen auszuwählen ist. Gefragt war, ob die beiden wichtigsten finanzmathematischen Methoden, die Kapitalwert-Methode und die Methode des Internen Zinsfußes, zu übereinstimmenden oder zu widersprüchlichen Entscheidungen führen.

Anhand von Beispielen konnten Widersprüche festgestellt werden. Sie beruhen darauf, daß die Kapitalwert-Methode und die Methode des Internen Zinsfußes unterschiedliche Reinvestitions- und Finanzierungsannahmen enthalten. Die Widersprüche können sich einstellen, wenn zwei Investitionen hinsichtlich Investitionsbetrag und/oder Laufzeit nicht vergleichbar sind. Werden die Investitionen vergleichbar gemacht, verschwinden die Widersprüche. Die nach der Kapitalwert-Methode vorteilhaftere Investition erweist sich beim direkten Vergleich dann als besser, wenn die Vergleichbarkeit so hergestellt wird, wie es der Reinvestitions- und Finanzierungsannahme der Kapitalwert-Methode entspricht. Wird Vergleichbarkeit so hergestellt, wie es die Methode des Internen Zinsfußes nahelegt, wird auch im direkten Vergleich die Investition mit dem höheren Internen Zinsfuß vorteilhafter.

Die Frage nach der richtigen Methode erweist sich als Frage nach der richtigen Reinvestitions- und Finanzierungsannahme. Jedenfalls ist die Annahme der Kapitalwert-Methode besser als die der Methode des Internen Zinsfußes. Dennoch ist es naheliegend, die Verwendung impliziter Reinvestitions- und Finanzierungsannahmen möglichst ganz zu vermeiden. Die Endwert-Methode versucht dies, doch sie bleibt auf halbem Wege stehen.

4.8. Literaturhinweise zum 3. und 4. Kapitel

Einen Überblick über die verschiedenen Verfahren der Investitionsrechnung findet man z.B. bei

Hans Blohm und Klaus Lüder „Investition", 5. Aufl., München 1983.
Zur Diskussion der finanzmathematischen Methoden und ihrer Annahmen vgl.
Herbert Hax „Investitionstheorie", 5. Aufl. Würzburg/Wien 1985, Kapitel 1 und 2, und
Lutz Kruschwitz „Investitionsrechnung", 2. Aufl. Berlin 1985, S. 44–95.
Zu dem wichtigen, in diesem Buch aber nicht behandelten Thema der Berücksichtigung von Steuern in der Investitionsrechnung und zu dem im Anhang zum vierten Kapitel behandelten Thema der optimalen Nutzungsdauer bzw. des optimalen Ersatzzeitpunktes vgl.
Dieter Schneider „Investition und Finanzierung", 5. Auflage., Wiesbaden 1980, bes. S. 248–285 und S. 231–243.

Anhang zum 4. Kapitel

Das Problem der optimalen Nutzungsdauer und des optimalen Ersatzzeitpunktes

A.4.1. Die optimale Nutzungsdauer

Die Frage, wie lange ein Investitionsobjekt, z.B. eine Maschine, genutzt werden soll und wann sie gegebenenfalls ersetzt werden soll, ist aus drei Gründen wichtig:

(1) Wenn man eine Investition durch eine vorgegebene Zahlungsreihe beschreibt, die Einzahlungen in n Perioden enthält, unterstellt man, daß auch die Nutzungsdauer vorgegeben ist. In vielen Fällen ist das aber nicht der Fall, sondern über die Nutzungsdauer muß entschieden werden. Die Bestimmung der optimalen Nutzungsdauer einer Investition ist also eigentlich schon ein Problem der Datenbeschaffung, die der Entscheidung über die Durchführung der Investition vorausgeht.

(2) Die überwiegende Mehrzahl der in der Praxis zu treffenden Investitionsentscheidungen gilt der Frage, ob ein Investitionsobjekt länger oder kürzer genutzt werden soll, als ursprünglich geplant worden war, bzw. ob und gegebenenfalls wann es ersetzt werden soll.

(3) Das Nutzungsdauer- und Ersatzproblem erlaubt noch einmal, den Zusammenhang zwischen den Investitionsrechenverfahren deutlich zu machen.

Wir gehen im folgenden von
(1) sicheren Erwartungen,
(2) einem vollkommenen Kapitalmarkt und
(3) gegebenen — nur von der Nutzungsdauer bzw. Ersatzentscheidung abhängigen — Zahlungsreihen aus.

Es erleichtert das Verständnis, wenn man sich im folgenden das Investitionsobjekt als eine Maschine vorstellt. Diese muß jedoch eine technische Einheit bilden, die so groß ist, daß ihr Einzahlungen zugerechnet werden können[1].

Die Entscheidung über die optimale Nutzungsdauer bzw. über den optimalen Ersatzzeitpunkt ist eine ökonomische, keine technische Entscheidung. Es wäre falsch, eine Maschine immer dann zu ersetzen, wenn die ersten Reparaturen fällig werden oder wenn die Maschine zu rosten beginnt oder wenn sie ganz auseinanderfällt oder wenn eine andere bessere Maschine auf

---

1 *Schneider* [Investition], S. 231, spricht in diesem Sinne von „Kapazitätseinheiten".

den Markt gekommen ist oder wenn die Konkurrenz die modernere Maschine angeschafft hat. Alle diese (weitgehend) technischen Gesichtspunkte sind ökonomisch nur insofern interessant, als sie die Zahlungsreihen der Investitionsobjekte und die der möglichen Alternativen verändern, denn Investitionsentscheidungen werden allein an diesen Zahlungsreihen ausgerichtet.

Der *Grundgedanke* der Nutzungsdauer-Theorie ist einfach: Bei vollkommenem Kapitalmarkt wird der Zeitpunkt des Endes der Nutzung eines Investitionsobjekts bzw. des Ersatzes so gewählt, daß der Kapitalwert im Entscheidungszeitpunkt maximiert wird. Bei jeder Verlängerung der Nutzungsdauer entstehen zusätzliche Aus- und Einzahlungen bzw. auf die Einzahlung aus dem Verkauf des Objekts zum Restwert muß verzichtet werden. Eine Verlängerung der Nutzungsdauer ist vorteilhaft, wenn die dadurch ermöglichten zusätzlichen Nettoeinzahlungen größer als die möglichen Nettoeinzahlungen bei Beendigung und bei Ersatz sind.

Wir untersuchen zuerst die optimale Nutzungsdauer für eine Investition, die nicht wiederholt werden soll. Der Kapitalwert dieser Investition ist

$$(A.4.1) \qquad K_0 = \sum_{t=1}^{n} \frac{E_t}{(1+i)^t} + \frac{R_n}{(1+i)^n} - A$$

E_t sind die sogenannten „Betriebsgewinne" der Perioden 1 bis n, d.h. die Überschüsse der Einzahlungen über alle Auszahlungen, die mit der Nutzung der Maschine verbunden sind. Man kann annehmen, daß sie zuerst wegen Anlaufproblemen, Markteinführung etc. geringer sind, dann ansteigen und schließlich wegen steigender Reparaturkosten oder sinkender Produktqualität im Zeitablauf fallen. Der erste Summand in Gleichung (A.4.1) ist ihr Gegenwartswert im Zeitpunkt t_0. R_n ist der Verkaufserlös für die Maschine am Ende der Nutzungsdauer, also der „Restwert" im Zeitpunkt n. Er ist nicht mit dem Restbuchwert zu verwechseln. Um seinen Gegenwartswert im Zeitpunkt t_0 zu bestimmen, muß man den Restwert R_n um n Perioden abzinsen. Man beachte, daß die Nutzungsdauer n noch nicht bekannt ist, sondern ermittelt werden soll. Der Betriebsgewinn E_n der letzten Periode und der Restwert R_n sind daher von der Nutzungsdauer abhängig. A ist der Investitionsbetrag im Zeitpunkt t_0[2]. Um die Abhängigkeit der Betriebsgewinne und des Restwerts von der Zeit deutlicher zu machen, wird im folgenden E(t) und R(n) anstelle von E_t bzw. R_n geschrieben. Statt der Gleichung (A.4.1) ist dann zu schreiben

$$(A.4.1a) \qquad K_0 = \sum_{t=1}^{n} \frac{E(t)}{(1+i)^t} + \frac{R(n)}{(1+i)^n} - A$$

Zu bestimmen ist das n, bei dem der Kapitalwert maximal ist. Formal ist die Lösung leicht zu finden: Bei kontinuierlicher Verzinsung, d.h. wenn einem Kapital in jedem Moment die Zinsen „zuwachsen", ist der Diskontierungsfaktor

$\frac{1}{(1+i)^t}$ durch $e^{-\bar{i}t}$ zu ersetzen, denn

$$(A.4.2) \qquad (1+i) = \lim_{m \to \infty} \left(1 + \frac{1}{m \cdot \bar{i}}\right)^{(m \cdot \bar{i}) \cdot \bar{i}} = e^{\bar{i}}$$

---

2 Der sonst angegebene Index 0 für den Zahlungszeitpunkt ist hier weggelassen, um die spätere Verallgemeinerung auf den Fall mit Ersatz vorzubereiten. A ist die Anschaffungsauszahlung im jeweiligen Investitionszeitpunkt.

Die sogenannte Eulersche Zahl e ist die Basis der natürlichen Logarithmen. $\bar{\imath}$ ist die sogenannte Verzinsungsintensität. Das ist der Zinssatz, der bei *sofortigem* Zuwachs der Zinsen zum Kapital im Verlauf eines Jahres dieselbe Wertsteigerung herbeiführt wie die einmalige Verrechnung von Zinsen in Höhe des Satzes i am Periodenende. $\bar{\imath}$ muß kleiner sein als i, weil sich bei kontinuierlicher Verzinsung ein Zinseszinseffekt ergibt. Bei kontinuierlicher Verzinsung ist der Kapitalwert

(A.4.3) $\qquad K_0 = \int\limits_{t=0}^{n} E(t) \cdot e^{-\bar{\imath}t}\, dt + R(n) \cdot e^{-\bar{\imath}n} - A.$

An die Stelle des Summenzeichens bei diskontinuierlicher Verzinsung tritt hier das Intregralzeichen. An die Stelle von i tritt bei kontinuierlicher Verzinsung die Verzinsungsintensität $\bar{\imath}$. Die Schreibweise (A.4.3) ist nötig, damit man die optimale Nutzungsdauer n durch Differentiation bestimmen kann. Die Rechnung wird durch die Ableitungsregel für die Exponentialfunktion sehr erleichtert:

$$\frac{d}{dx} e^{ax} = a\, e^{ax}$$

Wenn man in (A.4.3) K_0 nach n ableitet und die erste Ableitung gleich Null setzt, erhält man (bei negativer zweiter Ableitung) die Bestimmungsgleichung für die optimale Nutzungsdauer. Sie ist das n, bei dem der Kapitalwert sein Maximum erreicht[3].

(A.4.4) $\qquad \dfrac{dK_0}{dn} = E(n) \cdot e^{-\bar{\imath}n} + R'(n) \cdot e^{-\bar{\imath}n} - \bar{\imath}\, R(n) \cdot e^{-\bar{\imath}n} = 0$

E_n sind die Betriebsgewinne der letzten (sehr kurzen) Nutzungsperiode; $R'(n) = \dfrac{dR(n)}{dn}$ ist die Veränderung des möglichen Verkaufserlöses für die gebrauchte Anlage während der letzten Nutzungsperiode. Wir können den gemeinsamen Faktor $e^{-\bar{\imath}n}$ in allen Summanden streichen und erhalten dann

(A.4.5a) $\qquad E(n) + R'(n) - \bar{\imath}\, R(n) = 0 \quad$ oder

(A.4.5b) $\qquad E(n) + R'(n) = \bar{\imath}\, R(n) \quad$ oder

(A.4.5c) $\qquad E(n) - (-R'(n)) = \bar{\imath}\, R(n).$

---

3 Zur Rechnung: $\qquad \dfrac{d}{dn}\left(\int\limits_{t=0}^{n} E(t)e^{\bar{\imath}t}\, dt \right) = E(n)\, e^{-\bar{\imath}n}.$

Bei der Ableitung eines Integrals nach der Obergrenze erhält man den Wert des Integranden an der Obergrenze.

$\dfrac{d}{dn}(R(n)e^{-\bar{\imath}n})$ wird nach der Produktregel berechnet: $\dfrac{dR(n)}{dn} e^{-\bar{\imath}n} + R(n)(-\bar{\imath})\, e^{-\bar{\imath}n}$

denn $\quad \dfrac{d}{dn}(e^{-\bar{\imath}n}) = -\bar{\imath}e^{-\bar{\imath}n}$

Die Symbole t und n bezeichnen Zeitpunkte; n ist ein besonderes t, nämlich das t, das das Ende der Nutzungsdauer bezeichnet. Bei der Ableitung tritt daher n an die Stelle von t.

Da der Wert einer alten Maschine in der Regel sinkt, nennen wir – R' (n) den *Restwertfall* der Periode. R(n) ist der Restwert.

Die Gleichungen (A.4.5) besagen: Die Anlage ist bis zu der Periode weiterzubenutzen, in der die Betriebsgewinne, vermindert um den Restwertfall, gerade den Zinsen auf den Restwert gleichen.

Besonders die letzte Gleichung läßt sich leicht interpretieren: Sie ist ein Vergleich der *Stromgrößen* „Gewinn" bei den beiden zur Wahl stehenden Handlungsmöglichkeiten „Weiternutzen" und „Beenden": Die linke Seite gibt den Vorteil an, den die Weiternutzung bringt, den sogenannten „zeitlichen Grenzgewinn": Man erhält Betriebsgewinne, aber der Restwert sinkt. Die rechte Seite gibt den Vorteil der Alternative an: Man kann den Erlös aus dem Verkauf der Maschine in Höhe von R_n für eine (infinitesimal kurze) Zeitspanne am Kapitalmarkt anlegen und erhält als Zinsen $R_n \cdot i$.

Wir können von der kontinuierlichen Betrachtung, die man nur braucht, um den Kapitalwert nach n ableiten zu können, wieder zur diskontinuierlichen Betrachtung zurückkehren. Den Restwertfall – R' (n) können wir auch als Differenz zwischen dem Restwert R(n–1) am Anfang der kritischen Periode, also im Zeitpunkt n – 1 und dem Restwert R(n) am Ende schreiben. Unsere letzte Gleichung wird dann zu

$$(A.4.6) \qquad E(n) - [R(n-1) - R(n)] = i \cdot R(n-1) \quad oder$$

$$(A.4.7) \qquad E(n) + R(n) = R(n-1) \cdot (1 + i).$$

Man beachte, daß der Zeitindex für die Bestandsgröße R bei der diskontinuierlichen Betrachtung (n–1) ist, d.h. daß der Restwert am Anfang der kritischen Periode betrachtet wird. Die Gleichung (A.4.7) stellt die beiden Handlungsmöglichkeiten anhand der *Bestandsgrößen* „Reichtum" (oder Kassenbestand) am Ende der kritischen Periode gegenüber. Die Weiternutzung bringt die Betriebsgewinne und den Verkaufserlös am Periodenende; die Alternative bringt den Verkaufserlös am Periodenanfang, der aber bis zum Periodenende am Kapitalmarkt angelegt werden kann und darum am Periodenende um die Zinsen angewachsen ist.

Alle Zahlungen vor der kritischen Periode n (und somit vor dem Zeitpunkt n–1) sind ohne Bedeutung für die Entscheidung über die Beendigung der Nutzung. Das hat den praktischen Vorteil, daß man im Zeitpunkt n–1 mit den aktuellsten Informationen entscheiden kann, ob die Investition fortgesetzt oder abgebrochen werden soll.

Wir betrachten wieder ein Zahlenbeispiel und verwenden dazu die bisher gebrauchten Symbole. Der Zinssatz i beträgt 10 %. Die Zahlen in Klammern in der letzten Spalte werden später erläutert.

Periode t bzw. n	Betriebsgewinne E_t	Restwert am Periodenanfang R_{n-1}	Restwert am Periodenende R_n	Vorteil bei Weiterbenutzung $E_t - (R_{n-1} - R_n)$	Alternativertrag iR_{n-1}
1	200	400	350	150	40 (65)
2	255	350	300	205	35 (60)
3	140	300	200	40	30 (55)
4	110	200	100	10	20 (45)
5	70	100	0	– 30	10 (35)

Tab. A.4.1: Beispiel zur optimalen Nutzungsdauer

In Periode 3 ist die Weiternutzung der Anlage noch vorteilhaft, da die Betriebsgewinne den Restwertfall noch um 40 übersteigen. Bei Beendigung der Investition wären alternativ nur 30 zu erzielen (i = 10 %). In Periode 4 erbringt die Weiternutzung nach Abzug des Restwertfalls nur 10; die Alternativanlage ist mit 20 günstiger. In unserem Beispiel ist also die Investition bis zum Ende der dritten Periode zu nutzen.

Hier läßt sich schon ein erstes interessantes Ergebnis der Nutzungsdauertheorie sehen: Es liegt nahe, aus einem hohen Restwert einer Anlage zu schließen, daß sie noch sehr gut brauchbar sei und eine Beendigung der Investition nicht geboten erscheint. Das Gegenteil ist richtig: Die Alternative zur Weiternutzung ist bei dem hier untersuchten Fall der Verkauf und die Wiederanlage des Verkaufserlöses zum Kapitalmarktsatz i; der Alternativvertrag sind die Zinsen auf den Restwert. Ist der Restwert höher, ist auch der Alternativvertrag höher und die Weiternutzung wird früher ungünstig. In der obigen Tabelle sind in der letzten Spalte in Klammern die Alternativverträge angegeben, die sich ergäben, wenn alle Restwerte um 250 höher wären. Der optimale Zeitpunkt zur Beendigung der Investition läge dann nicht etwa später, sondern sogar um eine Periode früher.

Unser erstes einfaches Beispiel zeigt auch, daß es bei Nutzungsdauerüberlegungen auf den Rest*verkaufs*wert ankommt. Er stellt künftige Zahlungen dar, die entweder erfolgen oder entgehen. In der Praxis werden oft statt des Restverkaufswertes der Restbuchwert und statt des Restwertfalls die Buchwert-Abschreibungen berücksichtigt. Das ist falsch, weil der Restbuchwert nicht von den künftigen, sondern von zurückliegenden Zahlungen abhängt. Er ist, solange steuerliche Überlegungen aus der Betrachtung ausgeschlossen werden, ohne Bedeutung[4].

A.4.2. Der optimale Ersatzzeitpunkt

Als nächster Fall soll untersucht werden, wie die optimale Nutzungsdauer einer Anlage zu bestimmen ist, die *genau einmal* durch eine identische Anlage ersetzt werden soll. Zu bestimmen sind die Nutzungs*dauer* n_1 der ersten Anlage und die Nutzungsdauer n_2 der zweiten Anlage. Der *Zeitpunkt* n_1 ist der Ersatzzeitpunkt. Der *Zeitpunkt* der Beendigung der zweiten Investition heißt $n_1 + n_2$. Wie lange das zweite Investitionsobjekt genutzt werden soll, ist nicht von dem abhängig, was vor dem Entscheidungszeitpunkt geschehen ist, sondern ist nach dem Kriterium zu entscheiden, das wir oben entwickelt haben: Seine Weiterverwendung ist solange günstig, wie die Betriebsgewinne den Restwertfall und die Zinsen auf den Restwert decken. Ist in dieser Weise die Nutzungsdauer n_2 des zweiten Objekts bestimmt, hat man einen eindeutigen Kapitalwert im Zeitpunkt n_1.

Der Kapitalwert der Investitionskette, bezogen auf den Zeitpunkt t_0, wird durch die folgende Gleichung definiert:

(A.4.8)
$$K_0 = \int_{t=0}^{n_1} E(t) \cdot e^{-it} \, dt + R(n_1) \cdot e^{-in_1} - A + \left[\int_{t=n_1}^{n_1+n_2} E(t) \cdot e^{-i(t-n_1)} \, dt + R(n_2) \cdot e^{-in_2} - A \right] \cdot e^{-in_1}$$

---

4 Zum Einfluß der Besteuerung vgl. *Schneider* [Investition], S. 274 f.

Der Ausdruck in der eckigen Klammer ist der Kapitalwert der zweiten Investition, bezogen auf den Ersatzzeitpunkt n_1. Er kann errechnet werden, wie wir es für eine einzelne Investition dargestellt hatten. Wir ersetzen den Klammerausdruck durch K^1 und schreiben die Gleichung (A.4.8) in kürzerer Form:

$$(A.4.9) \qquad K_0 = \int_{t=0}^{n_1} E(t) \cdot e^{-\bar{i}t} \, dt + R(n_1) \cdot e^{-\bar{i}n_1} - A + K^1 \cdot e^{-\bar{i}n_1}$$

Der Kapitalwert K_0 der Investitionskette mit zwei Gliedern hat dort sein Maximum, wo die erste Ableitung der Funktion nach n_1 Null und die zweite Ableitung negativ ist.

$$(A.4.10) \qquad \frac{dK_0}{dn_1} = E(n_1) \cdot e^{-\bar{i}n_1} + R'(n_1) \cdot e^{-\bar{i}n_1} - \bar{i} \cdot R(n_1) - \bar{i} \cdot K^1 \cdot e^{-\bar{i}n_1} = 0$$

Wir können wieder den gemeinsamen Diskontierungsfaktor $e^{-\bar{i}n_1}$ kürzen und erhalten

$$(A.4.11a) \qquad E(n_1) + R'(n_1) - \bar{i} \cdot R(n_1) - \bar{i} \cdot K^1 = 0$$

Diese Bestimmungsgleichung für n_1 unterscheidet sich von der entsprechenden Gleichung im Fall ohne Ersatz durch das letzte Glied. Nach der Umformung

$$(A.4.11b) \qquad E(n_1) - [-R'(n_1)] = \bar{i} \cdot R(n) + \bar{i} \cdot K^1$$

erkennt man: Die weitere Verwendung der ersten Anlage und damit die Verzögerung des Ersatzes lohnen sich solange, wie der Betriebsgewinn einer (infinitesimal kurzen) Periode, vermindert um die Abnahme des Restwertes, gerade die Zinsen auf den Restwert *und* auf den Kapitalwert der Nachfolgeanlage deckt.

Wie ist dieses Ergebnis inhaltlich zu verstehen? Wir gehen wieder zur diskontinuierlichen Betrachtung über und ersetzen den Restwert $R(n_1)$ aus der kontinuierlichen Betrachtung durch $R(n_1-1)$, den Restwert am Periodenanfang, und den Restwertfall $-R'(n_1)$ durch $R(n_1-1) - R(n_1)$. Die letzte Gleichung kann dann, um den Summanden K^1 auf beiden Seiten der Gleichung erweitert, geschrieben werden als

$$(A.4.12) \qquad E(n_1) + R(n_1) + K^1 = R(n_1-1) + i \cdot R(n_1-1) + i \cdot K^1 + K^1 \qquad \text{oder}$$

$$(A.4.13) \qquad E(n_1) + R(n_1) + K^1 = (1+i) \cdot R(n_1-1) + (1+i) \cdot K^1$$

Den Kapitalwert K^1 der Nachfolgeinvestition kann man als eine Vermögensmehrung in dem Zeitpunkt ansehen, in dem die zweite Investition begonnen wird. Er ist ein Kapitalgewinn im Ersatzzeitpunkt. Die linke Seite der Gleichung (A.4.13) läßt sich daher interpretieren als „Vermögen" am Ende der Periode n_1, wenn der Ersatz erst am Periodenende erfolgt: Während der Periode fallen die Betriebsgewinne $E(n_1)$ an, am Periodenende der Verkaufserlös $R(n_1)$ für die alte Anlage und die Vermögensmehrung K^1. Auf der rechten Seite steht das „Vermögen" *am*

Periodenende bei Ersatz der Investition *am Periodenanfang:* Der Restwert $R(n_1-1)$ konnte für eine Periode angelegt werden, er ist durch die Verzinsung auf $(1 + i) R(n_1-1)$ gewachsen. Außerdem konnte die Ersatzinvestition früher vorgenommen werden, so daß die Vermögensmehrung K^1 ebenfalls während der Periode angelegt werden und auf $K^1 (1 + i)$ wachsen konnte.

Die zweite Investition wird solange genutzt, wie die um den Restwertfall verminderten Betriebsgewinne die Zinsen auf den Restwert mindestens decken, in dem Beispiel (von Seite 96) bis zum Ende ihrer dritten Periode. Die zweite Investition hat im Ersatzzeitpunkt einen Kapitalwert von 250. (Dazu ist eine Annahme über den Investitionsbetrag nötig: A = 402,56.) Die erste Investition wird solange genutzt, wie die um den Restwertfall verminderten Betriebsgewinne die Zinsen auf den Restwert *und* die Zinsen auf den Kapitalwert der Nachfolgeinvestition decken. Die Betriebsgewinne der letzten Nutzungsperiode der ersten Anlage, vermindert um den Restwertfall, müssen also im Ersatzzeitpunkt um 25 höher sein als am Ende der Nutzungsdauer der zweiten Investition. Bei sinkenden Betriebsgewinnen im Zeitablauf ist der Ersatz schon früher, im Beispiel nach der Periode 2, vorteilhaft. (Werte in Klammern in der letzten Spalte des Beispiels von Seite 96.)

Das Ergebnis ist durchaus verblüffend: Obwohl die zwei betrachteten Investitionen gleiche Restwert-Verläufe und gleiche Betriebsgewinne haben, unterscheiden sich die als optimal ermittelten Nutzungsdauern.

Das bei einer zweigliedrigen Kette identischer Investitionsobjekte gewonnene Ergebnis läßt sich verallgemeinern. Bei einer Kette identischer Investitionen, die eine *endliche* Zahl von Gliedern hat, unterscheiden sich die optimalen Nutzungsdauern. Jedes Glied in der Kette würde bei Verlängerung seiner Nutzungsdauer die nach ihm folgenden Investitionen hinausschieben und dadurch weniger wertvoll machen. Jedes Glied hat daher die Zinsen auf den Kapitalwert *aller* folgenden Investitionen zu tragen. Bei einer endlichen Kette identischer Investitionen haben die einzelnen Glieder unterschiedlich viele Folgeinvestitionen und damit Zinsen auf deren Kapitalwerte zu decken. Deshalb unterscheiden sich die optimalen Nutzungsdauern. Die optimale Nutzungsdauer einer Investition ist um so größer, je weiter hinten in der Kette sie steht.

Bei einer *unendlichen* Kette identischer Investitionsobjekte hat jedes Glied gleichviele Nachfolgeinvestitionen. Daher verschwinden die Unterschiede zwischen den Nutzungsdauern. Die einheitliche Nutzungsdauer aller Investitionen ist aber kürzer als die einer einmaligen Investition[5].

A.4.3. Anmerkungen zum Methodenvergleich

Das Kapitalwertkriterium führt zu den richtigen Nutzungsdauer- und Ersatzentscheidungen. Dies erkennt man daran, daß sich die mit der Kapitalwert-Methode gewonnenen Optimalitätsbedingungen als Einkommens- oder Vermögensvergleich interpretieren lassen: Bei Wahl der optimalen Nutzungsdauer bekommt der Investor in der Periode n mehr Einkommen — und in keiner anderen Periode weniger — als bei der Wahl jeder anderen Nutzungsdauer.

Der Vergleich der Internen Zinsfüße bei den zur Wahl stehenden Nutzungsdauern n–1 und n könnte zu einer anderen Entscheidung führen: Die den internen Zinsfuß maximierende Nut-

---

5 Der Ketteneffekt wird kritisch diskutiert in *Schneider* [Investition], S. 236–240.

zungsdauer der (ersten) Investition ist typischerweise — und auch in unserem Beispiel — kürzer als die den Kapitalwert maximierende Nutzungsdauer. Die Methode des Internen Zinsfußes führt zu einem Fehler. Der Grund dafür ist die Reinvestitionsannahme. Die Methode des Internen Zinsfußes unterstellt nämlich günstigere Reinvestitionsmöglichkeiten als die Kapitalwert-Methode, sofern Investitionen mit positivem Kapitalwert — und damit $r > i$ — betrachtet werden. Der Fehler ist um so größer, je weniger günstig die Reinvestitionsmöglichkeiten wirklich sind. Das sieht man an Folgendem: Auch im Falle einer Investitionskette ist die Nutzungsdauer der ersten Investition — ebenso wie bei der Verwendung der Methode des Internen Zinsfußes — kürzer als bei der einmaligen Investition. Die Reinvestitionsmöglichkeiten sind bei der Investitionskette besser. Im Extremfall, der nur bei unendlichen Investitionsketten auftreten kann, ist sogar die Reinvestitionsprämisse der Methode des Internen Zinsfußes genau richtig. Dann — aber nur dann — führt die Methode des Internen Zinsfußes auch zu der richtigen Ersatzentscheidung.

Die Verwendung der Annuitätenmethode ist hingegen keine Fehlerquelle, sofern man beachtet, daß Alternativen vergleichbar formuliert sein müssen. Die Annuitäten-Methode erlaubt dann sogar beträchtliche rechnerische Vereinfachungen. Ein praktisch wichtiger Anwendungsfall ist die Entscheidung, ob man schon vor dem ursprünglich geplanten Ersatzzeitpunkt eine alte Maschine durch eine technisch fortschrittlichere ersetzen soll. Dabei wird angenommen, daß am Ende der geplanten Nutzungsdauer ohnehin auf die fortschrittlichere Maschine übergegangen würde. In diesem Fall gilt folgende Entscheidungsregel: Der Ersatz ist vorteilhaft, wenn die Betriebsgewinne der letzten Periode bei Weiternutzung kleiner sind als die Durchschnittsgewinne bei Ersatz. Letztere sind die Betriebsgewinne der neuen Anlage, vermindert um die Annuität der Auszahlung für die neue Maschine. Wenn die Erlöse aus dem Verkauf der gefertigten Produkte entweder bei der alten und bei der neuen Maschine gleich sind oder wenn sie sich nicht ermitteln lassen, kann man die Kostenersparnis $(c_1 - c_2)$ der Annuität der Anschaffungsauszahlung A für die neue Maschine gegenüberstellen. Der Ersatz ist vorteilhaft, wenn gilt

(A.4.14) $\qquad c_1 - c_2 > A \dfrac{(1+i)^n \cdot i}{(1+i)^n - 1}$

Statt der finanzmathematischen korrekten Annuität kann man bei dieser Überlegung auch die „approximative Annuität" verwenden, die sich aus der Abschreibung A/n bei gegebener Nutzungsdauer n und den kalkulatorischen Zinsen auf das durchschnittlich gebundene Kapital, $\frac{A}{2} \cdot i$, zusammensetzt. Die Ersetzung ist vorteilhaft, wenn das Ungleichheitszeichen gilt.

(A.4.15) $\qquad c_1 - c_2 > \dfrac{A}{n} + \dfrac{A}{2} \cdot i$

Ein eventueller Restwert wird bei dieser vereinfachten Rechnung vom Anschaffungsbetrag einer neuen Anlage abgezogen.

5. Kapitel

Der Kalkulationszinsfuß und die Grundidee der Simultanplanung

5.1. Lernziele

Nachdem in den vorangegangenen Kapiteln gezeigt worden ist, wie sehr die Finanzierungs- und Reinvestitionsannahmen die Anwendbarkeit der finanzmathematischen Methoden der Investitionsrechnung bestimmen, soll in diesem Kapitel gefragt werden,

— wie der Kalkulationszinsfuß *inhaltlich gedeutet* werden kann,
— ob und wie der „richtige" Kalkulationszinsfuß *bestimmt* werden kann,
— wie man — im Prinzip — das Problem der Bestimmung eines Kalkulationszinsfußes *umgehen* kann und
— welche Probleme sich dabei ergeben.

Diese Fragestellungen führen zu folgenden Lernzielen:

(1) Die Leser sollen lernen, daß die konkrete Zahl, die als Kalkulationszinsfuß in der Investitionsrechnung gebraucht wird, mehrere Funktionen zugleich erfüllen muß. Ob sie das aber kann, hängt davon ab, ob der Kapitalmarkt vollkommen ist.

(2) Die Leser sollen lernen, daß man durch die Planung eines Investitions- und Finanzierungsprogramms die Bestimmung und die Verwendung eines Kalkulationszinsfußes umgehen kann. Dies wird am Beispiel einer einfachen Methode der Simultan- oder Programmplanung für eine Planungsperiode gezeigt.

(3) Die Leser sollen die Schwächen und Grenzen dieser einfachen Methode erkennen und verstehen, warum Methoden zur Simultanplanung über mehrere Perioden nötig zu sein scheinen. Sie sollen die Grundstruktur von Modellen der mehrperiodischen Programmplanung kennenlernen.

(4) Die Leser sollen erkennen, daß sich die Entwicklung von Methoden der mehrperiodischen Programmplanung folgerichtig aus der Vermutung ergeben hat, daß der Kapitalmarkt unvollkommen ist. Zugleich sollen sie aber auch lernen, daß diese Entwicklung zu grundlegenden praktischen, konzeptionellen und methodischen Schwierigkeiten führt.

In dem gesamten Kapitel wird die Annahme sicherer Erwartungen über die Zukunft beibehalten.

5.2. Die Interpretation des Kalkulationszinsfußes

Die Diskussion der Methoden zur Bestimmung der Vorteilhaftigkeit einzelner Investitionen im dritten Kapitel hat die Gelegenheit geboten, zwei Funktionen des Kalkulationszinsfußes i, mit dem der Kapitalwert einer Investition berechnet bzw. ihr Interner Zinsfuß verglichen wird, kennenzulernen. Der Kalkulationszinsfuß ist der sogenannte explizite Kapitalkostensatz, d.h. der Zinssatz, zu dem die für die Durchführung der Investition benötigten Mittel beschafft werden können[1]; und er ist der sogenannte implizite Kapitalkostensatz[2], d.h. der Ertragssatz (Interne Zinsfuß), den die alternative Mittelverwendung bringen würde. Dabei ist jeweils schon eine Bedingung einzufügen: Von den Möglichkeiten der Mittelbeschaffung würde gegebenenfalls als die beste nur die billigste genutzt. Und von den Möglichkeiten der Mittelverwendung würde gegebenenfalls als die beste nur die ertragreichste herangezogen. Man kann aber nicht schlechthin die beste Mittelverwendung berücksichtigen, die sich der Unternehmung bietet, sondern nur die beste unter denjenigen, die durch die Mittelverwendung für die betrachtete Investition *gerade ausgeschlossen* würden.

Bei der Gegenüberstellung der Kapitalwert-Methode und der Methode des Internen Zinsfußes im vierten Kapitel haben wir eine dritte Funktion des Kalkulationszinsfußes kennengelernt: Er ist der bei der Kapitalwert-Methode unterstellte Ertragssatz von Ergänzungsinvestitionen, d.h. der Interne Zinsfuß von solchen Investitionen, die man *nur* durchführt, wenn man bestimmte andere *auch* durchführt. Am Beispiel der Wiederanlage zurückfließender Mittel aus einer zu bewertenden Investition erkennt man die Bedeutung dieser Bedingung: Eine im Zeitpunkt t_1 beginnende Investition, die ohnehin durchgeführt würde, kann nicht als Ergänzungsinvestition zu einer anderen in t_0 beginnenden Investition angesehen werden. Dies ändert sich auch dann nicht, wenn die aus der in t_0 begonnenen Investition zurückfließenden Mittel verwendet würden, um die andere in t_1 beginnende Investition zu bezahlen.

Da wir von der Zielsetzung Konsumeinkommens- oder Marktwertmaximierung ausgehen, ist zu bedenken, daß die Entnahme oder Ausschüttung von Mitteln auch eine zu betrachtende Mittelverwendung ist. Oben im Abschnitt 2.4. wurde schon darauf hingewiesen, daß Personen zeitverschiedenen Konsum auch unterschiedlich bewerten. Auch bei der Alternative „Mittelverwendung für Konsum" ist nur der Konsum zu berücksichtigen, der durch die Mittelverwendung „Investition" *gerade ausgeschlossen* würde. Die Dringlichkeit des gerade nicht mehr befriedigten Konsumbedürfnisses mißt man an der „marginalen Zeitpräferenzrate"[3]. Sie ist wie ein Zinssatz konstruiert: Wenn eine Person einen zusätzlichen Konsum von 100 Geldeinheiten im Zeitpunkt t („heute") genau so hoch bewerten würde wie einen zusätzlichen Konsum von 110 im Zeitpunkt t + 1 („in einem Jahr"), dann wäre ihre „marginale Zeitpräferenzrate" 10 % (= 110/100 − 1).

Entnommene oder ausgeschüttete Mittel können von den Eigentümern (z.B. Aktionären) nicht nur verbraucht, sondern auch außerhalb der Unternehmung angelegt werden. Diese Al-

---

1 Es sei daran erinnert, daß wir mit der Annahme sicherer Erwartungen operieren. Die Unterscheidung zwischen mehreren Finanzierungsarten ist daher hier noch nicht sinnvoll.
2 Zur Terminologie, der hier gefolgt wird, vgl. *Porterfield* [Decisions], S. 42–63. Der Ausdruck implizite Kapitalkosten wird von anderen Autoren zum Teil anders verwendet. Vgl. z.B. *Süchting* [Finanzmanagement], S. 382 f.
3 Vgl. dazu ausführlich *Drukarcyk* [Investitionstheorie], S. 38–44, und *Lehmann* [Zeitpräferenz], S. 81.

ternativanlagemöglichkeiten bestimmen zusammen mit den Konsumwünschen, wie die Anteile (Aktien) einer Unternehmung bewertet werden. Den Eigentümern einer Unternehmung ist dann am besten gedient, wenn die Mittel, die sie besser anlegen können als die Unternehmung, ausgeschüttet oder entnommen werden.

Nun sind alle Alternativen aufgezählt, an denen die Vorteilhaftigkeit einer Investition zu messen ist. Eine Investition ist vorteilhaft, wenn sie besser ist als die beste Alternative. Da in der konkreten Rechnung die Zahlungsreihe einer Investition mit einer Alternative verglichen wird, die durch den Kalkulationszinsfuß ausgedrückt wird, ist der „richtige" Kalkulationszinsfuß der *höchste* der folgenden vier Zinssätze:

(1) Interner Zinsfuß der besten ausgeschlossenen Investition innerhalb der Unternehmung,

(2) Interner Zinsfuß der besten ausgeschlossenen Investition außerhalb der Unternehmung,

(3) expliziter Kapitalkostensatz und

(4) marginale Zeitpräferenzrate.

Auf einem vollkommenen Kapitalmarkt sind alle vier Zinssätze gleich hoch. Sie entsprechen dem Einheitszinsfuß am Kapitalmarkt. Dies läßt sich leicht zeigen: Die expliziten Kapitalkosten sind definitionsgemäß gleich i. Investitionen innerhalb und außerhalb der Unternehmung, deren Interne Zinsfüße größer als i sind, werden ohnehin durchgeführt und nötigenfalls durch einen Kredit zum Satz i finanziert, sofern sie sich nicht aus technischen Gründen gegenseitig ausschließen. Eine betrachtete Investition verdrängt, von technischen Alternativen abgesehen, daher keine andere, die mehr als i erbringen würde. Genauso ist die Mittelverwendung für Konsum zu betrachten. Ein Eigentümer wird seine Konsumbedürfnisse in der Gegenwart soweit befriedigen, bis seine „marginale Zeitpräferenzrate" auf i abgesunken ist. Gegebenenfalls wird er einen Kredit zu i aufnehmen. Die Definition der Zeitpräferenzrate zeigt, daß es ihm in diesem Falle lieber ist, den zukünftig möglichen Konsum zugunsten des gegenwärtigen zu reduzieren. Also ist die *marginale* Zeitpräferenzrate auch gleich dem Kapitalmarktzinssatz i.

Wenn auf einem *vollkommenen* Kapitalmarkt alle vier Sätze gleich sind, weil sich die Unternehmensleitung und die Eigentümer bei ihren Entscheidungen über alternative Mittelverwendungen auch nur an dem Kapitalmarktsatz i zu orientieren brauchen, gilt das sogenannte Separationstheorem von Fisher[4]: Die Bereiche Investition, Finanzierung und Ausschüttung/Konsum lassen sich *getrennt* planen. Und über die Vorteilhaftigkeit einer Investition läßt sich *isoliert* entscheiden. Es gibt keinen Anlaß zur Programm- oder Simultanplanung.

Bei *unvollkommenem* Kapitalmarkt ist die Situation grundverschieden. Die Hauptschwierigkeit ist, daß man nicht weiß, welche der vier Alternativen die beste und damit die für den Vorteilhaftigkeitsvergleich maßgebliche Alternative ist. Die finanzmathematischen Methoden zur Beurteilung (Ja-Nein-Entscheidung) einzelner Investitionsvorhaben und die Kapitalwert-Methode zur Auswahl einer Investition unter mehreren führen nur dann zu richtigen Ergebnissen, wenn der Kalkulationszinsfuß die beste Alternative darstellt. Diese ist aber erst bekannt, wenn das gesamte Investitions-, Finanzierungs- und Ausschüttungs- bzw. Konsumprogramm bestimmt ist. Da über die anderen gleichzeitig durchführbaren Investitionen, über die Finanzierung und über die Ausschüttungen bzw. den Konsum aus genau demselben Grunde auch nicht isoliert vorweg entschieden werden kann, müssen die drei Bereiche Investition, Finanzierung und Ausschüttung bzw. Konsum *simultan* (gleichzeitig) geplant werden.

---

4 Siehe oben Anm. 20 zu S. 12.

5.3. Formen des unvollkommenen Kapital-marktes

Die Annahme eines vollkommenen Kapitalmarktes, auf dem (im Falle sicherer Erwartungen) beliebige Beträge zu einem einheitlichen Zinssatz angelegt und aufgenommen werden können, mag sehr unrealistisch sein. Trotzdem ist es nicht offensichtlich, wie man die realistischere Annahme eines unvollkommenen Kapitalmarktes genau formulieren kann. Drei Formen eines unvollkommenen Kapitalmarktes sind zu unterscheiden:

(1) Eine relativ schwache Form von Marktunvollkommenheit ist der sogenannte *beschränkte Kapitalmarkt*. Hier wird unterstellt, daß der Zinssatz, den man bei Geldanlage erhält, anders ist als der, den man bei der Geldaufnahme zu bezahlen hat. Beide Sätze, der Anlage- oder Habenzinssatz i_h und der Aufnahme- oder Sollzinssatz i_s, sind aber konstant und damit unabhängig davon, wieviel angelegt bzw. aufgenommen wird.

Es sei beispielsweise i_h = 6 % und i_s = 10 %. Wie soll sich ein Investor entscheiden, der eine Investitionsmöglichkeit mit einem Internen Zinsfuß von r = 8 % hat. Diskontiert er die Einzahlungen aus der Investition mit i_h = 6 %, zeigt ein positiver Kapitalwert an, daß die Investition zu empfehlen sei. Rechnet er mit i_s = 10 %, kommt er zu dem entgegengesetzten Ergebnis. Man kann dem Investor nur dann eine Empfehlung geben, wenn man weiß, ob er an Stelle der Investition Geld zu 6 % anlegen würde oder ob er sich zusätzlich zu 10 % verschulden müßte, um die Investition durchführen zu können. Dazu müßte man sein Anfangsvermögen, seine sonstigen Anlagemöglichkeiten und seine Konsumwünsche kennen. Die Entscheidung ist also letztlich „präferenzabhängig"[5]. Man wird von Unternehmungen annehmen dürfen, daß sie typischerweise verschuldet sind. Dann ist der Sollzinssatz relevant. Doch das ist nur die Regel. Generell gilt sie nicht. Besonders interessant ist der Fall eines Investors, der sich weder zusätzlich verschulden noch Mittel alternativ anlegen würde. Die Alternative zur Durchführung der Investition ist in diesem Falle der Konsum. Der „richtige" Zinssatz ist die „marginale Zeitpräferenzrate"[6].

(2) Eine extreme (aber leicht handhabbare) Form der Kapitalmarktunvollkommenheit ist die sogenannte *strikte Kapitalrationierung:* Sie liegt vor, wenn maximal ein bestimmter Betrag an Geld zu einem gegebenen Zinssatz beschafft werden kann. In diesem Fall werden durch die Durchführung einer Investition andere Verwendungsmöglichkeiten für die knappen Mittel verbaut. Da man nicht mehr davon ausgehen kann, daß alle anderen (am expliziten Kapitalkostensatz gemessen) günstigen Alternativen ohnehin realisiert werden, muß man die Investition an der Alternative messen, die wegen der Kapitalknappheit ausgeschlossen wird. Man braucht sie aber nicht mit jeder Alternative zu vergleichen, sondern nur mit der günstigsten; denn nur diese würde man wählen, wenn man auf die betrachtete Investition verzichtete.

Betrachten wir auch dazu ein Beispiel: Entschieden werden soll über die Durchführung der Investition 1; ihr Investitionsbetrag ist 100, ihr Interner Zinsfuß r_1 ist 15 %. Kapital kostet (explizit) 10 %, aber es ist maximal ein Kredit von 200 zu beschaffen. Dem Investor bieten sich drei andere Investitionsobjekte an, deren Investitionsbeträge auch je 100 sind. Ihre Internen Zinsfüße sind r_2 = 20 %, r_3 = 12 % und r_4 = 8 %. Alle vier Investitionen entsprechen sich hinsichtlich der zeitlichen Struktur der Einzahlungen. Einen investierbaren Geldbetrag hat der Investor nicht.

5 Vgl. *Schneider* [Investition], S. 361–368.
6 Vgl. *Hirshleifer* [Theory], S. 334–336.

Daß die Investition 1 mehr als die expliziten Kapitalkosten von 10 % erbringt, ist offenbar. Bei dem Vergleich mit den Alternativen erkennt man: Die Investition 2 mit $r_2 = 20$ % ist günstiger als die Investition 1. Da der verfügbare Kapitalbetrag 200 ist, wird Investition 2 in jedem Falle durchgeführt. Sie würde durch Investition 1 nicht verdrängt. Aber Investition 3 würde durch Investition 1 ausgeschlossen. Ihr Interner Zinsfuß r_3 von 12 % ist also der implizite Kapitalkostensatz, an dem die Vorteilhaftigkeit von Investition 1 zu messen ist.

Wäre r_3 höher als 15 %, wäre die Verwendung der 200 auf die Investition 2 und 3 optimal; Investition 1 würde unterbleiben.

Wie hoch sind die Kapitalkosten, wenn r_3 nicht 12 %, sondern nur 5 % beträgt? Die günstigste Alternative zu Investition 1 ist dann die Nichtaufnahme der zweiten 100 des möglichen Kredits. Der „richtige" Kalkulationszinsfuß gleicht in diesem Falle den expliziten Kapitalkosten von 10 %. Investition 4 mit $r_4 = 8$ % kommt als Vergleichsobjekt nicht in Frage, weil die Kapitalbeschaffungskosten höher sind als der Interne Zinsfuß. Investition 4 wird durch Investition 1 nicht ausgeschlossen, sondern sie würde ohnehin nicht durchgeführt.

(3) Die dritte Form von Kapitalmarkt-Unvollkommenheit liegt vor, wenn die Finanzierungskosten um so höher werden, je mehr Kapital beschafft wird. Diesen Fall, der auch als *schwache Kapitalrationierung* bezeichnet wird[7], betrachten wir im nächsten Abschnitt ausführlicher.

Allen Fällen von Kapitalmarkt-Unvollkommenheiten ist gemeinsam, daß man den „richtigen" Kalkulationszinsfuß nicht von vornherein kennt und daher auch nicht sicher sein kann, bei der isolierten Bewertung einzelner Investitionen korrekte Entscheidungen zu treffen. Man kennt ihn erst dann, wenn man weiß, welche Ergänzungsinvestitionen vorgenommen werden, welche Mittelverwendung unter den gerade ausgeschlossenen die beste ist und wie die Investitionen finanziert werden. Um dies alles zu wissen, muß man den Investitions-, Finanzierungs- und Konsumplan simultan erstellen.

5.4. Die Entscheidung über Investitions- und Finanzierungsprogramme

5.4.1. Die Methode des Kapitalbudgets von Joel Dean

Um 1950 entwickelte Joel Dean ein erstes Verfahren zur Abstimmung von Investitions- und Finanzierungsplanung[8]. Der Ansatz ist in seinen Grundzügen sehr einfach und überzeugend. Er soll für praktische unternehmerische Entscheidungen verwendbar sein.

Dean empfiehlt die Konstruktion einer Kapitalbedarfs- und einer Kapitalangebotskurve für eine Unternehmung, durch deren Schnittpunkt simultan Art und Menge der auszuführenden Investitionen und Finanzierungen festgelegt werden. Die Kapitalbedarfsfunktion besteht aus der Menge der möglichen Investitionsobjekte, die nach fallenden Internen Zinsfüßen geordnet

---

7 Ob man hier von Rationierung sprechen sollte, ist fraglich; vgl. dazu *Baltensperger* [Rationing], S. 172–174.
8 Vgl. *Dean* [Budgeting] und die Darstellung bei *Hax* [Investitionstheorie], S. 62–71.

werden. In der Kapitalangebotsfunktion werden die Finanzierungsmöglichkeiten nach steigenden expliziten Kapitalkosten, die mit c bezeichnet werden, aufgeführt. Die Funktionen der Mittelverwendungs- und der Mittelbeschaffungsmöglichkeiten geben an, welche Geldbeträge zu welchem Satz angelegt bzw. beschafft werden können. Sie können in einer Tabelle oder als Treppenkurven in einer Graphik gegenübergestellt werden.

Betrachten wir ein Beispiel mit fünf Investitionsobjekten und drei „Finanzierungsobjekten". Die Investitionsobjekte seien unteilbar, die „Finanzierungsobjekte" seien beliebig teilbar.

Investitionsobjekt	Investitionsbetrag	Interner Zinsfuß in %
1	200	20
2	100	15
3	200	12
4	300	10
5	200	5
Finanzierungsobjekt	Finanzierungsbetrag	Explizite Kapitalkosten in %
1	500	3
2	400	8
3	400	15

Tab. 5.1: Kapitalbudget nach Dean

Die graphische Gegenüberstellung der Kapitalbedarfs- und -angebotskurve zeigt die Abbildung 5.1.

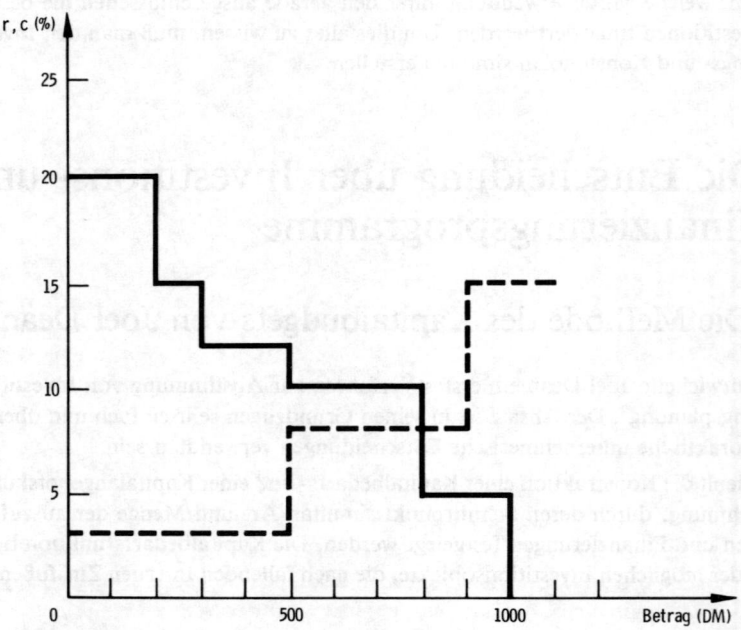

Abb. 5.1: Optimales Kapitalbudget nach Dean

106

Das „optimale Kapitalbudget" umfaßt die ersten vier Investitionsobjekte, die erste Finanzierungsmöglichkeit und die zweite zu 75 %. Es erbringt einen „Gewinn" (pro Jahr) von 70.

Durch die Art der Anordnung werden bei dem Deanschen Modell „rentable" Investitionsobjekte zusammen mit „billigen" Finanzierungen solange als vorteilhaft akzeptiert, wie der Interne Zinsfuß der Investitionen über dem ihm zugeordneten Finanzierungskostensatz liegt. Der Punkt, an dem sich die beiden Kurven schneiden, wird cut-off-point genannt. Er gibt das optimale Investitions- und Finanzierungsprogramm und zugleich das optimale Investitions- und Finanzierungsvolumen oder die optimale „Betriebsgröße" $\bar{A}$ an. Jenseits des Schnittpunktes liegende Objektpaare werden verworfen, weil die Mittelbeschaffung mehr kostet, als ihre Verwendung einbringt[9].

Wenn wir die Treppenkurven in unserem Beispiel durch eine stetige Kurve ersetzen, haben wir nicht nur das optimale Investitions- und Finanzierungsvolumen, sondern auch den dazugehörigen Zinssatz $\bar{r}$ an dem Schnittpunkt der Kurven bestimmt. Diesen Zinssatz nennt man *cut-off-rate*. Er wäre der „richtige" Kalkulationszinsfuß für Kapitalwert-Berechnungen, den wir im vorigen Abschnitt gesucht haben.

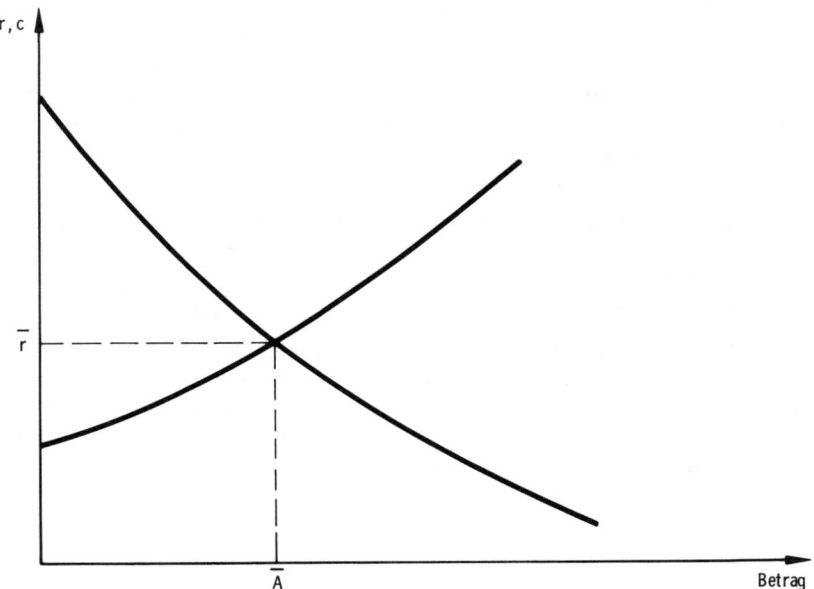

Abb. 5.2: Optimales Investitions- und Finanzierungsvolumen und cut-off-rate

Dieser Satz $\bar{r}$ stellt zugleich

(1) den Internen Zinsfuß der besten (durch die links vom Schnittpunkt angeordneten und somit akzeptierten Investitionen) gerade ausgeschlossenen Alternative und

(2) die Kosten der letzten gerade akzeptierten Finanzierung dar. Das im vierten Kapitel erörterte Problem von Ergänzungsinvestitionen bezüglich des Investitionsbetrages stellt sich bei dieser Methode nicht, denn es wird explizit erfaßt, welche Investitionen insgesamt im Zeitpunkt t_0 durchgeführt werden und wie sie finanziert werden.

---

9 Mittelverwendung für Konsum wird im Dean-Modell nicht berücksichtigt.

Wenn man mit der cut-off-rate $\bar{r}$ als Kalkulationszinsfuß die Kapitalwerte der Investitionen berechnen würde, käme als Ergebnis heraus, daß nur die links von dem Schnittpunkt liegenden Investitionen vorteilhaft sind. Doch man braucht den Kalkulationszinsfuß und die Kapitalwert-Berechnung überhaupt nicht mehr, denn daß diese Investitionen zusammen mit den zugeordneten Finanzierungen vorteilhaft sind, kann man direkt aus der Gegenüberstellung ablesen.

Das so plausibel erscheinende Modell von Dean hat aber *Schwächen*. Auf eine gehen wir ausführlicher ein, zwei andere werden wir nur erwähnen.

Der *erste Einwand* betrifft die Beschränkung auf eine Planungsperiode bzw. die Verwendung des Internen Zinsfußes. Die Methode des Kapitalbudgets unterstellt, daß es sinnvoll sei, Investitionsobjekte nach ihrem Internen Zinsfuß anzuordnen. Alle Objekte, deren Interne Zinsfüße über der cut-off-rate liegen, werden angenommen. Wie hoch dieser kritische Zinssatz ist, wird von allen Investitions- und Finanzierungsmöglichkeiten zusammen bestimmt. Diese Vorgehensweise ist völlig korrekt, solange man ein einperiodisches Planungsproblem hat und wenn die Laufzeit der Investitionen wirklich nur eine Periode beträgt. (Deswegen wurde das Deansche Modell im Abschnitt 5.1. als ein einperiodisches Modell bezeichnet.) Bei Investitionen, die über mehrere Perioden laufen, genügt es aber nicht, ihre Internen Zinsfüße an der cut-off-rate der ersten Periode zu messen. Damit würde man nämlich unterstellen, daß die cut-off-rate für alle Perioden die gleiche ist. Diese Unterstellung ist aber generell nicht gerechtfertigt, weil die kritischen Zinssätze, die cut-off-rates, der folgenden Perioden auf Grund des *dann* bestehenden Kapitalbedarfs (Investitionsmöglichkeiten) und Kapitalangebots (Finanzierungsmöglichkeiten) zu bestimmen sind.

In dem oben vorgestellten Beispiel wird Investition 4 mit dem Internen Zinsfuß von 10 % angenommen, weil die cut-off-rate der Entscheidungsperiode 8 % ist. Wenn die aus den *dann* gegebenen Investitions- und Finanzierungsmöglichkeiten zu bestimmende cut-off-rate der Folgeperioden z.B. 12 % beträgt, kann die Durchführung von Investition 4 unvorteilhaft sein.

Schon die Aufstellung der Kapitalangebots- und Kapitalnachfragekurve ist also problematisch. Um das Kapitalbudget einer Periode planen zu können, muß man außerdem wissen, ob bestimmte Investitionsobjekte in dieser oder in einer anderen, späteren Periode als Mittelverwendung zu berücksichtigen sind. Wollte man die Vorteilhaftigkeit der Verschiebung einer Investition beurteilen, müßte man die cut-off-rates für alle in Frage kommenden Investitionszeitpunkte kennen. Diese sind aber nicht bekannt, weil sie u.a. davon abhängen, ob die gerade betrachtete Investition verschoben wird oder nicht. Deswegen ist nicht nur für eine Periode zu planen, sondern Investitions- und Finanzierungsprogramme für mehrere Perioden sind simultan zu erstellen.

Der *zweite Einwand* bezieht sich auf die notwendige Unterstellung, daß die Internen Zinsfüße der Investitionsobjekte und der einzelnen Finanzierungsobjekte vor der Rechnung festliegen. Dadurch werden alle möglichen technischen Abhängigkeiten zwischen den Objekten vernachlässigt. Nur in Sonderfällen lassen sich Abhängigkeiten im Kapitalbudget erfassen[10].

Der *dritte* Einwand betrifft den Aufbau der Kapitalangebotskurve: So wie sie konstruiert ist, kann sich ergeben, daß eine Unternehmung ausschließlich mit den billigsten Krediten — aber ohne Eigenkapital — finanziert wird. Das würde kein Kreditgeber hinnehmen[11].

---

10 Vgl. dazu *Hax* [Investitionstheorie], S. 66.
11 Dazu kritisch und mit einem Verbesserungsvorschlag *Solomon* [Measuring].

Als *Ergebnis* können wir festhalten, daß die Methode des Kapitalbudgets die Grundidee der Simultanplanung deutlich macht und leicht erkennen läßt, daß man den für die isolierte Investitionsplanung nötigen Kalkulationszinsfuß erst dann kennt, wenn man ihn nicht mehr braucht. Doch die Verknüpfung zwischen den Perioden (und zwischen den Objekten) ist in dem Modell nicht erfaßt. Der nächste Schritt zu mehrperiodischen Modellen ist sachlich geboten.

5.4.2. Investitions- und Finanzierungsplanung mit Hilfe der Linearen Programmierung

Kapitalmarktunvollkommenheiten, insbesondere quantitativ beschränkte Möglichkeiten der Mittelbeschaffung, legen es nahe, Investitions- und Finanzierungsprogramme simultan zu planen. Die Methode des Kapitalbudgets berücksichtigt die Mittelknappheit nur in der ersten Periode. Wenn auch für die späteren Perioden angenommen wird, daß der Kapitalmarkt unvollkommen ist, muß man kompliziertere Planungs- und Rechentechniken anwenden.

Eine solche Technik ist die *Lineare Programmierung* (LP). Die Lineare Programmierung ist eine Methode zur Bestimmung des Maximums einer Funktion mehrerer Variablen unter Nebenbedingungen. Die Zielfunktion und die Nebenbedingungen sind linear. Die Nebenbedingungen werden als Ungleichungen formuliert. Die durch die Rechnung zu bestimmenden Variablen sind in dem hier diskutierten Zusammenhang die Anzahl von Investitions- und Finanzierungsobjekten der einzelnen in Frage kommenden Arten, die im optimalen Programm realisiert werden sollen. Bei der Rechnung selbst, die nach dem sogenannten Simplex-Verfahren erfolgt, werden nach einem bestimmten Algorithmus (Rechenregel) verschiedene Kombinationen von Investitions- und Finanzierungsobjekten, die die Nebenbedingungen nicht verletzen, auf ihre Zielbeiträge hin untersucht. Die Überprüfung weiterer Kombinationen wird schematisch so lange fortgesetzt, bis die optimale Kombination, d.h. der günstigste Investitions- und Finanzierungsplan, ermittelt ist. Auf das Rechenverfahren gehen wir hier aber nicht ein[12].

Im folgenden werden drei Modelltypen kurz gekennzeichnet. Die ersten beiden Modelltypen bezeichnet man als „finanzwirtschaftlich". Die einzelnen Investitionsobjekte werden durch vorgegebene Zahlungsreihen beschrieben. Bei dem dritten Typ, den „produktionswirtschaftlichen" LP-Modellen, wird diese Annahme aufgehoben, und es werden Investitions- und Produktionspläne simultan erstellt[13].

Zur Einführung betrachten wir einen Modelltyp, den man als *Kapitalwertmodell* bezeichnen kann. Der Planungszeitraum umfaßt T Perioden bzw. T + 1 Zeitpunkte (t_0 bis t_T). Aber nur in den Zeitpunkten t_0, t_1 und t_2 liegen Kapitalbeschränkungen vor. Es kann jeweils höchstens ein Kredit in Höhe von $\bar{y}_t$ (t = 0, 1, 2) aufgenommen werden. Die Kredite sollen eine Laufzeit von einer Periode haben und den Zinssatz i kosten. y_t ist die Zahl der als Kredit im Zeitpunkt t aufgenommenen Geldeinheiten.

Die Investitionsmöglichkeiten lassen sich nach ihrer Art (technische Eigenschaften, Absatzmöglichkeiten etc.) und nach dem Zeitpunkt, in dem sie begonnen werden, unterscheiden. Die Zahl der Investitionen einer Art j (j = 1,..., n), die zum Zeitpunkt t (t = 0, 1, 2,...,T) begonnen werden, wird mit x_{jt} bezeichnet. Es ist zu beachten, daß bei dieser Methode, Investitionen

---

12 Vgl. zur Rechentechnik z.B., *Schneider* [Investition], S. 378–392.
13 Diese Einteilung folgt *Seelbach* [Planungsmodelle], ähnlich auch *Swoboda* [Investitionsrechnung].

zu erfassen, dasselbe Investitionsvorhaben als eine unterschiedliche Investition behandelt wird, je nachdem, in welchem Zeitpunkt es beginnt. Wenn zum Beispiel ein bestimmtes Investitionsvorhaben nur entweder im Zeitpunkt t_0 oder im Zeitpunkt t_1 und jedenfalls nicht im Zeitpunkt t_2 oder später begonnen werden kann, ist dies durch Nebenbedingungen sicherzustellen.

Es gibt Obergrenzen $\bar{x}_{jt}$ für die Zahl der Investitionen der Art j (j = 1,..., n) zum Zeitpunkt t (t = 0, 1,...,T). Wenn zum Beispiel eine Investition der Art j im Zeitpunkt 2 überhaupt nicht möglich ist, ist $\bar{x}_{j2} = 0$. Daneben gibt es Obergrenzen $\bar{x}_j$ für die Zahl der Investitionen der Art j, die in allen Zeitpunkten oder in einigen Zeitpunkten *zusammen* möglich sind. Die Nebenbedingung, daß *nur eine* Investition der Art j entweder im Zeitpunkt t_1 oder im Zeitpunkt t_2 vorgenommen werden kann, läßt sich durch die Formulierung $x_{j1} + x_{j2} \leqslant 1$ erfassen.

Da die einzelnen möglichen Investitionen durch eindeutige Zahlungsreihen beschrieben werden, kann man jeder Investition auch einen auf den Entscheidungszeitpunkt t_0 bezogenen[14] Kapitalwert k_{jt} zuordnen. Wird der Kapitalwert mit dem Satz i berechnet, den auch die Kredite kosten, ist der Kapitalwert der Finanzierungen Null.

Zu bestimmen ist das Investitions- und Finanzierungsprogramm, bestehend aus den Investitionen x_{jt} (j = 1,..., n und t = 0, 1, 2,...,T) und den Krediten y_t (t = 0, 1,2, ...,T−1). Die *Zielfunktion* lautet: Maximiere den Kapitalwert im Zeitpunkt t_0 aller in t_0 bis t_T beginnenden Investitionen:

$$(5.1) \qquad K = \sum_{t=0}^{T} \sum_{j=1}^{n} k_{jt} \cdot x_{jt}$$

Die Finanzierung taucht in der Zielfunktion nicht auf, da annahmegemäß der Kapitalwert aller Finanzierungen Null beträgt.

Bei der Bestimmung der optimalen Werte von x_{jt} und y_t sind Nebenbedingungen zu beachten. Die wichtigsten sind die *Liquiditätsnebenbedingungen*. An ihnen wird die Verknüpfung zwischen den Perioden deutlich. Die Liquiditätsnebenbedingungen verlangen, daß in keiner Periode mehr ausgezahlt wird als die Summe aus

(1) den liquiden Mitteln, die als Kassenbestand vorhanden sind, und

(2) den Einzahlungen, die auf Grund von vorher getätigten Investitionen in die Unternehmenskasse zurückfließen und

(3) durch Mittelbeschaffung (Kreditaufnahme) der Unternehmenskasse zugeführt werden.

Wir bezeichnen die Auszahlung für eine Investition der Art j im Zeitpunkt t mit A_{jt} und die mit ihr verbundenen Einzahlungen in den folgenden Perioden mit E_{jt}^1 bzw. E_{jt}^2. Spätere Einzahlungen sind für die Liquiditätserhaltung nicht relevant, weil nur bis t_2 Kapitalbeschränkungen vorliegen. Die hochgestellten Indizes bezeichnen Zeitabstände zum Investitionsbeginn, nicht zum Entscheidungszeitpunkt t_0. So ist beispielsweise E_{j1}^1 eine Einzahlung eine Periode nach dem Investitionsbeginn im Zeitpunkt t_1, also eine Einzahlung im Zeitpunkt t_2. Den Einzahlungen stehen außer den Auszahlungen für beginnende Investitionen noch die für die Ver-

---

14 Der Kapitalwert im Zeitpunkt t_0 ist der mit dem Zinssatz i diskontierte Kapitalwert im Zeitpunkt des Investitionsbeginns. Der Index 0 zur Kennzeichnung des Bezugszeitpunktes ist für alle Kapitalwerte einheitlich; daher ist er zur Vereinfachung weggelassen.

zinsung und Tilgung des Kredits aus der Vorperiode gegenüber. Der Kassenbestand im Zeitpunkt t_0 sei mit b_0 bezeichnet.

Die Liquiditätsbedingung für den Zeitpunkt t_0 lautet:

$$(5.2) \qquad \sum_{j=1}^{n} A_{j0}\, x_{j0} \leqslant y_0 + b_0$$

Im Zeitpunkt t_1 gibt es Einzahlungen aus den in t_0 getätigten Investitionen und neue Investitionsauszahlungen. Außerdem ist der Kredit y_0 einschließlich Zinsen zu tilgen. Einen Kassenbestand gibt es nicht mehr. Ein neuer Kredit y_1 wird aufgenommen. Es gilt daher:

$$(5.3) \qquad \sum_{j=1}^{n} A_{j1}\, x_{j1} + (1+i)y_0 \leqslant \sum_{j=1}^{n} E_{j0}^{1}\, x_{j0} + y_1$$

Entsprechend lautet die Liquiditätsnebenbedingung für den Zeitpunkt t_2

$$(5.4) \qquad \sum_{j=1}^{n} A_{j2}\, x_{j2} + (1+i)y_1 \leqslant \sum_{j=1}^{n} E_{j0}^{2}\, x_{j0} + \sum_{j=1}^{n} E_{j1}^{1}\, x_{j0} + y_2$$

In Worten: Die Auszahlungen für alle in t_2 begonnenen Investitionen und für die Verzinsung und Tilgung des in t_1 aufgenommenen Kredits dürfen nicht größer sein als die Einzahlungen aus den Investitionen, die in den beiden vorangegangenen Zeitpunkten vorgenommen worden sind, und aus der neuen Kreditaufnahme y_2.

Die Liquidität aller späteren Perioden ist durch die Annahme, es gäbe ab t_3 keine Kapitalbeschränkungen mehr, und durch die Zielgröße „Kapitalwert" sichergestellt.

Weitere Nebenbedingungen sind zu beachten: Es gibt *Kreditgrenzen* für die ersten drei Zeitpunkte:

$$(5.5) \qquad y_t \leqslant \overline{y}_t \qquad \text{(für } t = 0, 1, 2)$$

Es gibt auch *Obergrenzen* für die Zahl der möglichen Investitionen einer Art zu *einem* Zeitpunkt

$$(5.6) \qquad x_{jt} \leqslant \overline{x}_{jt} \qquad \text{(für } j = 1, \ldots, n \text{ und } t = 0, 1, 2, \ldots, T)$$

und Obergrenzen für die Zahl von Investitionen einer Art in *mehreren* Zeitpunkten, die fallspezifisch zu setzen sind wie z.B.

$$(5.7) \qquad x_j = x_{jt_l} + x_{jt_m} \leqslant \overline{x}_j \text{ (für beliebige } l \text{ und } m \text{ zwischen 0 und } T)$$

Diese Bedingungen lassen erneut die Verknüpfung zwischen den Perioden erkennen.

Durch weitere Nebenbedingungen ließe sich berücksichtigen, daß sich z.B. Investitionen verschiedener Arten gegenseitig ausschließen oder begünstigen.

Aus sachlichen und rechentechnischen Gründen ist zu fordern, daß die durch die Rechnung zu bestimmenden Variablen nicht *negative Werte* annehmen:

(5.8) $x_{jt} \geqslant 0$ (für j = 1, ..., n, und t = 0, 1, 2, ...,T)

(5.9) $y_t \geqslant 0$ (für t = 0, 1, 2, ...,T–1)

Damit ist das Lineare Programm zur Bestimmung eines mehrperiodischen Kapitalbudgets fertig. Verfeinerungen vielfältiger Art wären möglich, insbesondere könnte gefordert werden, daß die Variablen x_{jt} nur ganzzahlig sein dürfen[15]. Auch könnten die Finanzierungsmöglichkeiten ähnlich differenziert beschrieben werden wie die Investitionen. Darauf kommt es hier aber nicht an. Zu zeigen war, wie man ein LP-Modell zur Investitions- und Finanzierungsplanung formulieren kann und wie man insbesondere die Liquiditätsbedingungen konstruiert. Des weiteren eignet sich dieses einfache LP-Modell vor allem dazu, den Unterschied zum Dean-Modell zu verdeutlichen. Schließlich weist dieses LP-Modell eine charakteristische Schwäche auf, die man erkennen muß, um die Bedeutung komplizierterer LP-Modelle verstehen zu können.

Der Vergleich mit dem Dean-Modell zeigt, daß das LP-Modell Kapitalbeschränkungen und Liquiditätsengpässe in *mehreren Perioden* zu erfassen erlaubt. Es erlaubt auch, Investitionsmöglichkeiten statt nach dem angreifbaren Merkmal Interner Zinsfuß nach dem korrekten Merkmal Kapitalwert zu ordnen und zu beurteilen. Doch genau da trifft man auf die zentrale Schwierigkeit: Warum soll man die Kapitalwerte mit dem expliziten Kapitalkostensatz i berechnen, wenn wegen der Kapitalbeschränkungen die beste Alternative nicht notwendigerweise der Verzicht auf eine Kreditaufnahme wäre? Man könnte die Kapitalwerte mit einem anderen Satz als i berechnen, doch welcher zu verwenden wäre, weiß man vor der Rechnung nicht. Das zentrale Problem der Investitionstheorie, daß man den *richtigen Kalkulationszinsfuß vor der Rechnung nicht kennt,* umgeht das Kapitalwert-Modell — anders als das Dean-Modell — nicht.

Wenn man Kapitalbeschränkungen hat und den richtigen Kalkulationszinsfuß nicht kennt, ist auch die Zielsetzung „Maximierung des Kapitalwertes" nicht gut begründbar[16]. Man müßte die Konsumpläne des Investors in der Modellformulierung ausdrücklich erfassen. Dann ließe sich auch die angreifbare Verwendung eines Kalkulationszinsfußes vermeiden.

Die Stärke des Dean-Modells, die Vermeidung eines Kalkulationszinsfußes, und die des einfachen LP-Modells, die Erfassung von Kapitalbeschränkungen in mehreren Perioden, werden im *zweiten Typ* finanzwirtschaftlicher LP-Modelle kombiniert. Ein wesentlicher Beitrag dazu stammt von Herbert Hax[17]. Hax hat ein Planungsmodell in zwei Varianten mit unterschiedlichen Zielfunktionen entwickelt: Bei einer Variante ist das Ziel die Maximierung des „Vermögens" (Kassenbestand) am Ende eines vorgegebenen Planungszeitraumes, während für die vorhergehenden Perioden fixe Entnahmen geplant sind. In der anderen Modellvariante wird das Endvermögen vorgegeben, und die Entnahmen pro Periode sind zu maximieren.

---

15 Eine speziell auf die Ganzzahligkeitsbedingungen bezogene Kritik an den LP-Modellen bietet *Schneider* [Investition], S. 404 f.
16 Vgl. auch die Kritik von *Moxter* [Programmieren] an dem mit Kapitalwerten operierenden Modell von *Albach* [Investition].
17 Vgl. *Hax* [Investitions- und Finanzplanung], sowie *ders.* [Investitionstheorie], bes. S. 85–97.

Die Nebenbedingungen sind entsprechend gefaßt: Bei der ersten Modellvariante enthält die Liquiditätsbedingung jeder Periode innerhalb des Planungszeitraums die vorgesehene Entnahme als Auszahlung. Bei der zweiten Variante enthält die Nebenbedingung des letzten Planungszeitpunktes das vorgegebene „Endvermögen" als Auszahlung. Diese beiden Varianten des Modells von Hax stellen konsequente Fortentwicklungen des Dean-Modells hin zu einer mehrperiodischen Investitions- und Finanzplanung dar.

Die LP-Modelle zur Investitions- und Finanzierungsplanung, die die Konsumeinkommensziele des Investors ausdrücklich berücksichtigen, haben mit dem Dean-Modell nicht nur gemeinsam, daß sie ohne einen Kalkulationszinsfuß auskommen. Sie haben die weitere Gemeinsamkeit, daß man die richtigen Kalkulationszinsfüße für die einzelnen Perioden, die man zur isolierten Beurteilung einzelner Investitionen mit Hilfe finanzmathematischer Methoden brauchen würde, zusammen mit dem optimalen Investitions- und Finanzierungsprogramm erhält. So wie man im einperiodischen Dean-Modell die cut-off-rate *nach* der Rechnung kennt, liefert das LP-Modell zugleich mit dem optimalen Investitions- und Finanzierungsprogramm sogenannte Dualvariable oder Schattenpreise. Aus diesen lassen sich unmittelbar die richtigen (periodenbezogenen) Kalkulationszinsfüße ableiten. Es gibt eine Dualvariable oder einen Schattenpreis pro Nebenbedingung. Die Dualvariablen des optimalen Programms geben bei einem LP-Modell an, wie sich der Wert der Zielfunktion ändert, wenn die betreffende Nebenbedingung um eine Einheit *weniger* eng ist[18]. Für die Liquiditätsnebenbedingung eines Zeitpunktes bedeutet dies, daß der „Wert" einer zusätzlichen Geldeinheit in diesem Zeitpunkt bestimmt wird. Das Verhältnis dieser „Werte" für die zwei benachbarten Zeitpunkte t und t + 1 drückt das Knappheitsverhältnis für Geld aus. Zieht man davon 1 ab, erhält man inhaltlich nichts anderes als die cut-off-rate des Dean-Modells: die Rendite der optimalen jeweils nicht genutzten Alternative. Man kennt im einperiodischen wie im mehrperiodischen Fall die richtigen Kalkulationszinsfüße also erst dann, wenn man sie zur Investitionsrechnung nicht mehr braucht. Eine Kontrollrechnung würde aber zeigen, daß die und nur die im optimalen Programm enthaltenen Investitionsobjekte einen positiven Kapitalwert haben, wenn man zur Diskontierung die modell-endogenen richtigen Kalkulationszinsfüße für jede Periode verwenden würde.

Den *dritten Typ* von LP-Modellen bilden die sogenannten produktionswirtschaftlichen Modelle[19]. Bei ihnen wird die Annahme aufgehoben, daß eine Investition durch eine eindeutige Zahlungsreihe beschrieben werden kann. Den Investitionen werden nur die Anschaffungsauszahlungen und die Einzahlungen im Falle einer Desinvestition, z.B. bei Verkauf einer Maschine, zugerechnet. Die Einzahlungen aus dem Verkauf der gefertigten Produkte sind wie die variablen Kosten (Auszahlungen) von den geplanten Produktionsmengen abhängig. Welche Mengen welcher Produkte hergestellt und verkauft werden können, hängt seinerseits davon ab, welche Investitionen vorgenommen werden. Investition und Produktion sind interdependent. Daher müssen sie — idealerweise — simultan geplant werden.

Bei den Finanzierungsmöglichkeiten geht man dagegen von gegebenen Zahlungsreihen aus. Die zu beachtenden Nebenbedingungen umfassen außer den oberen Grenzen für die Anzahl der Investitions- und Finanzierungsobjekte, den Liquiditätsbedingungen für jede Periode und den Nicht-Negativitätsbedingungen weitere Restriktionen bezüglich der Produktions- und Absatzmöglichkeiten.

---

18 Genauer: um eine marginale Einheit weniger eng. Zur Interpretation von Dualvariablen vgl. *Hax* [Investitionstheorie], S. 97–109.
19 Vgl. u.a. *Swoboda* [Ermittlung] und *Jacob* [Entwicklungen], bes. Teil II.

Modelle dieses Typs lassen sich in viele Richtungen ausbauen, z.B. können weitere betriebliche Funktionen wie Beschaffung, Lagerung, Werbung etc. einbezogen werden. Man kann sie mit unterschiedlichen Zielfunktionen ausstatten und entsprechend umformulieren.

Durch die Rechnung werden simultan bestimmt: die Anzahl der zu tätigenden Investitionen pro Periode, die Desinvestitionen, die aufzunehmenden und zu tilgenden Kredite, die Produktionsmengen mit verschiedenen Maschinen und auf verschiedenen Produktionsstufen und gegebenenfalls weitere betriebliche Aktivitäten.

5.5. Eine Einschätzung der Simultanplanungsansätze

Die in diesem Kapitel vorgestellte Entwicklung innerhalb der deutschsprachigen Investitions- und Finanzierungstheorie weist eine ausgeprägte innere Logik, eine klare Folgerichtigkeit auf. Die Schritte von der Kritik der Reinvestitions- und Finanzierungsannahmen der Finanzmathematischen Methoden zum Dean-Modell der einperiodischen Programmplanung von Investition und Finanzierung, zur mehrperiodischen Programmplanung und schließlich zur Einbeziehung der Produktionsplanung folgt dem Muster von Kritik und Verbesserung. Die Kritik betrifft immer eine Vereinfachung. Die Verbesserung hebt die Vereinfachung auf, indem sie ein komplexeres Planungsmodell vorlegt. Man braucht mit der Kritik auch nicht bei dem letzten Typ von LP-Modellen aufzuhören. Auch sie enthalten Vereinfachungen[20] und sind daher angreifbar.

Zu fragen ist aber, ob dieses Muster aus Kritik an Vereinfachungen und Vermeidung der Vereinfachungen so sinnvoll ist. In einer komplexen Realität kann es praktisch und theoretisch sinnvoll sein, nach Vereinfachungen zu suchen, die besser, d.h. zum Beispiel arbeitssparender und weniger fehlerträchtig sind als andere. Wäre es nicht sehr praktisch nützlich und theoretisch interessant, nach Bedingungen zu suchen, unter denen es vertretbar ist, einzelne Investitionen auch isoliert zu bewerten[21]. ,,Nützlich", ,,interessant" und ,,vertretbar" sind pragmatische Begriffe, und sie sind nicht scharf. Was hingegen ,,Vereinfachung", ,,Fehler", ,,Widerspruch" heißt, ist klarer, denn diese sind Begriffe der Logik. Aber trotz der Unschärfe erscheinen mir die pragmatischen Begriffe wichtiger: Im praktischen Leben wie in der Wissenschaft kommt man nicht umhin zu beurteilen, wann man eine Vereinfachung für ,,vertretbar" hält.

Betrachten wir darum die in diesem Kapitel nachgezeichnete Entwicklung zu immer umfassenderen Simultanplanungsmodellen unter pragmatischen Gesichtspunkten.

(1) Jeder einzelne Schritt der Entwicklung bedeutet, daß die Rechnung komplexer wird. Die Anforderungen an verfügbare Daten werden immer strenger. Allein dadurch nimmt die Praktikabilität der Modelle ab. Dies ist ein Nachteil. Unter dem Gesichtspunkt der Datenverfügbarkeit und Praktikabilität könnten das Dean-Modell oder das mit Kapitalwerten rechnende LP-Modell oder sogar die Kapitalwertmethode — trotz ihrer theoretischen Mängel — besser sein als die komplexeren LP-Modelle[22].

---

20 Vgl. besonders *Moxter* [Probleme] und speziell zur Formulierung der Zielsetzung *Drukarczyk* [Investitionstheorie], S. 79–84.
21 In diesem Sinne wird die Arbeit von *Hax* durch *Franke/Laux* [Ermittlung] weitergeführt.
22 Ähnlich auch *Hax* [Unternehmungspolitik], S. 11.

(2) Gewichtiger ist ein zweites Argument, das gegen die gesamte Entwicklung spricht. Sie ist dadurch gekennzeichnet, daß man an einer Annahmenkombination festgehalten hat: Man hat (grob) unvollkommene Kapitalmärkte und sichere Erwartungen unterstellt. Eine Einschätzung der gesamten Entwicklung ist letztlich eine Einschätzung dieser Annahmenkombination und insbesondere ihrer Fruchtbarkeit.

Für die Annahme sicherer Erwartungen kann man gewiß nicht anführen, daß sie zutreffend sei. Sie ist jedoch nie gewählt worden, weil sie für zutreffend gehalten worden wäre, sondern allenfalls als eine vertretbare Vereinfachung. Anders die Annahme der Marktunvollkommenheit: Sie ist immer gewählt worden, weil sie im Vergleich zur Annahme vollkommener Kapitalmärkte für realistischer gehalten worden ist. Daß sie dies sei, ist nicht geprüft und kaum je in Frage gestellt worden. Der Augenschein *scheint* es auch zu bestätigen. Aber man kann, solange man zugleich sichere Erwartungen unterstellt, die Annahme der Vollkommenheit des Kapitalmarktes nicht empirisch bestätigen oder widerlegen, denn da es eine Welt mit sicheren Erwartungen nicht gibt, kann man in ihr weder vollkommene noch unvollkommene Kapitalmärkte *beobachten*. Nur *ganze* Annahmenkombinationen lassen sich empirisch prüfen.

Was kann man in dieser Situaton tun? Die erste Möglichkeit besteht darin, die Annahme der sicheren Erwartungen, die ohnehin eine bewußt falsche Annahme ist, aufzuheben. Dies wird in den beiden folgenden Teilen dieses Buches getan. Danach kann man weiter fragen, ob die Annahme vollkommener Kapitalmärkte bei Unsicherheit realistisch und fruchtbar ist und entsprechend der Antwort mit der realistischen Annahmenkombination weiterarbeiten, vorausgesetzt, daß das analytische Instrumentarium dazu ausreicht.

Die zweite Möglichkeit besteht darin, die Annahme sicherer Erwartungen — aus welchen pragmatischen Gründen auch immer — beizubehalten und die Annahme bezüglich der Marktvollkommenheit ebenfalls unter pragmatischen Gesichtspunkten „passend" zu wählen. Die zu wählende Annahmenkombination soll „fruchtbar" sein. Eine Mindestvoraussetzung dafür ist, daß die Annahmenkombination ein Modell, eine *denkbare* Welt beschreibt: Ist es in einer *gedachten* Welt mit sicheren Erwartungen *vorstellbar*, daß Kapitalbeschränkungen langfristig wirksam sind? Bisher ist es nicht gelungen, wenigstens eine Situation gedanklich zu konstruieren, in der es trotz sicherer Erwartungen (grob) unvollkommene Kapitalmärkte gibt[23]. Daher passen die den LP-Modellen zugrunde gelegten Annahmen nicht zusammen. Es scheint, daß die meist langfristig ausgerichteten LP-Modelle ein Problem lösen wollen, das es langfristig[24] nicht nur nicht gibt, sondern vermutlich auch nicht geben kann. Lösungen zu Problemen, die es zwar nicht gibt, aber im Prinzip geben kann, sind als Annäherungen oder zur gedanklichen Durchdringung realer Probleme mitunter durchaus brauchbar. Aber Lösungen zu Problemen, die es nicht einmal geben kann, sind auch dafür nicht geeignet.

Weil sie auf einer nicht fruchtbaren Annahmenkombination aufbauen, sind die Simultanplanungsansätze sogar von denen kritisiert worden, die sie entwickelt haben. Martin Weingartner, der in den USA ähnliche Modelle wie Horst Albach und Herbert Hax in Deutschland bekannt gemacht hat, fand später die härtesten Worte: Er spricht von einer „naiven und falschen" Problembeschreibung und nennt die entsprechenden Versuche in der Literatur „massi-

---

23 Dies gilt jedenfalls solange, wie man Transaktionskosten im engsten Wortsinne (Porto etc.) nicht als ausreichende Erklärung ansieht; vgl. ausführlich *Baltensperger* [Rationing] bes. S. 171.
24 Kurzfristig ausgerichtete LP-Modelle wie z.B. *Deppe* [Grundriß] werden von dieser Kritik nicht getroffen.

vely counterproductive". Hax scheint ähnlich skeptisch geworden zu sein[25].

Doch man soll das Kind nicht mit dem Bade ausschütten: Kapitalbeschränkungen können unternehmensintern geschaffen werden, um die Investitionsplanung zu dezentralisieren. Eine Abteilung, die ein bestimmtes Investitionsbudget von der Zentrale vorgegeben bekommt, hat Anlaß, ihr Investitionsprogramm simultan zu planen. Wenn sie dabei den einfachsten Typ von LP-Modellen heranzieht und den Kapitalkostensatz der Gesamtunternehmung zur Kapitalwertberechnung verwendet, wählt sie genau die im Interesse der Gesamtunternehmung optimalen Investitionen aus. Was oben als Schwäche des ersten Typs von LP-Modellen erschien, nämlich die Verwendung eines nicht modellendogenen Zinssatzes, könnte also genau in den Situationen, in denen die Anwendung von LP-Modellen doch angebracht ist, inhaltlich gerechtfertigt sein[26].

Trotz dieser organisationstheoretischen Rechtfertigung kann man die Annahmenkombination sicherer Erwartungen und (grob) unvollkommener Kapitalmärkte als wenig fruchtbar ansehen. Die Simultanansätze bei sicheren Erwartungen stellen den Endpunkt einer Entwicklung dar. Daß diese Entwicklung insgesamt die in sie gesetzten Hoffnungen nicht erfüllt hat, zwingt zu weitergehenden Konsequenzen: Die Annahme sicherer Erwartungen muß aufgehoben werden, und die Funktionsweise und Funktionsfähigkeit von Kapitalmärkten muß genauer betrachtet werden.

Wenn man trotz allem mit sicheren Erwartungen rechnet, sollte man eher die Kapitalwert-Methode verwenden, die einen vollkommenen Kapitalmarkt unterstellt[27]. Diese Annahmenkombination ist wenigstens konsistent, d.h. sie beschreibt eine denkbare Welt. Und daß sie *nicht offensichtlich* grob falsch ist, ergibt sich im Umkehrschluß aus der obigen Kritik an der verbreiteten Einschätzung, daß die Annahme der Marktunvollkommenheit „realistisch" sei.

5.6. Zusammenfassung

In diesem Kapitel wurde zuerst gezeigt, daß der Kalkulationszinsfuß das entscheidende Element der finanzmathematischen Verfahren darstellt. Außer bei vollkommenem Kapitalmarkt kennt man den richtigen Kalkulationszinsfuß vor der Rechnung nicht. Daher sollte man versuchen, die Verwendung eines Kalkulationszinsfußes zu vermeiden. Sie ist vermeidbar, wenn man statt einzelner Investitionen ganze Investitions- und Finanzierungsprogramme simultan plant. Das einperiodische Planungsmodell von Dean zeigt, wie das geschehen kann. Es zeigt auch, daß man *nach* der Berechnung des optimalen Programms den Kalkulationszinsfuß kennt, den man *vorher* gebraucht hätte. Verschiedene Modelle der Linearen Programmierung verallgemeinern die Grundidee der Simultanplanung auf mehr als eine Periode.

Die in dem Kapitel beschriebene Entwicklung zu immer komplexeren und immer weniger fehlerhaften Modellen ist konsequent. Aber die Annahmenkombination sicherer Erwartungen und (grob) unvollkommener Kapitalmärkte ist nicht sehr fruchtbar. Man sollte entweder trotz

---

25 Vgl. vor allem *Weingartner* [Authors], S. 1429, und in dieselbe Richtung, wenn auch viel vorsichtiger, *Hax* [Unternehmenspolitik].

26 Vgl. außer *Weingartner* [Authors] bes. *Bromwich* [Economics], S. 188–234.

27 Dazu müßte freilich der Kalkulationszinsfuß auch die Unsicherheit berücksichtigen, die zu den beobachtbaren Phänomenen führt, die man als Kapitalbeschränkungen deutet. In diesem Sinne vehement *Brealey/Myers* [Principles], bes. S. 263.

aller Vorbehalte zur Kapitalwertmethode zurückkehren oder die Unsicherheit der Erwartungen ausdrücklich in die Investitionsrechnung einbeziehen.

5.7. Literaturhinweise zum 5. Kapitel

Eine ausführliche Darstellung des einperiodischen Dean-Modells und seines eigenen mehrperiodischen LP-Modells mit ausdrücklicher Berücksichtigung des gewünschten Konsumeinkommens gibt

Herbert Hax in seinem Lehrbuch „Investitionstheorie", 5. Aufl., Würzburg/Wien 1985, bes. S. 85–97 und S. 110–122.

Einen Überblick über die verschiedenen LP-Modelle zur simultanen Investitions- und Finanzierungsplanung mit besonderer Betonung der deutsche Beiträge findet man in dem Artikel

„Investitionsrechnung, dynamische (simultan)" von *Peter Swoboda* im Handwörterbuch des Rechnungswesens, 2. Aufl., hrsg. von Erich Kosiol u.a., Stuttgart 1981, Sp. 803–818.

Einen Überblick mit zum Teil sehr kritischen Einschätzungen der amerikanischen Literatur zur Simultanplanung enthält der Aufsatz

„Capital Rationing: n Authors in Search of a Plot" von *H. Martin Weingartner* im Journal of Finance, Vol. 32 (1977), S. 1403–1431.

Eine leicht nachvollziehbare Einführung in die Rechentechnik und eine speziell an der Rechentechnik anknüpfende Kritik an den LP-Modellen bietet

Dieter Schneider in „Investition und Finanzierung", 5. Aufl., Wiesbaden 1980, S. 376–408.

III. Teil
Entscheidungen bei Unsicherheit

6. Kapitel

Die Darstellung und Lösung von Entscheidungsproblemen bei Unsicherheit

6.1. Lernziele

Da Investitionsentscheidungen in ausgeprägter Form zukunftsbezogen sind, ist es naheliegend zu fordern, daß dabei auch die Unsicherheit über die Zukunft berücksichtigt wird. Auch Finanzierungsentscheidungen sind Entscheidungen unter Unsicherheit, da in der Realität nicht mit Sicherheit vorausgesagt werden kann, welche zukünftigen Zahlungen der Kapitalgeber wirklich bekommen wird. Die Entscheidungstheorie als die Lehre von den rationalen Entscheidungen bei Unsicherheit hat also für die Investitions- und Finanzierungstheorie offensichtlich eine große Bedeutung. Ihre Grundzüge sollen in diesem und dem folgenden Kapitel vorgestellt werden. Diese Kapitel bilden damit auch eine Verbindung zwischen dem Teil II des Buches, in dem weitgehend ohne Berücksichtigung von Unsicherheit die Investitionstheorie behandelt wurde, und dem Teil IV, in dem es um die ohne Berücksichtigung der Unsicherheit überhaupt nicht behandelbare Finanzierungstheorie gehen wird.

In diesem Kapitel sollen die Leser

(1) einige Grundbegriffe der Entscheidungstheorie kennenlernen,

(2) lernen, wie man ein Entscheidungsproblem darstellen und lösen kann und sollte,

(3) erkennen, daß es zwei methodisch unterschiedliche Ansätze gibt, wie Entscheidungsprobleme formuliert und durch die Verwendung von Entscheidungsregeln gelöst werden können,

(4) verstehen, daß und warum die Übertragung von Lehren der Entscheidungstheorie auf praktische Investitionsentscheidungen nur in wenigen Fällen problemlos möglich ist.

Zu dem vierten Lernziel sei hier eine Erläuterung vorausgeschickt, die die Einordnung dieses Kapitels in den Gesamtaufbau des Buches erleichtern soll: Investitions- und Finanzierungsentscheidungen betreffen Handlungen mit Folgen, die sowohl unsicher sind als auch sich auf mehrere zukünftige Zeitpunkte erstrecken. Bisher haben wir von der Unsicherheit weitgehend abstrahiert und die aus der Mehrperiodigkeit der Handlungsfolgen erwachsenden Probleme diskutiert; in diesem Kapitel wird statt dessen von der Mehrperiodigkeit der Handlungsfolgen weitgehend abgesehen und einseitig die Unsicherheit zum Thema gemacht.

6.2. Die Darstellung von Entscheidungs- problemen bei Unsicherheit

6.2.1. Die vollständige Darstellung von Entscheidungs- problemen

Unsicherheit bedeutet, daß jemand, der eine Entscheidung trifft, verschiedene einander ausschließende Folgen seiner Entscheidung für möglich hält. Ob die Unsicherheit „in der Sache liegt" oder aus unvollkommener Information des Entscheiders resultiert, braucht uns hier nicht zu interessieren, da es keine Konsequenzen für die vorliegende Fragestellung hat[1]. Bei Unsicherheit kann man eine Liste aller für möglich gehalten Ergebnisse aufstellen, die bei der Wahl einer Handlungsmöglichkeit eintreten können. Eine *Handlungsmöglichkeit* sei mit a_i (a wie englisch „act") bezeichnet. Der Index i läuft von 1 bis m. Einer Investitionsalternative i lassen sich beispielsweise mehrere Einkommensströme — allgemeiner: Ergebnisse — zuordnen, die wir mit e_{ij} bezeichnen. Der Index j läuft von 1 bis n, wenn n verschiedene Ergebnisse für möglich gehalten werden.

Dazu ein Beispiel: Eine Investition kann zu drei verschiedenen Strömen zukünftiger Einkommen führen. Die Breite der Ströme sei bei einheitlicher Laufzeit entweder 4000 oder 6000 oder 7000.

Um die Liste der möglichen *Ergebnisse* seiner Entscheidung aufzustellen, muß ein Entscheider Informationen gewinnen und verarbeiten. Die Informationen betreffen seine Handlungsmöglichkeiten und die für die Handlungsergebnisse wichtigen Gegebenheiten seiner Umwelt, die er nicht beeinflussen kann. Eine Konstellation solcher Gegebenheiten nennt man in der Entscheidungstheorie einen *Umweltzustand*, abgekürzt mit s_j (s wie englisch „state of the world"). Der Index j läuft ebenfalls von 1 bis n.

Umweltzustände und Handlungsmöglichkeiten zusammen bestimmen, welches Ergebnis eintritt. Jedem Paar von a_i und s_j ist ein Ergebnis e_{ij} zuzuordnen: $e_{ij} = e(a_i, s_j)$. Ein Entscheider sollte eine vollständige Liste der Umweltzustände aufstellen, und die Unterscheidung der Umweltzustände sollte so *fein* oder detailliert sein, daß *sicher* ist, welches Ergebnis eintritt, *wenn* eine Handlungsmöglichkeit a_i gewählt worden ist und ein Umweltzustand s_j eingetreten ist. Die Unsicherheit über die Handlungsfolgen wird bei dieser Darstellungsweise als Unsicherheit über die Umweltzustände abgebildet. Die Umweltzustände müssen auch so formuliert sein, daß sich (später) entscheiden läßt, welcher Umweltzustand wirklich eingetreten ist, und es darf kein Umweltzustand vergessen worden sein. Formal ausgedrückt: Die Menge S der Umweltzustände s_j muß den Raum der Möglichkeiten ausfüllen, und die Elemente der Menge müssen überschneidungsfrei sein. Dieses Erfordernis gilt auch für die Menge A der Handlungsmöglichkeiten a_i. Sie muß vollständig sein, und die Elemente müssen sich gegenseitig ausschließen.

Mit den vollständigen Listen der Handlungsmöglichkeiten a_i und der Umweltzustände s_j und der Ergebnisse e_{ij}, die jedem Paar von a_i und s_j zugeordnet sind, ist die Beschreibung des Entscheidungsproblems noch nicht abgeschlossen. Ein Entscheider hat immer irgendwelche In-

---

1 Die Unterscheidung ist wichtig, wenn es z.B. darum geht zu entscheiden, ob jemand Informationen einholen soll, um seinen (subjektiven) Informationsstand zu verbessern. Vgl. zu diesem Problem ausführlich *Laux* [Entscheidungstheorie], S. 281–314.

formationen, die es ihm erlauben abzuschätzen, ob ein Umweltzustand eher eintreten kann als ein anderer. Gleichgültig, ob ihm seine Erwartungen gut oder schlecht definiert erscheinen, sollte er sie in *subjektiven Wahrscheinlichkeiten* $p_j = p(s_j)$ für das Eintreten der Umweltzustände ausdrücken. Die Summe der Wahrscheinlichkeiten ist definitionsgemäß gleich 1. Solche subjektiven Wahrscheinlichkeiten sind natürlich leichter zu ermitteln, wenn man sich dabei auf Häufigkeitsverteilungen der Vergangenheit oder ähnliches stützen kann. Selbst wenn man das nicht kann, stellt es eine vernünftige Art der Verarbeitung der jeweils vorhandenen Informationen dar, wenn man diese in subjektive Wahrscheinlichkeiten übersetzt[2]. Man kann mit subjektiven Wahrscheinlichkeiten genauso rechnen wie mit sog. objektiven Wahrscheinlichkeiten, die man z.B. bei der Berechnung der Erfolgschancen von Glücksspielen zugrunde legt. Aber auch wenn man die Schätzung von Wahrscheinlichkeiten z.B. durch Häufigkeitsverteilungen aus der Vergangenheit untermauern kann, bleiben die Wahrscheinlichkeiten, mit denen man zukunftsbezogen rechnet, doch subjektive Wahrscheinlichkeiten: Sie enthalten *immer* mindestens die subjektive Einschätzung, daß die Zukunft nicht anders wird als die Vergangenheit. Ein solches subjektives Element genügt, um Wahrscheinlichkeiten als subjektiv einzustufen.

Die Tabelle der möglichen Ergebnisse wird als *Ergebnismatrix* bezeichnet. Die Handlungsalternativen a_i (i = 1 ,..., m) stehen in der Vorspalte, die Umweltzustände s_j (j = 1 ,..., n) mit ihren Wahrscheinlichkeiten p_j (j = 1 ,..., n) in der Kopfzeile und die Ergebnisse e_{ij} (i = 1 ,..., m, j = 1 ,..., n) in den Matrixfeldern.

	s_1 (p_1)	s_2 (p_2)	...	s_j (p_j)	...	s_n (p_n)
a_1	e_{11}	e_{12}	...	e_{1j}	...	e_{1n}
a_2	e_{21}	e_{22}	...	e_{2j}	...	e_{2n}
a_i	e_{i1}	e_{i2}	...	e_{ij}	...	e_{in}
a_m	e_{m1}	e_{m2}	...	e_{mj}	...	e_{mn}

Tab. 6.1: Ergebnismatrix

Das folgende Beispiel enthält drei Handlungsalternativen und drei Umweltzustände.

	s_1 (1/4)	s_2 (1/2)	s_3 (1/4)
a_1	10.000	5.000	4.000
a_2	4.000	6.000	7.000
a_3	12.000	8.000	0

Tab. 6.2: Beispiel einer Ergebnismatrix

Wenn ein Entscheider eine Ergebnismatrix angeben kann, hat er das Entscheidungsproblem vollständig *formuliert,* und er kann sich seiner *Lösung* zuwenden.

Wie man sieht, erfordert die vollständige Formulierung eines Entscheidungsproblems in der Form der Ergebnismatrix unter Umständen einen enormen Aufwand an Informationsbeschaf-

---

2 Vgl. z.B. *Raiffa* [Einführung], S. 128–156.

fung und -verarbeitung. Das spricht möglicherweise gegen die vollständige Darstellung. Die Gegenüberstellung der formalen Anforderungen, speziell an die Liste der Umweltzustände, einerseits und des simplen Beispiels andererseits läßt ahnen, daß die Anforderungen, die die vollständige Beschreibung an den Entscheider stellt, unerfüllbar sein können. Mitunter kann die Informationsbeschaffung aber dadurch erleichtert werden, daß ein Entscheider eine mathematisch leicht handhabbare vollständige Wahrscheinlichkeitsverteilung über mögliche Zustände bzw. Ergebnisse wie z.B. eine Normalverteilung angibt. Eine Unterscheidung ist hier wichtig: Die Angabe solcher Wahrscheinlichkeitsverteilungen für die möglichen Ergebnisse bzw. Zustände kann, wenn die Daten dies erlauben, eine völlig richtige und damit auch vollständige Beschreibung des Entscheidungsproblems liefern. Sie kann aber auch eine Vereinfachung darstellen. Dann unterdrückt sie Informationen. Und wie die Angabe (einfacher) Wahrscheinlichkeitsverteilungen eine Vereinfachung darstellen kann, sind auch andere Vereinfachungen möglich. So können z.B. Handlungsmöglichkeiten weggelassen oder Umweltzustände zusammengefaßt werden. Das Problem mit allen Vereinfachungen ist, daß sie zu fehlerhaften Entscheidungen führen können und daß sich die Vertretbarkeit von fehlerträchtigen Vereinfachungen nur in besonderen Fällen beurteilen läßt[3].

6.2.2. Die Darstellung mit Hilfe von Parametern

Ein Parameter einer Wahrscheinlichkeitsverteilung ist eine Kennziffer zur Beschreibung der Verteilung. Aus der Statistik ist z.B. der Mittelwert als Parameter bekannt.

Wenn man die ganze Verteilung der möglichen Ergebnisse, die sich bei der Wahl einer Handlungsmöglichkeit ergeben können, entweder in Form der vollständigen Liste der Umweltzustände und ihrer Wahrscheinlichkeiten oder in Form einer speziellen Wahrscheinlichkeitsverteilung, kennt, kann man ihre Parameter ausrechnen. Aber es ist unter Umständen möglich, Parameter zu schätzen, ohne daß man die ganze Verteilung kennt. Daher ist die Darstellung von Handlungsmöglichkeiten durch die Angabe von Parametern der Verteilung der Ergebnisse oft einfacher als die vollständige Beschreibung des Entscheidungsproblems. Dem Vorteil, daß man weniger Informationen braucht, stehen jedoch Nachteile gegenüber. Der erste ist, daß man nach den „richtigen" Parametern suchen muß, d.h. nach solchen, die auch in einer klaren Beziehung zu den Zielen des Entscheidenden stehen. Der zweite ist, daß eine Wahrscheinlichkeitsverteilung (z.B. von Ergebnissen oder von Umweltzuständen) sich nicht immer durch wenige Parameter vollständig kennzeichnen läßt. Ein dritter ist, daß man auch Schätzfehler machen kann, wenn man die konkreten Zahlenwerte der Parameter bestimmen will.

Der methodische Ansatz, Handlungsmöglichkeiten nicht durch die Gesamtheit der möglichen Ergebnisse, sondern nur durch Parameter einer (angenommenen) Ergebnisverteilung zu beschreiben, legt folgende Gedanken nahe: Wenn einen Investor der „Ertrag" und das „Risiko" der betrachteten Investitionsmöglichkeiten interessieren, müßte man je einen Parameter der Ergebnisverteilung finden, der den „Ertrag" und das „Risiko" kennzeichnet. Diese Parameter wären dann als Maßgrößen für „Ertrag" und „Risiko" zu verstehen.

Setzen wir einmal voraus, man hätte eine Regel, wie „Ertrag" und „Risiko" zu messen sind. Man kann dann Handlungsmöglichkeiten als Punkte in einem Koordinationssystem darstel-

---

3 Zur entscheidungstheoretischen Behandlung von Modellvereinfachungen vgl. *Laux* [Entscheidungstheorie], S. 315–334, und *Schmidt* [Lösbarkeit].

len, in dem als Ordinatenwert der Parameter abgetragen ist, der den „Ertrag" mißt, und als Abszissenwert der, der das „Risiko" mißt. Diese Darstellungsweise anhand von zwei Parametern ist, zumal wenn die Möglichkeit zur Abschätzung der Parameter der Verteilungen möglicher Ergebnisse genutzt wird, einfacher als die vollständige Beschreibung der Handlungsmöglichkeiten und ihrer Ergebnisse.

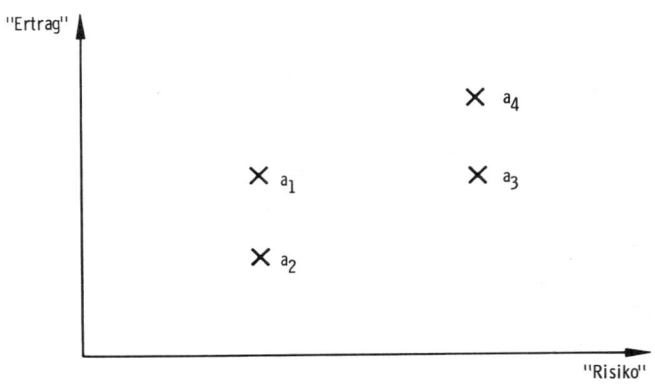

Abb. 6.1: Risiko-Ertrags-Kombinationen

Es verbleiben zwei Hauptprobleme:

(1) Wie können „Ertrag" und „Risiko" von Handlungsmöglichkeiten gemessen werden, bzw. welche Parameter einer Ergebnisverteilung lassen sich als Maß für „Ertrag" bzw. „Risiko" verwenden? Wie in dieser Einführung nicht gezeigt werden kann, gibt es kein allgemein gültiges „richtiges" Risikomaß.

(2) Wie ist die Auswahl unter mehreren Punkten im oben angegebenen Koordinatenkreuz möglich? Die zweite Frage greifen wir erst im nächsten Abschnitt auf.

Weitere Probleme, die in diesem Buch nicht behandelt werden können, betreffen die empirische Ermittlung der Parameter von Ergebnisverteilungen und die Ermittlung und Bewertung der Fehler, die man dann macht, wenn die Parameterbeschreibung eine Vereinfachung darstellt.

Die Messung des „Ertrages" ist ziemlich unproblematisch: Man nimmt den Mittelwert der möglichen Ergebnisse, um damit auszudrücken, welches Ergebnis erwartet wird. Wie aus der statistischen Methodenlehre bekannt ist, gibt es mehrere Arten von Mittelwerten. Wir verwenden hier den (mathematischen) Erwartungswert. Andere Mittelwerte sind der wahrscheinlichste oder „dichteste" Wert (Modus) oder der der Lage nach mittlere Wert (Median). Der Erwartungswert ist der gewogene Durchschnitt der möglichen Ergebnisse e_{ij}, gewichtet mit ihrer Eintrittswahrscheinlichkeit p_j. Ein Erwartungswert kann durch zwei Schreibweisen ausgedrückt werden. E ($\cdot$) ist die *Rechenanweisung* „Bilde den Erwartungswert der in der Klammer anstelle des Punktes einzusetzenden Variablen." μ_i ist das *Symbol* für den Erwartungswert des Ergebnisses bei Wahl der Handlungsmöglichkeit i.

$$(6.1) \qquad E(e_i) = \mu_i = \sum_{j=1}^{n} e_{ij} \, p_j$$

Schwieriger ist die Messung des „Risikos". Es liegt nahe, das dem Mittelwert entsprechende Streuungsmaß zu verwenden. Dem Erwartungswert entspricht die Varianz (Var oder σ^2) oder die Standardabweichung σ als Streuungsmaß. Sie sind definiert als

$$(6.2) \qquad \text{Var}(e_i) = \sigma_i^2 = \sum_{j=1}^{n} (e_{ij} - \mu_i)^2 p_j \text{ und } \sigma_i = \sqrt{\sigma_i^2}$$

Var $(\cdot)$ ist wie E $(\cdot)$ eine Rechnungsweisung („Operator") und σ_i^2 bzw. σ_i wie μ_i das Symbol für das Ergebnis der Rechnung.

Die *Berechnung* der Varianz und der Standardabweichung kann man sich durch folgende Überlegung einprägen: Die einzelnen Abweichungen $(e_{ij} - \mu_i)$ haben zum Teil ein positives und zum Teil ein negatives Vorzeichen. Damit sich die positiven und die negativen Abweichungen nicht gegenseitig aufheben, werden sie ins Quadrat erhoben, ehe ihr Durchschnitt gebildet wird. Die Dimension der Varianz ist dadurch z.B. „DM im Quadrat". Die Standardabweichung ist die Wurzel aus der Varianz. Die Errechnung der Standardabweichung gibt dem Streuungsmaß wieder die Dimension, z.B. DM, in der auch der Erwartungswert ausgedrückt ist. Wann man mit der Varianz und wann man mit der Standardabweichung rechnet, ist allein eine Frage der Bequemlichkeit der Berechnung.

Die *Interpretation* des Erwartungswertes und der Standardabweichung kann man sich durch folgende Überlegung einprägen: Fragt man jemanden, der die Wahrscheinlichkeitsverteilung kennt, nach einer „möglichst guten" Schätzung eines quantitativen Ergebnisses, wird er den Erwartungswert nennen[4]. Da der Erwartungswert nicht mit Sicherheit eintritt, kann man weiterfragen, mit welcher Abweichung des wirklichen Wertes vom Erwartungswert diese Person rechnet. Sie wird dann die Standardabweichung angeben, denn diese gibt an, wie weit die einzelnen möglichen Ergebnisse im Durchschnitt vom erwarteten Ergebnis abweichen[5]. Für die Normalverteilung mit der bekannten Glockenkurve gilt auch folgendes: Wenn sich das unsichere Ereignis sehr häufig wiederholen würde, lägen rund zwei Drittel der Ergebnisse im Bereich zwischen Erwartungswert minus Standardabweichung und Erwartungswert plus Standardabweichung.

Es ist zu beachten, daß sich nur wenige Verteilungen allein durch zwei Parameter, insbesondere durch Erwartungswert und Standardabweichung, vollständig charakterisieren lassen. Das wichtigste Beispiel für eine Wahrscheinlichkeitsverteilung, bei der die Angabe von zwei Parametern genügt, ist wieder die Normalverteilung. Bei anderen Verteilungen braucht man zu einer vollständigen Charakterisierung weitere Parameter, z.B. ein Maß für die Schiefe. Oder man braucht andere Parameter. Noch andere Verteilungen sind durch weniger Parameter überhaupt nicht vollständig zu kennzeichnen. Die Angabe von nur zwei Parametern stellt daher in vielen Fällen eine fehlerträchtige Vereinfachung dar.

Wenn man das Risiko als die Möglichkeit betrachtet, daß sich Ergebnisse einstellen, die von dem erwarteten Ergebnis abweichen, dann ist es zumindest plausibel, die Streuung als Risikomaß zu verwenden. Doch man kann Risiko auch anders verstehen, nämlich z.B. als die Möglichkeit, daß sich Ergebnisse einstellen, die schlechter sind als das erwartete Ergebnis. Dafür müßte man dann das Risiko auch anders messen. Wieder anders messen müßte man, wenn

---

4 Was „möglichst gut" bedeutet, hängt davon ab, wie Schätzfehler bewertet werden.
5 Vgl. z.B. *Hansen* [Methodenlehre], S. 33–36, und S. 153–165 zur Interpretation von Erwartungswert und Standardabweichung als Schätzungen.

man das Risiko als die Möglichkeit ansieht, daß ein Ergebnis einen bestimmten Mindestwert nicht erreicht. Die Ruin- oder Konkurswahrscheinlichkeit wäre dann ein geeignetes Risikomaß.

Wie diese Überlegungen schon zeigen, gibt es kein ideales Risikomaß, das für alle Entscheider und für alle Entscheidungssituationen gleichermaßen angemessen ist[6].

6.3. Die Lösung von Entscheidungsproblemen mit Hilfe von Entscheidungsregeln

6.3.1. Entscheidungsregeln für vollständig beschriebene Entscheidungsprobleme

Eine Entscheidungsregel stellt eine Vorschrift dar. Sie gibt an, wie ein Entscheider vorzugehen hat, um eine Handlungsmöglichkeit als die „beste" zu ermitteln, nachdem er das Entscheidungsproblem formuliert hat. Es gibt verschiedene Entscheidungsregeln. Sie führen nicht immer zu übereinstimmenden Entscheidungen. Was als die „beste" Handlungsmöglichkeit anzusehen ist, ist also nicht vorweg definiert, sondern folgt aus der Entscheidungsregel. Welche Entscheidungsregel soll man angesichts dieser Situation verwenden? Man muß offenbar nicht nur verschiedene Entscheidungsregeln kennen und anwenden können, sondern man muß auch Vorstellungen darüber haben, wie eine „gute" Entscheidungsregel auszuwählen ist. Die Entscheidungstheorie befaßt sich mit beiden Problemen: der Kennzeichnung einzelner Entscheidungsregeln zur Auswahl einer Handlungsmöglichkeit und der Auswahl einer Entscheidungsregel aus der Gesamtheit der bekannten Entscheidungsregeln[7].

Eine bekannte Entscheidungsregel ist die Minimax-Regel. Sie lautet: Wähle von den Handlungsmöglichkeiten diejenige aus, bei der das schlechteste Ergebnis am besten ist, wähle das „Maximum" unter den „Minima" der Zeilen in der Ergebnismatrix. In dem Beispiel von S. 123 sucht man zuerst die Zeilenminima, d.h. das jeweils ungünstigste Ergebnis, das sich einstellen kann, wenn die Handlungsmöglichkeiten a_1 bis a_3 gewählt werden. Es sind 4.000 bei a_1, 4000 bei a_2 und 0 bei a_3. Die Minimax-Regel empfiehlt in diesem Fall, entweder die erste oder die zweite Handlungsmöglichkeit zu wählen.

Gegen die Minimax-Regel lassen sich — wie gegen einige andere Entscheidungsregeln auch — zwei gravierende Einwände erheben:

(1) Die Minimax-Regel legt eine beinahe schon pathologische Risikoscheu des Entscheiders nahe. Wer nicht ausschließlich daran interessiert ist, den maximal möglichen Verlust zu begrenzen, sollte eine weniger „vorsichtige" Entscheidungsregel anwenden.

(2) Außerdem werden bei der Auswahl der „besten" Handlungsalternative Informationen, die vorhanden sind, nicht genutzt. Die Regel orientiert sich nur an einem Wert aus der ganzen

---

6 Vgl. dazu ausführlich *Markowitz* [Selection], S. 286–303, und grundlegend *Rothschild/Stiglitz* [Risk].

7 Vgl. z.B. *Bamberg/Coenenberg* [Entscheidungslehre], *Bitz* [Entscheidungstheorie], *Laux* [Entscheidungstheorie], *Raiffa* [Einführung], *Schneeweiß* [Entscheidungskriterien] sowie *Teichmann* [Investitionsentscheidung].

Verteilung und ignoriert die Informationen über alle anderen Ergebnisse außer dem schlechtesten, und sie macht keinen Gebrauch von den Informationen, die in den Wahrscheinlichkeitsziffern stecken.

Es gibt Entscheidungsregeln, die nicht wie die Minimax-Regel eine starre und zudem wenig plausible Einstellung gegenüber dem Risiko enthalten, die aber ebenfalls nicht alle verfügbaren Informationen nutzen. Sie sollen aber hier nur erwähnt, nicht dargestellt werden[8].

Bei der Kritik von Entscheidungsregeln wie der Minimax-Regel muß man zwei Kritikebenen unterscheiden: Zum einen gibt es die immanente Kritik. Sie fragt, ob das Problem, so wie es die „Erfinder" einer solchen Regel gesehen haben, gut gelöst ist. Zur immanenten Kritik gehört der Einwand (1). Daneben gibt es die Kritik, die sich gegen die Vorstellung richtet, wie das Problem sinnvollerweise zu formulieren sei. Der Einwand (2) liegt zum Teil auf dieser Ebene: Die Anhänger der Minimax-Regel haben wohl geglaubt, Wahrscheinlichkeiten müßten objektive Wahrscheinlichkeiten sein. Daher hielten sie den Fall, daß es keine Wahrscheinlichkeiten gibt, für denkbar[9]. Die Kritik, daß die Minimax-Regel Wahrscheinlichkeitsinformation unterdrückt, setzt voraus, daß es immer vernünftig ist, subjektive Wahrscheinlichkeiten anzugeben und zu verarbeiten. Sie ist daher eine Kritik an der Formulierung des Problems, nicht an der Lösung.

Eine Entscheidungsregel, die nicht den Fehler beinhaltet, Informationen zu vernachlässigen, ist folgende: Wähle die Handlungsmöglichkeit, bei der der Erwartungswert der Ergebnisse am höchsten ist.

Im obigen Beispiel sind die Erwartungswerte

$$\mu_1 = \frac{1}{4} \cdot 10.000 + \frac{1}{2} \cdot 5.000 + \frac{1}{4} \cdot 4.000 = 6.000$$

$$\mu_2 = \frac{1}{4} \cdot 4.000 + \frac{1}{2} \cdot 6.000 + \frac{1}{4} \cdot 7.000 = 5.750$$

$$\mu_3 = \frac{1}{4} \cdot 12.000 + \frac{1}{2} \cdot 8.000 + \frac{1}{4} \cdot 0 = 7.000$$

Die Entscheidung nach dem Erwartungswert berücksichtigt alle Informationen, aber sie zwingt dazu, dem Risiko gegenüber indifferent zu sein. Betrachten wir eine zusätzliche Alternative a_4, bei der in jedem Umweltzustand ein Einkommensstrom von 6.999 erwartet wird. Die 6.999 sind damit sicher. Ist es wirklich besser, die unsichere Alternative a_3 mit dem Erwartungswert von 7.000 statt der Alternative a_4 mit den sicheren 6.999 zu wählen? Es gibt keine überzeugenden Argumente, die die Empfehlung rechtfertigen würden, ein Entscheider sollte das Risiko, die Möglichkeit der Abweichung der Ergebnisse vom Erwartungswert, ignorieren.

Wie man sieht, gibt es durchaus Gesichtspunkte, die es erlauben, Entscheidungsregeln zu kritisieren und auf die Kritik aufbauend zwischen Entscheidungsregeln auszuwählen. Wir haben zwei Gesichtspunkte verwendet: die möglichst freie individuelle Risikoerfassung und die möglichst umfassende Informationsverwertung.

---

8 Vgl. dazu z.B. *Laux* [Entscheidungstheorie], S. 207–218, und *Teichmann* [Investitionsentscheidung], S. 96–124.

9 Vgl. dazu *Teichmann* [Invetitionsentscheidung], S. 97 f. Ob diese Einschätzung für A. Wald, den Erfinder der Minimax Regel, zutrifft, ist fraglich, da Wald spieltheoretische Konzepte verwendet; vgl. *Wald* [Functions], S. 27.

Die beiden Entscheidungsregeln, die in der Investitions- und Finanzierungstheorie am meisten gebraucht werden, sind unter diesen beiden Gesichtspunkten einwandfrei. Eine der beiden ist das sogenannte (μ,σ)-Kriterium. Es ist die Regel, daß man zwischen Handlungsmöglichkeiten aufgrund ihrer Parameter für „Ertrag" und „Risiko" auswählen und dabei „Ertrag" und „Risiko" in spezifischer Weise messen und gemäß der eigenen Risikoneigung bewerten soll. Diese Entscheidungsregel ist hier zu nennen, weil sich die Parameter aus der vollständigen Beschreibung ableiten lassen. Da aber auch die Parameter-Beschreibung genügt, um das (μ,σ)-Kriterium anzuwenden, wird es erst im nächsten Unterabschnitt dargestellt.

Die andere Entscheidungsregel, gegen die die bisher genannten Einwände nicht erhoben werden können, ist das *Bernoulli-Kriterium*. Es lautet: Wähle die Handlungsmöglichkeit mit dem höchsten Erwartungswert (abgekürzt mit E) des Nutzens der möglichen Ergebnisse. In Symbolen:

$$(6.3) \qquad E\left[u(e_{ij})\right] = \sum_{j=1}^{n} u(e_{ij})p_j \rightarrow \max! \quad (i = 1, ..., m)$$

Man braucht zur Anwendung des Bernoulli-Kriteriums eine Funktion $u(e_{ij})$, mit der die möglichen Ergebnisse *bewertet* werden. Denn in die Durchschnittsbildung gehen nicht die Ergebnisse e_{ij} selbst ein, sondern die ihnen zugeordneten Bewertungs- oder Nutzengrößen $u(e_{ij})$. Der Verlauf der Nutzenfunktion einer Person drückt deren *individuelle* Einstellung gegenüber dem Risiko aus. Es gibt also keine generell gültige „richtige" Nutzenfunktion. In der folgenden Abbildung 6.2 ist die Nutzenfunktion einer gedachten Person angegeben. Auf der Abzisse sind die Ergebnisse aus dem obigen Beispiel (in Tausend) abgetragen. Auf der Ordinate stehen die Bewertungsziffern (Nutzengrößen). Wie man die individuelle Nutzenfunktion einer Person in der Realität ermitteln kann bzw. wie jemand seine eigene Risikoeinstellung in einer Nutzenfunktion ausdrücken kann, wird in der Spezialliteratur diskutiert[10]. Die Nutzenfunktion der gedachten Person in Abbildung 6.2 drückt, wie unten gezeigt wird, Risikoscheu aus,

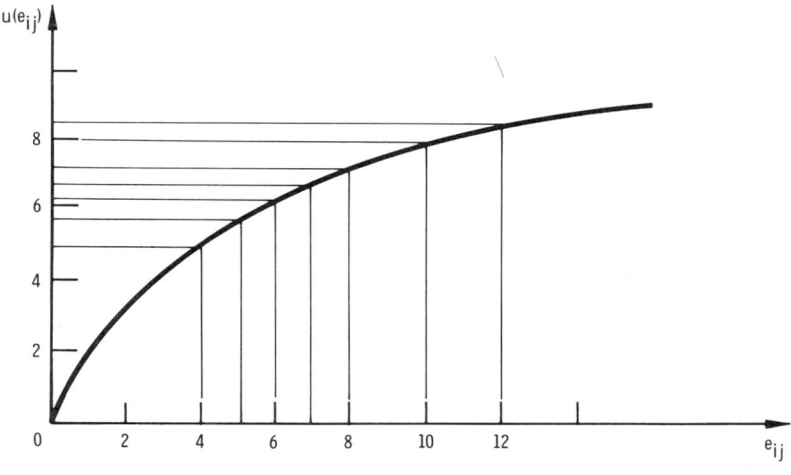

Abb. 6.2: Eine Nutzenfunktion

___

10 Vgl. z.B. *Laux* [Entscheidungstheorie], S. 170–173.

denn sie ist konkav (rechtsgekrümmt). Es kann angenommen werden, daß Risikoscheu die in der Realität vorherrschende Einstellung gegenüber dem Risiko ist. (Die Wertetabelle für einzelne Punkte der Nutzenfunktion kann der Leser aus der Abbildung 6.2 und dem Beispiel erschließen.)

Die Erwartungswerte des Nutzens für die drei Handlungsmöglichkeiten des Beispiels sind

für a_1: $\quad \frac{1}{4} \cdot u(10.000) + \frac{1}{2} \cdot u(5.000) + \frac{1}{4} \cdot u(4.000) = \frac{1}{4} \cdot 8 + \frac{1}{2} \cdot 5,8 + \frac{1}{4} \cdot 5 = 6,15$

für a_2: $\qquad\qquad\qquad\qquad\qquad\qquad\qquad\qquad = \frac{1}{4} \cdot 5 + \frac{1}{2} \cdot 6,5 + \frac{1}{4} \cdot 7 = 6,25$

für a_3: $\qquad\qquad\qquad\qquad\qquad\qquad\qquad\qquad\qquad\qquad\qquad = 5,825$

Die gedachte Person mit der Nutzenfunktion aus Abbildung 6.2 sollte die Handlungsmöglichkeit a_2 wählen, obwohl diese den *kleinsten* Erwartungswert des Ergebnisses aufweist. Für andere Personen gelten andere Nutzenfunktionen, daher könnte für eine andere Person auch eine andere Handlungsmöglichkeit als a_2 die beste sein.

Nun ist noch zu erklären, warum ein konkaver Verlauf (Rechtskrümmung) der Nutzenfunktion allgemein Risikoscheu ausdrückt. Eine Funktion ist konkav (konvex), wenn jede lineare Verbindung zwischen zwei Punkten auf der Kurve unter (über) der Kurve verläuft. In der Abbildung 6.3 ist die gleiche Nutzenfunktion dargestellt wie in der Abbildung 6.2. Betrachtet werden nun die beiden Handlungsmöglichkeiten a_5 und a_6. a_6 führe zu dem sicheren Ergebnis von 5. Dagegen sei das Ergebnis von a_5 unsicher. Es sei, mit jeweils gleicher Wahrscheinlichkeit, entweder 0 oder 10. Der Erwartungswert des unsicheren Ergebnisses der Handlungsmöglichkeit a_5, E $(e_5) = \mu_5$, beträgt 5. Er ist also gerade so groß wie das sichere Ergebnis von a_6. Jetzt sind die Nutzen zu vergleichen. Die Nutzen von a_6 ist $u(5) = 5,8$. Die Nutzen der einzelnen Ergebnisse, die sich bei Wahl von a_5 einstellen können sind $u(10) = 8$ und $u(0) = 0$. Der

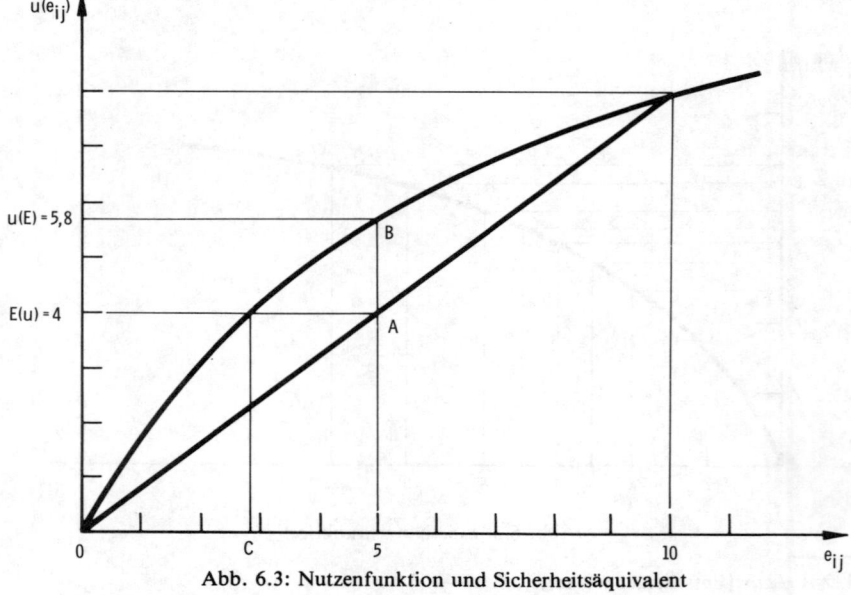

Abb. 6.3: Nutzenfunktion und Sicherheitsäquivalent

Erwartungswert des Nutzens der Handlungsmöglichkeit a_5 ist 4. Das ist weniger als 5,8. Daher wird die sichere Handlungsmöglichkeit a_6 vorgezogen.

Man kann Risikoscheu nun zuerst für den speziellen Fall definieren, daß es ein sicheres Ergebnis gibt: Jemand ist risikoscheu, wenn er eine Handlungsmöglichkeit, die ihm ein bestimmtes Ergebnis mit Sicherheit bringt, höher bewertet als jede andere Handlungsmöglichkeit, die unsicher ist und denselben Erwartungswert der Ergebnisse aufweist. Auf die Vorstellungshilfe, die die sichere Handlungsmöglichkeit a_6 bietet, kann man aber auch verzichten und Risikoscheu allgemein definieren: *Risikoscheu (Risikofreude) liegt vor, wenn der Erwartungswert des Nutzens der Ergebnisse kleiner* (größer) *ist als der Nutzen des Erwartungswertes der Ergebnisse.* Bei Risikoneutralität sind beide gleich. Die Nutzenfunktion einer risikoscheuen (risikofreudigen) Person ist rechtsgekrümmt (linksgekrümmt) bzw. konkav (konvex). Bei Risikoneutralität ist die Nutzenfunktion eine Gerade[11]. In der Abbildung 6.3 erkennt man die Risikoscheu an dem Verhältnis zwischen dem Erwartungswert des Nutzens, $E\left[u(e_5)\right]$ und dem Nutzen des Erwartungswertes, $u\left[E(e_5)\right] = u\,(\mu_5)$ für die Handlungsmöglichkeit a_5.

Um den Erwartungswert des Nutzens graphisch zu ermitteln, muß man die Punkte auf der Nutzenfunktion, die den Ergebnissen (0 und 10) entsprechen, durch eine gerade Linie verbinden. Dann errichtet man eine Senkrechte auf der Abszisse im Erwartungswert der Ergebnisse. Diese schneidet die Gerade im Punkt A und die Nutzenfunktion im Punkt B. Nach dem Strahlensatz ist der Ordinatenwert von Punkt A der Erwartungswert des Nutzens; er beträgt 4. Der Ordinatenwert von Punkt B ist der Nutzen des Erwartungswertes; er beträgt 5,8. Daß der Erwartungswert des Nutzens kleiner ist als der Nutzen des Erwartungswertes, impliziert, daß die Kurve konkav (rechtsgekrümmt) ist.

In der Abbildung 6.3 ist noch der Abszissenwert C eingetragen. C ist das „Sicherheitsäquivalent", d.h. dasjenige *sichere* Ergebnis, das vom Entscheider *gleich bewertet* wird (den gleichen Nutzen hat) wie die unsichere Handlungsmöglichkeit a_5. Im Beispiel ist C (rund) 2,9. Die Differenz zwischen dem Erwartungswert und dem Sicherheitsäquivalent kann man als „Risikoabschlag" vom erwarteten Ergebnis interpretieren. Im Beispiel beträgt er (rund) 2,1.

Man kann strenger beweisen, daß es vernünftig ist, Entscheidungen unter Unsicherheit mit Hilfe einer subjektiven Nutzenfunktion nach dem Bernoulli-Kriterium zu treffen. Hier wurde nur gezeigt, daß es andere Entscheidungsregeln gibt, die typische Fehler enthalten. Für das Bernoulli-Kriterium spricht, daß es diese Fehler — nämlich Informationen zu unterdrücken und eine bestimmte Einstellung gegenüber dem Risiko zu erzwingen — nicht enthält. Im Rahmen eines komplizierten Beweises läßt sich mehr zeigen: Das Bernoulli-Kriterium ist die *einzige* Entscheidungsregel, die zwingend aus einigen sehr plausiblen Axiomen rationalen Verhaltens folgt[12]. Dieser Beweis würde jedoch den Rahmen dieser Einführung sprengen.

6.3.2. Entscheidungsregeln für die Zwei-Parameter-Darstellung

Wenn Handlungsalternativen durch ein Maß für Ertrag und durch ein Maß für Risiko gekennzeichnet werden, gibt es zwei Entscheidungsregeln, die *nicht alternativ, sondern sukzessiv* anzuwenden sind. Hier soll nur der Fall risikoscheuer Investoren betrachtet werden. Risiko-

---

11 Vgl. zur Messung der Risikoaversion grundlegend *Pratt* [Risk Aversion].
12 Vgl. z.B. *Laux* [Entscheidungstheorie], S. 174–182, und die dort angegebene Literatur.

scheue Investoren bevorzugen höheren Ertrag bei gleichem Risiko und niedrigeres Risiko bei gleichem Ertrag. Diese Definition für Risikoscheu ist auf die Parameter-Darstellung bezogen. Sie ist aber inhaltlich mit der auf die Nutzenfunktion bezogenen Definition vereinbar.

Als erste Entscheidungsregel gilt ein *Effizienzkriterium:* Scheide die Alternativen aus der weiteren Auswahl aus, die — wie a_2 in der Abbildung 6.1 oben auf S. 125 — einen geringeren Ertrag bei gleichem Risiko oder — wie a_3 in dieser Abbildung — ein größeres Risiko bei gleichem Ertrag haben als irgendeine andere. In dem Beispiel werden durch die Vorauswahl a_2 und a_3 eliminiert. a_1 und a_4 bleiben zur Endauswahl, sie sind „effizient".

Effizient nennt man eine Handlungsalternative dann, wenn es keine andere gibt, die bei gleichem Ertrag ein geringeres Risiko hat, und keine, die bei gleichem Risiko einen höheren Ertrag aufweist. Die Vorauswahl nach dem Effizienzkriterium bewirkt, daß die Überlegungen in diesem Unterabschnitt nur für risikoscheue Investoren gelten.

Um zwischen effizienten Alternativen auszuwählen, braucht man eine *Austauschregel* zwischen Risiko und Ertrag. Alternative a_4 in der Abbildung 6.1 hat mehr Ertrag und mehr Risiko als Alternative a_1. Fühlt sich ein Investor durch den höheren Ertrag von a_4 für das höhere Risiko ausreichend entschädigt? Wenn ja, wählt er a_4, wenn nein, wählt er a_1.

Austauschregeln zwischen Risiko und Ertrag lassen sich durch *Risiko-Ertrags-Indifferenzkurven* darstellen. Eine solche Indifferenzkurve enthält die Gesamtheit aller gleich bewerteten Kombinationen von Risiko und Ertrag. In Abbildung 6.4 ist eine Schar von Indifferenzkurven eines Entscheiders gezeichnet. Weiter links und weiter oben liegende Kurven bezeichnen bevorzugte Kombinationen von Risiko und Ertrag.

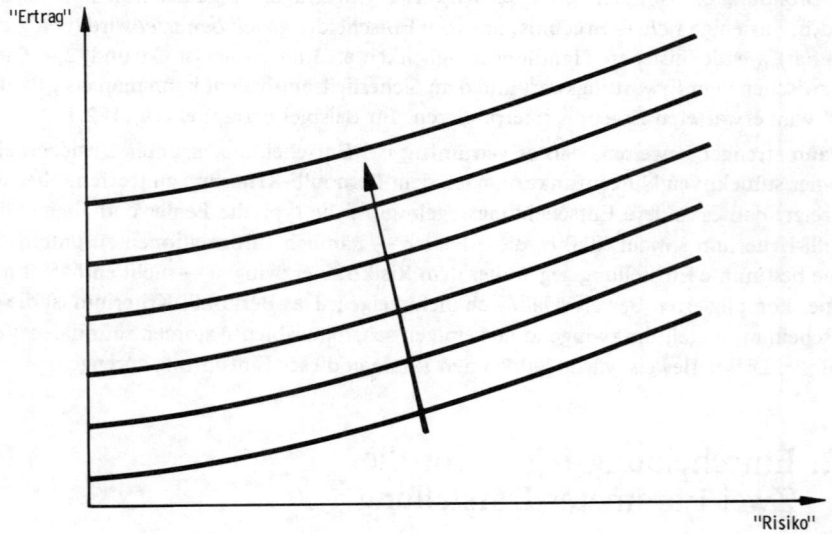

Abb. 6.4: Risiko-Ertrags-Indifferenzkurven

Die Steigung der Indifferenzkurven hängt von der individuellen Risikoneigung ab. In der Abbildung 6.5 sind je eine Indifferenzkurve für einen risikoneutralen (U_1), einen mäßig risikoscheuen (U_2) und einen stark risikoscheuen Entscheider (U_3) darstellt.

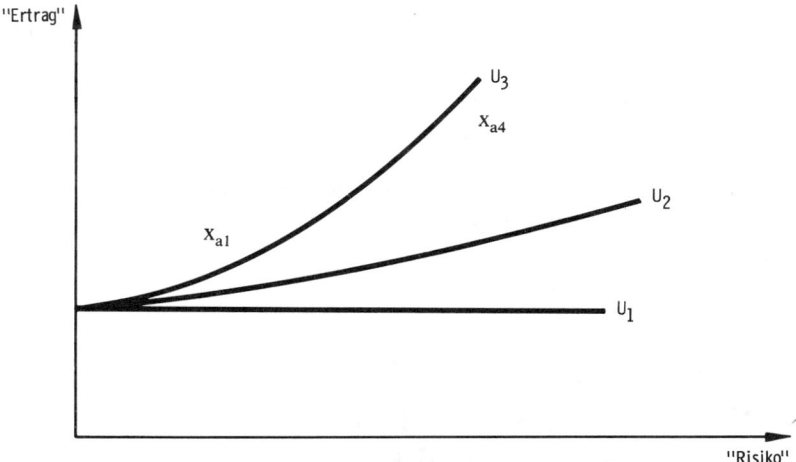

Abb. 6.5: Indifferenzkurven für unterschiedlich risikoscheue Entscheider

Wenn man die Punkte a_1 und a_4 aus der Abbildung 6.1 in die Abbildung 6.5 einsetzt, sieht man, daß in diesem Beispiel der ausgeprägt risikoscheue Entscheider die risikoärmere Handlungsalternative a_1 wählen sollte, während für die beiden anderen a_4 günstiger ist: Sie bringt sie auf höhere Indifferenzkurven. Es ist sehr wichtig, die oben diskutierten Nutzenfunktionen und die hier vorgestellten Indifferenzkurven auseinanderzuhalten. Die Verwechslungsgefahr ist groß, weil beide die persönliche Risikoeinstellung eines Entscheiders ausdrücken. Sie tun das aber auf unterschiedliche Weise. Die Nutzenfunktion ist bei Risikoscheu konkav; sie nimmt mit abnehmender Rate zu. Die Indifferenzkurven verlaufen bei Risikoscheu ansteigend[13].

Die bisherigen Ausführungen über Entscheidungsregeln für die Zwei-Parameter-Darstellung gelten unabhängig davon, wie Ertrag und Risiko gemessen werden. Doch solange die Meßvorschriften nicht angegeben werden, sind die Aussagen nicht operational. Im Abschnitt 6.2.2. ist schon dargestellt worden, daß man den Ertrag durch den (errechneten oder geschätzten) Mittelwert μ_i der Wahrscheinlichkeitsverteilung der möglichen Ergebnisse einer Handlungsmöglichkeit i messen kann und daß sich das Risiko durch die Varianz σ_i^2 oder die Standardabweichung σ_i messen läßt. Es gibt jedoch kein allgemeingültiges Risikomaß, das man unabhängig von den genauen Risikovorstellungen des Entscheiders verwenden kann, um eine Vorauswahl zu treffen, effiziente Handlungsalternativen darzustellen und zwischen ihnen auszuwählen. Entscheidungen aufgrund der durch Mittelwert und Varianz gemessenen Eigenschaften von Handlungsalternativen sind nicht immer in dem Sinne rational, daß sie Entscheidungen nach dem Bernoulli-Kriterium und den hinter ihm stehenden Axiomen vernünftigen Entscheidens entsprechen. Die Entscheidungen anhand der zwei Parameter sind nur dann vernünftig im Sinne des Bernoulli-Kriteriums, wenn die Nutzenfunktion des Entscheiders quadratisch ist

---

13 Formal ausgedrückt zeigt sich die Risikoscheu bei der Nutzenfunktion an der *negativen zweiten* Ableitung von u nach e (bei *positiver erster* Ableitung), während sie sich bei der Indifferenzkurve an der *positiven ersten* Ableitung von „Ertrag" nach „Risiko" (bei *beliebiger zweiter* Ableitung) erkennen läßt. Wenn man aber „Ertrag" als Erwartungswert und „Risiko" als Standardabweichung mißt, ist die *zweite* Ableitung auch *positiv;* vgl. *Borch* [Note].

und/oder wenn die Verteilung der möglichen Ergebnisse eine Normalverteilung ist. Meist sind Ergebnisse nicht normalverteilt, und quadratische Nutzenfunktionen führen unter Umständen zu unsinnigen Entscheidungen[14].

Wir verwenden damit neben den beiden oben schon angegebenen Gesichtspunkten noch einen dritten zur Beurteilung von Entscheidungsregeln, nämlich die Vereinbarkeit mit der Bernoulli-Axiomatik. Bei Verwendung dieses Maßstabes ergeben sich Vorbehalte gegen die Zwei-Parameter-Darstellung und gegen das (μ, σ)-Kriterium. Diese Vorbehalte sollten die Leser nicht vergessen, auch wenn diese Darstellungsweise und das Kriterium die Grundlage der Diskussion im nächsten Kapitel bilden werden.

6.4. Probleme bei der Anwendung der Entscheidungstheorie auf Investitionsentscheidungen

6.4.1. Unvereinfachte Investitionsentscheidungen und direkte Anwendungen

Wegen der Bedeutung der Unsicherheit über die Zukunft ist es überaus naheliegend, die Konzepte und Methoden der Entscheidungstheorie bei der Beurteilung der Vorteilhaftigkeit von Investitionen heranzuziehen. Die Verwendung der Entscheidungstheorie kommt sowohl bei der Darstellung von Investitionsentscheidungsproblemen als auch bei ihrer Lösung in Betracht. Es soll in diesem Abschnitt vor allem gezeigt werden, welche Schwierigkeiten sich ergeben, wenn man die Entscheidungstheorie *direkt* anzuwenden versucht.

Zuerst sei die *Darstellung* eines Entscheidungsproblems betrachtet. Welche Ergebnisse sich als Folge der Entscheidung für eine Handlungsalternative einstellen, hängt davon ab, welcher Umweltzustand eintritt. Die möglichen Umweltzustände sind ihrerseits das Ergebnis des Zusammenwirkens von einzelnen *Umweltfaktoren*. Die Entscheidungstheorie erzieht dazu, die komplexen Abhängigkeiten zwischen den vielfältigen Umweltfaktoren zu untersuchen. Sie bietet dafür auch spezielle Techniken, so beispielsweise die Simulationstechnik und die Risikoanalyse[15]. Diese erlauben es zu erfassen, daß die einzelnen Umweltfaktoren unsicher sein und doch voneinander abhängen können. Zwischen ihnen können „stochastische Abhängigkeiten" bestehen: Die Ausprägung eines Umweltfaktors (z.B. Wettbewerbsdruck am Absatzmarkt) kann davon abhängen, wie ein anderer Umweltfaktor (z.B. Konjunkturlage) ausgeprägt ist. Beispielsweise kann nach der Einschätzung einer Unternehmung die Wahrscheinlichkeit für einen starken Wettbewerbsdruck bei einer insgesamt guten Konjunkturlage höher sein als bei einer schlechten Konjunkturlage; Konjunktur- und Wettbewerbsrisiken gleichen sich dann tendenziell aus. Die beiden Risiken können sich aber auch gegenseitig verstärken.

---

14 Vgl. *Schneeweiß* [Entscheidungskriterien], S. 96–100, *Borch* [Note], und *Levy/Sarnat* [Investment], S. 312–315.
15 Vgl. z.B. *Adelberger/Günther* [Fall- und Projektstudien] sowie die Aufsätze von *Hertz, Hillier* und *Hespos/Strassmann* in *Albach* [Investitionstheorie].

Wenn man alle Umweltfaktoren in ihren Abhängigkeiten erfaßt hat, verfügt man über ein *umfassendes Bild* der Entscheidungssituation. Aber wie kann man dieses in die strengen Darstellungsformen pressen, die die Entscheidungstheorie verwendet, nämlich die vollständige Darstellung der zustandsabhängigen Ergebnisse bzw. die Parameterdarstellung?

In der Entscheidungstheorie wird allgemein von „Ergebnissen" gesprochen. Die „Ergebnisse" werden bewertet. Die Größen, die in die Entscheidungsregeln eingesetzt werden, müssen auch diejenigen Größen sein, auf die sich letztlich die Ziele der Entscheider richten. Also sollte schon die Darstellung die zu bewertenden (unsicheren) „Ergebnisse" erfassen.

Die Übertragungsprobleme ergeben sich aus der speziellen Beschaffenheit der in der Investitionstheorie betrachteten „Ergebnisse". Die „Ergebnisse", die für die Entscheidung über Investitionsmöglichkeiten letztlich maßgebend sind, sind Einkommensströme, also *Folgen* von Zahlungen zu verschiedenen Zeitpunkten. Nun ist es bei der vollständigen Beschreibung des Entscheidungsproblems im Prinzip denkbar, daß man als „Ergebnis" (e_{ij}) einen Einkommensstrom in die Entscheidungsmatrix einträgt. Aber da Ströme Vektoren und nicht einzelne Zahlen (Skalare) sind, kann man z.B. keine Entscheidungsregel verwenden, die verlangt, daß man die „kleinsten" Ergebnisse jeder Zeile (Handlungsmöglichkeit) vergleicht. Nur in Sonderfällen läßt sich überhaupt sagen, daß ein Strom kleiner als ein anderer ist: Das ist dann der Fall, wenn er in keiner Periode mehr und in mindestens einer weniger Einkommen erbringt als der andere. Ströme kann man nicht immer nach der Relation größer/kleiner ordnen. Ebenso kann man von unsicheren Strömen — außer in Sonderfällen — keine Mittelwerte oder Varianzen ausrechnen, wie man sie für die Parameter-Darstellung braucht.

Nun sei die *Lösung* eines Investitionsentscheidungsproblems betrachtet. Wenn ganze Einkommensströme die maßgeblichen „Ergebnisse" sind, wie sich aus den Ausführungen im Kapitel über Ziele ergibt, und wenn in den einzelnen Feldern der Ergebnismatrix auch Einkommensströme stehen, ist es zwar im Prinzip denkbar, das Bernoulli-Kriterium anzuwenden. Auch die Nutzenziffern müssen dann Bewertungen ganzer Einkommensströme darstellen. Aber mit der Aufgabe, ganze, im Prinzip sehr lange laufende *Ströme* zu bewerten, wird jeder Entscheider praktisch überfordert sein[16].

Wegen dieser Schwierigkeit, also aus Gründen der Praktikabilität, brauchte man also doch *Skalare,* einzelne Zahlen, als diejenigen Ergebnisse, auf die die Entscheidungsregeln angewendet werden können. Möglicherweise könnten Kapitalwerte im Entscheidungszeitpunkt t_0 diese Rolle spielen: Man kann für verschiedene Umweltzustände zukünftige Einkommensströme schätzen und diese dann — jeweils pro Umweltzustand — diskontieren und in einer Zahl, dem Kapitalwert, zusammenfassen. Durch die Kombination von Simulation und Diskontierung könnte man sogar „Wahrscheinlichkeitsverteilungen" von Kapitalwerten erzeugen. Dieses Vorgehen ist in der Literatur zur sogenannten *Risikoanalyse* vorgeschlagen worden. Die Risikoanalyse ist ein wertvolles Instrument, mit dem man erkennen kann, wie sehr die nicht mit Sicherheit bekannten Umweltfaktoren sich auf die Zielerreichung auswirken. Sie zeigt, wie stark der Kapitalwert, den man sich errechnet, von den Erwartungen über die Zukunft abhängt. Sie zeigt auch, wo es angebracht sein könnte, sich noch genauer zu informieren, ehe man eine Investitionsentscheidung trifft. Aber sie sagt nicht, wie man vernünftigerweise entscheiden sollte. Nicht nur das, sie liefert auch nicht die Zahlen, die man in eine willkürfreie Entscheidungsregel einsetzen kann.

---

16 Ähnlich auch *Borch* [Objectives].

Daß die Risikoanalyse zwar zu Transparenz der Entscheidungssituation, nicht aber zu konsequent begründbaren Entscheidungen führt, liegt an der irreführenden Vorstellung einer Wahrscheinlichkeitsverteilung von Kapitalwerten: Der Kapitalwert kann aufgrund seiner Funktion und Interpretation nicht unsicher sein[17]. Im dritten Kapitel sind die Funktion und die Interpretation des Kapitalwertes angeführt worden: Der Kapitalwert ist ein Grenzpreis oder eine Vermögensmehrung im Entscheidungszeitpunkt. Und er dient als Entscheidungskriterium. Was soll es heißen, wenn jemand sagt, er würde sich mit 60 % Wahrscheinlichkeit für die Investition und mit 40 % gegen sie entscheiden? Entscheiden kann man sich nur ganz oder gar nicht! Was heißt es, wenn jemand dem Anbieter eines Patents sagt, er würde mit 30 % Wahrscheinlichkeit den geforderten Preis bezahlen und das Patent kaufen und mit 70 % nicht? Entweder er kauft das Patent oder er läßt es bleiben[18]. Von seiner inhaltlichen Bedeutung und seiner Funktion her ist der Kapitalwert eine Zahl und keine Wahrscheinlichkeitsverteilung, auch wenn die den Kapitalwert bestimmenden zukünftigen Zahlungen unsicher sind. Man brauchte für die Investitionsrechnung als Entscheidungskriterium *nicht* mehrere *unsichere Kapitalwerte zukünftiger Zahlungen,* sondern einen einwertigen oder *sicheren Kapitalwert für unsichere zukünftige Zahlungen.* Diesen Kapitalwert unsicherer zukünftiger Zahlungen könnte man genau so als Entscheidungskriterium verwenden, wie es für den Fall sicherer Erwartungen im dritten Kapitel vorgeführt worden ist. Um Kapitalwerte unsicherer zukünftiger Zahlungen zu ermitteln, braucht man jedoch eine Bewertungstheorie, die die Unsicherheit ausdrücklich berücksichtigt. Darauf kommen wir im nächsten und vor allem im elften Kapitel zurück.

Die Anhänger der Risikoanalyse verwenden keine Bewertungstheorie für unsichere zukünftige Ergebnisse. Sie gehen einen anderen Weg, um von der „Wahrscheinlichkeitsverteilung" der Kapitalwerte zu einer Entscheidung zu gelangen: Sie wenden auf die „Wahrscheinlichkeitsverteilung" der Kapitalwerte Entscheidungsregeln an[19]. Sie schlagen z.B. vor, den Erwartungswert der Wahrscheinlichkeitsverteilung zu ermitteln und zu prüfen, ob er größer oder kleiner als Null ist. Oder sie empfehlen, Mittelwert und Streuung (Varianz) zu berechnen und in ein Indifferenzkurvensystem einzutragen. Solche Rechenoperationen führen zu Resultaten, die sich als Empfehlungen für Entscheidungen auffassen lassen. Aber diese Empfehlungen sind im Grunde willkürlich. Eine Entscheidungsregel wie die, man solle investieren, wenn der Erwartungswert der Wahrscheinlichkeitsverteilung denkbarer Kapitalwerte[20] positiv ist, ist nicht durch eine nachvollziehbare Kette von Argumenten aus dem Ziel der Entscheider abzuleiten. Der Grund für diese Willkürlichkeit ist, daß die Präferenzen der Investoren sich auf wirkliche Konsummöglichkeiten und nicht auf Verteilungen gedachter Rechengrößen beziehen.

Der fundamentale Mangel der meisten Verfahren zur direkten Verwendung der Entscheidungstheorie für die Investitionsrechnung ist, daß man zwar komplizierte Ergebnisse berech-

---

17 Eine Einschränkung dieser Aussage könnte sich nur ergeben, wenn man das Schätzrisiko im Sinne der Bayesianischen Statistik erfassen würde; vgl. *Bawa* [Estimation], S. 2–4 und S. 37–40. Dieses Schätzrisiko ist jedoch nicht Gegenstand der Risikoanalyse und wird auch in diesem Buch nicht berücksichtigt.

18 Es ist etwas anders, wenn jemand nur 30 % des geforderten Kaufpreises bezahlt oder wenn vereinbart ist, daß nur unter bestimmten Bedingungen, deren Wahrscheinlichkeit 30 % betrage, der Kaufpreis zu bezahlen ist. In diesen beiden Fällen geht der Käufer eine *bindende* Verpflichtung ein.

19 Vgl. z.B. *Hertz* [Policies].

20 Da der Kapitalwert keine unsichere Größe ist, sondern nur die (wahre) Ausprägung der Zahlen, die zu seiner Bestimmung gebraucht werden, nicht mit Sicherheit bekannt ist, ist hier nicht von „möglichen" Kapitalwerten die Rede.

nen kann, daß man aber nicht weiß, was man mit ihnen anfangen soll[21].

Wir halten fest: Außer in dem praktisch wenig plausiblen Sonderfall, daß jemand in der Lage ist, alle möglichen zukünftigen Einkommensströme über mehrere zukünftige Perioden aufzuzählen, ihnen Nutzenziffern zuzuordnen und das Bernoulli-Kriterium anzuwenden, führt die *direkte* Anwendung der Entscheidungstheorie zu willkürlichen Ergebnissen. Die direkte Übernahme der Entscheidungstheorie in die Investitionstheorie reicht nicht aus, um die beiden Grundprobleme der Investitionstheorie zu lösen: Die Handlungsfolgen sind zeitverschieden und unsicher. Die Investitionstheorie schafft es, mit dem isolierten Problem der Zeitverschiedenheit umzugehen, solange sichere Erwartungen unterstellt werden. Die Entscheidungstheorie kommt mit dem isolierten Problem der Unsicherheit zurecht, aber nur solange man die Zeitverschiedenheit der zu bewertenden Handlungsfolgen nicht berücksichtigt. Die Synthese steht noch aus. Sie ist in einer Bewertungstheorie unter Unsicherheit zu suchen.

Die enormen Schwierigkeiten, das allgemeine Problem der Entscheidung über zeitverschiedene und unsichere Vorteile zu lösen, rechtfertigen es, vereinfachte Probleme zu betrachten. Eine Vereinfachung ist, daß nur wirklich einperiodische Probleme untersucht werden: Am Periodenanfang ist die Entscheidung zu treffen, am Periodenende stellt sich das „Ergebnis" ein. Wird das „Ergebnis" durch unsichere zustandsabhängige Endvermögen (Kassenbestände) beschrieben, die *zugleich Konsumeinkommen* darstellen, kann die Entscheidungstheorie unmittelbar angewendet werden. Wirklich einperiodische Entscheidungsprobleme sind korrekt lösbar, weil die „Ergebnisse" nicht Ströme (Vektoren), sondern einzelne Zahlen (Skalare) sind.

Diese Einsicht kann in zwei Hinsichten ausgebaut werden.

6.4.2. Vereinfachte Investitionsentscheidungen und indirekte Anwendungen

6.4.2.1. Flexible Planung

Man kann genau wie einperiodische Probleme auch zwei-, drei- und mehrperiodische Probleme entscheidungstheoretisch korrekt beschreiben und lösen, wenn als Zielgröße der Kassenbestand (Endvermögen) am Ende der letzten Periode verwendet wird, denn auch diese Zielgröße ist kein Strom.

Diese Erweiterung auf mehr als eine Periode ist nicht trivial, denn in den Zeitpunkten vor dem letzten können noch Entscheidungen getroffen werden, die die Zielerreichung, den Kassenbestand am Ende der letzten Periode, beeinflussen. Betrachten wir ein Beispiel mit drei Perioden. t_0 ist der Entscheidungszeitpunkt. t_3 ist der Endzeitpunkt, in dem sich das „Ergebnis" als Kassenbestand ablesen läßt. In den Zeitpunkten t_1 und t_2 können Informationen eingehen, die es dem Entscheider erlauben, dann mit dem verbesserten Informationsstand Entscheidungen zu treffen. Im Zeitpunkt t_0 weiß der Entscheider nicht, welche Informationen er in t_1 und t_2 *wirklich* erhalten wird. Wüßte er es genau, dann hätte er die Informationen ja schon im Zeitpunkt t_0. Aber er kann schon in t_0 wissen, welche Informationen in t_1 und t_2 *möglicherweise* eingehen, und er kann in seiner Planung in t_0 berücksichtigen, welche Entscheidungen er in t_1 und t_2 je nach den bis dahin erhaltenen Informationen treffen wird. Wer dies bedenkt, plant „flexibel": Er stellt bedingte Pläne für die späteren Zeitpunkte t_1 und t_2 auf und trifft nur für

---

21 So auch *Brealey/Myers* [Principles], S. 207.

die erste Periode bindende Entscheidungen. Flexible Planung bedeutet, sich Handlungsspielräume dann offenzuhalten, wenn dadurch die Zielerreichung verbessert werden kann[22]. Die flexible Planung ist eine korrekte und vermutlich auch praktisch bedeutsame Methode zur Berücksichtigung der Unsicherheit bei Investitionsentscheidungen. Die Verknüpfung zwischen den Zielen des Entscheidenden und der Empfehlung, eine bestimmte „Strategie" von unbedingten Entscheidungen für t_0 und bedingten Entscheidungen für spätere Zeitpunkte auszuwählen, ist logisch einwandfrei; die Empfehlung ist nicht willkürlich. Der Nachteil ist, daß die Mehrperiodigkeit nur zur Hälfte erfaßt wird: Sie ist zwar bei den Entscheidungen erfaßt, nicht aber bei der Zielformulierung.

6.4.2.2. Einperiodische Planung

Die Einsicht, daß sich für einperiodische Entscheidungsprobleme mit der Entscheidung am Periodenanfang (t_0) und den „Ergebnissen" am Periodenende (t_1) im Sinne der Entscheidungstheorie korrekte und sogar praktikable Lösungen finden lassen, kann auch in der Weise genutzt werden, daß man „pseudo-einperiodische" Entscheidungsprobleme formuliert. Dazu müssen mehrperiodische Probleme auf einperiodische Probleme zurückgeführt werden. Die Bedingungen, unter denen man bei einperiodischer Planung — die Literatur spricht von „kurzsichtiger Planung"[23] — keine Fehler macht, sind restriktiv. Im *allgemeinen* ist die Verkürzung mehrperiodischer Planung auf einperiodische Planung *nicht möglich*. Im folgenden soll nur eine grobe Vorstellung davon vermittelt werden, warum die fehlerfreie Reduktion mehrperiodischer Entscheidungsprobleme auf einperiodische schwierig ist, wie sie *im Prinzip* erfolgen könnte und warum sie nur in Sonderfällen gelingt. Für die Diskussion der Sonderfälle sei auf die Spezialliteratur verwiesen[24].

Einkommensströme, die aus betrachteten Investitionen fließen, sind im Normalfall unsicher und mehrperiodisch. Ebenso sind die die Zielgröße darstellenden Konsumströme unsicher und mehrperiodisch. Für die aus den Investitionen fließenden Einkommensströme und für die „Zielströme" lassen sich vier Verknüpfungen zwischen den Perioden feststellen. Um die Bedeutung der Verknüpfungen verdeutlichen zu können, betrachten wir einen Fall mit zwei Perioden bzw. mit drei Zeitpunkten. In t_0 wird eine Investitionsentscheidung getroffen, die zu unsicheren Einzahlungen in t_1 und t_2 führt. Der Konsum erfolgt in t_1 und t_2. Einzahlungen werden mit E_t ($t = 1,2$) und Konsum mit C_t ($t = 1,2$) bezeichnet.

Betrachten wir nun die Verknüpfungen:

(1) Im Normalfall ist die *Bewertung* von Konsum in t_1 nicht unabhängig von dem Konsum in t_2: $u(C_1, C_2) \neq u(C_1) + d\,u(C_2)$, wobei d einen „Nutzendiskontfaktor" darstellt, der die Ungeduld oder Zeitpräferenz ausdrückt. Die Unterstellung, der Nutzen eines Konsumstroms, $u(C_1, C_2)$, sei eine Summe diskontierter periodenbezogener Nutzen, $u(C_1)$ und $u(C_2)$, bagatellisiert die aus der Bewertung folgende Verknüpfung zwischen den Perioden.

(2) Die Perioden sind durch eine *Budgetrestriktion* verbunden. Höherer Konsum im Zeit-

---

22 Vgl. *Hax/Laux* [Verfahrensregeln], hier S. 323. Zur flexiblen Planung vgl. umfassend *Laux* [Investitionsplanung].

23 Vgl. z.B. *Mossin* [Multiperiod], hier S. 223.

24 Vgl. außer *Mossin* [Multiperiod] vor allem *Hakansson* [Strategies] und *Fama* [Decisions]. Diese drei Arbeiten bilden die Grundlage der folgenden Ausführungen.

punkt t_1 reduziert die Konsummöglichkeit im Zeitpunkt t_2 und umgekehrt. Es ist *nicht* zu unterstellen, daß der Konsum C_1 gleich der Einzahlung E_1 aus der Investition ist. Eine mögliche Differenz E_1-C_1 schafft „Ersparnisse" bzw. Schulden, die in t_2 aufgelöst bzw. beglichen werden.

(3) Die *Unsicherheit* bezüglich der *Einzahlungsüberschüsse* zwischen den Zeitperioden ist nicht unverbunden: So kann z.B. die Wahrscheinlichkeit für einen „hohen" Einzahlungsüberschuß der Investition im Zeitpunkt t_2 dann größer sein, wenn sich schon im Zeitpunkt t_1 ein „hoher" Einzahlungsüberschuß eingestellt hat, als wenn der Einzahlungsüberschuß in t_1 „niedrig" war. Die Einzahlungsüberschüsse der verschiedenen Perioden sind im Normalfall nicht „stochastisch unabhängig" wie zwei Ziehungen von Lottozahlen an aufeinanderfolgenden Wochenenden.

(4) Schließlich gibt es eine Verknüpfung aufgrund der *Unsicherheit in* t_0, wie sich Konsummöglichkeiten durch Ersparnis bzw. Verschuldung zwischen t_1 und t_2 verschieben lassen. Vereinfachend sei diese Unsicherheit als Unsicherheit über „den *Zinssatz*" der zweiten Periode bezeichnet[25]. Der Zinssatz der zweiten Periode ist aus der Sicht des Zeitpunktes t_0 nicht nur unsicher, sondern er ist auch nicht „stochastisch unabhängig" von dem Einzahlungsüberschuß E_1 der Investition in t_1.

Diese Verknüpfungen machen die Reduktion des mehrperiodischen Entscheidungsproblems so problematisch. Bei einem „pseudo-einperiodischen" Problem muß man die in den verschiedenen Umweltzuständen s_j ($j = 1 ,..., n$) möglichen „Endvermögen" im Zeitpunkt t_1, die mit V_1^j bezeichnet werden, bewerten können. D.h. man muß ihnen Nutzenziffern zuordnen können, die dann in einen Erwartungswert des Nutzens umgerechnet werden können[26]. Die entscheidende Frage ist, wie oben im zweiten Kapitel schon betont wurde, ob die unsicheren oder zustandsabhängigen Endvermögen V_1^j vollwertige Ersatzgrößen für die letztlich interessierenden Konsumströme (C_1, C_2) sind. Oder anders formuliert: Kann man Investitionsmöglichkeiten allein anhand der Wahrscheinlichkeitsverteilung der durch sie ermöglichten Endvermögen V_1^j so beurteilen, daß man diejenigen Investitionen auswählt, die auch anhand der durch sie ermöglichten Konsumströme (C_1, C_2) als die besten einzustufen und deshalb auszuwählen wären[27]. Ob dies möglich ist, hängt davon ab, ob sich einige der oben genannten Verknüpfungen zwischen den Perioden auflösen lassen. Eine hinreichende Bedingung für „kurzsichtige Planung" ist, daß eine Erhöhung von V_1 *nur* eine Folge verbesserter Konsummöglichkeiten ist oder daß sich eine Erhöhung von V_1 auch *nur* in höherem Konsum auswirkt.

Um dies zu zeigen, ist die „Entstehung" und die „Verwendung" von V_1^j zu betrachten. Endvermögen *entsteht* aus einer Einzahlung E_1^j und einer t_1-Bewertung der für t_2 erwarteten Einzahlung E_2^j. Man beachte, daß die Bewertung oder der Gegenwartswert im Zeitpunkt t_1, $G_1^j(E_2^j)$, der Einzahlung E_2^j in doppelter Hinsicht zustandsabhängig ist: Die Erwartungen über

---

25 Im nächsten und im elften Kapitel wird deutlich werden, daß dieser Zinssatz bei Unsicherheit aus zwei Komponenten zusammengesetzt ist, die zusammen die Möglichkeiten des intertemporalen Transfers von Konsummöglichkeiten bestimmen. Die Aussage im Text gilt für beide Komponenten.

26 Oder man muß die Parameter der Wahrscheinlichkeitsverteilung für Endvermögen in t_1 bestimmen und z.B. mit Hilfe eines Indifferenzkurvensystems bewerten oder eine andere Entscheidungsregel anwenden können.

27 Der tiefgestellte Index bezeichnet den Zeitpunkt des Konsums bzw. der Einzahlung. Der hochgestellte Index j bezeichnet den Umweltzustand (wo er fehlt, ist die unsichere Größe gemeint). Der Umweltzustand bezieht sich auf den Zeitpunkt t_1. In Verbindung mit dem Index 2 (wie in C_2^j und E_2^j) drückt der Index j aus, daß die (bedingten) *Erwartungen* über C_2 bzw. E_2 gemeint sind, die im Zustand s_j im Zeitpunkt t_1 vorliegen.

E_2 sind zustandsabhängig; daher der Index j bei E_2^j; und wie gegebene Erwartungen über zukünftige Zahlungen im Zeitpunkt t_1 bewertet werden, ist im allgemeinen auch zustandsabhängig; daher der Index j bei G_1^j. E_1^j, E_2^j und G_1^j sind somit die *drei* Faktoren, die V_1^j bestimmen bzw. die V_1 aus der Sicht von t_0 unsicher erscheinen lassen.

Verwendet werden kann das zustandsabhängige Endvermögen in drei Weisen. Eine ist der t_1-Konsum C_1, die beiden anderen sind t_1-Ersparnis, aus der der t_2-Konsum C_2 gespeist wird. Die „Ersparnis" kann in zwei Teile zerlegt werden, in die *r*iskante Ersparnis A_r^j und die (aus der Sicht des Zeitpunktes t_1) risikolose (oder risiko*f*reie)Ersparnis A_f^j. Das in der betrachteten Investition gebundene Kapital, das zu E_2 führt, ist Teil von A_r^j. Daneben seien aber auch weitere riskante Anlagen am Kapitalmarkt möglich. Nun lassen sich Entstehung und Verwendung von V_1^j gegenüberstellen:

$$(6.19) \qquad E_1^j + G_1^j(E_2^j) = V_1^j = C_1^j + A_r^j + A_f^j$$

Mit Blick auf die *rechte* Seite von Gleichung (6.19), die die *Verwendung* von V_1 beschreibt, kann nun eine Gruppe von Bedingungen genannt werden, die „kurzsichtige Planung" erlauben: Wenn sich eine Änderung von V_1 *nur* dahingehend auswirkt, daß *entweder nur* der t_1-Konsum C_1 *oder nur* der zwischen t_1 und t_2 risikolos angelegte *Betrag* A_f^j oder nur die Summe von beiden sich ändert *oder* daß die *Aufteilung* zwischen dem riskant und dem risikolos angelegten Betrag sich *nicht* ändert, läßt sich eine (nicht zustandsabhängige) Nutzenfunktion für V_1 aus den Nutzenfunktionen für den Konsum pro Periode ableiten. Mit dieser „abgeleiteten Vermögensnutzenfunktion" kann man „kurzsichtige" Entscheidungen treffen. Dies gilt unabhängig davon, welcher der Faktoren auf der linken Seite der Gleichung (6.19) für eine Änderung von V_1 verantwortlich ist. Daß ein Entscheider nur in den genannten Weisen auf V_1-Änderungen reagiert, setzt seinerseits voraus, daß seine Nutzenfunktionen für Konsum pro Periode sehr spezielle Formen aufweisen[28]. Die Annahme, periodenbezogene Konsumnutzenfunktionen seien gerade so, daß sich eine Vermögensnutzenfunktion ableiten läßt, ist jedoch wenig plausibel. Die Unterstellung derartiger Nutzenfunktionen hebt die oben unter (1) genannte bewertungsbedingte Verknüpfung zwischen den Perioden weitestgehend auf.

Mit Blick auf die *linke* Seite von Gleichung (6.19), die die Entstehung von V_1 beschreibt, kann man eine andere Bedingung erkennen, die eine einperiodische Planung wenigstens tendenziell möglich macht: Wenn Vermögensänderungen im Zeitpunkt t_1 *nur* die Folge davon sein können, welcher der möglichen Werte von E_1 sich realisiert und/oder wie sich die Erwartungen über E_2 ändern, läßt sich eine „Ersatz-Nutzenfunktion" über das t_1-Endvermögen formulieren: Die Ersatz-Nutzenfunktion weist dann und nur dann Risikoscheu auf, wenn der Entscheider auch bezüglich der Konsumströme risikoscheu ist. Daß nur E_1^j und E_2^j zu V_1-Änderungen führen dürfen, bedeutet, daß G_1 sicher oder nichtzustandsabhängig ist. Dies bedeutet weiter, daß schon im Zeitpunkt t_0 mit Sicherheit bekannt ist, welche alternativen Möglichkeiten der Geldanlage sich im Zeitpunkt t_1 bieten werden, denn G_1 drückt eine Bewertung aus. G_1 ist ein Gegenwartswert, und aus dem dritten Kapitel ist bekannt, daß die Bewertung durch Bestimmung eines Gegenwartswertes inhaltlich immer einen Alternativenvergleich darstellt[29].

---

28 Vgl. *Mossin* [Multiperiod] und vor allem *Hakansson* [Strategies].

29 Vgl. *Fama* [Decisions] und ähnlich *Fama/Miller* [Finance], S. 321–335. Man beachte, daß die Entsprechung zwischen der „abgeleiteten Vermögensnutzenfunktion" und den (periodenbezogenen) Konsumnutzenfunktionen enger ist als die Entsprechung zwischen der „Ersatz-Nutzenfunktion" und

Die Annahme in t_0 sicherer Erwartungen über *alle* in t_1 möglichen Geldanlagen[30] ist empirisch zweifelhaft. Man kann sie retten, indem man sie so umdeutet, daß sie besagt, Anleger könnten sich im Zeitpunkt t_0 vollkommen gegen die Gefahr sich im Zeitablauf verschlechternder Anlagemöglichkeiten versichern. Dies ist allerdings auch eine sehr weitgehende Annahme über die Leistungsfähigkeit des Kapitalmarktes[31]. Sie bedeutet, daß die oben unter (4) genannte Verknüpfung zwischen den Perioden aufgelöst wird.

Als Ergebnis ist festzuhalten, daß sich mehrperiodische Entscheidungsprobleme unter Unsicherheit nur dann auf einperiodische, dafür aber entscheidungstheoretisch richtig und möglicherweise sogar praktisch lösbare Probleme reduzieren lassen, wenn man Annahmen trifft, die die Periodenverknüpfung wenigstens teilweise wieder aufheben. Die Annahmen betreffen *entweder* die *Nutzenfunktionen* der Entscheider — rechte Seite von (6.19) bzw. Verwendung — *oder* die *Vollkommenheit und Vollständigkeit* des Kapitalmarktes — linke Seite von (6.19) bzw. Entstehung. Angesichts der Tatsache, daß man nicht einmal ansatzweise weiß, wie sich wirklich mehrperiodische Entscheidungsprobleme unter Unsicherheit formulieren und lösen ließen, wenn man diese Annahmen nicht treffen würde, mag man sie für akzeptabel halten.

6.5. Zusammenfassung

In diesem Kapitel ist gezeigt worden, wie man Entscheidungsprobleme unter Unsicherheit formulieren und lösen kann, wenn man von dem für Investitionsentscheidungen charakteristischen Umstand absieht, daß ihre Folgen sich auf mehrere zukünftige Zeitpunkte erstrecken.

Entscheidungsprobleme unter Unsicherheit lassen sich vollständig beschreiben. In einer Ergebnismatrix sind alle Handlungsmöglichkeiten und alle Umweltzustände mit ihren Eintrittswahrscheinlichkeiten anzugeben sowie die Ergebnisse, die sich einstellen, wenn eine Handlungsmöglichkeit gewählt wird und *ein* Umweltzustand eintritt. Neben der vollständigen Beschreibung gibt es die Beschreibung durch die Angabe der Parameter der Wahrscheinlichkeitsverteilung der Ergebnisse der Handlungsmöglichkeiten. Die Parameter Erwartungswert und Standardabweichung kann man als Maße für „Ertrag" und „Risiko" der Handlungsmöglichkeiten interpretieren.

Zur Lösung von Entscheidungsproblemen verwendet man Entscheidungsregeln. Die beste Entscheidungsregel zur Lösung *vollständig* formulierter Entscheidungsprobleme ist das Bernoulli-Kriterium. Zu seiner Anwendung braucht man eine Nutzenfunktion, die die Risikoneigung des Entscheiders ausdrückt. Durch *zwei Paramter* der Ergebnisverteilungen beschriebene Entscheidungsprobleme löst man, indem man zuerst die „effizienten" von den „ineffi-

---

den Konsumnutzenfunktionen. Vereinfachende Annahmen über die Konsumnutzenfunktionen pro Periode führen zu einem stärkeren Ergebnis als vereinfachende Annahmen über Möglichkeiten der Geldanlage. Das schwächere Ergebnis genügt aber für den Zweck, den *Fama* verfolgt; er will zeigen, daß Anleger, die den Nutzen aus unsicheren Konsumströmen maximieren wollen, dieselben Risiko-Ertrags-Kombinationen als effizient (vgl. S. 154) ansehen wie Anleger, die den erwarteten Vermögensnutzen maximieren wollen.

30 Dies schließt riskante und risikolose Geldanlagen und Kredite („negative Geldanlagen") ein.

31 Vollständige Versicherungsmöglichkeiten bestehen, wenn Märkte vollständig im Sinne von Arrow und Debreu sind; vgl. oben S. 46, Anm. 38. Wie oben schon angedeutet worden ist, ist die Annahme vollkommener *und* vollständiger Märkte im Falle unsicherer Erwartungen das Entsprechende zu der Annahme eines vollkommenen Kapitalmarktes bei Sicherheit.

zienten" Handlungsmöglichkeiten trennt und dann die beste unter den „effizienten" Handlungsmöglichkeiten anhand der persönlichen Bewertung von „Ertrag" und „Risiko" ermittelt. Diese persönliche Bewertung, die die Risikoneigung des Entscheiders ausdrückt, kann durch Indifferenzkurven dargestellt werden.

Die direkte Übertragung der Entscheidungstheorie auf Investitionsentscheidungen ist problematisch, weil die Handlungsfolgen bei Investitionsentscheidungen nicht nur unsicher sind, sondern sich auf mehrere zukünftige Perioden erstrecken. Die Entscheidungstheorie kann zwar die Unsicherheit erfassen, nicht aber die Mehrperiodigkeit. Angeblich praktische Verfahren wie die Risikoanalyse sind daher zwar geeignet, die Unsicherheit von Investitionsentscheidungen deutlich zu machen, sie führen aber nicht zu willkürfreien Entscheidungen. Das heißt, daß sich keine klare gedankliche Verknüpfung zwischen den Ergebnissen der Rechnung und den Zielen des Entscheiders herstellen läßt.

Korrekt und mitunter sogar praktisch lösbar sind Investitionsentscheidungsprobleme dann, wenn sie sich so formulieren lassen, daß die zu bewertenden unsicheren „Ergebnisse" in einem Zeitpunkt anfallen. Diese Gleichzeitigkeit der Ergebnisse kann man bei der „flexiblen Planung" unterstellen. Wenn sich eine Nutzenfunktion über „Endvermögen" am Ende der ersten Planungsperiode angeben läßt und wenn sich Marktwerte oder Marktwertänderungen für Investitionen am Ende der ersten Planungsperiode bestimmen lassen, kann man mehrperiodische Investitionsentscheidungen willkürfrei als einperiodische Entscheidungen formulieren und lösen. Dazu ist dann jedoch zusätzlich noch eine Theorie der Marktbewertung unter Unsicherheit erforderlich, mit deren Hilfe man die möglichen Marktwerte abschätzen kann.

6.6. Literaturhinweise zum 6. Kapitel

Zwei Bücher scheinen mir besonders geeignet, in die Grundlagen der Entscheidungstheorie einzuführen:

Helmut Laux „Entscheidungstheorie, Band 1: Grundlagen", Berlin u.a. 1982, und
Howard Raiffa „Einführung in die Entscheidungstheorie", München/Wien 1973.

Das Buch von Laux, an dem die Darstellung in diesem Kapitel orientiert ist, ist konventioneller als das von Raiffa. Es eignet sich daher auch als Nachschlagewerk, in dem man sich über einzelne Punkte informieren kann. Das Buch von Raiffa ist in seinem Aufbau unkonventioneller. Es eignet sich besonders dazu, im Selbststudium konsequent durchgearbeitet zu werden.

Die Literatur zur Reduktion mehrperiodischer auf einperiodische Probleme ist durchweg recht kompliziert. Am ehesten verständlich ist — vor allem nach dem Studium des Buches von Raiffa — der Aufsatz

„Optimal Multiperiod Portfolio Policies" von *Jan Mossin* im Journal of Business, Vol. 41 (1968), S. 215–229.

7. Kapitel

Entscheidungen von Kapital-anlegern: Portfolio Selection

7.1. Lernziele

Dieses Kapitel soll zwei Aufgaben zugleich erfüllen: Zum einen soll eine wichtige Klasse von Investitionsentscheidungen unter Unsicherheit behandelt werden, nämlich die Entscheidungen über die Anlage von Geld an der Börse. Zum anderen soll die im elften Kapitel weiter aus-zubauende Einsicht vorbereitet werden, daß die Entscheidungen von Kapitalanlegern die wichtigste Determinante der Finanzierungsmöglichkeiten von Unternehmungen sind. Die Theorie der Anlageplanung steht daher inhaltlich zwischen dem Themenkreis Investition (Teil II) und dem Themenkreis Finanzierung (Teil IV).

Eine Person kann Vermögen in verschiedenen Formen halten. Sie kann „Humanvermögen" haben, d.h. aufgrund von Ausbildung etc. gesteigerte Einkommenserwartungen für die Zu-kunft, sie kann Versicherungs- und Rentenansprüche besitzen, über ein Eigenheim oder son-stige nicht leicht marktgängige Vermögensgüter verfügen usw. Von all diesen Vermögensfor-men wird im folgenden abgesehen[1], denn wir betrachten nur die Geldanlage in Wertpapieren, speziell die in Aktien. Dabei werden die Begriffe „Wertpapiere" und „Aktien" nicht so ver-wendet, wie es den juristischen Abgrenzungskriterien entspricht, sondern als theoretische Be-griffe: Als Wertpapiere werden hier ertragbringende Vermögensgüter bezeichnet, die auf gut organisierten Märkten gehandelt werden, und als Aktien solche Wertpapiere, deren Ertrag un-sicher ist. Reale Wertpapiere oder Wertpapiere im Rechtssinne wie Anleihen der Bundespost oder Aktien der Mannesmann AG sind wichtige Beispiele für Wertpapiere bzw. für Aktien im Sinne der Theorie, und die Frankfurter Wertpapierbörse und die New York Stock Exchange sind wichtige Beispiele für Wertpapiermärkte.

Ein Charakteristikum der Geldanlage in Aktien ist, daß Anleger fast ausnahmslos nicht nur Aktien einer Unternehmung, sondern Wertpapiermischungen, sogenannte Portefeuilles, hal-ten. Durch das Mischen von Wertpapieren entstehen Vorteile, weil sich die Risiken der einzel-nen Wertpapiere gegenseitig beeinflussen. Wovon diese Vorteile abhängen und wie sie am be-sten genutzt werden können, ist der Inhalt der Lehre von der Portefeuillebildung oder, wie der inzwischen international übliche Ausdruck lautet, der „portfolio selection".

---

1 Vgl. dazu *Sharpe* [Investments], S. 103 f. Die Vernachlässigung solcher Vermögensformen bedeutet nicht die Unterstellung, daß Anleger kein Vermögen in diesen Formen hätten, sondern nur, daß sich die Entscheidungen über die Geldanlage in Wertpapieren von den sonstigen Vermögensentscheidun-gen trennen lassen. Vgl. dazu (mit Recht) kritisch *Schneider* [Investition], S. 542.

Die Leser sollen in diesem Kapitel mit vier Grundideen vertraut werden:

(1) Diversifikation mindert das Risiko eines Portefeuilles — aber wie stark das Risiko reduziert wird, hängt von den Eigenschaften der Aktien im Portefeuille und von der Zusammensetzung oder Struktur des Portefeuilles ab.

(2) Sogenannte effiziente Aktienportefeuilles erhält man, wenn man die Möglichkeit der Risikoreduktion durch Diversifikation vollständig ausnutzt. Dies kann durch die Wahl der Zusammensetzung des Portefeuilles geschehen. Im allgemeinen Fall ist die optimale Zusammensetzung des Aktienportefeuilles eines Anlegers von dessen Risikoneigung abhängig.

(3) Wenn die Möglichkeit besteht, Geld zu einem gegebenen Zinssatz risikolos anzulegen und sich zu dem selben Zinssatz zu verschulden und mit dem Kreditbetrag Aktien zu kaufen, ist die optimale Zusammensetzung des Aktienportefeuilles eines Anlegers hingegen unabhängig von seiner Risikoneigung.

(4) Wenn alle Anleger am Kapitalmarkt nach den Regeln der portfolio selection optimale Portefeuilles bilden und wenn einige weitere Bedingungen erfüllt sind, ergibt sich an der Börse eine einfache Gleichgewichtsbeziehung zwischen Risiko und Ertrag. Diese Beziehung kann genutzt werden um abzuschätzen, wie die Börse Vermögensgüter mit unsicheren Erträgen bewerten würde.

Um die Grundideen zu verstehen, müssen die Leser in diesem Kapitel einige Spezialbegriffe kennenlernen und sich auch etwas mehr als in den anderen Kapiteln mit Formeln abgeben.

7.2. Risikoreduktion durch Diversifikation

7.2.1. Die Grundidee

Wenn eine Textilfabrik Badehosen produziert, ist der Geschäftserfolg im Sommer abhängig vom Wetter. Wenn sie Regenschirmbezüge herstellt, ist er es auch. In einem warmen Sommer werden viele Badehosen und wenige Regenschirme verkauft, in einem verregneten Sommer ist es gerade umgekehrt. Um das Absatzrisiko zu mindern, sollte die Textilfabrik beide Produkte herstellen. Bei gutem Wetter gleicht der Gewinn bei den Badehosen den Verlust bei den Regenschirmen aus, und umgekehrt.

In diesem Fall ist die Diversifikation des Produktions- und Absatzprogrammes ein Beispiel für eine besonders ausgeprägte Risikominderung, weil sich die erfolgsbestimmenden Ereignisse, die Absatzmöglichkeiten für Regenschirme und Badehosen, sogar in Abhängigkeit vom Wetter gegenläufig entwickeln. Die gegenläufige Entwicklung stärkt den Effekt der Risikoreduktion, aber sie ist nicht nötig, wie man am Beispiel der Versicherung sieht: Die einzelnen Versicherungsfälle sind weitgehend unabhängig voneinander. Daher kann eine Versicherung davon ausgehen, daß ihre Belastung durch Schadensfälle einer bestimmten Art weitgehend sicher ist, während es zugleich für den einzelnen Versicherten sehr unsicher ist, ob er im nächsten Jahr z.B. einen Verkehrsunfall haben wird. Wie stark das Zusammenfassen von Einzelrisiken in einer Versicherung das Gesamtrisiko reduziert, hängt davon ab, wieviele Versicherungsnehmer bei einer Gesellschaft versichert sind.

Der Effekt der Risikoreduktion ist auch nicht davon abhängig, wie man das Risiko definiert und mißt. Eine meist zu einfache, mitunter aber akzeptable Definition ist, daß man das Risiko mit der Wahrscheinlichkeit des Eintretens eines besonders unerwünschten Zustandes gleichsetzt. Die für viele Großunternehmungen und Regierungen geltende Vorschrift, daß nie mehr als zwei Vorstands- bzw. Regierungsmitglieder in einem Flugzeug fliegen dürfen, ist eine Maßnahme der Diversifikation. Sie reduziert die Wahrscheinlichkeit, daß der gesamte Vorstand bzw. die gesamte Regierung ausfällt. Ähnlich läßt sich die Diversifikation von Bezugsquellen deuten: Wenn beispielsweise eine Unternehmung dringend auf die Versorgung mit bestimmten Rohstoffen aus politisch instabilen fernen Ländern angewiesen ist, stellt es für sie den besonders unerwünschten Zustand dar, daß sie überhaupt nicht beliefert wird. Dieses Risiko läßt sich reduzieren, indem z.B. der betreffende Rohstoff aus zwei Ländern bezogen wird, denn daß die Lieferungen aus zwei Ländern zugleich ausfallen, ist weniger wahrscheinlich, als daß es in einem Land zu Lieferschwierigkeiten kommt.

Das Beispiel des Bezugsrisikos zeigt auch, daß eine Risikoreduktion selbst dann eintritt, wenn die beiden den Erfolg bestimmenden Ereignisse, hier die Lieferstörungen, nicht unabhängig voneinander sind. Es sei die Wahrscheinlichkeit für Lieferstörungen in jedem der beiden Länder 10 %. Wenn es aber in einem Land z.B. aus politischen Gründen zu Lieferstörungen kommt, sei die Wahrscheinlichkeit, daß dann auch die Lieferung aus dem anderen Land ausfällt, 30 % statt 10 %. Trotz dieser Abhängigkeit kann die Diversifikation auf zwei Rohstofflieferländer das Risiko eines Totalausfalls von 10 % auf 3 % senken. Nur in dem Sonderfall, daß ein Land immer dann nicht liefert, wenn auch das andere ausfällt, senkt die Diversifikation der Bezugsquellen das Bezugsrisiko nicht.

7.2.2. Diversifikation in einem Aktienportefeuille

Der interessanteste und vom Gegenstand dieses Buches her wichtigste Fall der Diversifikation ist der der Bildung eines Aktienportefeuilles. Anhand eines einfachen Falls mit *zwei Aktien* soll der Effekt der Risikoreduktion durch Anlagestreuung untersucht werden.

Wir gehen davon aus, daß ein bestimmter Geldbetrag auf Aktien der Gesellschaft 1 und Aktien der Gesellschaft 2 — oder kürzer: auf Aktie 1 und Aktie 2 — aufgeteilt werden soll. x_1 sei der in Aktie 1 investierte *Anteil* des anzulegenden Geldbetrages, x_2 der in Aktie 2 investierte Anteil. Es gilt $x_1 + x_2 = 1$. Die Aktien seien beliebig teilbar.

Der Anleger hat einen Planungszeitraum von einer Periode. Seine Präferenzen beziehen sich auf sein Vermögen am Periodenende. Wir unterstellen, daß er risikoscheu ist und daß sich seine Präferenzen durch eine Maßgröße für „Ertrag" und eine Maßgröße für „Risiko" erfassen lassen.

Die Aktien haben am Periodenende einen (unsicheren) Kurswert $\tilde{K}_1$. Zur Vereinfachung sei unterstellt, daß die (unsichere) Dividende $\tilde{D}_1$ am Periodenende ausgezahlt wird. Der gegenwärtige Kurs K_0 ist bekannt. Der unsichere Ertrag einer Aktie während der Periode setzt sich zusammen aus der Dividende und der Kursänderung: $\tilde{D}_1 + (\tilde{K}_1 - K_0)$.

Unsichere Größen wie $\tilde{D}_1$ und $\tilde{K}_1$ nennt man Zufallsvariable.

Definition 1: Eine *Zufallsvariable* ist eine Variable, die mit bestimmten[2] Wahrscheinlichkeiten bestimmte Werte (Ausprägungen oder Realisationen) annimmt.

So sind z.B. am Periodenanfang die Dividende und der Kurs am Periodenende unsichere Größen. Um dies zu verdeutlichen, stehen in diesem Kapitel und den folgenden über den Symbo-

---

2 Damit ist nicht gemeint, daß sie auch praktisch leicht zu bestimmen wären!

len, die Zufallsvariable bezeichnen, Tilden (Schlangenlinien). Eine bestimmte Ausprägung einer Zufallsvariable ist selbst keine Zufallsvariable, sondern eine sichere Größe.

Definition 2: Die (unsichere) *Rendite* einer Aktie i ist definiert als ihr (unsicherer) Ertrag pro eingesetzter Geldeinheit. Sie wird mit $\tilde{r}_i$ bezeichnet.

$$(7.1) \qquad \tilde{r}_i = \frac{\tilde{D}_1 + (\tilde{K}_1 - K_0)}{K_0} = \frac{\text{Dividende} + \text{Kursänderung}}{\text{Anfangskurs}}$$

Welche Rendite sich wirklich einstellt, sei vom Umweltzustand j abhängig. Der Index j für den Umweltzustand läuft von 1 bis n. p_j ist die Wahrscheinlichkeit für das Eintreten des Umweltzustandes j und damit der Rendite r_{ij}. Die Rendite r_{ij} der Aktie i im Umweltzustand j ist eine sichere Größe.

Beispiel: Es gibt vier Umweltzustände. Die Tabelle 7.1 enthält in dem stark umrandeten Feld die Renditen der Aktien 1 und 2 in den Umweltzuständen 1 bis 4. Die Wahrscheinlichkeiten für die Umweltzustände seien einheitlich 0,25.

Umweltzustand j	p_j	Aktie $\tilde{r}_i$		Portefeuille $\tilde{r}_p$		
		$\tilde{r}_1$	$\tilde{r}_2$	$x_1 = \frac{1}{2}$ $x_2 = \frac{1}{2}$	$x_1 = \frac{2}{3}$ $x_2 = \frac{1}{3}$	$x_1 = \frac{3}{4}$ $x_2 = \frac{1}{4}$
1	$\frac{1}{4}$	$-6\,\%$	$0\,\%$	$-3\,\%$	$-4\,\%$	$-4\frac{1}{2}\,\%$
2	$\frac{1}{4}$	$+2\,\%$	$-10\,\%$	$-4\,\%$	$-2\,\%$	$-1\,\%$
3	$\frac{1}{4}$	$+10\,\%$	$+14\,\%$	$+12\,\%$	$+11\frac{2}{3}\,\%$	$+11\,\%$
4	$\frac{1}{4}$	$+14\,\%$	$+20\,\%$	$+17\,\%$	$+16\,\%$	$+15\frac{1}{2}\,\%$
μ		$+5\,\%$	$+6\,\%$	$+5\frac{1}{2}\,\%$	$+5\frac{1}{3}\,\%$	$+5\frac{1}{4}\,\%$

Tab. 7.1: Aktien- und Portefeuillerenditen

Die Mittelwerte der Wahrscheinlichkeitsverteilungen der Renditen werden durch die Erwartungswerte gemessen. Sie werden mit $E(\tilde{r}_i) = \mu_i$ (für i = 1,2) bezeichnet. Im Beispiel sind die Erwartungswerte $E(\tilde{r}_1) = \mu_1 = 5\,\%$ und $E(\tilde{r}_2) = \mu_2 = 6\,\%$. Die Mittelwerte der möglichen Renditen sind das Maß für „den Ertrag" einer Geldanlage. Mit $E(\tilde{r}_p) = \mu_p$ wird der Erwartungswert der Rendite eines Portefeuilles bezeichnet. Die Rendite eines Portefeuilles in einem Umweltzustand j ist der mit den Portefeuilleanteilen x_1 und x_2 gewichtete Durchschnitt aus den Renditen der Aktien 1 und 2:

$$r_{pj} = x_1 r_{1j} + x_2 r_{2j}.$$

Daher gilt für den Erwartungswert der Rendite des Portefeuilles:

$$(7.2) \qquad E(\tilde{r}_p) = \mu_p = \sum_{j=1}^{n} (x_1 r_{1j} + x_2 r_{2j}) p_j = \sum_{j=1}^{n} x_1 r_{1j} p_j + \sum_{j=1}^{n} x_2 r_{2j} p_j = x_1 \mu_1 + x_2 \mu_2.$$

Er ist also gerade das gewogene arithmetische Mittel der Erwartungswerte der Renditen der einzelnen Aktien, wobei die Portefeuilleanteile als Gewichte dienen. Der in der Gleichung (7.2) erfaßte Zusammenhang läßt sich auch so ausdrücken: Der *Ertrag* des Portefeuilles *ist* der *Durchschnittsertrag* der Aktien im Portefeuille.

Beispiel: In der rechten Hälfte der Tabelle 7.1 sind die Portefeuillerenditen pro Umweltzustand und die erwarteten Portefeuillerenditen jeweils für drei Portefeuillezusammenstellungen angegeben. Dabei fällt auf, daß sich die drei erwarteten Portefeuillerenditen *auf zwei Wegen* als Durchschnitte berechnen lassen: einmal als Durchschnitt der zustandsabhängigen Portefeuillerenditen mit den Eintrittswahrscheinlichkeiten als Gewichten, und zum anderen als Durchschnitt der erwarteten Aktienrenditen mit den Portefeuilleanteilen als Gewichten[3].

Die Einfachheit der Berechnung der erwarteten Portefeuillerendite gibt Anlaß zu prüfen, ob sich auch das Risiko eines Portefeuilles als gewogenes Mittel der Risiken der einzelnen Aktien bestimmen läßt, wobei das Risiko für das Portefeuille und für die einzelnen Aktien durch die Standardabweichung der zustandsabhängigen Renditen gemessen wird. Um zeigen zu können, daß *im allgemeinen das Portefeuillerisiko nicht gleich dem Durchschnittsrisiko* der Aktien im Portefeuille ist, müssen noch einige weitere Definitionen eingeführt und erläutert werden.

Definition 3: Die *Varianz* einer Zufallsvariablen ist der Erwartungswert der quadrierten Abweichungen der möglichen Werte von ihrem Erwartungswert.

Die Varianz wird mit dem Symbol σ^2 oder Var $(\cdot)$ bezeichnet[4]. Für die Varianz der Rendite $\tilde{r}_i$ der Aktie i gilt

$$(7.3) \qquad Var(\tilde{r}_i) = \sigma_i^2 = \sum_{j=1}^{n} (r_{ij} - \mu_i)^2 \, p_j$$

Die Varianz der Rendite der Aktie 1 aus dem in Tabelle 7.1 angegebenen Beispiel beträgt

$$(-6-5)^2 \cdot \frac{1}{4} + (2-5)^2 \cdot \frac{1}{4} + (10-5)^2 \cdot \frac{1}{4} + (14-5)^2 \cdot \frac{1}{4} = \frac{236}{4} = 59$$

---

3 Hinsichtlich der Probleme bei der Datenbeschaffung können sich die zwei Wege hingegen stark unterscheiden.

4 Zur Notation: Var $(\cdot)$ für Varianz und entsprechend unten cov $(\cdot, \cdot)$ für Kovarianz und E $(\cdot)$ für Erwartungswert sind sog. Operatoren, d.h. Anweisungen, bestimmte Rechnungen vorzunehmen. Der Punkt bzw. die Punkte in Klammern weist (weisen) darauf hin, daß an diese Stelle die Zufallsvariable(n) einzusetzen ist (sind), für die die Rechnung vorgenommen werden soll. Die Funktion der in Klammern anzugebenden Zufallsvariablen ist der von Indizes ähnlich. Man schreibt deshalb statt Var $(\tilde{r}_i)$ oder σ_i^2 auch $\sigma^2(\tilde{r}_i)$, ohne daß dadurch Mißverständnisse entstehen.

Die Varianzen der Renditen der Aktien 1 und 2 und die der drei unterschiedlich zusammengesetzten Portefeuilles sind entsprechend aus den zustandsabhängigen Renditen errechnet. Sie sind in der ersten Zeile der Tabelle 7.2 angegeben.

Definition 4: Die *Standardabweichung* einer Zufallsvariablen ist die Quadratwurzel aus der Varianz. Für die Standardabweichung der Rendite der Aktie i gilt

$$(7.4.) \qquad \sigma_i = \sqrt{\text{Var}(\tilde{r}_i)} = \sqrt{\sum_{j=1}^{n}(r_{ij} - \mu_i)^2 p_j}$$

Die Varianz und die Standardabweichung sind im letzten Kapitel schon erläutert worden.

Die Standardabweichungen der Renditen der Aktien 1 und 2 und der drei Portefeuilles sind in der mittleren Zeile der Tabelle 7.2 angegeben. Anhand der Zahlen des Beispiels kann schon die Frage nach dem Verhältnis von Portefeuillerisiko und „Durchschnittsrisiko" beantwortet werden: In der unteren Zeile sind die „Durchschnittsrisiken" (DR) der drei Portefeuilles nach der einfachen Mischformel

$$(7.5) \qquad DR = x_1\sigma_1 + x_2\sigma_2$$

berechnet. Man sieht, daß das Portefeuillerisiko kleiner ist als das Durchschnittsrisiko.

	Aktie $\tilde{r}_i$		Portefeuille $\tilde{r}_p$		
			$x_1 = \frac{1}{2}$	$x_1 = \frac{2}{3}$	$x_1 = \frac{3}{4}$
	$\tilde{r}_1$	$\tilde{r}_2$	$x_2 = \frac{1}{2}$	$x_2 = \frac{1}{3}$	$x_2 = \frac{1}{4}$
σ^2	59	138	$84\frac{1}{4}$	$72\frac{2}{3}$	68.06
σ	7,68	$11\frac{3}{4}$	9,18	8,52	$8\frac{1}{4}$
DR			9,71	9,04	8,70
$\text{cov}(r_1, r_2)$	70				
$\rho_{1,2}$	0,77577				

Tab. 7.2: Risikomaße für Portefeuilles

In der Beispielrechnung wurden die Risikomaße für die drei Portefeuillezusammensetzungen aus den zustandsabhängigen Portefeuillerenditen errechnet. Oft sind diese Zahlen aber nicht verfügbar. Daher ist zu fragen, ob und wie sich das Portefeuillerisiko aus den Risiken der Aktien im Portefeuille errechnen läßt. Um dies zeigen zu können, müssen einige weitere Begriffe sowie einige Regeln für das Rechnen mit Zufallsvariablen eingeführt werden. Diese Begriffe und Rechenregeln werden auch in späteren Abschnitten gebraucht werden.

Das Produkt aus einer Zufallsvariablen, z.B. $\tilde{r}_i$, und einem konstanten Faktor, z.B. x_i, ist auch eine Zufallsvariable. Für deren Varianz gilt wegen Gleichung (7.3):

(7.6)

$$\text{Var}(x_i\tilde{r}_i) = \sum_{j=1}^{n}(x_ir_{ij} - x_i\mu_i)^2 p_j = x_i^2 \sum_{j=1}^{n}(r_{ij} - \mu_i)^2 p_j = x_i^2\,\text{Var}(\tilde{r}_i) = x_i^2\,\sigma_i^2.$$

Durch das Ausmultiplizieren enthält jeder Summand den konstanten Faktor x_i^2.

Das Risiko eines Portefeuilles hängt außer von den Varianzen der Renditen der einzelnen Aktien von deren Kovarianz ab.

Definition 5: Die *Kovarianz* von zwei Zufallsvariablen ist der Erwartungswert des Produktes der Abweichungen der beiden Zufallsvariablen von ihrem jeweiligen Mittelwert.

Die Kovarianz wird ausführlich mit dem Symbol cov $(\cdot,\cdot)$ und abgekürzt mit σ_{ij} bezeichnet, wobei in der Klammer bzw. als Indizes die beiden Variablen genannt werden, deren Kovarianz ausgedrückt wird. Sind die beiden Zufallsvariablen $\tilde{r}_1$ und $\tilde{r}_2$, errechnet sich die Kovarianz als

(7.7)
$$\text{cov}(\tilde{r}_1, \tilde{r}_2) = \sum_{j=1}^{n}\left[(r_{1j} - \mu_1)(r_{2j} - \mu_2)\right] p_j = \sigma_{12}.$$

Wie der Name andeutet, ist die Kovarianz ein Maß dafür, wie sehr die beiden Zufallsvariablen zusammen, d.h. in gleicher Richtung und in gleicher Stärke von ihren Mittelwerten abweichen. In die Summation in Gleichung (7.7) gehen im allgemeinen positive und negative Summanden ein. Ein positiver Summand ergibt sich, wenn bei einem Umweltzustand die Renditen der *beiden* Aktien entweder über oder unter ihren Mittelwerten liegen. Einen negativen Summanden erhält man, wenn die positive Abweichung der einen Rendite mit einer negativen Abweichung der anderen Rendite zusammentrifft. Überwiegen die positiven Summanden, ist dies ein Zeichen dafür, daß die Renditen der Aktien im Durchschnitt in der gleichen Richtung variieren. Die Kovarianz hat dann ein positives *Vorzeichen*. Der *Betrag* der Kovarianz hängt davon ab, ob „große" Abweichungen der einen Rendite von ihrem Mittelwert eher mit „großen" oder mit „kleinen" Abweichungen der anderen Rendite von deren Mittelwert zusammentreffen. Ist der Betrag der Kovarianz „groß" bedeutet dies, daß der Zusammenhang der zwei Zufallsvariablen eng ist. Bei einem losen Zusammenhang ist der Betrag der Kovarianz „klein". (Was „groß" bzw. „klein" ist hängt von den Werten ab, die die Zufallsvariablen annehmen können.)

In dem obigen Zahlenbeispiel (Tabelle 7.1) ergibt sich als Kovarianz zwischen $\tilde{r}_1$ und $\tilde{r}_2$:

$$\text{cov}(\tilde{r}_1, \tilde{r}_2) = \sigma_{12} = (-11)\cdot(-6)\cdot\frac{1}{4} + (-3)\cdot(-16)\cdot\frac{1}{4} + 5\cdot 8\cdot\frac{1}{4} + 9\cdot 14\cdot\frac{1}{4} =$$

$$= \frac{66 + 48 + 40 + 126}{4} = 70$$

Der Zusammenhang ist der Richtung nach eindeutig, aber in den Umweltzuständen 1 und 2 ist er nicht stark.

Die Varianz ist ein Spezialfall der Kovarianz: Sie ist die Kovarianz einer Zufallsvariablen mit sich selbst, wie die Gegenüberstellung der Gleichungen (7.3) und (7.7) erkennen läßt. Die Varianz ist auch insofern ein Sonderfall der Kovarianz, als der Zusammenhang zwischen zwei Zufallsvariablen nie enger sein kann als der zwischen einer Zufallsvariablen und ihr selbst.

Sind die zwei Zufallsvariablen, deren Kovarianz bestimmt wird, Produkte aus je einer Zufallsvariablen und einer Konstanten, dann gilt

$$(7.8) \qquad cov(x_1\tilde{r}_1, x_2\tilde{r}_2) = \sum_{j=1}^{n} \left[(x_1r_{1j} - x_1\mu_1)(x_2r_{2j} - x_2\mu_2) \right] p_j$$

$$= x_1x_2 \sum_{j=1}^{n} \left[(r_{1j} - \mu_1)(r_{2j} - \mu_2) \right] p_j = x_1x_2 \, cov(\tilde{r}_1 \, \tilde{r}_2) = x_1x_2\sigma_{12}$$

Bei den Portefeuilleanteilen $x_1 = x_2 = \frac{1}{2}$ erhalten wir in unserem Zahlenbeispiel

$$\frac{1}{2} \cdot \frac{1}{2} \cdot 70 = 17,5.$$

Die Kovarianzen bei den drei betrachteten Portefeuillezusammensetzungen sind in die Tabelle 7.3 eingegangen.

Um die *Varianz einer Summe* zu bestimmen, braucht man die Kovarianz, denn die Varianz einer Summe aus zwei Zufallsvariablen, z.B. von $\tilde{r}_1$ und $\tilde{r}_2$, ist die Summe aus

— der Varianz der ersten,

— der Kovarianz der ersten mit der zweiten,

— der Varianz der zweiten und

— der Kovarianz der zweiten mit der ersten,

wobei jeweils die Portefeuilleanteile als Gewichte dienen, die quadriert bzw. miteinander multipliziert werden.

Da die Kovarianzen zwischen $\tilde{r}_1$ und $\tilde{r}_2$ und zwischen $\tilde{r}_2$ und $\tilde{r}_1$ gemäß Gleichung (7.7) übereinstimmen, kann man vereinfachen:

$$(7.9) \qquad Var(\tilde{r}_1 + \tilde{r}_2) = Var(\tilde{r}_1) + Var(\tilde{r}_2) + 2 \, cov(\tilde{r}_1, \tilde{r}_2)$$

$$= \sigma_1^2 + \sigma_2^2 + 2\sigma_{12}$$

Sind die Zufallsvariablen selbst Produkte aus je einer Zufallsvariablen (Rendite) und einem konstanten Faktor (Portefeuilleanteil), gilt unter Verwendung der Gleichungen (7.6) und (7.8):

$$(7.10) \qquad Var(x_1\tilde{r}_1 + x_2\tilde{r}_2) = x_1^2 \, Var(\tilde{r}_1) + x_2^2 \, Var(\tilde{r}_2) + 2 \, x_1x_2 \, cov(\tilde{r}_1, \tilde{r}_2)$$

$$= x_1^2\sigma_1^2 + x_2^2\sigma_2^2 + 2 \, x_1x_2\sigma_{12}.$$

Die Gleichung (7.10) ist sehr wichtig. Sie zeigt, wie sich das Risiko eines Portefeuilles aus den Risiken der Aktien im Portefeuille zusammensetzt. Die Einzelrisiken, die Portefeuilleanteile und das Maß des Zusammenhanges zwischen den Renditen bestimmen das Portefeuillerisiko. Weil die Kovarianz in das Portefeuillerisiko eingeht, besteht ein *Risikoverbund* zwischen den Aktien. Man kann das Risiko einer Aktie *in einem Portefeuille nicht isoliert* erfassen.

Im Zahlenbeispiel ergeben sich folgende Varianzen und Standardabweichungen der Portefeuillerenditen in Abhängigkeit von der Portefeuillezusammensetzung:

Portefeuille-Zusammensetzung						
x_1	x_2	$x_1^2 \cdot \sigma_1^2$	$x_2^2 \cdot \sigma_2^2$	$2x_1x_2\sigma_{12}$	σ_p^2	σ_p
$\frac{1}{2}$	$\frac{1}{2}$	$\frac{1}{4} \cdot 59 + \frac{1}{4} \cdot 138 + 2 \cdot \frac{1}{2} \cdot \frac{1}{2} 70 = 84\frac{1}{4}$				9,18
$\frac{2}{3}$	$\frac{1}{3}$	$\frac{4}{9} \cdot 59 + \frac{1}{9} \cdot 138 + 2 \cdot \frac{2}{3} \cdot \frac{1}{3} 70 = 72\frac{2}{3}$				8,52
$\frac{3}{4}$	$\frac{1}{4}$	$\frac{9}{16} \cdot 59 + \frac{1}{16} \cdot 138 + 2 \cdot \frac{3}{4} \cdot \frac{1}{4} 70 = 68,06$				8,25

Tab. 7.3: Portefeuillerisiko und Portefeuillezusammensetzung

Die Zahlen in Tabelle 7.3 entsprechen genau denen, die oben aus den zustandsabhängigen Portefeuillerenditen errechnet worden sind. Hier sind sie aber aus den Parametern Varianz und Kovarianz der Aktien im Portefeuille ermittelt.

Um den bisher anhand eines Zahlenbeispiels dargestellten Unterschied zwischen Portefeuillerisiko (σ_p) und „Durchschnittsrisiko" (DR) allgemein zeigen zu können, ist noch der Korrelationskoeffizient einzuführen.

Definition 6: Der *Korrelationskoeffizient* ist die mit dem Produkt der Standardabweichungen der beiden Zufallsvariablen normierte Kovarianz.

Der Korrelationskoeffizient wird mit dem Symbol $\rho_{i,j}$ gekennzeichnet, dessen Indizes die korrelierten Variablen bezeichnen. Für die Zufallsvariablen $\tilde{r}_1$ und $\tilde{r}_2$ gilt:

(7.11) $\qquad \rho_{1,2} = \dfrac{\mathrm{cov}\,(\tilde{r}_1, \tilde{r}_2)}{\sqrt{\mathrm{Var}\,(\tilde{r}_1) \cdot \mathrm{Var}\,(\tilde{r}_2)}} = \dfrac{\sigma_{12}}{\sigma_1 \sigma_2}$

(7.11a) $\qquad \mathrm{cov}\,(\tilde{r}_1, \tilde{r}_2) = \sigma_1 \sigma_2\, \rho_{1,2}$

Im Zahlenbeispiel ist der Korrelationskoeffizient $\dfrac{70}{7{,}68 \cdot 11{,}75} \approx 0{,}8$

Mit Hilfe der Gleichung (7.11a) kann die Gleichung (7.10) für die Varianz der Rendite des Portefeuilles geschrieben werden als

(7.12) $\qquad \sigma_p^2 = \mathrm{Var}(\tilde{r}_p) = x_1^2\sigma_1^2 + x_2^2\sigma_2^2 + 2x_1x_2\sigma_1\sigma_2\rho_{1,2}$

Die Standardabweichung ist die Wurzel daraus. Sie ist mit dem in Gleichung (7.5) definierten „Durchschnittsrisiko" DR $= x_1\sigma_1 + x_2\sigma_2$ zu vergleichen. Der Vergleich ist jedoch einfacher, wenn man das „Durchschnittsrisiko" ins Quadrat erhebt und der Varianz der Portefeuillerendite gegenüberstellt. Dazu muß man DR nach der bekannten Formel $(a + b)^2 = a^2 + 2ab + b^2$ quadrieren:

(7.13) $DR^2 = (x_1\sigma_1)^2 + 2(x_1\sigma_1)(x_2\sigma_2) + (x_2\sigma_2)^2$

oder umgestellt und erweitert:

(7.13a) $DR^2 = x_1^2\sigma_1^2 + x_2^2\sigma_2^2 + 2x_1x_2\sigma_1\sigma_2\ 1$

Der Vergleich mit (7.12) zeigt, daß dort der Faktor $\rho_{1,2}$ steht, wo hier der Faktor 1 steht. Daraus folgt, daß das Durchschnittsrisiko *dann und nur dann* dem Risiko des Portefeuilles entspricht, wenn der Korrelationskoeffizient den Wert +1 annimmt. Da für den Korrelationskoeffizienten aber generell gilt, daß

(7.14) $-1 \leqslant \rho_{1,2} \leqslant +1$

ist $\rho_{1,2} = +1$ der Extremfall vollständiger positiver Korrelation. Nur in diesem Extremfall ist das Durchschnittsrisiko gleich dem Portefeuillerisiko. Sonst ist es *immer größer*. Die Relation „Durchschnittsrisiko größer gleich Portefeuillerisiko" gilt auch, wenn man die Wurzeln zieht, d.h. DR mit σ_p vergleicht. Als *Ergebnis* ist festzuhalten:

Der Erwartungswert der Rendite eines Portefeuilles ist gleich dem mit den Portefeuilleanteilen gewogenen Mittel der Erwartungswerte der Renditen der einzelnen Aktien im Portefeuille,

aber

die *Standardabweichung der Rendite eines Portefeuilles* ist außer im Extemfall vollkommener positiver Korrelation zwischen den Aktienrenditen *kleiner als* das mit den Portefeuilleanteilen gewogene *Mittel der Standardabweichungen der einzelnen Aktien im Portefeuille.*

Wir behandeln nun die Portefeuilleanteile x_1 und x_2 als Veränderliche. Wie man aus der Gleichung (7.1) ersehen kann, hängt es von den Portefeuilleanteilen x_1 und $x_2 = (1 - x_1)$ ab, welchen Erwartungswert und welche Standardabweichung die Portefeuillerendite hat. Der Zusammenhang läßt sich graphisch darstellen:

152

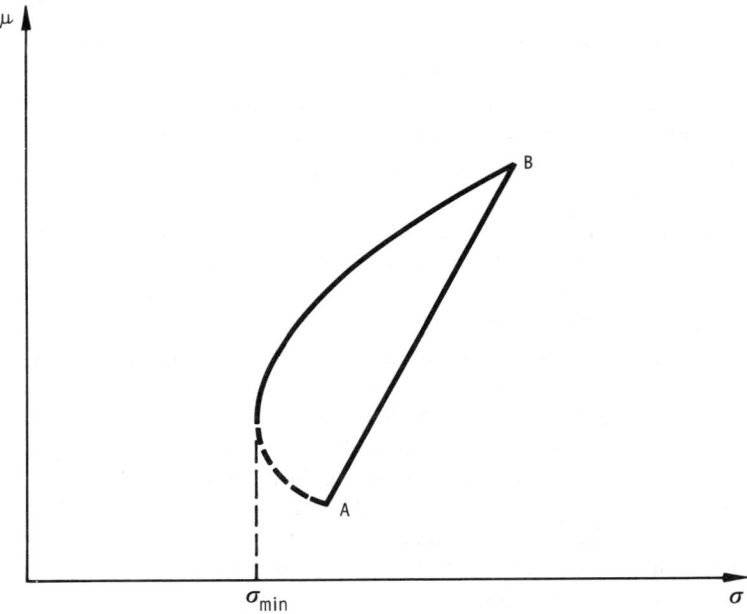

Abb. 7.1: Ertrag und Risiko bei Portefeuilles aus zwei Aktien

Die Punkte A und B sind durch die μ- und σ-Koordinatenwerte für die Renditen der Aktien 1 und 2 bestimmt. Die *gerade* Verbindungslinie stellt die entsprechenden Werte für alle möglichen Portefeuilles im Sonderfall *vollkommener positiver* Korrelation dar. Die rechtsgekrümmte Linie stellt Risiko-Ertrags-Werte möglicher Portefeuilles aus den Aktien 1 und 2 dar, wenn die Renditen *nicht vollkommen korreliert* sind. Jeder Punkt auf den Linien entspricht einer unterschiedlichen Portefeuillezusammensetzung, d.h. anderen Werten von x_1 und x_2 und je nach der Höhe des Korrelationskoeffizienten ist die Krümmung schwächer oder stärker.

7.3. Effiziente und optimale Aktienportefeuilles

In diesem Abschnitt betrachten wir weiterhin nur „Aktienportefeuilles". Das sind Portefeuilles, die nur risikobehaftete Wertpapiere oder „Aktien" enthalten. Durch die Beschränkung auf risikobehaftete Wertpapiere werden nicht nur solche aus der weiteren Betrachtung vorerst ausgeschieden, die für sich genommen risikolos sind ($\sigma_i = 0$), sondern auch Paare von Aktien i und j, deren Erträge vollständig korreliert sind ($\rho_{ij} = +1$ oder -1) und die sich daher zu risikolosen Kombinationen zusammenfügen ließen. Warum auch die vollkommen positive Korrelation ausgeschlossen wird, wird unten erläutert.

Untersucht werden nun die Eigenschaften von Aktienportefeuilles, die mehr als zwei Aktien enthalten. Ausgehend von dem Fall mit zwei Aktien wird zuerst der Fall mit drei Aktien untersucht und dann die Verallgemeinerung auf m Aktien vorgenommen. Dabei interessieren vor

153

allem die qualitativen Eigenschaften effizienter und optimaler Portefeuilles. Die quantitativen Aspekte stehen nicht im Vordergrund. Rechentechniken zur Bestimmung effizienter und optimaler Portefeuilles werden nicht behandelt[5].

Als Grundannahme wird beibehalten, daß der Investor risikoscheu ist und Portefeuilles anhand der Maßgrößen für „Ertrag" und „Risiko" bewertet. Er bevorzugt Portefeuilles, die im (μ, σ)-Koordinatensystem, das in den Abbildungen 7.1 bis 7.5 gebraucht wird, weiter links oben liegen als andere.

Ein Portefeuille läßt sich kennzeichnen durch den *Geldeinsatz:* Ein bestimmter vorgegebener Geldbetrag wird insgesamt investiert. Der Geldbetrag wird auf die Aktien (genauer: Aktienarten) i (i = 1,...,m) aufgeteilt. Der auf Aktie i entfallende Anteil am insgesamt investierten Geldbetrag ist x_i. Die Summe der Anteile ist definitionsgemäß gleich 1.

Ebenso kann man ein Portefeuille durch die Parameter der Wahrscheinlichkeitsverteilung für die möglichen *Ergebnisse* beschreiben. Die möglichen Ergebnisse sind Marktwerte des Portefeuilles am Periodenende (einschließlich Dividenden). Der Marktwert des Portefeuilles am Periodenende in jedem Umweltzustand hängt ab von der Zusammensetzung des Portefeuilles und den Marktwerten am Periodenende der einzelnen Aktien im Portefeuille. Dividiert man diese Marktwerte durch die eingesetzten Geldbeträge, erhält man gemäß Formel (7.1) Renditen. Die Parameter „Ertrag" (Erwartungswert) und „Risiko" (Varianz oder Standardabweichung) der Wahrscheinlichkeitsverteilung der möglichen Marktwerte bzw. der möglichen Renditen des gesamten Portefeuilles lassen sich mit Formeln berechnen, die den für den Zwei-Aktien-Fall entwickelten Formeln entsprechen. Insbesondere gilt auch bei m Aktien, daß das Risiko des Portefeuilles davon abhängt, wie stark die Renditen der einzelnen Aktien im Portefeuille korreliert sind.

Der Einfachheit halber werden im folgenden weiterhin statt Beträgen (Marktwerten) die Renditen von einzelnen Aktien bzw. von Portefeuilles betrachtet. Die Darstellung wird weitgehend graphisch erfolgen. Dies erlaubt es in vielen Fällen, ein Portefeuille wie den entsprechenden Punkt im Ertrags-Risiko-Diagramm zu bezeichnen, durch den es dargestellt wird. Nur wo dies zu Mißverständnissen führt, wird ein Portefeuille durch seine Zusammensetzung gekennzeichnet. Allein der einfachen Darstellung dient es, wenn im folgenden nur positive Portefeuilleanteile x_i berücksichtigt werden[6].

Ein Investor, der ein optimales Portefeuille bestimmen will, kann in *zwei Schritten* vorgehen: Im ersten Schritt sind die effizienten Portefeuilles aus der Gesamtheit der möglichen Portefeuilles auszusondern. Im zweiten Schritt ist das optimale unter den effizienten Portefeuilles zu wählen.

Der Begriff „effizient" wird sinngemäß so gebraucht, wie er schon im Abschnitt 6.3. für einzelne Investitionsobjekte erläutert worden ist.

Definition 7: Ein Portefeuille heißt dann effizient, wenn es kein anderes gibt, das bei gleichem „Ertrag" ein geringeres „Risiko" oder bei gleichem „Risiko" einen höheren „Ertrag" aufweist.

Alle Kombinationen aus den beiden Aktien 1 und 2 in der Abbildung 7.2 sind auf der gekrümmten Verbindungslinie der Punkte A und B aufgetragen. Die einzelnen Punkte auf der

---

5 Vgl. dazu ausführlich *Sharpe* [Portfolio], S. 244–273.
6 Würde man negative Werte für x_i, sog. Leerverkäufe, zulassen, könnten auch mit Aktien, deren Renditen vollkommen positiv korreliert sind, risikolose Portefeuilles gebildet werden. Dies ist einer der Gründe, warum die vollkommene Korrelation auch ausgeschlossen ist.

Verbindungslinie erhält man, indem man z.B. von $x_1 = 1$ und $x_2 = 0$ (Punkt A) ausgehend den Portefeuilleanteil x_1 kontinuierlich verringert und entsprechend x_2 steigen läßt. Jeder Punkt ist also ein bestimmtes Portefeuille mit der Zusammensetzung (x_1, x_2) aus den beiden Aktien. Effizient sind nur die Punkte auf dem durchgezogenen Teil der Verbindungslinie. Das Portefeuille C ist dasjenige mit der kleinsten Standardabweichung. Punkte unterhalb von C kennzeichnen nicht effiziente Portefeuilles[7].

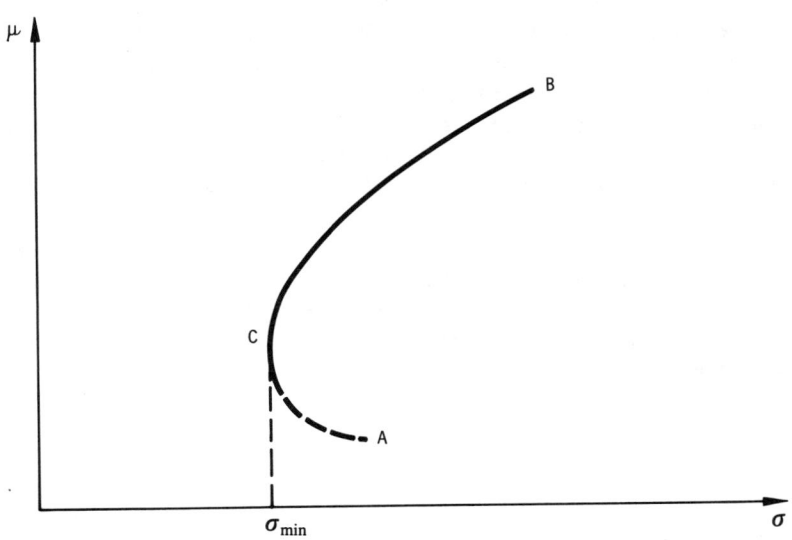

Abb. 7.2: Mögliche und effiziente Portefeuilles aus zwei Aktien

Eine Voraussetzung dafür, daß sich die Bestimmung optimaler Portefeuilles in zwei Schritte zerlegen läßt, ist ein streng konkaver Verlauf der Kurve, die die effizienten Portefeuilles enthält. Streng konkav ist eine Kurve, wenn jede lineare Verbindung zwischen zwei auf der Kurve liegenden Punkten unterhalb der Kurve verläuft. Die Linie CB der effizienten (x_1, x_2)-Portefeuilles in Abbildung 7.2 ist konkav, weil die Linie zwischen den Punkten A und B rechtsgekrümmt ist.

Die Rechtskrümmung der Kurve AB mit den Portefeuilles aus den Aktien 1 und 2 folgt aus der Annahme, daß die Renditen der beiden Aktien weder vollständig positiv noch vollständig negativ korreliert sind. Wie im vorigen Abschnitt gezeigt worden ist, ist das Portefeuillerisiko kleiner als das „Durchschnittsrisiko", weil die vollständige positive Korrelation ausgeschlossen ist. Die Ertrags-Risiko-Kombinationen aus den Aktien 1 und 2 liegen daher links von der Geraden, die die Punkte A und B verbindet. (Dazu war die Annahme $\rho_{1,2} < +1$ nötig.) Da außerdem die vollkommene negative Korrelation ausgeschlossen ist, gibt es auch kein risikoloses Portefeuille aus den beiden Aktien. Gäbe es ein solches risikoloses Portefeuille, wäre es als

---

7 Solange man nur positive Portefeuilleanteile betrachtet, kann auch das Portefeuille A dasjenige mit der kleinsten Varianz sein. In diesem Fall wäre die gesamte Linie AB effizient.

Punkt C'links von C *auf* der Ordinate darzustellen. Alle riskanten Portefeuilles lägen in diesem Fall auf den Geraden zwischen A und C'bzw. B und C'. Da dieser Extremfall auch ausgeschlossen ist, liegt die Menge der Portefeuilles auf einer stetigen rechtsgekrümmten Kurve.

Man kann sich diesen Kurvenverlauf auch durch folgende Überlegung verdeutlichen: Portefeuilles wie das Portefeuille C können Bestandteile von (anderen) Portefeuilles sein. Jedes aus den Aktien 1 und 2 gebildete Portefeuille wie z.B. das Portefeuille C hat eine unsichere Portefeuillerendite. Da diese auch von der Rendite der Aktie 1 abhängt, ist sie mit der Rendite der Aktie 2 *nicht* vollständig korreliert. Für alle Portefeuilles, die als Bestandteil das Portefeuille C und die Aktie 2 mit positiven Portefeuilleanteilen x_C und x_2 enthalten, gilt ebenfalls, daß ihr Portefeuillerisiko kleiner als ihr „Durchschnittsrisiko" ist. Die Kurve mit diesen Portefeuilles ist also auch rechtsgekrümmt. Und was für Portefeuille C gilt, gilt für jedes andere Portefeuille aus den Aktien 1 und 2. Da das Portefeuille C und alle anderen Portefeuilles aber *nur* die Aktien 1 und 2 enthalten, können die Portefeuilles, die aus ihnen und der Aktie 2 gebildet sind, nur auf der Linie liegen, die auch alle Portefeuilles aus den Aktien 1 und 2 enthält. Daher ist diese Linie *in ihrem ganzen Verlauf* von Punkt A bis Punkt B stetig und rechtsgekrümmt.

Nun wird die Aktie 3 in die Betrachtung einbezogen. Sie wird durch den Punkt D in der Abbildung 7.3 dargestellt. Ihre Rendite ist annahmemäßig weder vollkommen positiv noch vollkommen negativ mit den Renditen der Aktien 1 und 2 korreliert. Daher ist die Korrelation mit den Renditen aller aus den Aktien 1 und 2 gebildeten Portefeuilles (wie z.B. des Portefeuilles C) auch unvollkommen.

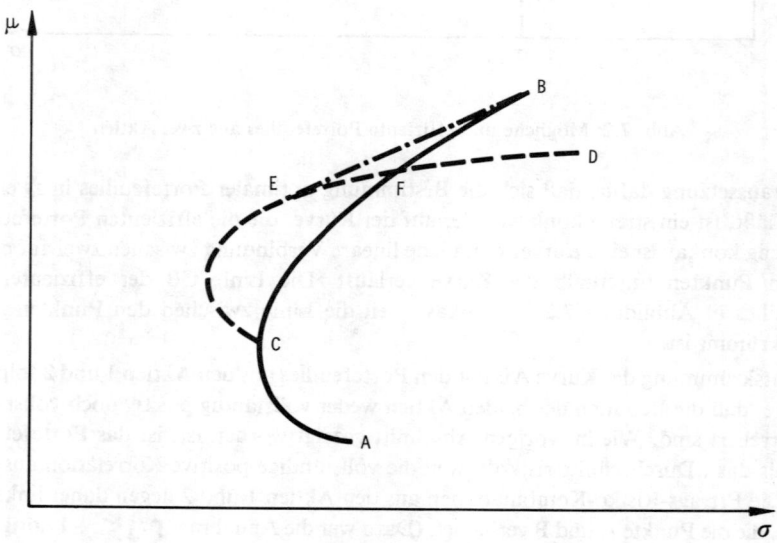

Abb. 7.3: Portefeuilles aus drei Aktien

Es lassen sich nun Portefeuilles bilden, die die drei Aktien mit bestimmten Anteilen x_1, x_2 und x_3 enthalten. Solche Portefeuilles kann man auch als Mischungen betrachten, die als Bestandteil ein Portefeuille aus den Aktien 1 und 2 (wie z.B. das Portefeuille C) und die Aktie 3 enthalten. In der Abbildung 7.3 zeigt die gestrichelte Linie CD, welche Ertrags-Risiko-Kombinationen sich durch unterschiedliche Zusammensetzungen (x_C, x_3) erreichen lassen.

Die Verbindungslinie zwischen C und D mit den Ertrags-Risiko-Kombinationen der Portefeuilles (x_C,x_3) ist wegen der annahmegemäß unvollkommenen Korrelation der Renditen ebenfalls rechtsgekrümmt.

Scheinbar zerstört die Einbeziehung der Aktie 3 die Konkavität des Kurvenzuges, der alle effizienten Portefeuilles aus den drei Aktien enthält, jedenfalls solange man die Aktie 3 nur in Mischungen mit dem Portefeuille C zusammenfaßt. Man könnte denken, daß sich die Linie der effizienten Portefeuilles aus dem effizienten Teil der Kurve CEF und dem Kurventeil FB zusammensetzt. Diese Linie ist aber nicht konkav, wie man z.B. am Punkt F sieht. Dieser Punkt liegt nämlich unterhalb der in Abbildung 7.3 mit Strichpunkten gezeichneten *linearen* Verbindung zwischen den zwei Punkten E und B. Aus der Nichtkonkavität der Linie CEFB *folgt* jedoch *nicht*, daß die Menge der effizienten Portefeuilles, die man aus den Aktien 1, 2 und 3 bilden kann, nicht auf einer konkaven Linie liegt. Es folgt vielmehr, daß der Punkt F kein effizientes Portefeuille darstellt, denn sowohl der Punkt E als auch der Punkt B sind mögliche Aufteilungen des zu investierenden Betrages, also mögliche Portefeuilles[8]. Daher sind auch die Kombinationen aus ihnen mögliche Portefeuilles. Da die Rendite des Portefeuilles, das durch Punkt E dargestellt wird, und die Rendite der Aktie 2 unvollständig korreliert sind, liegen die Risiko-Ertrags-Kombinationen aller (x_E, x_2)-Portefeuilles links oberhalb der in der Abbildung 7.3 eingezeichneten Geraden zwischen den Punkten E und B. Ein Teil dieser Portefeuilles ist effizient gegenüber Punkt F; also ist Punkt F ineffizient. Dieselbe Überlegung läßt sich auf jedes nicht-konkave Segment der Linie mit den — vermeintlich — effizienten Aktienportefeuilles anwenden. Daher ist entgegen dem ersten Anschein die Linie der effizienten Portefeuilles doch konkav.

An der Abbildung 7.3 lassen sich einige interessante Beobachtungen machen:

(1) Die Aktie 3 ist Bestandteil effizienter Portefeuilles, obwohl sie selbst im Vergleich zu den möglichen (x_1, x_2)-Kombinationen nicht effizient ist.

(2) Einige der vorher effizienten Portefeuilles aus den Aktien 1 und 2 sind nach der Einbeziehung der Aktie 3 nicht mehr effizient. Es sind (mindestens) die (x_1, x_2)-Portefeuilles zwischen den Punkten C und F.

(3) Durch die Einbeziehung der Aktie 3 verschiebt sich die Menge der effizienten Portefeuilles offensichtlich nach links oben, d.h. in die Richtung, die einer höheren Zielerreichung entspricht.

(4) Wie die Betrachtung des Portefeuilles E und der mit seiner Beteiligung herstellbaren weiteren Portefeuilles schon zeigt, liegt die Linie aller effizienten Portefeuilles aus den Aktien 1, 2 und 3 links oben von dem Linienzug CEFB und erst recht links oben von der Linie AB. Zu diesem Ergebnis kommt man auch, wenn man bedenkt, daß sich die Aktie 3 nicht nur mit dem Portefeuille C aus den Aktien 1 und 2 kombinieren läßt, sondern mit jedem anderen Portefeuille aus diesen beiden Aktien.

Die schrittweise Einbeziehung *aller* weiteren für die Geldanlage in Betracht kommenden *Aktien* verschiebt die Linie der effizienten Portefeuilles weiter nach links oben. Diese durch voll-

---

8 Die genaue Lage des Punktes E ist für die Argumentation *nicht* wichtig.

ständige Ausnutzung des Diversifikationseffekts erreichbare Linie nennt man „efficient frontier"[9]. Schneider spricht anschaulich von der „Linie der guten Handlungsmöglichkeiten"[10]. Sie ist konkav.

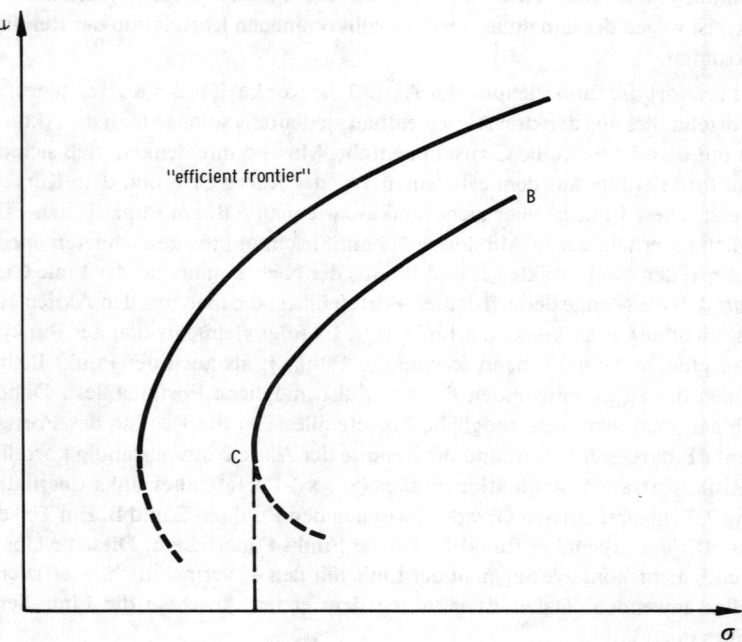

Abb. 7.4: Die „efficient frontier" für m Aktien

Jeder Punkt auf der Linie der effizienten Portefeuilles repräsentiert eine ganz bestimmte Portefeuillezusammensetzung, d.h. ein ganz bestimmtes Verhältnis zwischen den in den einzelnen m Aktien (genauer: Aktienarten) angelegten Geldbeträgen.

Auf die komplizierten Rechentechniken, wie man effiziente Portefeuilles ermitteln kann, ist hier nicht einzugehen. Wenn ein Investor die „effiziente Linie" kennt, kann er nach seiner Bewertung von Risiko und Ertrag das für ihn *optimale* unter den *effizienten* Portefeuilles auswählen. Dazu können die im vorigen Kapitel (Abschnitt 6.3.2.) eingeführten Risiko-Ertrags-Indifferenzkurven verwendet werden. Gewählt wird das Portefeuille, das auf der höchsten Indifferenzkurve liegt. Legt man die Abbildung 6.3 aus dem vorigen Kapitel und die Abbildung 7.4 zusammen, wird die graphische Lösung deutlich: Optimal ist das Portefeuille, das durch den Punkt Q in Abbildung 7.5 dargestellt wird. In ihm tangiert die effiziente Linie die höchste Indifferenzkurve. Für andere Investoren mit stärkerer oder schwächerer Risikoscheu würde sich ein anderer Tangentialpunkt und damit auch eine andere Portefeuillezusammensetzung als optimal ergeben.

---

9 Vgl. *Sharpe* [Portfolio], S. 33.
10 *Schneider* [Investition], S. 410.

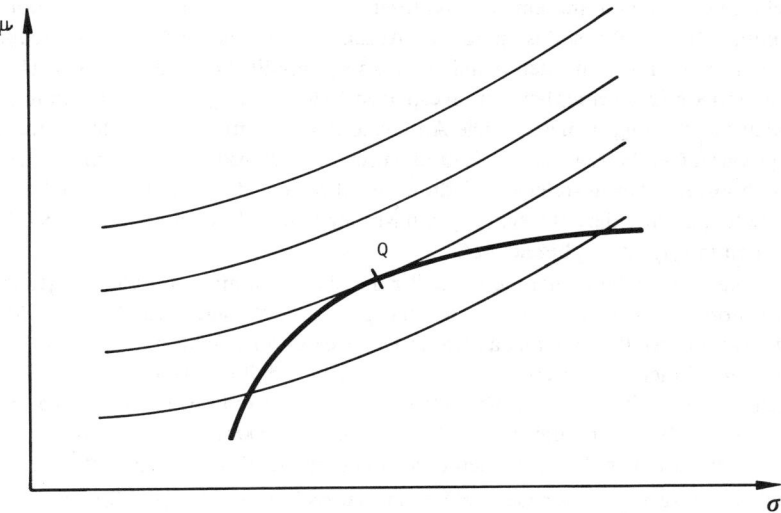

Abb. 7.5: Effiziente und optimale Aktienportefeuilles

Daß es eine eindeutige optimale Lösung gibt, folgt aus der Konvexität der Indifferenzkurven (Risikoaversion) und der Konkavität der Linie der effizienten Aktienportefeuilles. Aus dem Interesse an der Existenz und Eindeutigkeit der optimalen Lösung erklärt sich, warum so ausführlich geprüft worden ist, ob die Linie der effizienten Aktienportefeuilles konkav ist.

7.4. Portefeuillestruktur und Risikoneigung: Separation

Bisher wurden nur Möglichkeiten zur risikobehafteten Geldanlage betrachtet. Die Annahme, daß es nur „Aktien" gibt, war sogar notwendig, um den konkaven Verlauf der Kurve der effizienten Portefeuilles ableiten zu können. Wir heben diese Annahme nun auf und unterstellen statt dessen, daß es eine risikolose Anlagemöglichkeit gibt. Es ist problematisch, was man in der Realität als risikolose Anlagemöglichkeit ansehen könnte: So sind z.B. nominell sichere Anlagemöglichkeiten hinsichtlich der Kaufkraft unsicher, wenn, wie es in der Realität der Fall ist, die Inflationsrate unsicher ist. Langfristig laufende festverzinsliche Wertpapiere sind auch hinsichtlich ihrer Rendite in einer Periode unsicher, da in der Realität der Zinssatz für die späteren Perioden unsicher ist und da sich Zinsänderungen in späteren Perioden auf den Kurs der festverzinslichen Wertpapiere am Ende der ersten Periode (t_1) auswirken. Der Vorstellung einer risikolosen Geldanlage kommen vom Staat emittierte Wertpapiere am nächsten, die am Ende der betrachteten Planungsperiode fällig sind[11]. Ihre Rendite ist der risikolose Zinssatz i_f. Wenn die risikolose Geldanlage möglich ist, besteht das Portefeuille eines Anlegers aus einem

---

11 Vgl. z.B. *Levy/Sarnat* [Investment], S. 114. Allgemein gilt jedoch, daß sich ein Vermögensgut nur dann als risikolos einstufen läßt, wenn (a) seine Laufzeit dem Planungszeitraum der Investoren entspricht und (b) seine „Maßeinheit" (z.B. nominal vs. real) derjenigen gleicht, in der die Investoren ihre Zielgröße messen; vgl. *Stützel* [Relativität].

risikobehafteten Anteil a und einem risikolosen Anteil (1–a). Es ist ein „Mischportefeuille". Der risikobehaftete Teil a ist das im vorigen Abschnitt untersuchte Aktienportefeuille, das die einzelnen Aktien 1 bis m mit den Anteilen x_1 bis x_m enthält. Die Anteile a bzw. (1–a) werden durch den in jede Anlagemöglichkeit investierten Geldbetrag, geteilt durch den insgesamt anzulegenden Geldbetrag, gemessen. Die Anteile x_i (i = 1,...,m) sind Anteile am insgesamt riskant angelegten Geldbetrag. Ist die Zusammensetzung der Aktienportefeuilles gegeben, kann man Mischportefeuilles ausreichend dadurch beschreiben, daß man den Anteil a angibt. Erwartungswert und Standardabweichung von Mischportefeuilles mit dem risikobehafteten Anteil a werden mit μ_a und σ_a bezeichnet.

Eine wichtige zusätzliche Annahme ist, daß zum Zinssatz i_f nicht nur Geld angelegt, sondern *auch aufgenommen* werden kann. Bezüglich der sicheren Anlage wird also ein vollkommener Kapitalmarkt unterstellt. Daher ist a nicht auf Werte bis + 1 beschränkt, und (1–a) kann negative Werte annehmen. Ein Wert von a = 1,5 bedeutet, daß ein Anleger, der z.B. über einen anzulegenden Betrag in Höhe von 100.000 verfügt, einen Kredit in Höhe von 0,5 (= a–1) mal 100.000 gleich 50.000 aufnimmt und die Summe von 150.000 so auf die m Aktien aufteilt, wie es seiner Vorstellung von der optimalen Zusammensetzung des Aktienportefeuilles entspricht.

Die Möglichkeit zu risikoloser Geldanlage und zu risikoloser Verschuldung zum „sicheren" Zinssatz i_f verändert die Menge (d.h. die Gesamtheit) der möglichen und der effizienten Portefeuilles und führt zu *qualitativ anderen* Ergebnissen als denen, die im letzten Abschnitt herausgearbeitet worden sind. Das *wichtigste neue Ergebnis* ist, daß sich das Entscheidungsproblem eines Anlegers nun in *anderer Weise* als im oben behandelten Fall mit ausschließlich riskanten Anlagemöglichkeiten in zwei Teile zerlegen („separieren") läßt:

(1) Im ersten Teil wird die Zusammensetzung oder Struktur des Aktienportefeuilles bestimmt, d.h. es wird festgelegt, welche risikoreichen Vermögensgüter zu welchen Anteilen im Aktienportefeuille enthalten sein sollen. Dieser erste Teil des Entscheidungsproblems ist unabhängig von dem Ausmaß der Risikoaversion des Entscheiders.

(2) Im zweiten Teil wird die Risikoneigung des Anlegers dadurch berücksichtigt, daß festgelegt wird, wie sehr das Risiko des Aktienportefeuilles durch Geldanlage zum sicheren Zinssatz gemildert oder durch Kreditaufnahme erhöht wird.

Dies ist der Inhalt des sog. *Separationstheorems* von James Tobin[12], das im folgenden erläutert werden soll.

Der Erwartungswert und die Standardabweichung der risikolosen Anlage sind definitionsgemäß

(7.15) $\mu_f = E(i_f) = i_f$ und $\sigma_f = \sqrt{Var(i_f)} = 0.$

Für ein beliebiges Aktienportefeuille P seien die entsprechenden Werte μ_p und σ_p vorgegeben. μ_p sei größer als i_f. Betrachten wir nun Mischportefeuilles, von denen der Anteil a „riskant" im Aktienportefeuille P und der Rest (1–a) „sicher" zum Satz i_f angelegt wird. Für solche Mischportefeuilles wird der Index a verwendet. Ertrag (μ_a) und Risiko (σ_a) eines Mischportefeuilles hängen von der durch a gekennzeichneten Aufteilung der Mittel ab. Für die erwartete Rendite erhält man

(7.16) $\mu_a = a\,\mu_p + (1 - a)\,i_f.$

---

12 Vgl. *Tobin* [Preference], und dazu neuerdings *Franke* [Kapitalmarkt] und *Rudolph* [Bedeutung].

Für die Standardabweichung gilt nach Gleichung (7.4) und (7.12)

(7.17) $\quad \sigma_a = \sqrt{a^2\sigma_p^2 + (1 - a)^2\sigma_f^2 + 2a\,(1 - a)\sigma_p\sigma_f\rho_{p,f}}$.

Weil aber σ_f und $\rho_{p,f}$ gleich Null sind, vereinfacht sich (7.17) zu

(7.18) $\quad \sigma_a = \sqrt{a^2\sigma_p^2} = a\sigma_p$.

Die Gleichung (7.18) enthält ein erstes wichtiges Ergebnis und einen charakteristischen Unterschied gegenüber dem Fall mit ausschließlich riskanten Anlagemöglichkeiten: Das *Risiko* des Mischportefeuilles steigt *genau wie der Ertrag linear* mit dem riskanten Portefeuilleanteil a an. Daher kann man a auch als Risikomaß *für Mischportefeuilles* gebrauchen. Die Gleichung (7.16) für den Ertrag des Mischportefeuilles kann zu

(7.19) $\quad \mu_a = i_f + a\,(\mu_p - i_f)$

umgestellt und als lineare Beziehung zwischen Ertrag und Risiko interpretiert werden: Der Ertrag setzt sich zusammen aus einem risikolosen Basiszinssatz i_f und einer Risikoprämie. Diese ist das Produkt aus einem Risikomaß a und einer Risikoprämie pro Risikoeinheit $(\mu_p - i_f)$.

Die Beziehungen (7.16) bis (7.19) gelten für *jedes* Mischportefeuille aus riskanter und sicherer Geldanlage, unabhängig davon, ob das riskante Portefeuille effizient ist oder nicht. Sie gelten damit auch für Mischportefeuilles mit (riskanten) Aktienportefeuilles, die wie das durch den Punkt P in Abbildung 7.6 dargestellte Aktienportefeuille effizient sind.

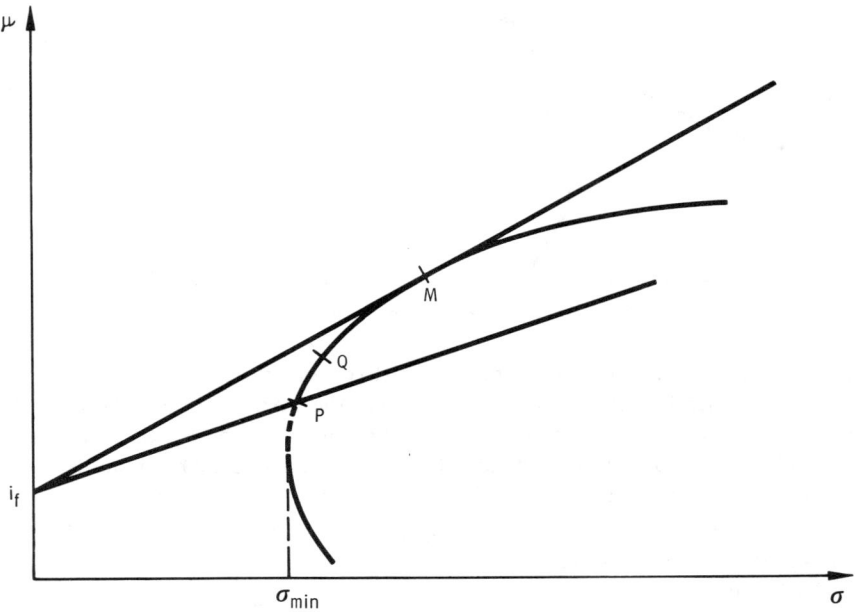

Abb. 7.6: Mischportefeuilles

Wenn die risikolose Anlage zu i_f möglich ist, stellt der unterhalb von Punkt P liegende Teil der ursprünglich — ohne risikolose Anlagemöglichkeit — effizienten Linie keine effizienten Portefeuilles mehr dar: Es gibt aus i_f und P zusammengesetzte Portefeuilles, die bei gleichem Risiko höhere Erträge aufweisen als die in Abbildung 7.6 durch die gestrichelte Linie gekennzeichneten Aktienportefeuilles.

Wie man aus der risikolosen Anlage zu i_f und dem riskanten Portefeuille P Mischportefeuilles bilden kann, lassen sich auch mit i_f und dem riskanten Portefeuille auf Punkt Q in Abbildung 7.6 Mischportefeuilles bilden. Sie wären — je nach dem Wert von a — auf einer Geraden durch i_f und Q im (μ, σ)-Koordinatensystem abzutragen. Da diese Gerade links oberhalb von der Geraden durch Punkt P verläuft, können die aus i_f und P gebildeten Mischportefeuilles nicht effizient sein. Die Fortsetzung dieser Überlegung führt zu dem wichtigen Ergebnis, daß *nur Punkte auf der Geraden durch i_f und Punkt M* in Abbildung 7.6 und in Abbildung 7.7 effiziente Mischportefeuilles darstellen können: M ist der Tangentialpunkt von i_f an der Linie der effizienten Aktienportefeuilles.

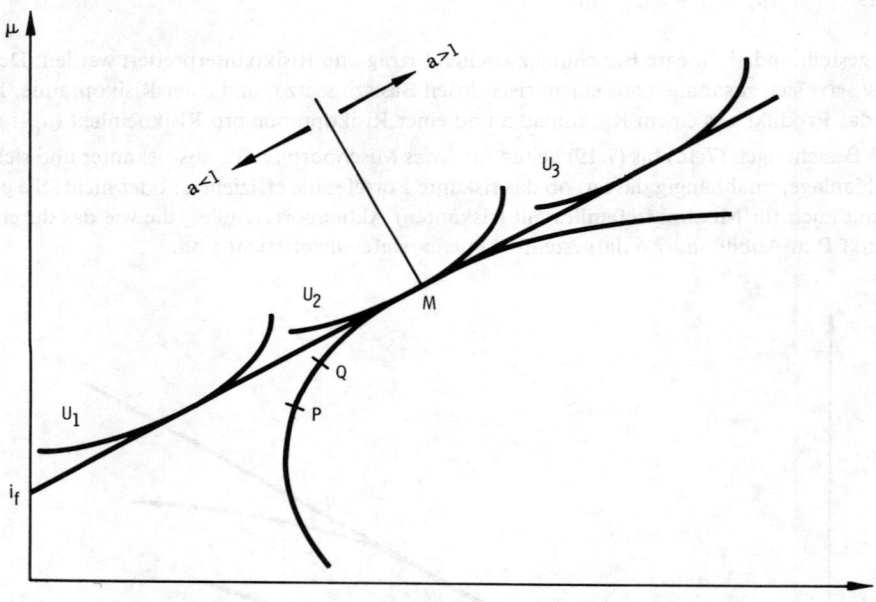

Abb. 7.7: Das optimale Aktienportefeuille bei Separation

Gegenüber dem Fall ohne risikolose Anlagemöglichkeit ändert sich die Menge der effizienten Portefeuilles hinsichtlich ihrer Zusammensetzung. Alle Aktienportefeuilles außer M sind nicht mehr effizient. Effizient sind nur die Mischportefeuilles, einschließlich der Extremfälle mit nur risikoloser Anlage (a = 0) und nur riskanter Anlage aber ohne Kreditaufnahme (a = 1). Alle effizienten Mischportefeuilles enthalten das effiziente Aktienportefeuille M.

Gegenüber dem Fall ohne risikoloses Wertpapier ändert sich auch der Verlauf der Linie mit den Ertrags-Risiko-Kombinationen aller effizienten (Misch-)Portefeuilles: Sie ist eine *Gerade* im (μ, σ)-Diagramm.

Diese Änderungen haben Konsequenzen für die Auswahl des optimalen Portefeuilles. Ein Investor, der risikoscheu ist, wählt nur unter den effizienten Portefeuilles aus. Daher braucht er unabhängig vom Ausmaß seiner Risikoscheu nur das Aktienportefeuille M und die Parameter Mittelwert und Standardabweichung seiner Rendite zu kennen[13]. Die Bestimmung der Portefeuilleanteile x_1 bis x_m der Aktien 1 bis m im Aktienportefeuille M ist der erste Schritt der Entscheidung. Erst im zweiten Schritt wird ein Anleger das Ausmaß seiner Risikoscheu berücksichtigen. Er muß abwägen, wieviel Risiko er für wieviel Ertrag zu übernehmen bereit ist. Ein eher risikoscheuer Investor, dessen Präferenzen in der Abbildung 7.7 durch die Indifferenzkurve U_1 dargestellt sind, wird sein Geld auf das Aktienportefeuille und die risikolose Geldanlage aufteilen. Je risikoscheuer er ist, um so kleiner wird für ihn der optimale Anteil a. Ein mittelmäßig risikoscheuer Anleger mit Indifferenzkurven wie U_2 legt seinen gesamten anzulegenden Betrag im Aktienportefeuille M an. Ein Anleger mit Indifferenzkurven wie U_3, der so wenig risikoscheu ist, daß er für mehr Ertrag als μ_M auch mehr Risiko als σ_M zu tragen bereit ist, verschuldet sich und kauft für das gesamte Geld, d.h. seinen Ausgangsbetrag und den Kredit, das Aktienportefeuille M.

Betrachten wir dazu ein Zahlenbeispiel: i_f sei 6 %, μ_M sei 12 %, σ_M sei 14 %[14]. Der anzulegende Betrag sei 100.000 Geldeinheiten. Der vorsichtigste der drei Investoren wählt a = 0,5. Sein erwarteter Gewinn (Vermögenszuwachs) am Periodenende ist $50.000 \cdot 0,06 + 50.000 \cdot 0,12 = 9.000$. Die Standardabweichung des Gewinns beträgt $50.000 \cdot 0,14 = 7.000$.

Für den zweiten Investor gilt a = 1. Sein erwarteter Gewinn ist 12.000 mit der Standardabweichung 14.000.

Der am wenigsten risikoscheue Investor wählt a = 1,5. Er nimmt einen Kredit von 50.000 auf, den er am Periodenende mit Zinsen zurückzahlen muß. Sein erwarteter (Netto-)Gewinn am Periodenende ist $150.000 \cdot 0,12 - 50.000 \cdot 0,06 = 15.000$. Die Standardabweichung des Gewinns beträgt $150.000 \cdot 0,14 = 21.000$.

Es ist nun gezeigt worden, daß es nicht nur möglich ist, die Portefeuilleentscheidungen in zwei Schritte zu zerlegen, sondern daß es auch optimal ist, zuerst die Struktur des riskanten Portefeuilles M zu bestimmen und dann das der individuellen Risikoneigung entsprechende Mischportefeuille aus der risikolosen Anlage oder dem Kredit zu i_f und dem Aktienportefeuille M festzulegen. In welchem Verhältnis die Aktien im Portefeuille M eines Investors zueinander stehen, also die Zusammensetzung des (optimalen) Aktienportefeuilles, ist *unabhängig von der individuellen Risikoneigung*. Dieses Ergebnis ist qualitativ verschieden von dem Fall, in dem nur Portefeuilles aus risikobehafteten Wertpapieren gebildet werden können.

7.5. Ertrag und Risiko im Gleichgewicht

Im Kaptiel 2 über Ziele wurde die Marktwertmaximierung als eine sinnvolle Zielgröße genannt, und im Teil IV über Finanzierung werden die „Kapitalkosten" diskutiert werden. Die Kapitalkosten sind direkt vom Marktwert abhängig. Um abschätzen zu können, wovon der Marktwert bzw. die Kapitalkosten einer Unternehmung abhängen und wie der Marktwert einer Unternehmung von Investitions- und Finanzierungsmaßnahmen beeinflußt wird, braucht

---

13 Die „benachbarten" Aktienportefeuilles muß er jedoch auch kennen; sonst wüßte er ja nicht, daß M den Tangentialpunkt darstellt.

14 Diese Zahlen sind den historischen Werten für die jährlichen Renditen nicht unähnlich, die ein Anleger in den vergangenen 50 Jahren in den USA hätte erzielen können; vgl. *Brealey/Myers* [Principles], S. 117–123.

man eine Theorie darüber, wie am Kapitalmarkt unsichere Vermögensgüter bewertet werden. Ansatzpunkte einer solchen Theorie der Marktbewertung erhält man, wenn man aus den bisherigen Ausführungen über die Entscheidungen von Anlegern am Kapitalmarkt eine Theorie des *Marktgleichgewichts* konstruiert. Der grundlegende Unterschied zwischen diesem Abschnitt und den vorangegangenen liegt in der Art der gesuchten Theorie: Haben wir bisher normative Theorien betrachtet, die Empfehlungen enthalten, wie ein risikoscheuer Investor sein Geld „vernünftigerweise"[15] anlegen sollte, wird nun der Grundgedanke einer positiven Theorie vorgestellt: Welche Marktbewertungen ergeben sich, wenn sich Investoren so verhalten, wie es ihnen vorher empfohlen worden ist? Dabei interessiert insbesondere, welche Beziehung zwischen dem zu erwartenden Ertrag und dem Risiko *einzelner Aktien* bestehen[16]. Auszugehen ist dabei von der Vermutung, daß auf einem Markt mit risikoscheuen Anlegern die Übernahme von Risiko entlohnt wird, d.h., daß bei höherem „Risiko" auch der zu erwartende „Ertrag" im Gleichgewicht höher ist.

Folgende Annahmen werden getroffen:

(1) Es gibt eine risikolose Anlage- und Verschuldungsmöglichkeit, die den vorgegebenen Zinssatz i_f erbringt bzw. kostet.

(2) Es gibt m risikobehaftete Anlagemöglichkeiten („Aktien"). Die Zahl der umlaufenden Aktien jeder Art i (i = 1, ..., m) ist vorgegeben.

(3) Alle Anlagemöglichkeiten werden auf vollkommenen Märkten gehandelt: Es gibt keine Transaktionskosten, und kein einzelner Investor kann durch seine Entscheidungen die Marktpreise beeinflussen.

(4) Alle Anlagemöglichkeiten sind beliebig teilbar.

(5) Alle Investoren sind risikoscheu und beurteilen Portefeuilles anhand der Parameter Erwartungswert und Standardabweichung der Rendite.

(6) Alle Anleger haben einen Planungshorizont von einer Periode.

(7) Alle Anleger haben übereinstimmende („homogene") Erwartungen, d.h. sie schätzen die Erwartungswerte, die Standardabweichungen und die Kovarianzen aller Aktienrenditen gleich ein.

Diese Annahmen sind sehr restriktiv. Einige lassen sich vermeiden. Die Abschwächung einer Annahme soll die Allgemeingültigkeit des abzuleitenden Theorems über den Zusammenhang von Risiko und Ertrag erhöhen. Sie hat aber in der Regel zur Folge, daß eine andere Annahme schärfer formuliert werden muß, wenn die Ableitung des Theorems möglich bleiben soll[17].

Wegen der getroffenen Annahmen, insbesondere wegen der Annahme (7) ist die Linie der effizienten Aktienportefeuilles für alle Anleger dieselbe. Auch die Menge der (effizienten) Mischportefeuilles ist für alle einheitlich. Daher halten alle Anleger, soweit sie überhaupt Geld riskant anlegen, dasselbe Aktienportefeuille. Es ist das Aktienportefeuille M aus der Abbildung 7.7.

Gleichgewicht liegt vor, wenn alle Aktien, die einen positiven Wert haben, von jemandem gehalten werden. Da Aktien nur als Bestandteile des Aktienportefeuilles M gehalten werden, enthält das Aktienportefeuille M auch alle am Markt umlaufenden Aktien. Man bezeichnet es

---

15 Es sei an den Vorbehalt oben auf S. 134 erinnert.
16 Zum folgenden vgl. bes. *Sharpe* [Portfolio], S. 77–103.
17 Zu der Vermeidbarkeit der Annahmen vgl. ausführlich *Fama* [Foundations], bes. S. 257 ff, sowie *Schneider* [Investition], bes. S. 531–546.

daher als das „Marktportefeuille". Daraus ergibt sich auch, wie dieses Marktportefeuille zusammengesetzt ist: Die Portefeuilleanteile x_1 bis x_m verhalten sich wie die Marktwerte der einzelnen Aktien. Damit ist das Gleichgewicht am Markt für risikobehaftete Anlagemöglichkeiten beschrieben.

Aus den Gleichgewichtsbedingungen ergibt sich eine Bewertungstheorie: Weil risikoscheue Investoren effiziente Portefeuilles halten, bewerten sie Aktien vernünftigerweise nicht isoliert, sondern als Bausteine der Portefeuilles, die sie halten. Der „Ertrag" einer Aktie ist ihr Beitrag zum „Ertrag" des Portefeuilles, und ihr „Risiko" ist ihr Beitrag zum „Risiko" des Portefeuilles. Wir wissen auch, daß zwar die erwartete Portefeuillerendite der Durchschnitt der erwarteten Renditen der einzelnen Aktien im Portefeuille ist, daß aber das durch die Standardabweichung — oder durch ihr Quadrat, die Varianz — gemessene Risiko des Portefeuilles kleiner ist als das „Durchschnittsrisiko" der einzelnen Aktien. Ein Teil des Risikos einer Aktie ist durch Diversifikation vermeidbar, niemand braucht es zu tragen, und im Gleichgewicht gibt es am Kapitalmarkt auch keine Entschädigung für die Übernahme dieses diversifizierbaren Teils des Risikos in Form einer höheren erwarteten Rendite. Kompensiert wird hingegen der Teil des Risikos einer Aktie, der trotz Diversifikation bestehen bleibt. Wir nennen diesen Teil das „nicht-diversifizierbare" oder das „systematische" Risiko. Das Risiko eines Portefeuilles läßt sich trotz Diversifikation dann nicht vollkommen eliminieren, wenn die Renditen der einzelnen Aktien miteinander korreliert sind[18]. Für die Marktbewertung ist nur das „systematische" Risiko maßgeblich.

Der Beitrag einer Aktie zu dem in der Maßgröße Varianz, dem Quadrat der Standardabweichung, gemessenen Risiko eines Portefeuilles läßt sich nun noch einmal in anderer Weise aufteilen: Er setzt sich zusammen aus der Varianz der Rendite der Aktie und der Kovarianz der Rendite mit den Renditen aller anderen Aktien im Portefeuille. Da die Kovarianzen zwischen den Renditen verschiedener Aktien definitionsgemäß angeben, wie stark die Renditen von Aktien gemeinsam von ihren Erwartungswerten abweichen, ist das über die Kovarianzen erfaßte Risiko gerade nicht das durch Diversifikation verschwindende Risiko, sondern das die Marktbewertung bestimmende „systematische" Risiko.

Aus der modellhaften Beschreibung des Marktgleichgewichts ist bekannt, welches Aktienportefeuille die Anleger halten und relativ zu welchem Aktienportefeuille die Risikomessung für einzelne Aktien erfolgt. Es ist — unter den genannten Annahmen — für alle Anleger das Marktportefeuille M. Das sachlich richtig gemessene Risiko einer einzelnen Aktie ist daher die Kovarianz ihrer Rendite mit der Rendite des Marktportefeuilles. Bezeichnet man diese mit $\tilde{r}_M$, dann ist das Risikomaß für eine Aktie i die Kovarianz zwischen $\tilde{r}_i$ und $\tilde{r}_M$.

Mit Hilfe dieses Risikomaßes läßt sich eine einfache Gleichgewichtsbeziehung zwischen dem Ertrag und dem (Kovarianz-)Risiko einzelner Aktien formulieren. Diese Beziehung, die man als das „Capital Asset Pricing Model" bezeichnet, besagt, daß die erwartete Rendite einer Aktie im Gleichgewicht eine lineare Funktion der Kovarianz der Rendite der Aktie mit der Rendite des Marktportefeuilles ist. Im elften Kapitel, am Ende des Finanzierungsteils, wird der Zusammenhang zwischen Ertrag und Risiko einzelner Aktien im Gleichgewicht noch einmal aufgegriffen und erläutert, und es wird gezeigt, wie er genutzt werden kann, um rationale Investitionsentscheidungen zu treffen.

---

18 Wenn die durchschnittliche Kovarianz Null ist, geht die Varianz der Portefeuillerendite bei steigender Aktienzahl gegen Null. Das wäre der sog. Versicherungsfall.

7.6. Zusammenfassung

Durch Diversifikation lassen sich Risiken vermindern. Ein praktisch wichtiger und theoretisch interessanter Fall der Risikoreduktion durch Diversifikation ist die Anlagestreuung durch Bildung eines Aktienportefeuilles. In diesem Kapitel sind die Grundzüge der Theorie der Portefeuillebildung oder der Wertpapiermischung dargestellt worden.

Der Effekt der Risikoreduktion wird deutlich, wenn man den Ertrag und das Risiko der einzelnen Aktien im Portefeuille mit dem Ertrag und dem Risiko des Portefeuilles vergleicht. Dabei werden Ertrag und Risiko durch den Erwartungswert bzw. durch die Varianz oder die Standardabweichung der Renditen der einzelnen Aktien bzw. des Portefeuilles gemessen. Es zeigt sich, daß der Ertrag des Portefeuilles gleich dem durchschnittlichen Ertrag der Aktien im Portefeuille ist, während das Risiko des Portefeuilles im allgemeinen kleiner ist als das durchschnittliche Risiko der einzelnen Aktien. Die Risikoreduktion stellt sich immer dann ein, wenn die Renditen der einzelnen Aktien nicht vollkommen positiv miteinander korreliert sind.

Der Korrelationskoeffizient mißt, wie sehr die Renditen von zwei Aktien die Tendenz haben, in gleicher Richtung und in gleicher Stärke von ihrem Mittelwert abzuweichen. Wenn die Renditen weitgehend unabhängig voneinander sind oder sogar eine Tendenz dazu haben, sich gegenläufig zu entwickeln, ist die Risikoreduktion besonders stark.

Sind die Erwartungswerte, die Standardabweichungen und die Korrelationskoeffizienten der Renditen der Aktien im Portefeuille gegeben, hängen Ertrag und Risiko des Portefeuilles davon ab, wie das Portefeuille zusammengesetzt ist. Es lassen sich durch die Wahl der Portefeuillezusammensetzung effiziente Portefeuilles ermitteln. Das sind solche, die bei gleichem Risiko mehr Ertrag und bei gleichem Ertrag weniger Risiko aufweisen als alle anderen möglichen Portefeuilles. Ein risikoscheuer Anleger wird das für ihn optimale Portefeuille aus der Gesamtheit der effizienten Portefeuilles auswählen. Solange nur die Geldanlage in Aktien, also in risikobehafteten Vermögensgütern, in Frage kommt, werden unterschiedlich risikoscheue Anleger auch unterschiedlich zusammengesetzte Aktienportefeuilles wählen.

Bezieht man die Möglichkeit der risikolosen Geldanlage und der Kreditaufnahme ein, ändert sich dieses Ergebnis. In diesem Fall gilt das sog. Separationstheorem: Die Entscheidung über die Zusammenstellung des Aktienportefeuilles kann von der Entscheidung darüber, wieviel Risiko ein Anleger übernehmen will, getrennt werden. Das Ausmaß der Risikoscheu zeigt sich nur darin, welchen Anteil seines insgesamt anzulegenden Geldbetrages ein Anleger riskant und welchen er risikolos anlegt bzw. wie sehr er sich verschuldet, um auf Kredit zusätzlich Aktien zu kaufen. Für den riskant angelegten Betrag ist hingegen immer die gleiche Zusammensetzung des Aktienportefeuilles optimal.

Wenn für alle Anleger am Kapitalmarkt das Separationstheorem gilt, wenn sie gleiche Erwartungen haben und wenn sie zum gleichen risikolosen Zinssatz Geld anlegen und Kredit aufnehmen können, halten sie alle dasselbe Aktienportefeuille. Dieses muß dann das „Marktportefeuille" sein, in dem alle Aktien im Verhältnis ihrer Marktwerte enthalten sind. Wenn alle Anleger den riskanten Teil ihres Vermögens in Aktien anlegen, ist das richtige Risikomaß für einzelne Aktien ihr Beitrag zum Risiko des Marktportefeuilles. Dieser Beitrag ist die Kovarianz der Rendite der Aktie mit der Rendite des Marktportefeuilles. Im Gleichgewicht ist der Ertrag einer Aktie, ihre erwartete Rendite, eine lineare Funktion ihres so gemessenen Risikos.

7.7. Literaturhinweise zum 7. Kapitel

Als eine zugleich didaktisch sehr geschickte und sehr präzise Darstellung der Portefeuille- und Kapitalmarkttheorie empfehle ich jedem Leser

> *William F. Sharpe* „Portfolio Theory and Capital Markets", New York u.a. 1970, S. 1–113.

Die Bedeutung der in diesem Kapitel behandelten Zusammenhänge für die Bewertung konkreter Aktien und für die Beurteilung von Anlagestrategien an der Börse behandelt derselbe Autor in seinem Buch

> „Investments", 2. Aufl., Englewood Cliffs, N.J. 1981, bes. S. 2–125, 262–324 und 516–559.

Zu anderen als der in diesem Kapitel vorgestellten sogenannten Standardform des „Capital Asset Pricing Model" und zu seiner empirischen Überprüfung vgl. ausführlich

> *Eugene F. Fama* „Foundations of Finance", New York 1976, S. 257 ff.

Eine deutschsprachige Darstellung der Portefeuille- und Kapitalmarkttheorie findet der Leser z.B. bei

> *Jochen Drukarczyk* „Finanzierungstheorie", München 1980, S. 293–339.

IV. Teil
Finanzierungstheorie

8. Kapitel
Finanzierungsformen

8.1. Lernziele

In diesem Kapitel, das in den Themenbereich Finanzierung einführt, sollen die Leser erkennen und lernen,

(1) daß es zum Thema Finanzierung sehr unterschiedliche Aussagen gibt, die unterschiedliche Betrachtungsweisen repräsentieren und die auch nicht immer gut zusammenpassen,

(2) daß Finanzierungsprobleme nur dann sinnvoll formuliert und behandelt werden können, wenn in irgendeiner Form die Unsicherheit der Erwartungen berücksichtigt wird,

(3) daß es — je nach der Art der Berücksichtigung der Unsicherheit — verschiedene Vorstellungen darüber gibt, was „eigentlich" ein Finanzierungsproblem ist: Ein Teil des Finanzierungsproblems besteht in der Mittelbeschaffung, ein anderer in der Verteilung des Ertragsrisikos. Vollständig erfaßt ist das Finanzierungpsroblem aber erst dann, wenn berücksichtigt wird, daß aus der Finanzierungsbeziehung selbst zusätzliche Risiken entstehen, deren Begrenzung und deren Verteilung u.a. Rückwirkungen auf die Möglichkeiten der Mittelbeschaffung haben.

(4) Anhand der Behandlung von Finanzierungsformen sollen die Leser außerdem lernen, daß es sich erklären läßt, warum es in der Realität rechtlich unterschiedlich ausgestaltete Finanzierungsformen oder Finanzierungsinstrumente gibt, und

(5) daß sich institutionelle Arrangements wie z.B. einzelne Finanzierungsformen mitunter als erprobte Lösungen realer Probleme deuten lassen.

(6) Schließlich soll bei den Lesern die Einsicht vorbereitet werden, daß die neoklassische Sicht des Finanzierungsproblems, die in den folgenden drei Kapiteln uneingeschränkt übernommen wird, sehr gravierende Vereinfachungen enthält.

8.2. Das Grundproblem der Finanzierung

8.2.1. Finanzierung, Interessenkonflikt und Risiken

Gemäß einer weithin akzeptierten Definition ist Finanzierung die Beschaffung von Geld (Geldkapital) für Investitionszwecke[1]. Auch wenn diese Definition nicht umfassend genug ist,

---

1 Vgl. *K. Hax* [Investitionsentscheidungen], S. 414.

sei ihr vorerst gefolgt. Sie weckt die folgende realistische Situationsvorstellung: Es gibt Wirtschaftseinheiten, typischerweise Unternehmungen, die günstig erscheinende Investitionsmöglichkeiten kennen, aber nicht über ausreichende eigene finanzielle Mittel verfügen, um die Investitionsmöglichkeiten zu nutzen[2]. Diese Wirtschaftseinheiten sollen im folgenden *Kapitalnehmer* heißen. Daneben gibt es Wirtschaftseinheiten, typischerweise Privathaushalte oder Finanzintermediäre wie Banken, Versicherungen und Investmentfonds, die überschüssige finanzielle Mittel haben, die sie anzulegen wünschen, um Konsummöglichkeiten auf zukünftige Perioden zu verschieben. Diese Wirtschaftseinheiten werden im folgenden als *Kapitalgeber* bezeichnet. Zu einer Finanzierungsbeziehung kommt es, wenn ein Kapitalnehmer einem (oder mehreren) Kapitalgeber(n) anbietet, durch Beteiligung an der Finanzierung Ansprüche auf Teile der Investitionserträge zu erwerben. Welche Ansprüche die Kapitalgeber erhalten, wird durch die Höhe und die Art der Finanzierung bestimmt. Zwischen Kapitalnehmer(n) und Kapitalgeber(n) entsteht durch die Finanzierung eine Gemeinsamkeit: Beide Seiten haben ein Interesse daran, daß die Mittel so verwendet werden, daß beide infolge der Finanzierung und der durch sie ermöglichten Investitionen besser gestellt sind, als sie es wären, wenn die Finanzierung nicht zustande käme und die Investitionen unterbleiben müßten. Zwischen Kapitalgeber(n) und Kapitalnehmer(n) gibt es aber auch Interessenkonflikte hinsichtlich der Aufteilung der Investitionserträge, hinsichtlich der Dauer und der Flexibilität der Kapitalüberlassung und hinsichtlich der Investitionen, die durch die zugeführten Mittel finanziert werden sollen:

— Offensichtlich wollen Kapitalnehmer möglichst wenig von den erhofften Erträgen der Investitionen an Kapitalgeber abtreten. Die Kapitalgeber wollen viel bekommen.

— Kapitalnehmer wünschen meist eine längere Dauer der Kapitalüberlassung als Kapitalgeber.

— Kapitalnehmer wollen nicht der Verpflichtung unterliegen, zeitlich und betragsmäßig festgelegte Zahlungen leisten zu müssen. Kapitalgeber sind eher an verläßlichen Zahlungen interessiert.

— Kapitalnehmer wollen nicht, daß ihnen die überlassenen Mittel kurzfristig und vor allem überraschend entzogen werden können.

— Kapitalnehmer sind daran interessiert, riskante Investitionen durchführen zu können, zumal wenn diese höhere Ertragsaussichten aufweisen. Kapitalgeber sind — jedenfalls bei einigen Finanzierungsformen — eher an weniger riskanten Investitionen interessiert.

— Kapitalnehmer wollen viel von dem Risiko, das mit den Investitionen verbunden ist, auf Kapitalgeber abwälzen.

— Kapitalnehmer wollen die Möglichkeit haben, Investitionsentscheidungen so treffen und gegebenenfalls ändern zu können, wie es ihren Interessen, Wünschen und Einschätzungen entspricht. Kapitalgeber wollen nicht, daß diese Möglichkeit zu ihrem Nachteil ausgenutzt werden kann.

Das *Grundproblem der Finanzierung* lautet: Wie können Kapitalnehmer trotz der Interessenkonflikte Kapitalgeber dazu veranlassen, ihnen Geld (Kapital) zur Verfügung zu stellen? In einer Welt mit sicheren Erwartungen wäre dies kein Problem, denn der Interessenkonflikt wäre eng begrenzt: Es gäbe kein Risiko, und es gäbe keine diesbezüglichen Konflikte, und es gäbe

---

2 Möglicherweise verfügen sie auch über ausreichende eigene Mittel, wollen diese aber nicht in einem einzigen Investitionsobjekt anlegen, um den risikomindernden Effekt der Diversifikation ausnutzen zu können.

für Kapitalgeber keinen Anlaß, ihre Mittel schneller zurückzufordern als ursprünglich erwartet bzw. geplant. Der einzige Konflikt beträfe die Verzinsung, d.h. die Höhe der Zahlungen, die Kapitalgeber als Gegenleistung für die Kapitalüberlassung bekommen. In einer Welt mit sicheren Erwartungen würde sich ein Zinssatz als Marktpreis für „Kapitalnutzung" einstellen. Dieser Marktzinssatz würde für jede einzelne Finanzierungsbeziehung bestimmen, wie der (annahmegemäß sichere) Investitionsertrag zwischen Kapitalgeber(n) und Kapitalnehmer(n) aufgeteilt wird. An dem Zinssatz könnten beide Seiten ablesen, ob es für sie vorteilhaft ist, sich auf die Finanzierungsbeziehung einzulassen. Durch die (annahmegemäß sichere) Verzinsung des überlassenen Kapitals würde der Interessenkonflikt aufgelöst.

An dieser ersten Kennzeichnung des Finanzierungsproblems wird schon deutlich, daß die konsequent durchgehaltene Annahme sicherer Erwartungen das Finanzierungsproblem derart entschärfen würde, daß man es überhaupt nicht sinnvoll behandeln könnte. Dies liegt nicht daran, daß die Annahme sicherer Erwartungen faktisch falsch ist — faktisch falsche Annahmen kann man ohnehin nicht immer vermeiden —, sondern daß diese Annahme unfruchtbar ist: Sie würde das zu lösende Problem wegdefinieren.

Verschiedene Richtungen der Finanzierungsliteratur haben unterschiedliche Aspekte der Unsicherheit hervorgehoben. In der traditionellen Finanzierungslehre wird besonders das Liquiditätsrisiko der sich finanzierenden Unternehmung betont, in der neueren Finanzierungstheorie steht das Ertragsrisiko der Kapitalgeber im Vordergrund.

8.2.2. Finanzierung als Kapitalbeschaffung und Liquiditätssicherung

Die Literatur, die der traditionellen Betrachtungsweise folgt, sieht das Finanzierungsproblem darin, einen gegebenen Kapitalbedarf zu decken. Und dies hat so zu geschehen, daß es nicht zu Störungen des finanziellen Gleichgewichts und in ihrer Folge zu Illiquidität und Konkurs kommt.

Welche Möglichkeiten der Kapitalbeschaffung eine Unternehmung hat, hängt teils von ihr selbst und teils von ihren potentiellen Kapitalgebern ab. Ihre Ertragsaussichten sind eine entscheidende Determinante der Finanzierungsmöglichkeiten. Für die Entscheidungen von Kapitalgebern, ob sie einer Unternehmung Mittel überlassen oder nicht, ist aber in erster Linie maßgebend, wie *sie* die Ertragsaussichten der Unternehmung und die mit der Kapitalüberlassung verbundenen Risiken einschätzen. Die Finanzierungsmöglichkeiten haben aber ihrerseits Rückwirkungen auf die Ertragsaussichten einer Unternehmung, indem sie beeinflussen, ob die Unternehmung Liquiditätsprobleme bekommt bzw. wie sie sie gegebenenfalls lösen kann.

Eine Unternehmung kann auf drei Weisen ihr Liquiditätsrisiko gering halten:

(1) Sie kann mit einer sorgfältigen *Finanzplanung* zukünftige Ein- und Auszahlungen erfassen und gegenüberstellen, um so Liquiditätsengpässe vorab zu vermeiden.

(2) Sie kann sich *Finanzierungsreserven* halten. Solche Reserven können leicht veräußerbare Vermögensteile oder unausgenutzte Kreditzusagen („Kreditlinien") von Banken sein.

(3) Sie kann die Liquiditätsgefährdung selbst mildern, indem sie *Formen der Finanzierung* wählt, bei denen Kapitalgeber nicht die Möglichkeit haben, Kapital gerade dann zurückzufordern, wenn es für die Unternehmung schwer oder gar unmöglich wäre, die Rückzahlung zu leisten oder das abgezogene Kapital zu ersetzen.

In der neueren Finanzierungsliteratur wird das Erfordernis der Liquiditätshaltung zwar nicht geleugnet, aber es wird weniger betont, denn „die Liquidität folgt der Bonität"[3]: Wenn die Erhaltung einer Unternehmung wirtschaftlich vorteilhaft ist, wird man auch Kapitalgeber finden können, die für eine entsprechende Verzinsung bereit sind, die nötigen Mittel für die Überwindung von Liquiditätsengpässen zur Verfügung zu stellen. Richtig und wichtig an dieser Überlegung ist, daß Kapitalgeber dann zur Finanzierung bereit sein werden, wenn ihnen die Geldanlage als eine vorteilhafte Investition erscheint. Wenn die „wahre Bonität" immer verläßlich erkennbar wäre, gäbe es bei ausreichender Bonität auch keine Liquiditätsprobleme. Damit umgeht man aber gerade die Schwierigkeiten: Liquiditätsprobleme können auch deshalb auftreten, weil Kapitalgeber nicht in der Lage sind, die Erfolgsaussichten einer Unternehmung „richtig" einzuschätzen.

8.2.3. Finanzierung als Partenteilung

Neben dem Liquiditätsrisiko gibt es das Ertrags- oder Investitions- oder Geschäftsrisiko. Es entsteht daraus, daß die vielfältigen Einflußfaktoren, die die zukünftigen Nettoeinzahlungen aus einer einzelnen Investition oder aus allen Investitionen einer Unternehmung zusammen bestimmen, nicht mit Sicherheit vorhergesagt und nicht vollständig gesteuert werden können. Betrachten wir eine Unternehmung mit einem einzigen Investitionsprojekt, das eine Laufzeit von nur *einer* Periode hat. Das Ertragsrisiko bestimmt, wieviel bis zum Periodenende, also

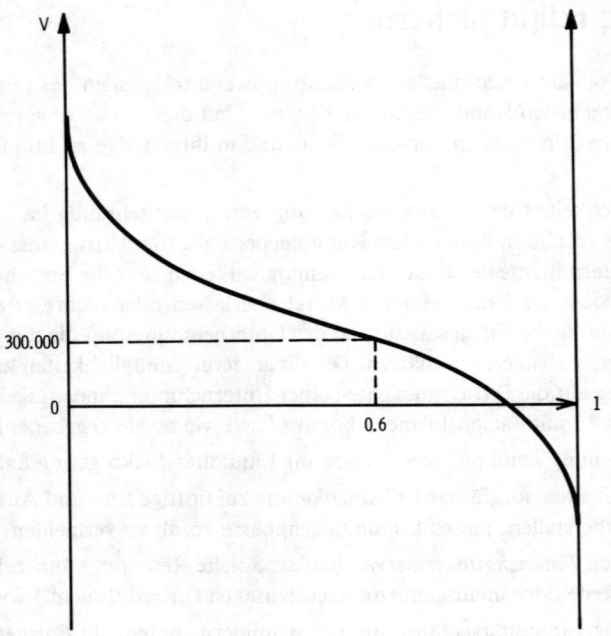

Abb. 8.1: Ertragsrisiko einer Investition

---

3 Vgl. *Stützel* [Bankpolitik], S. 34. Stützel macht selbst die Grenzen dieser Behauptung deutlich.

zum Zeitpunkt t_1, als Nettoeinzahlung in die Unternehmenskasse geflossen sein wird und wieviel dann insgesamt an die Kapitalgeber und Kapitalnehmer verteilt werden kann. Es läßt sich durch eine „bestandsökonomische Darstellung"[4] wie in Abbildung 8.1 verdeutlichen: Auf der Ordinate werden Investitionserträge (Nettoeinzahlungen) V_1 am Periodenende abgetragen. Die Abszissenwerte geben die Wahrscheinlichkeit dafür an, daß der unsichere Investitionsertrag $\tilde{V}_1$ mindestens V_1 beträgt[5]. Beispielsweise besagt der Punkt z auf der Kurve in Abbildung 8.1, daß die durch die Kurve dargestellte Investition mit einer Wahrscheinlichkeit von 60 % eine Nettoeinzahlung von 300.000 oder mehr erwarten läßt.

Das Ertragsrisiko hängt allein von den technischen, absatzwirtschaftlichen etc. Eigenschaften der Investition bzw. aller Investitionen einer Unternehmung ab. Es ist unabhängig von der erfolgten Finanzierung. Dies ist die zentrale Unterstellung. Solange man einperiodische Investitionen betrachtet, erscheint sie plausibel und harmlos. Erweitert man die Überlegung aber auf mehrperiodische Investitionen bzw. Unternehmungen, dann besagt die Annahme eines gegebenen Ertragsrisikos, daß die Wahrscheinlichkeitsverteilungen für Nettoeinzahlungen in mehreren zukünftigen Zeitpunkten auch von der vorher erfolgten Finanzierung unabhängig sind. Dies ist weitaus weniger plausibel, denn z.B. der Einzahlungsüberschuß im Zeitpunkt t_2 kann sehr wohl davon abhängen, welche Entscheidungen im Zeitpunkt t_1 hinsichtlich der Ausnutzung der Investitionsmöglichkeiten noch zu treffen sind, wer sie trifft und wie sie getroffen werden. Wer Entscheidungen treffen kann und welche Entscheidungen er im Zeitpunkt t_1 trifft, kann von der Finanzierungsentscheidung im Zeitpunkt t_0 beeinflußt werden. Die möglichen Einzahlungsüberschüsse im Zeitpunkt t_2 können auch davon abhängen, ob es im Zeitpunkt t_1 zu Liquiditätsproblemen und in ihrer Folge zu Notverkäufen oder gar zum Konkurs gekommen ist, und die Wahrscheinlichkeit dafür ist ihrerseits von der Finanzierung im Zeitpunkt t_0 abhängig. Ob und warum es solche Rückwirkungen der Finanzierung auf die Investitionserträge geben kann, wird weiter unten erklärt. Sofern man solche Rückwirkungen aber für möglich hält, erkennt man, daß die Annahme eines gegebenen Ertragsrisikos auch einschränkend ist. Sie bagatellisiert das Finanzierungsproblem aber nicht vollkommen. Die erfolgte Finanzierung bestimmt, wie der Investitionsertrag, der sich am Periodenende einstellt, auf die Beteiligten, d.h. auf Kapitalgeber und Kapitalnehmer, aufgeteilt wird. Die Gesamtheit der Vereinbarungen zwischen Kapitalgeber(n) und Kapitalnehmer(n) und ergänzend die einschlägigen Vorschriften des Handels-, Gesellschafts- und Insolvenzrechts stellen eine Regelung darüber dar, wer bei welcher Höhe des Nettoertrages welche Ansprüche hat. Die Vereinbarungen bilden eine *Aufteilungsregel*. Diese Überlegung gilt nicht nur für eine einperiodische Betrachtung, auch wenn die übliche graphische Darstellungsform nur einperiodische Investitionen zu erfassen erlaubt. Praktisch wird die Aufteilungsregel dadurch in Kraft gesetzt, daß die Kapitalgeber und -nehmer die Kapitalüberlassung in rechtlich normierten Finanzierungsformen, wie in der Form der Beteiligung, des Schuldscheindarlehens, des Kontokorrentkredits etc., vornehmen.

In einem Teil der neueren Literatur bezeichnet man diese Aufteilung als Zerlegung einer „Position" in „Parten" oder kürzer als „Partenteilung". Der Investitionsertrag ist die Position, eine Beteiligung oder ein Kredit ist eine Parte[6].

---

4 Vgl. z.B. *Stützel* [Elementarkategorien], S. 29 f., *Krümmel* [Finanzierungsrisiken], und *Rudolph* [Kreditvergabeentscheidung], bes. S. 32 f.
5 Die bestandsökonomische Darstellung ist somit eine Spiegelung der kumulierten Wahrscheinlichkeitsverteilung. Die Spiegelung, die übrigens eine Besonderheit der deutschen Literatur zu sein scheint, ist ohne inhaltliche Auswirkungen.
6 Vgl. *Arnold* [Risikentransformation] und *Rudolph* [Kreditvergabeentscheidung], bes. S. 32 f. und S. 70 ff.

Die Parten, die bestimmte Ansprüche verkörpern, werden an Kapitalgeber verkauft. Der Verkaufserlös stellt den Mittelzufluß dar, aus dem die Investition bezahlt wird. Man muß sich beispielsweise die Aufnahme eines Kredits bei einer Bank als den Verkauf einer „Gläubigerparte" an die Bank vorstellen.

Wird Finanzierung als Partenteilung und Verkauf der Parten an Kapitalgeber gedeutet, dann kann man das Finanzierungsproblem so formulieren: Wie läßt sich eine Position so in Parten zerlegen, daß die Parten bei Kapitalgebern untergebracht werden können? Es läßt sich noch genauer formulieren: Wie kann eine Position optimal in Parten zerlegt werden? Optimal wäre diejenige Zerlegung, bei der die Summe der (potentiellen) Verkaufserlöse der einzelnen Parten am größten wird. Dies bedeutet inhaltlich, daß die vermögens- oder marktwertmaximierende Partenteilung zu finden ist.

Die Vorstellung von Finanzierung als Partenteilung beruht auf zwei wesentlichen Voraussetzungen:

(a) Die Regelung der Aufteilung der (unsicheren) Investitionserträge ist zweifelsfrei bestimmt und allgemein bekannt.

(b) Die Wahrscheinlichkeitsverteilung der Investitionserträge ist unabhängig von der Aufteilung gegeben und ebenfalls allen Beteiligten bekannt.

Die in Betracht zu ziehenden Risiken und Interessenkonflikte werden durch diese Annahmen, die für die gesamte moderne Finanzierungstheorie charakteristisch sind[7], zwar nicht vollständig, wohl aber weitgehend ausgeschlossen oder entschärft. Damit wird es fraglich, ob sich auf dieser Vorstellung eine fruchtbare Analyse von realen Finanzierungsproblemen aufbauen läßt. Im Lichte dieser beiden Annahmen ist auch der oben vorgetragene Einwand nicht stichhaltig: Es kann bei Geltung der Annahmen (a) und (b) nicht zu Liquiditätsproblemen und zum Konkurs kommen. Ein Konkurs wäre immer vermeidbar, und es läge im Interesse der Beteiligten, ihn zu vermeiden[8]. Also ist die Annahmenkonstellation (a) und (b) durchaus konsequent. Nur drängt sich ein neuer Einwand auf: Wenn man Finanzierungsprobleme mit einer Modellvorstellung zu erfassen versucht, in die z.B. die Möglichkeit eines Konkurses überhaupt nicht einbezogen werden kann, dann scheint etwas an der Modellvorstellung nicht zu stimmen: Sie mag zwar konsequent sein, sie ist dafür aber auch ziemlich steril. Wie im übernächsten Kapitel ausführlich gezeigt werden soll, sind die Annahmen (a) und (b) auch zwei der wesentlichen Voraussetzungen, mit deren Hilfe sich beweisen läßt, daß die Finanzierung für den Marktwert einer Unternehmung irrelevant ist und daß es daher auch kein Problem der Finanzierung gibt: Jede Partenteilung erscheint dann gleich gut.

8.2.4. Finanzierung als Interaktionsbeziehung

Schwächer und zugleich realistischer als (a) und (b) sind die Annahmen, daß Investitionspläne — und mit ihnen Ertragsrisiken — vor Beginn einer Finanzierungsbeziehung nicht genau, sondern nur umrißartig festgelegt werden können und daß sich Unklarheiten bezüglich der Aufteilungsregelung nicht vollständig ausräumen lassen. Mit den veränderten Annahmen wird es möglich, zwei für das Verständnis von Finanzierungsbeziehungen entscheidende Phänomene zu berücksichtigen: *Informationsunterschiede* und *Anreizprobleme*. Die Anreizprobleme be-

---

7 Für die amerikanische Literatur vgl. z.B. *Fama/Miller* [Finance], S. 149.
8 Vgl. bes. *Haugen/Senbet* [Insignificance] und dazu *Swoboda* [Finanzierung], S. 149–154.

stehen darin, daß die durch die Finanzierung festgelegte Regelung der Verteilung der unsicheren Investitionserträge für den Kapitalnehmer Anreize schafft, Investitionsentscheidungen so abzuändern, daß nicht der Gesamtwert der Investition, sondern der Wert des Anteils, der ihm zufällt, möglichst groß wird. Daß es solche Anreizprobleme überhaupt geben kann, setzt Informationsunterschiede voraus: Denn wären beide Seiten gleich informiert, könnte nicht einer der Beteiligten Entscheidungen treffen, die ihn begünstigen und den oder die anderen notwendigerweise[9] schädigen. Ein Kapitalgeber könnte dann durch einen Vertrag sicherstellen, welche Investitionsentscheidungen getroffen werden sollen, und er könnte problemlos überwachen, ob der Vertrag eingehalten wird. Informationsunterschiede sind nicht nur eine notwendige Voraussetzung dafür, daß Anreizprobleme entstehen und bestehen bleiben, sondern sie bewirken auch zusätzliche Schwierigkeiten: Wenn ein Kapitalgeber weniger gut als der Kapitalnehmer darüber informiert ist, wie groß der Wert einer Parte ist, dann hat er besonderen Anlaß, skeptisch zu sein, denn er muß fürchten, daß ihm der Kapitalnehmer gerade solche Parten verkauft, deren Wert er, der Kapitalgeber, überschätzt.

Schwächt man die Annahmen (a) und (b) in der angegebenen Weise ab, erscheint Finanzierung *nicht so sehr als Kauf, sondern als Interaktionsbeziehung oder Partnerschaft.* Diese Partnerschaft ist eine Mischung aus Gemeinsamkeiten und Interessenkonflikten. Kapitalgeber und Kapitalnehmer sind gemeinsam an hohen Investitionserträgen interessiert, aber originär ist für jeden Partner nur das Interesse an den Vorteilen, die *er* erzielen kann, unabhängig davon, ob diese auf Kosten des anderen gehen. In einer solchen „prekären Partnerschaft"[10] gibt es immer einen „Verteilungskampf" um die Früchte, die die Zusammenarbeit erbringt. Ablauf und Ergebnis dieses Verteilungskampfes sind wesentlich davon abhängig, wie Informations- und Handlungsmöglichkeiten zwischen den „Partnern" verteilt sind.

Vor Beginn einer Finanzierungsbeziehung dürfte in der Regel auf seiten des Kapitalgebers Ungewißheit darüber herrschen, ob die Informationen, die er von dem Kapitalnehmer erhält, auch die Erwartungen zutreffend wiederspiegeln, die der besser informierte Kapitalnehmer selbst hat. *Nach* Beginn der Finanzierungsbeziehung sind im Zuge der Ausnutzung der Investitionsmöglichkeit Folgeentscheidungen zu treffen, die Einfluß darauf haben, welche Investitionserträge in verschiedenen möglichen Umweltzuständen zu erwarten sind und wie demgemäß die Vorteile auf Kapitalgeber und Kapitalnehmer verteilt werden. Das Informationsgefälle *vor* Beginn der Finanzierungsbeziehung, und die Möglichkeit, *nach* Beginn der Finanzierungsbeziehung Folgeentscheidungen im eigenen Interesse und zu Lasten des Kapitalgebers zu beeinflussen, geben dem Kapitalnehmer die stärkere Position in dem „Verteilungskampf". Rationale Kapitalgeber wissen, daß dieses Risiko besteht. Sie haben Anlaß, *skeptisch* bezüglich der übermittelten Informationen über die Ertragsaussichten und *mißtrauisch* bezüglich der zu erwartenden Folgeentscheidungen zu sein. Vernünftige Kapitalgeber versuchen, sich vor dem Verteilungsrisiko zu schützen. Die extreme Form des Selbstschutzes besteht darin, daß sie sich auf die Finanzierungsbeziehung, die in einer Welt ohne Informationsprobleme für sie vorteilhaft wäre, überhaupt nicht einlassen[11]. Eine schwächere Form des Selbstschutzes besteht in einer Renditeforderung auf das eingesetzte Kapital, die eine adäquate Risikoprämie für das vermutete Verteilungsrisiko enthält.

---

9 Zum Beweis vgl. *Jensen/Meckling* [Theory], S. 318 f.

10 Vgl. dazu die grundlegende Arbeit von *Schelling* [Strategy]; der Begriff der „precarious partnership" wird dort auf S. 15 eingeführt.

11 Zum Rückzug vom Markt als Folge der Informationsverteilung zwischen den (potentiellen) Marktparteien vgl. grundlegend *Akerlof* [Market].

Wir können nun das Grundproblem der Finanzierung noch einmal, diesmal aber schärfer, formulieren: Wie können Kapitalnehmer in einer Welt mit unsicheren Erwartungen Kapitalgeber, die mit einigem Recht skeptisch und mißtrauisch sind, dazu veranlassen, daß sie ihnen Geld überlassen und wie kann die „Partnerschaft" mit insgesamt möglichst geringen Kosten zustande kommen? Die hier relevanten Nachteile oder Kosten umfassen nicht nur die Informationskosten und die Kosten von Maßnahmen, die die Kapitalgeber sichern sollen, sondern auch alle Auswirkungen davon, daß sich nicht eine Situation herstellen läßt, wie sie in der neoklassichen Sicht von vornherein unterstellt wird. So ist es z.B. eine Kostenkomponente, daß Kapitalgeber durch ihre Entscheidungen Liquiditätsprobleme der Unternehmung herbeiführen können oder daß die an sich beste Investitionsmöglichkeit deshalb nicht wahrgenommen wird, weil bei ihr die Schädigungsmöglichkeiten am größten wären, oder daß die an sich günstigste Risikoaufteilung nicht gewählt wird, weil sie zu starke Anreize zur Schädigung des Partners schaffen würde. Warum Kapitalnehmer ein Interesse daran haben, ihre eigenen Nachteile (v.a. Liquiditätsgefährdung) möglichst gering zu halten, ist klar. Warum haben sie aber auch ein Interesse daran, die Nachteile der Kapitalgeber zu beschränken? Das liegt daran, daß sich Kapitalgeber für erwartete Nachteile (v.a. Ertragsrisiko) „entschädigen" lassen können, z.B. indem sie eine höhere Verzinsung fordern. Möglicherweise ist es für die Kapitalnehmer besser, wenn sie selbst Gefährdungen von Kapitalgebern abwehren, statt sie durch „Entschädigungen" auszugleichen. Optimal ist diejenige Finanzierung, bei der es gelingt, die Summe der erwarteten Nachteile aller Beteiligten zu minimieren[12]. Wie unten im Abschnitt 8.4.3. gezeigt wird, ist die rechtliche und wirtschaftliche Ausgestaltung einzelner Finanzierungsformen als eine Methode zu verstehen, Nachteile so zu gestalten und zu verteilen, daß die von allen Beteiligten zusammen zu tragende Gesamtbelastung möglichst gering wird.

Die Vorstellung der Finanzierung als einer Interaktionsbeziehung oder als einer „prekären Partnerschaft" verbindet und ergänzt die beiden vorher dargestellten Vorstellungen darüber, was ein Finanzierungsproblem ausmacht: Sie zeigt, daß die Kapitalbeschaffung schwierig sein kann und daß es zu Liquiditätsproblemen kommen kann. Sie baut darauf auf, daß die Finanzierung immer *auch* eine Regelung über die Aufteilung der unsicheren Investitionserträge darstellt. Doch sie beschränkt sich darauf nicht. Kapitalbeschaffung und Liquiditätssicherung können genau deshalb schwierig sein, weil Finanzierung mehr als Partenteilung ist: Sie hat auch Rückwirkungen auf die aufzuteilende Position.

---

12 Diese Formulierung enthält die problematische Unterstellung, daß sich die Nachteile verschiedener Personen zusammenzählen lassen. Sie ist vermeidbar, wenn man unterstellt, daß die Nachteile von Kapitalgebern in der Form erhöhter Renditeforderungen vollständig an den oder die Kapitalnehmer weitergegeben werden. Dann sind die von dem oder den Kapitalnehmer(n) zu tragenden bewerteten Nachteile der Finanzierungsbeziehung zu minimieren. Die Annahme vollständiger Überwälzung ist aber ihrerseits problematisch. Vgl. dazu ausführlicher *Schmidt* [Ansatz], S. 146–149.

8.3. Die Finanzierungsformen

8.3.1. Einteilung der Finanzierungsformen

Im folgenden wird eine Einteilung der Finanzierungsformen in Anlehnung an Karl Hax[13] wiedergeben.

I. Externe Finanzierung

1. Beteiligungsfinanzierung im weiteren Sinne oder Eigenkapital-Finanzierung
   a) Eigenfinanzierung: Beschaffung von Eigenkapital von bisherigen Gesellschaftern
   b) Beteiligungsfinanzierung im engeren Sinne: Beschaffung von Eigenkapital von neuen Gesellschaftern
2. Fremdfinanzierung
3. Zwischenformen zwischen Beteiligungs- und Fremdfinanzierung

II. Interne Finanzierung

1. Finanzierung aus dem Umsatzerlös
   a) Finanzierung aus Abschreibungen
   b) Finanzierung durch Bildung von Rückstellungen
   c) Finanzierung durch Einbehaltung von Gewinn (Selbstfinanzierung)
2. Finanzierung durch Vermögensumschichtung

Die Einteilung ist wie die am Anfang des vorigen Abschnitts gebrauchte Definition insofern etwas eng, als sie am Kriterium des erfolgten Mittelzuflusses ausgerichtet ist. Einige Vorgänge, die man gewöhnlich auch der Finanzierung zurechnet, führen nicht zu aktuellem Zufluß finanzieller Mittel, sondern sie stellen eine Vermeidung von Mittelabfluß dar. Beispiele sind der Lieferantenkredit und das Leasing. Andere bewirken, daß nicht aktuell Mittel zufließen, daß aber die Voraussetzungen für einen möglichen Mittelzufluß geschaffen werden. Als Beispiele dafür sind die Gewährung einer Bürgschaft oder die Einräumung eines sog. Akzeptkredits zu nennen[14].

Im folgenden werden die einzelnen Finanzierungsformen sehr kurz gekennzeichnet. Zu einer ausführlichen Beschreibung sei auf die am Ende des Kapitels genannte Literatur verwiesen. Ich beschränke mich bei der Kennzeichnung weitgehend auf diejenigen institutionellen Merkmale der Finanzierungsformen, die in dem anschließenden Versuch, ihre institutionelle Ausgestaltung aus ihrer Funktion zu erklären, aufgegriffen werden.

8.3.2. Formen der externen Finanzierung

8.3.2.1. Beteiligungsfinanzierung

Unter Beteiligungsfinanzierung im weiteren Sinne oder Eigenkapital-Finanzierung versteht man die Zuführung von Eigenkapital. Eigenkapital ist der Grundstock der Unternehmensfi-

---

13 Vgl. *K. Hax* [Investitionsentscheidungen], S. 415 f.
14 Diese „Finanzierungsformen" werden erfaßt, wenn man Finanzierung als Zuführung von Zahlungsmitteln *und* von Haftung interpretiert. Einen in diesem Sinne erweiterten Finanzierungsbegriff verwendet Deppe; vgl. z.B. *Deppe* [Konzeption], S. 52.

nanzierung. Wer Eigenkapital gibt, ist Eigentümer und Unternehmer. Er hat — in unserer Wirtschaftsordnung — die Verfügungsgewalt über die Unternehmung, er erhält den Gewinn und trägt den Verlust. Gegenüber den Gläubigern der Unternehmung ist Eigenkapital Haftungskapital, d.h. Verluste vermindern zuerst das Eigenkapital, ehe sie auf das Fremdkapital durchschlagen. Eigenkapital führt nicht zu unbedingten Auszahlungsverpflichtungen der Unternehmung und steht in der Regel langfristig zur Verfügung.

Die Möglichkeiten der Beteiligungsfinanzierung sind sehr stark von der Rechtsform der Unternehmung abhängig. Sie sind bei Einzelunternehmungen und Personengesellschaften (offene Handelsgesellschaft — OHG, Kommanditgesellschaft — KG und Stille Gesellschaft — StG) beschränkt, weil der Kreis potentieller Eigenkapitalgeber eng ist. Die primäre Ausstattung dieser Unternehmungen mit Eigenkapital geschieht in der Weise, daß der oder die Unternehmer Teile ihres Privatvermögens in der Unternehmung einsetzen. Die Grenze zur Selbstfinanzierung (s.u.) ist bei diesen Rechtsformen kaum zu erkennen, wie auch die Unterscheidung zwischen Unternehmensvermögen und Privatvermögen nicht genau vorgenommen werden kann. Der Einzelunternehmer, die Gesellschafter einer OHG und die Komplementäre einer KG haften mit ihrem Privatvermögen voll für Schulden der Unternehmung.

Beteiligungsfinanzierung im engeren Sinne kann bei Personengesellschaften dadurch betrieben werden, daß weitere voll haftende Gesellschafter beteiligt werden. Die Aufnahme eines Gesellschafters in eine OHG oder eines Komplementärs in eine KG ist jedoch mit zwei Schwierigkeiten verbunden:

(1) Der neue Gesellschafter ist zur Geschäftsführung befugt, aber nicht immer befähigt. Es ist zwar rechtlich möglich, die Geschäftsführungsbefugnis auszuschließen, aber solche Beteiligungen sind selten, weil der neue Gesellschafter mit seinem gesamten Vermögen für Verbindlichkeiten haften müßte, über die er nicht mitentscheiden könnte.

(2) Die andere Schwierigkeit entsteht daraus, daß ein Anteil an einer OHG meist mehr wert ist, als auf den Eigenkapitalkonten der Gesellschafter ausgewiesen ist. In diesem Falle enthält die Bilanz „stille Reserven" (stille Rücklagen), deren Bestimmung aber große konzeptionelle und praktische Probleme aufwirft, weil Anteile an Personengesellschaften nicht an der Börse gehandelt werden (können).

Eine wichtige Besonderheit bei Personengesellschaften ist, daß sie relativ leicht aufgelöst werden können. Sofern nichts anderes im Gesellschaftsvertrag vereinbart ist, kann jeder Gesellschafter mit sechsmonatiger Kündigungsfrist die Auflösung der Gesellschaft bzw. die Auszahlung seines Anteils verlangen. Daher steht bei Personengesellschaften Eigenkapital keineswegs immer langfristig zur Verfügung.

Kapitalgesellschaften sind die Aktiengesellschaft (AG), die Kommanditgesellschaft auf Aktien (KGaA), die Bergrechtliche Gewerkschaft, die Gesellschaft mit beschränkter Haftung (GmbH) und — mit Einschränkungen — die Genossenschaft. Wir betrachten hier nur die Verhältnisse bei der gesamtwirtschaftlich wichtigsten Rechtsform, der Aktiengesellschaft.

Eigenkapital wird von außen durch die Ausgabe von *Aktien* beschafft. Aktien sind Wertpapiere, die ein Mitgliedschaftsrecht verbriefen.

Aktionäre sind im wirtschaftlichen Sinne Eigentümer der Gesellschaft. Die Geschäfte werden aber vom Vorstand in eigener Verantwortung geführt. Die Bedeutung der Aktie als Finanzierungsinstrument für große Unternehmen ergibt sich aus zwei typischen Eigenschaften:

(1) Das gesamte Eigenkapital kann in viele kleine Teile zerstückelt werden, so daß auch solche Kapitalgeber als Aktionäre in Frage kommen, die nicht bereit oder in der Lage sind, größere

Kapitalbeträge zur Verfügung zu stellen. Die Stückelung ist möglich, weil jede Aktie mit gleichen Rechten und Pflichten ausgestattet ist („Typisierung") und weil die rechtlich gewollten Beziehungen zwischen Aktionären und Unternehmensleitung denkbar lose sind.

(2) Aktionäre haben ein Interesse daran, sich jederzeit schnell von ihrer Beteiligung lösen zu können; sie wollen liquide bleiben. Andererseits soll das überlassene Kapital der Unternehmung lange zur Verfügung stehen. Der Ausgleich zwischen diesen divergierenden Interessen wird dadurch hergestellt, daß Aktionäre ihre Anteile jederzeit an der Börse verkaufen können. Die Beteiligung ist „mobilisiert"[15].

Infolge der Typisierung und der Mobilisierung können Kapitalgeber durch die Börse laufend substituiert werden, während die Einlage — außer bei Kapitalherabsetzung und Liquidation — erhalten bleibt.

Die Fragen nach den Determinanten des Kurswerts einer Aktie und nach den Möglichkeiten der Ausgabe neuer Aktien werden im nächsten Kapitel diskutiert.

8.3.2.2. Fremdfinanzierung

Fremdkapitalgeber haben die Stellung von Gläubigern. Sie haben das Recht, Rückzahlung und Verzinsung des überlassenen Kapitals in der vereinbarten Höhe und zu den vereinbarten Zeitpunkten zu verlangen. Aus der Zuführung von Fremdkapital erwachsen der schuldnerischen Unternehmung feste Zahlungsverpflichtungen.

Weil die Zahlungsverpflichtungen in der Regel von der jeweiligen finanziellen Lage der Unternehmung unabhängig sind, kann Fremdfinanzierung die Liquidität der Unternehmung stark belasten. Für Schuldner ist Fremdfinanzierung deshalb riskanter als Eigenkapitalfinanzierung. Für einen Gläubiger besteht wegen der vertraglichen Vereinbarung der Zahlungen eine höhere Sicherheit als für einen Eigenkapitalgeber. Für Unternehmungen ist Fremdkapital deshalb normalerweise auch billiger als Eigenkapital. Dies widerspricht der in der Praxis verbreiteten Auffassung, daß Eigenkapital billig oder sogar kostenlos sei. Diese Auffassung beruht jedoch auf einem falschen Verständnis von Eigenkapitalkosten, wie im nächsten Kapitel deutlich werden wird. Ein rechtlicher Anspruch auf Teilnahme an der Geschäftsführung ergibt sich für den Fremdkapitalgeber nicht, aber wichtige Gläubiger fordern und erhalten oft weitgehende — als Maßnahmen der Kreditsicherung deklarierte — Informations- und Mitspracherechte.

Die klassische Form der langfristigen Fremdfinanzierung ist die Ausgabe von *Obligationen*. Obligationen sind Wertpapiere, die eine Geldforderung verbriefen. Für die schuldnerische Unternehmung ist die Ausgabe von Obligationen vorteilhaft, weil sie dadurch große Beträge an langfristigem Kapital beschaffen kann. Für die Kapitalgeber ist der Kauf von Obligationen günstig, weil sie eine relativ hohe Verzinsung erhalten und dennoch ihre Wertpapiere jederzeit an dem als Rentenmarkt bezeichneten Teil der Effektenbörse verkaufen können. Ökonomisch sinnvoll ist die Emission von Obligationen wegen der hohen einmaligen Kosten der Emission aber erst, wenn der gesamte zu beschaffende Kapitalbetrag beträchtlich ist[16].

Neben Obligationen haben *Schuldscheindarlehen* große Bedeutung für die langfristige Fremdfinanzierung industrieller Unternehmen. Die Kapitalgeber sind v.a. Kapitalsammelstellen, die

---

15 Vgl. schon *Schmalenbach* [Kapital], S. 111–131.
16 Vgl. *Bellinger* [Finanzierung], S. 105.

ein Interesse haben, hohe Beträge mit guter Verzinsung und größter Sicherheit anzulegen. Sie geben der kapitalsuchenden Unternehmung einen Kredit. Dabei wird das Bestehen der Forderung durch eine Beweisurkunde (= Schuldschein) bestätigt. Schuldscheine sind aber keine Wertpapiere. In manchen Fällen möchte der Gläubiger seine Mittel so lange anlegen, wie sie der Schuldner benötigt. Wenn der Gläubiger aber eine kürzere Anlage vorzieht, kann er seine Forderung abtreten.

Schuldscheindarlehen werden meistens unter Vermittlung eines Finanzmaklers und/oder einer Bank aufgenommen und übertragen. Schuldscheindarlehen haben gegenüber Obligationen u.a. zwei Vorteile: Die Kosten der Mobilisierung (einmalige Kosten der Börseneinführung, Wertpapiersteuer) werden vermieden. Außerdem läßt sich die Finanzierung den zeitlichen Veränderungen des Kapitalbedarfs anpassen, während die Obligationenfinanzierung weniger elastisch ist.

Dem stehen Nachteile gegenüber: Die Gläubiger müssen geringere Mobilität in Kauf nehmen. Die Schuldner können sich nur an einen engen Kreis potentieller Kapitalgeber wenden. Doch diese Nachteile sind gering, wenn die Gläubiger langfristige Anlagemöglichkeiten suchen und über große Kapitalbeträge verfügen können. Die Verzinsung von Schuldscheindarlehen ist in der Regel ein wenig höher als die von Obligationen, dafür sind die einmaligen Kosten der „Begebung" geringer[17]. In bezug auf die geforderten Sicherheiten gibt es keine Unterschiede.

Als Ersatz für langfristige Fremdfinanzierung spielt das *Leasing* eine wichtige Rolle. Leasing bedeutet Miete. Statt einen Kredit aufzunehmen und dafür ein bestimmtes Investitionsobjekt, z.B. ein Bürogebäude, zu erwerben, kann eine Unternehmung die Investitionsauszahlung vermeiden und das Investitionsobjekt mieten. Die Leistung des Leasing-Gebers besteht beim sog. „financial leasing" darin, das Objekt zu kaufen oder zu errichten und für die gesamte Nutzungsdauer an den Leasing-Nehmer zu vermieten. Dieser hat dafür regelmäßige Mietzahlungen zu leisten, trägt alle Lasten und Risiken und ist wie bei einer Kreditaufnahme strengen Kreditwürdigkeitsprüfungen unterworfen. Der Finanzierungsersatz Leasing gilt als teuer. Auf die interessante Frage, warum Leasing trotzdem so verbreitet ist, gibt es bisher noch keine befriedigende Antwort[18].

Wir wenden uns nun der kurzfristigen Fremdfinanzierung zu und beschränken uns auf die Darstellung der drei wichtigsten Formen: des Kontokorrentkredits, des Diskontkredits der Banken und des sog. Handelskredits.

Eine Unternehmung hat (mindestens) ein Bankkonto, über das sie einen Teil ihrer laufenden Zahlungen abwickelt. Ein Kontokorrentkredit entsteht, wenn die Bank dem Unternehmen gestattet, dieses Konto bis zu einer vereinbarten Höhe zu überziehen. Der Natur der laufenden Rechnung gemäß ändert sich der Kontostand und damit die Höhe, in der der Kredit in Anspruch genommen wird, ständig. Formal ist der Kontokorrentkredit kurzfristig. Da er im Normalfall aber fast immer prolongiert wird, steht er – wenigstens teilweise – langfristig zur Verfügung.

Ein Diskontkredit an eine Unternehmung entsteht, wenn eine Bank von einer Unternehmung Wechsel aufkauft und bis zur Fälligkeit in ihrem Bestand behält. Durch die Wechsel sichert die Unternehmung Forderungen ab, die sie gegen Abnehmer hat, denen sie ihrerseits Lieferantenkredit gewährt hat.

---

17 Vgl. *Hielscher/Laubscher* [Finanzierungskosten], bes. S. 21–25 und S. 66–69.
18 Vgl. dazu ausführlich *Süchting* [Finanzmanagement], S. 130–137.

Handelskredit ist der Oberbegriff für Kundenanzahlungen und Lieferantenkredite. Lieferantenkredite entstehen dadurch, daß einer Unternehmung von einem Lieferanten gestattet wird, erst nach einer bestimmten Frist („Zahlungsziel") zu bezahlen.

Andere Formen der kurzfristigen Fremdfinanzierung, die hier nicht weiter behandelt werden sollen, sind: Akzept-, Lombard-, Aval-, Rembours- und Negoziationskredit. Sie sind aber von geringerer praktischer Bedeutung. Bei den meisten Formen der kurzfristigen Fremdfinanzierung entstehen Systematisierungsschwierigkeiten, weil sie nicht „Finanzierungszahlungsreihen" beinhalten. Vielmehr stellen sie Vorverschiebungen von Einzahlungen (Kundenanzahlungen und Diskontkredit) oder Verzögerungen von Auszahlungen (Lieferantenkredit) dar. Die Einordnung des Kontokorrentkredits hängt davon ab, wie man die Unternehmenskasse definiert. Beim Akzept- und Avalkredit fließt der Unternehmung kein Geld zu, sondern die kreditierende Bank geht die Verpflichtung ein, unter bestimmten Bedingungen anstelle der Unternehmung zu zahlen.

8.3.3. Zwischenformen zwischen Beteiligungs- und Fremdfinanzierung

Die wichtigsten Zwischenformen sind die Wandelanleihe und die Optionsanleihe. Eine Wandelanleihe ist eine Obligation, deren Inhaber das Recht haben, ihre Forderung gegen eine Beteiligung in Form einer Aktie umzutauschen. Die Modalitäten des Umtausches wie die möglichen Zeitpunkte und eventuell zu leistende Zuzahlungen werden schon bei der Emission der Wandelanleihe festgelegt. Eine Optionsanleihe ist eine Obligation, die mit dem Recht verknüpft ist, zu vorweg festgelegten Bedingungen zusätzlich zu der Obligation eine Aktie der Gesellschaft zu erwerben.

Schließlich sind als Zwischenformen noch die Gewinnanleihe und das partiarische Darlehen zu nennen. Beide sind nicht oder nicht nur mit festen, sondern mit gewinnabhängigen Ansprüchen auf Zinszahlungen ausgestattet.

Um das Wesen der Wandelanleihe und der Optionsanleihe zu verdeutlichen, kann man sie gedanklich in zwei Komponenten zerlegen: In eine Obligation (einen Kredit) und ein Bezugsrecht oder eine Option, Aktien zu einem festen Kurs zu erwerben. Formal betrachtet ist die ganze Anleihe vor dem Umtausch bzw. vor der Ausübung der Option Fremdkapital. Ökonomisch betrachtet ist das Bezugsrecht oder die Option ein Eigenkapitalanteil, weil sein bzw. ihr Wert vom Aktienkurs und damit mittelbar von den Ertragserwartungen der Unternehmung abhängt.

Dieselbe gedankliche Zerlegung ist auch hilfreich, wenn man zu bestimmen versucht, wovon der Wert einer Wandel- bzw. Optionsanleihe abhängt. Die Bewertung der Kreditkomponente ist im Prinzip einfach. Sie ergibt sich aus der Anwendung der Kapitalwertformel. Problematischer ist die Bewertung der Optionskomponente. Der Wert des Rechts zum Umtausch bzw. zur Ausübung der Option hängt nämlich nicht nur vom aktuellen Börsenkurs ab, sondern von der Unsicherheit der Entwicklung des Börsenkurses im Zeitablauf. Die Option, eine bestimmte Aktie z.B. im Laufe eines Jahres zum Kurs von 150 zu erwerben, ist wertvoll, weil der Kurs der Aktie am Jahresende über 150 liegen kann. In diesem Fall kann der Inhaber der Option diese nämlich ausüben und einen sicheren Gewinn in Höhe der Differenz zwischen dem Kurs und den 150 realisieren. Aus dieser Überlegung ergibt sich, daß eine Option auch dann nicht wertlos ist, wenn der Kurs der Aktie unter (im Beispiel) 150 liegt. Wertlos wäre sie nur, wenn eine Kurssteigerung auf mehr als 150 ausgeschlossen wäre. Weiterhin ergibt sich, daß eine Option um so wertvoller ist, je stärker der Kurs der Aktie, zu deren Kauf die Option berechtigt, sich im Zeitablauf verändern kann, denn um so größer ist die Chance, daß es sich lohnt, die Option auszuüben.

Für eine Unternehmung, die sich Kapital beschaffen will, *erscheint* die Ausgabe von Wandelanleihen und Optionsanleihen günstig, weil bei der Emission sowohl solche Käufer als Kapitalgeber angesprochen werden können, die Fremdkapitalgeber bleiben wollen, als auch solche, die nach einer Beteiligung streben. Für Wandel- und Optionsanleihen scheint aus der Sicht der Unternehmung auch zu sprechen, daß die Verzinsung auf die Kreditkomponente geringer sein kann als die Verzinsung auf normale Obligationen. Dabei wird jedoch übersehen, daß die Käufer von solchen Wertpapieren die geringere Verzinsung als Preis für die Optionskomponente ansehen und daß sie dann, wenn sie die Option ausüben, einen Anspruch auf Dividenden erwerben, die den bisherigen Aktionären verloren gehen. Für die Käufer erscheint der Erwerb solcher Wertpapiere vorteilhaft, weil sie sich für lange Zeit nicht festzulegen brauchen, ob sie ihr Umtausch bzw. Bezugsrecht ausüben wollen oder nicht. Ob Wandelanleihen und Optionsanleihen wirklich für die Beteiligten vorteilhaft sind, hängt jedoch davon ab, wieviel die Kapitalgeber für die Rechte bezahlen, die sie erwerben. Werden solche Wertpapiere am Kapitalmarkt so bewertet, wie es die Theorie der rationalen Optionsbewertung empfiehlt, ergibt sich weder für Kapitalgeber noch für Kapitalnehmer aus der Verwendung dieser Finanzierungsinstrumente ein Vorteil[19].

8.3.4. Formen der internen Finanzierung

Von der externen Finanzierung unterscheidet sich die interne Finanzierung dadurch, daß der Unternehmung Mittel nicht von Eigentümern oder Gläubigern, sondern von Kunden zufließen. Ein Finanzierungseffekt liegt vor, wenn in einer Periode den Einzahlungen aus dem Umsatzprozeß geringere Auszahlungen gegenüberstehen. Die Differenz stellt einen Einzahlungsüberschuß dar, der verwendet werden kann, um Investitionen zu bezahlen.

Die im Zusammenhang mit interner Finanzierung üblichen Begriffe sind am Bilanzdenken orientiert. Der Einzahlungsüberschuß einer Periode ist nicht der Periodengewinn. Vielmehr läßt sich der Periodengewinn erst bestimmen, wenn der Aufwand der Periode für Abschreibungen und Rückstellungen abgezogen ist. Von Bestandsänderungen sei abgesehen. Eine schematische Gewinn- und Verlustrechnung einer Periode kann folgendes Aussehen haben:

Aufwand		G.- und V.-Rechnung	Ertrag
Baraufwand = Auszahlung	80	Barertrag = Einzahlung	150
Abschreibung	30		
Rückstellung	20		
Saldo = Gewinn	20		

Die drei Posten, auf die die Differenz zwischen Ein- und Auszahlungen aufgeteilt wird, sind Quellen der internen Finanzierung. Die moderne Investitions- und Finanzierungstheorie be-

---

19 Eine mathematisch einfache Einführung in die Theorie der Optionsbewertung im Gleichgewicht findet man bei *Sharpe* [Investments], S. 430–448. Der Zusammenhang zwischen Optionsbewertung und betrieblicher Finanzpolitik wird u.a. von *Haley/Schall* [Theory], S. 253–261, diskutiert. Vgl. auch *Swoboda* [Finanzierung], S. 238–243.

ruht allein auf der Analyse von Zahlungsvorgängen. Es ist daher fraglich, ob die sogenannte interne Finanzierung überhaupt zur Finanzierung zu zählen ist. Durch reine Verrechnungen anläßlich der Aufstellung des Jahresabschlusses werden keine Zahlungen ausgelöst. Die Finanzierung aus Gewinn, die sog. Selbstfinanzierung, hat zwar mit Zahlungen zu tun, indem sie eine Minderung der Zahlungen an die Gewinnberechtigten zur Folge hat. Aber auch die Selbstfinanzierung führt nicht zu Zahlungsreihen, die mit einer Einzahlung beginnen.

Für Eigentümer, speziell für Aktionäre, ist es nicht belanglos, ob, wann und in welcher Höhe sie Dividenden erhalten. Aber es scheint sinnvoller, die Frage nach der zu wählenden Höhe und zeitlichen Verteilung der Ausschüttungen oder Dividenden nicht unter der verwirrenden Überschrift „interne Finanzierung", sondern unter der treffenderen Überschrift „(optimale) Ausschüttungs- oder Dividendenpolitik" zu diskutieren[20]. Und ist die Entscheidung über die Höhe der Ausschüttungen getroffen, dann ist auch die rechnerische und gedankliche Zerlegung des Einzahlungsüberschusses in die drei Teile Abschreibung, Rückstellung und Selbstfinanzierung, abgesehen von steuerlichen Überlegungen, belanglos: Eine Geldeinheit fließt der Unternehmung vom Absatzmarkt zu, und sie kann für Investitionen verwendet werden. Ob sie zwischendurch als Abschreibung, Rückstellung oder Gewinn verbucht worden ist, ändert an den Zahlungsströmen nichts. Für eine Investitions- und Finanzierungstheorie, die auf die optimale Gestaltung der Zahlungsströme zwischen der Unternehmung und ihren Eigentümern abzielt, bilden die Begriffe der internen Finanzierung einen Fremdkörper.

Man muß die vom Standpunkt der modernen Investitions- und Finanzierungstheorie ausgehende Kritik an den Begriffen der internen Finanzierung nicht überbewerten. Wie im Abschnitt 8.2. deutlich werden sollte, ist es keineswegs die einzig mögliche Sicht von Finanzierungsproblemen, daß Zahlungsströme, die mehr oder minder als *gegeben* gelten, *optimal kombiniert* werden sollen. Man kann einerseits *weniger abstrahieren,* als es in der zahlungsorientierten Investitions- und Finanzierungstheorie üblich ist, und den Kapitalbedarf und die Möglichkeiten der Kapitalbedarfsdeckung betrachten. Tut man dies, bietet die Lehre von der internen Finanzierung geeignete Konzepte[21]. Man kann andererseits über die zahlungsstromorientierte Betrachtung *hinausgehen* und das wesentliche Finanzierungsproblem darin sehen, wie Zahlungsströme *beeinflußt* werden können und wie Kapitalgeber verläßlich über Zahlungsströme und ihre mögliche Beeinflussung informiert werden können. Die bilanzielle Aufteilung des Einzahlungsüberschusses in einer Periode hat Auswirkungen auf die Verteilung der Möglichkeiten, durch spätere Entscheidungen Zahlungsströme zu gestalten, und sie hat auch Einfluß darauf, wie aktuelle und potentielle Kapitalgeber informiert werden und informiert werden können. Beides kann maßgeblich dafür sein, ob es Kapitalgebern vorteilhaft erscheint, einer Unternehmung Kapital zu überlassen. Damit beeinflußt es auch die Möglichkeiten einer Unternehmung, sich über den Kapitalmarkt, also extern, zu finanzieren. Wie sich die Begriffe der internen Finanzierung im Lichte der angedeuteten Überlegungen zur „prekären Partnerschaft" zwischen Kapitalnehmer(n) und Kapitalgeber(n) im einzelnen neu interpretieren lassen, ist jedoch eine bisher noch offene Frage.

---

20 Siehe unten S. 209 f.
21 So z.B. die Lehre vom Kapazitätserweiterungseffekt; vgl. dazu z.B. *Gutenberg* [Finanzen], S. 16–44.

8.4. Zur Erklärung von Finanzierungsformen

8.4.1. Die Bedeutung der Fragestellung

In der Investitions- und Finanzierungsliteratur nimmt man es meist als eine gegebene Tatsache hin, daß es verschiedene Finanzierungsformen gibt. Die eher traditionelle Literatur beschreibt die verschiedenen Finanzierungsformen. Die mehr auf „Finanzierungsmanagement" ausgerichtete Literatur untersucht, unter welchen Voraussetzungen und mit welchen Konsequenzen sich eine Unternehmung in der Praxis der verschiedenen Finanzierungsformen bedienen kann und sollte. Und die theoretisch ausgerichtete Literatur untersucht schwerpunktmäßig, ob es, am Ziel der Marktwertmaximierung gemessen, eine optimale Kombination von Finanzierungsformen gibt[22]. Die theoretische Literatur beschränkt sich zudem weitgehend darauf, nur zwei Grundformen, nämlich Beteiligungs- und Fremdfinanzierung, zu betrachten.

In der Literatur werden hingegen die Fragen nur am Rande behandelt, warum es eine Vielzahl recht differenzierter Finanzierungsformen überhaupt gibt und warum einzelne Finanzierungsformen ganz bestimmte institutionelle Merkmale aufweisen. Dabei wäre die Antwort auf diese Fragen sehr wichtig: Kennt man sie, kann man bei der Beschreibung gezielt hervorheben, welche institutionellen Merkmale einzelner Finanzierungsformen „wichtig" sind. Man kann dann auch besser beurteilen, wann es praktisch sinnvoll ist, sich der einzelnen Finanzierungsformen zu bedienen, und man kann Theorien zur optimalen Finanzierung besser einschätzen. Im folgenden sollen exemplarisch zwei Erklärungmuster für die Existenz und die unterschiedliche institutionelle Ausgestaltung von Finanzierungsformen vorgestellt werden.

8.4.2. Die neoklassische Erklärung

Finanzierung wird als Partenteilung betrachtet. Beteiligungs- und Fremdfinanzierung werden vor allem nach der Art der Aufteilung des Investitionsertrages unterschieden. Wer Gläubiger ist, bekommt maximal einen vereinbarten Betrag. Wenn der Investitionsertrag (oder der Unternehmungswert) geringer ist als der vereinbarte Betrag, erhält der Gläubiger weniger. Das ist dann — beschränkte Haftung vorausgesetzt — der gesamte Investitionsertrag[23]. Wer als Kapitalgeber eine Beteiligung erworben hat, erhält einen proportionalen Anteil am Investitionsertrag. Sofern es außerdem Fremdkapitalgeber gibt, erhält er einen Anteil an dem, was verbleibt, nachdem die Ansprüche der Fremdkapitalgeber befriedigt sind.

Mit Hilfe der bestandsökonomischen Darstellung läßt sich der Unterschied zwischen einem Kredit und einer Beteiligung erläutern. Die Abbildung 8.2 deutet schematisch an, wie der unsichere Investitionsertrag einer einperiodischen Investition (Nettoeinzahlung am Periodenende) auf den Eigentümer oder Eigenkapitalgeber und einen Fremdkapitalgeber aufgeteilt wird.

---

22 Dort wird eher von einer (optimalen) Kapitalstruktur gesprochen; das ist aber inhaltlich dasselbe. Die Entsprechung wird bei *Fama/Miller* [Finance], S. 149, auch in der Terminologie deutlich: Sie sprechen von „fragmentations of the distribution of a firm's ... t_1-value" im Sinne von verschiedenen möglichen Partenteilungen oder Kapitalstrukturen.

23 Im Falle unbeschränkter Haftung der Eigentümer ist deren haftendes Privatvermögen der Postition zuzurechnen, und ihre Parten sind um die gleichen Beträge zu erhöhen.

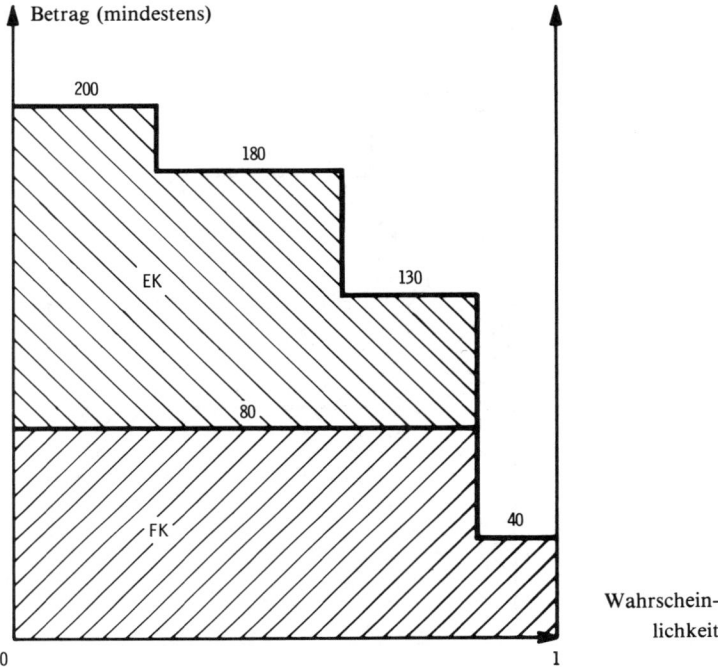

Abb. 8.2: Fremdfinanzierung in bestandsökonomischer Darstellung

Die Treppenkurve gibt alternativ mögliche Investitionserträge mit ihren Wahrscheinlichkeiten in der oben erläuterten Weise an. Der Fremdkapitalgeber erhält die durch die Fläche FK gekennzeichneten Zahlungen, nämlich maximal den vereinbarten Betrag von 80 (Tilgung plus Zinsen). An den Eigenkapitalgeber fällt der Rest, der durch die Fläche EK angezeigt wird. Beträgt der Investitionsertrag z.B. 180, erhält der Gläubiger 80, und dem Eigentümer verbleiben 100. Ist der Investitionsertrag 40, erhält ihn der Gläubiger, der Eigentümer geht leer aus.

Würden zwei Eigenkapitalgeber die Investition finanzieren und wäre vereinbart, daß der Ertrag auf sie je zur Hälfte verteilt werden soll, erhielte man folgende Darstellung:

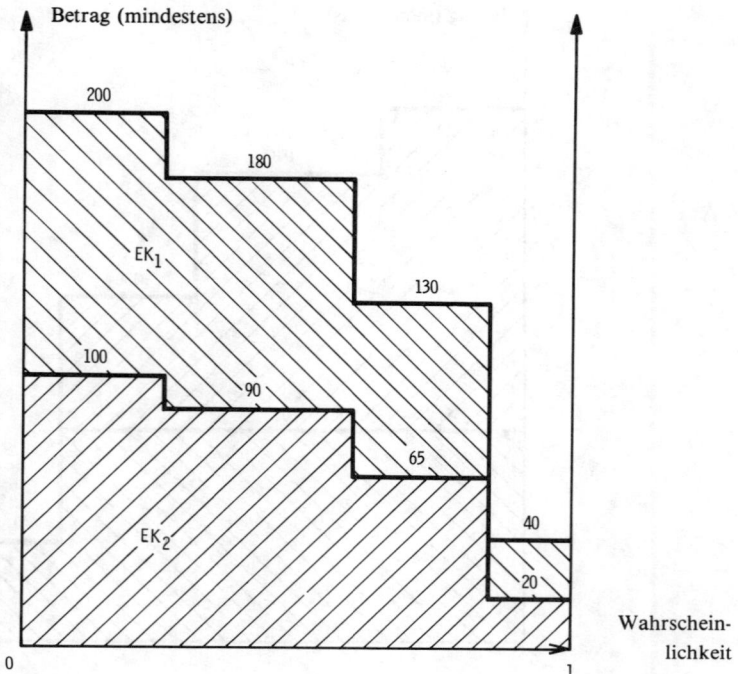

Abb. 8.3: Beteiligungsfinanzierung in bestandsökonomischer Darstellung

In ähnlicher Weise könnte man darstellen, wie der Investitionsertrag aufzuteilen ist, wenn z.B. Fremdfinanzierung und Beteiligungsfinanzierung kombiniert werden oder wenn es mehrere Fremdkapitalgeber gibt und einer von ihnen durch ein Pfandrecht gesichert ist. Dieser gesicherte Gläubiger würde in Höhe des Wertes seines Pfandrechts zuerst befriedigt, ehe der verbleibende Investitionsertrag auf die Fremdkapitalgeber im Verhältnis ihrer unbefriedigten Forderungen aufgeteilt würde[24].

Wie man anhand der bestandsökonomischen Darstellungen erkennen kann, ist die Wahl von Finanzierungsformen eine Entscheidung über die Aufteilung der möglichen Investitionserträge auf Kapitalgeber. Die Frage, warum es verschiedene in bestimmter Weise ausgestattete Finanzierungsformen gibt, könnte man nun folgendermaßen beantworten: Verschiedene Kapitalgeber finden unterschiedliche Parten akzeptabel, da sie u.a. unterschiedlich fähig und bereit sind, Risiken zu übernehmen. Je mehr Finanzierungsformen es gibt, d.h. je mehr Möglichkeiten gewählt werden können, eine Position in unterschiedliche Parten zu zerlegen, um so größer sind die Chancen, daß eine Unternehmung die den Anlagewünschen der Kapitalgeber entsprechenden Parten auch anbieten kann. Besonders riskante Parten müßten besonders risikogeneigten Kapitalgebern gefallen, und risikoscheue Kapitalgeber müßten sich durch typische Gläubigerparten wie FK in Abbildung 8.2 angesprochen fühlen.

Analog könnte man auch die Unterscheidung zwischen kurz- und langfristiger Finanzierung zu erklären versuchen: Langfristige Finanzierung bedeutet den Verkauf einer langfristigen

---

24 Vgl. *Rudolph* [Kreditvergabeentscheidung], S. 70–77.

Anlagemöglichkeit an jemanden, der Geld wirklich langfristig anlegen möchte. Für die kurzfristige Finanzierung würde Entsprechendes gelten.

Finanzierungsformen sind ein Beispiel für gesellschaftliche Arrangements. Viele solcher Arrangements kann man mit dem Hinweis auf die Wünsche und Bedürfnisse der Beteiligten erklären: Es werden sich die Arrangements bewähren und durchsetzen, die den Interessen aller Beteiligten eher gerecht werden als andere. Aber im speziellen Falle der Finanzierungsinstrumente genügt es nicht, sich bei der Erklärung auf die „Anlagewünsche" der Kapitalgeber und insbesondere auf ihre Risikoeinstellung zu beschränken, denn der Zusammenhang zwischen der Risikoeinstellung von Kapitalgebern und der Gestaltung von Finanzierungsinstrumenten ist lose: Es ist sehr selten, daß jemand sein gesamtes Vermögen in einer Beteiligung oder in einem Kredit einer einzigen Unternehmung zur Verfügung gestellt hat. Im Normalfall bilden die von einer Unternehmung ausgegebenen Parten nur Bestandteile des Beteiligungs- und/oder Kreditportefeuilles des Kapitalgebers. Daher werden Parten auch nicht, soweit ihr Risiko betroffen ist, isoliert bewertet. Auch für sich betrachtet riskante Parten können Bestandteile von insgesamt risikoarmen Portefeuilles sein. Der Zusammenhang zwischen der Risikoneigung von Kapitalgebern und den gewünschten Eigenschaften von Finanzierungsformen ist aus diesem Grunde viel komplizierter, als die genannte Erklärung unterstellt. Dies nimmt der neoklassischen Erklärung viel von der Plausibilität, die sie auf den ersten Blick genießt.

Analog läßt sich die auf Anlegerwünsche zurückgehende Erklärung für unterschiedliche Fristen der Kapitalüberlassung kritisieren: Weil es die Möglichkeit gibt, an der Börse oder in anderer Weise Kapitalgeber zu substituieren, kann langfristiges Kapital auch von Kapitalgebern aufgebracht werden, die je für sich nur für kürzere Fristen Mittel anlegen wollen. Kurzfristige Finanzierung wird, wie beim Kontokorrentkredit, im Normalfall prolongiert. Also ist es auch in Bezug auf die Fristigkeit nicht möglich, eine Entsprechung zwischen den Anlagewünschen von Kapitalgebern und den Merkmalen von Finanzierungsinstrumenten herzustellen.

Das entscheidende Argument gegen die neoklassische Erklärung der Ausgestaltung von Finanzierungsformen ist aber folgendes: Wenn man, wie es diesem Denkansatz entspricht, schon voraussetzt, daß die Wahrscheinlichkeitsverteilung der an Kapitalgeber zu verteilenden Investitionserträge bekannt und von der Aufteilungsregel unabhängig ist und daß die Aufteilungsregel gegeben und bekannt ist, stellt es nur noch einen kleinen und für sich betrachtet sehr plausiblen Schritt dar, zusätzlich anzunehmen, daß die Parten auf vollkommenen Märkten gehandelt werden. Dann gibt es aber keine aus der Sicht der Unternehmung optimal Partenteilung, wie unten im zehnten Kapitel ausführlich begründet wird. Warum brauchte man dann aber komplizierte Instrumente der Partenteilung? Finanzierungsformen damit zu erklären, daß sie eine Funktion erfüllen, die gar nicht erfüllt zu werden braucht, ist nicht ausreichend[25].

8.4.3. Die neo-institutionalistische Erklärung

Oben wurde schon erläutert, inwiefern eine Finanzierungsbeziehung eine „prekäre Partnerschaft" darstellt: Durch die Kapitalüberlassung werden Kooperationsvorteile möglich, aber die Anreize und Möglichkeiten, den „Partner" durch die Ausnutzung von Informationsvorteilen und durch die Änderung von Investitionsentscheidungen *nach* der Kapitalüberlassung zu schädigen, sind besonders für den Kapitalnehmer ausgeprägt. Nutzt er diese Vorteile und Möglichkeiten konsequent aus, kann dadurch die Partnerschaft für den Kapitalgeber unat-

---

25 In diesem Sinne auch *Jensen/Meckling*, [Theory], S. 332 f.

traktiv werden, und/oder der Kooperationsvorteil kann verloren gehen. Wäre Finanzierung nur Parteilung bzw. würde ein Kapitalgeber für die Kapitalüberlassung nur den Anspruch auf einen bestimmten Anteil an den für gegeben gehaltenen Investitionserträgen pro Umweltzustand und pro Zeitpunkt als Gegenleistung bekommen, hätte er ausreichenden Grund, dem Kapitalnehmer mit Skepsis und Mißtrauen zu begegnen. Im Extremfall müßte er damit rechnen, daß der, dem er seine Mittel überläßt, damit verschwindet. Weniger extreme, dafür aber plausiblere Befürchtungen sind, daß ein Kapitalgeber zu viel für eine Parte bezahlt oder daß Entscheidungen getroffen werden, die seinen Interessen widersprechen. Finanzierung muß mehr als Parteilung sein; sie muß zugleich Rechte und Möglichkeiten zur Information und zur Einflußnahme an Kapitalgeber übertragen, die deren Skepsis und Mißtrauen reduzieren. Diese Rechte und Möglichkeiten dürfen aber nicht ihrerseits den Kooperationsvorteil zunichte machen. Aus dieser Überlegung ergibt sich eine Möglichkeit, die institutionelle Ausgestaltung konkreter Finanzierungsformen zu erklären: Jede Finanzierungsform kann als eine *spezifische Kombination von Rechten und Handlungsmöglichkeiten* für Kapitalgeber gedeutet werden,

— die die Anreize und/oder Möglichkeiten des oder der Kapitalnehmer, Kapitalgeber zu schädigen, reduzieren,

— die dadurch den oder die Kapitalgeber schützen und die Kapitalüberlassung für ihn bzw. sie vorteilhaft machen und die

— den Kooperationsvorteil mit insgesamt vergleichsweise geringen (Interaktions-) Kosten für beide Seiten sichern.

Betrachten wir zuerst Beispiele für Risiken der Interaktionsbeziehung und für institutionelle Merkmale einzelner Finanzierungsformen, die Kapitalgeber vor diesen Risiken schützen, indem sie es für Kapitalnehmer schwer oder unattraktiv machen, Kapitalgeber zu schädigen.

Die neben dem Ertragsrisiko wesentlichen Risiken von *Eigenkapitalgebern* bestehen darin, daß sie für eine Beteiligung zuviel bezahlen und daß sie für die Folgen von Entscheidungen haften, die im Zuge der Ausführung eines Investitionsprogramms noch zu treffen sind und nicht ihren Interessen entsprechend getroffen werden. Ein *unmittelbarer* Schutz von Eigenkapitalgebern ist gegeben, wenn ihre Haftung für Schulden der Gesellschaft begrenzt wird, wie es z.B. für Aktionäre einer AG der Fall ist, die nur mit ihrer Einlage haften. Ein *mittelbarer* Schutz besteht, wenn Kapitalgeber, wie z.B. Gesellschafter einer Personengesellschaft, durchsetzen können, daß bei den zu treffenden Entscheidungen ihre Interessen (Risikoneigung, Erwartungen) umfassend berücksichtigt werden. Vollhaftende Gesellschafter einer Personengesellschaft haben das Recht auf Teilnahme an der Geschäftsführung und das Recht zur Kündigung der Gesellschaft. Durch diese Rechte können sie ihrerseits die möglichen Investitionserträge beeinflussen. Im Zuge der Teilnahme an der Geschäftsführung können sie ihre Interessen direkt vertreten. Wenn dies nicht ausreichen sollte, können sie mit der Kündigung drohen, die zur Auflösung der Personengesellschaft führen würde. Diese Drohung ist im allgemeinen sehr wirksam, denn die Auflösung der Gesellschaft würde den Ablauf von Investitionsprozessen unterbrechen und damit auch den bisherigen Gesellschaftern, den Kapitalnehmern, einen beträchtlichen Schaden zufügen. Um diesen Schaden zu vermeiden, werden die Kapitalnehmer die Interessen eines Kapitalgebers zu berücksichtigen versuchen. Die Teilnahme an der Geschäftsführung gibt einem Kapitalgeber auch die Möglichkeit, sich gut zu informieren. Dies erlaubt es zu überprüfen, ob die Kapitalnehmer ihn *vor* der Kapitalüberlassung falsch informiert haben. Sollte das der Fall sein, kann der Kapitalgeber den Gesellschaftsvertrag anfechten oder kündigen. Allein diese Möglickeit dürfte Kapitalnehmer veranlassen, nicht schon vor Kapitalüberlassung ihren Informationsvorteil zu stark auszunutzen.

Das wesentliche Risiko von *Fremdkapitalgebern* besteht darin, daß sie von Kapitalnehmern über die Ertragsaussichten der Unternehmung und über das Kreditrisiko getäuscht werden und daß es für die Kapitalnehmer *nach* der Einräumung eines Kredits vorteilhaft wird, zu einer riskanteren Investitionspolitik überzugehen und dem Kreditgeber höhere Ausfallrisiken aufzubürden[26]. Auch davor gibt es einen unmittelbaren und einen mittelbaren Schutz. Der *unmittelbare* Schutz folgt aus der Einräumung von Kreditsicherheiten, wie sie bei langfristiger Fremdfinanzierung üblich sind. Ein Kreditgeber kann in der Regel den Wert einer Kreditsicherheit, z.B. einer Hypothek auf ein Grundstück, gut überblicken. Das reduziert seinen Informationsnachteil, und wenn er gesichert ist, kann er auch durch eine veränderte Investitionspolitik nicht mehr geschädigt werden. Der *mittelbare* Schutz von Fremdkapitalgebern ist bei *kurzfristiger* Fremdfinanzierung die Regel: Er ergibt sich daraus, daß Unternehmungen fast immer darauf angewiesen sind, daß kurzfristiges Fremdkapital verlängert („prolongiert") oder ersetzt („substituiert") wird. Mißlingt die Prolongation oder Substitution, kommt der Kapitalnehmer in Liquiditätsschwierigkeiten. Das Interesse an der Vermeidung solcher Schwierigkeiten gibt dem Kapitalnehmer ausreichenden Anlaß, sich zu „bewähren", indem er Kapitalgeber nicht grob falsch informiert oder in anderer Weise schädigt.

Diese Beispiele genügen, um deutlich zu machen, wie wichtig es für das Zustandekommen von Finanzierungsbeziehungen ist, daß Kapitalgebern mehr Rechte und Möglichkeiten eingeräumt werden als nur der Anspruch auf zukünftige Zahlungen. Die Beispiele zeigen auch, daß so unterschiedlich erscheinende institutionelle Merkmale wie Haftungsbeschränkung, Geschäftsführungs- und Kündigungsrechte, Kreditsicherheiten und formale Kurzfristigkeit von ihrer Funktion her ähnlich sind.

Funktionale Ähnlichkeit bedeutet nicht, daß die institutionellen Merkmale beliebig austauschbar sind. Dies wirft die Frage auf, wovon es abhängt, daß bestimmte Regelungen in manchen Situationen günstiger sind als in anderen. Die Beantwortung dieser Frage soll deutlich machen, warum oben Finanzierungsformen als *spezifische* Kombinationen von Rechten und Möglichkeiten bezeichnet worden sind. Einzelne Rechte oder Möglichkeiten für Kapitalgeber lassen sich nicht isoliert beurteilen. Dies sei am Beispiel des Kündigungsrechts als eines Mittels zur Disziplinierung von Kapitalnehmern und damit als eines Mittels zur Sicherung des Kooperationsvorteils im Rahmen einer Personengesellschaft demonstriert.

Der Nutzen oder Vorteil des Kündigungsrechts besteht in der Möglichkeit des Kapitalgebers, mit Kündigung und Kapitalentzug zu drohen, damit Wohlverhalten des oder der Kapitalnehmer herbeizuführen und damit die Kooperation möglich und für sich überschaubar und akzeptabel zu machen. Die Kosten oder der Nachteil besteht für den oder die Kapitalnehmer darin, daß das Drohpotential und die Möglichkeit zur Auflösung der Gesellschaft möglicherweise eingesetzt werden, obwohl der vermutete Anlaß, eine Schädigungsabsicht des oder der Kapitalnehmer, in Wirklichkeit gar nicht vorliegt.

Damit das Kündigungsrecht eine scharfe Waffe darstellt, muß ein Kapitalgeber einen beträchtlichen Kapitalanteil halten. Wer nur einen geringen Kapitalanteil hält, kann nicht wirksam mit Kapitalentzug drohen und hat daher auch keinen Grund, sich geschützt zu fühlen. Damit das Kündigungsrecht eines Gesellschafters mit einem beträchtlichen Kapitalanteil nicht mehr Schaden als Nutzen stiftet, ist es erforderlich, daß der Kapitalgeber gut informiert ist und nicht aufgrund eines Mißverständnisses droht bzw. kündigt.

---

26 Vgl. *Fama/Miller* [Finance], S. 152 f. und *Fama* [Effects].

Die beiden für die Wirksamkeit und die Bewertung des Kündigungsrechts maßgeblichen Faktoren, die Höhe der Beteiligung und der Informationsstand des Kapitalgebers, stehen nicht unverbunden nebeneinander. Aus der Sicht des Kapitalgebers ergänzen sie sich, weil jemand, der eine große Beteiligung hält, zumal bei unbeschränkter persönlicher Haftung, ohnehin ausreichenden Grund hat, sich gut zu informieren. Und wegen der Beteiligung an der Geschäftsführung ist er normalerweise auch gut informiert. Die Bedingungen, unter denen er sich durch ein Kündigungsrecht geschützt fühlen kann, und diejenigen, unter denen er das Recht sinnvoll zu nutzen vermag, passen gut zusammen. Aus der Sicht des oder der Kapitalnehmer gilt dasselbe: Einen Kapitalgeber so gut zu informieren und an der Geschäftsführung zu beteiligen, wie es die persönliche Haftung nötig macht, ist mühsam und teuer. Wegen der Informationskosten können nicht viele Eigenkapitalgeber durch ein Kündigungsrecht gesichert werden. Sind es nur wenige, hat jeder einzelne einen Kapitalanteil, der ausreichend groß ist, um seiner Drohmöglichkeit Gewicht zu verleihen und ihn zu schützen. Und dazu paßt auch, daß er trotz seines Informationsnachteils *vor* Beginn der Finanzierungsbeziehung nicht völlig der Willkür von Kapitalnehmern ausgeliefert ist.

Kündigungsrecht, Geschäftsführungsrecht und großer Kapitalanteil gehören zusammen. Die verbindende Klammer ist, daß ein hoher Informationsstand der Kapitalgeber für die Vorteilhaftigkeit dieses sozialen Arrangements nötig ist und daß dieses Arrangement selbst dazu führt, daß Kapitalgeber den nötigen Informationsstand erlangen. Andere Grundformen der Finanzierung, wie z.B. die Eigenkapitalbeschaffung durch Ausgabe von Aktien an eine Vielzahl von Aktionären, deren Haftung beschränkt ist, können ebenso als Bündel von Merkmalen gedeutet werden, die je einzeln die Nachteile mildern, die Kapitalgebern aus der Kapitalüberlassung erwachsen können, deren individuelle positive Wirkungen sich gegenseitig verstärken und deren Nachteile oder Kosten sich gegenseitig abschwächen[27].

Warum bestimmte Merkmalsbündel in der Realität als reale Finanzierungsformen anzutreffen sind, während andere nicht vorkommen, folgt aus dem Beispiel: Diejenigen Merkmalsbündel setzen sich in der Realität als konkrete Finanzierungsformen durch, bei denen sich die positiven Wirkungen der einzelnen Merkmale gegenseitig verstärken und die negativen Wirkungen, die Kosten, gegenseitig abschwächen. Auch die Frage, warum es in der Realität nicht nur eine einzige optimale Finanzierungsform gibt, läßt sich nun leicht beantworten: Unterschiedliche Finanzierungsformen stellen unterschiedliche Methoden dar, um den Kooperationsvorteil bei insgesamt geringen (Interaktions-)Kosten zu sichern. Aber es gibt eben Kosten, und diese sind von der jeweils vorliegenden Situation abhängig. In verschiedenen Situationen können daher auch unterschiedliche Methoden bzw. unterschiedliche Merkmalsbündel bzw. unterschiedliche Finanzierungsformen am besten zur Sicherung des Kooperationsvorteils geeignet sein.

Die neo-institutionalistische Erklärung für die Existenz verschiedener Finanzierungsformen und für deren institutionelle Ausgestaltung ersetzt die neoklassische Erklärung nicht, sondern sie ergänzt und erweitert sie. Die Erweiterung ergibt sich vor allem daraus, daß Rückwirkungen der Finanzierung auf die Investitionspläne nicht wie bei der neoklassichen Vorstellung, Finanzierung sei Partenteilung, außer acht gelassen werden. Die Art der Finanzierung beeinflußt, welche späteren Investitionsentscheidungen nach dem Zeitpunkt der Kapitalüberlassung dem oder den Kapitalnehmern vorteilhaft erscheinen, und die Art der Sicherung der Kapitalgeber beeinflußt, welche Investitionsentscheidungen getroffen werden können. Im Vergleich zu einer Situation, in der keine Kapitalbeschaffung von außen nötig ist, oder im Ver-

---

27 Vgl. *Schmidt* [Grundformen], S. 198–201.

gleich zu einer Situation, in der es keine Informationsprobleme gibt und in der alle zukünftig noch zu fällenden Entscheidungen vertraglich verläßlich und nachprüfbar vereinbart werden können, reduziert der Versuch der Kapitalnehmer, Kapitalgeber zu schädigen, und der Versuch von Kapitalgebern, sich dagegen zu wehren, die Einzahlungsüberschüsse, die an die Beteiligten pro Zeitpunkt und Umweltzustand verteilt werden könnten. Wegen dieser Rückwirkungen der Finanzierung auf die Investitionspläne mag zwar die Art der Partenteilung, die Aufteilung der reinen Zahlungsansprüche, auf einem vollkommenen Kapitalmarkt „irrelevant" sein, die Verteilung der sonstigen Rechte und Möglichkeiten ist es aber gewiß nicht!

8.5. Zusammenfassung

Der Aufbau dieses Kapitels soll hier noch einmal herausgestellt werden. Im Abschnitt 8.2. wurde gefragt, worin denn „eigentlich" ein Finanzierungsproblem besteht. Drei Antworten wurden vorgestellt, die drei Konzeptionen der Finanzierungstheorie entsprechen. Im Abschnitt 8.3. wurden Finanzierungsformen anhand ihrer institutionellen Merkmale gekennzeichnet. Der Abschnitt 8.4. sollte die Inhalte der beiden vorangegangenen miteinander verknüpfen: Ich habe anhand von Beispielen zu zeigen versucht, ob und wie sich die institutionellen Merkmale von Finanzierungsformen durch den Nachweis erklären lassen, daß gerade die in der Realität anzutreffenden Merkmale und Merkmalskombinationen geeignet erscheinen, das „eigentliche" Finanzierungsproblem zu lösen. Das Ergebnis des Abschnitts 8.4. wirkt zurück auf den Inhalt des Abschnitts 8.2.: Die neo-institutionalistische Deutung der Finanzierung als Interaktionsbeziehung führt zu überzeugenderen und inhaltsreicheren Erklärungen der institutionellen Ausgestaltung einzelner Finanzierungsformen als die neoklassische Deutung der Finanzierung als Partenteilung.

Das Kapitel enthält somit auch eine Gegenüberstellung verschiedener Denkansätze in der Finanzierungstheorie. Der neoklassische Ansatz ist gekennzeichnet durch die Vorstellung, Finanzierung sei Partenteilung. Die Wahl der Finanzierungsformen bestimmt nur, welchen Anteil an den unsicheren Einzahlungsüberschüssen Kapitalgeber und Kapitalnehmer erhalten. Sie hat aber keinerlei Rückwirkungen auf die Wahrscheinlichkeitsverteilung der möglichen Einzahlungsüberschüsse, die auf die Beteiligten aufzuteilen sind. Es dürften aber gerade solche Rückwirkungen sein, die in der Realität die Kapitalbeschaffung und die Liquiditätssicherung von Unternehmungen zum Problem werden lassen. Der neoklassische Ansatz schließt durch die Wahl seiner Grundvorstellung zu viele reale Probleme aus der Betrachtung aus.

Der neo-institutionalistische Ansatz der Finanzierungstheorie erfaßt Rückwirkungen der Finanzierung auf die möglichen Investitionserträge. Solche Rückwirkungen sind nur möglich, wenn Kapitalnehmer und Kapitalgeber unterschiedlich gut informiert sind. Wenn sie besser informiert sind, können Kapitalnehmer Investitionsentscheidungen zu ihrem Vorteil und zum Nachteil von Kapitalgebern abändern. Kapitalnehmer können dadurch wie auch durch andere Methoden zur Ausnutzung ihres Informationsvorteils Kapitalgeber schädigen. Das Finanzierungsproblem besteht darin, Kapitalgeber, die berechtigten Anlaß zu Skepsis und Mißtrauen haben, trotzdem zur Kapitalüberlassung zu bewegen. Aufgrund der Informations- und Anreizprobleme, die für Finanzierungsbeziehungen konstitutiv sind, kann es unter anderem zu den Liquiditätsproblemen kommen, die die traditionelle und die unmittelbar praxisorientierte Literatur durchaus mit Recht betonen.

8.6. Literaturhinweise zum 8. Kapitel

Die Grundlage für dieses Kapitel bilden zwei Aufsätze, in denen ich die Gegenstände der Abschnitte 8.2. und 8.4. ausführlicher behandelt habe:

"Ein neo-institutionalistischer Ansatz der Finanzierungstheorie", in: E. Rühli/J.P. Thommen (Hrsg.), Unternehmungsführung aus finanz- und bankwirtschaftlicher Sicht, Stuttgart 1981, S. 135–154, und "Grundformen der Finanzierung. Eine Anwendung des neo-institutionalistischen Ansatzes", in: Kredit und Kapital, 14. Jg. (1981), S. 186–221.

Die m.E. konsequenteste Ausprägung des neoklassischen Ansatzes der Finanzierung als Parteilung ohne Berücksichtigung eines möglichen Marktgleichgewichts findet sich in

Bernd Rudolph, Die Kreditvergabeentscheidung der Banken, Opladen 1974.

Ausführliche Beschreibungen der einzelnen Finanzierungsformen findet man in vielen Lehrbüchern, die der traditionellen Betrachtungsweise folgen, wie z.B. in

Herbert Vormbaum, Die Finanzierung der Betriebe, 6. Aufl., Wiesbaden 1981.

Ein vom Inhalt her auf die Finanzierungslehre ausgerichtetes, konzeptionell und methodisch aber stark von neoklassischem *und* neo-institutionalistischem Denken beeinflußtes Buch ist

Jochen Drukarczyk, Finanzierung, 2. Aufl., Stuttgart 1985.

9. Kapitel

Finanzierungskosten einzelner Finanzierungsformen

9.1. Lernziele

In diesem Kapitel werden hauptsächlich die Finanzierungskosten der Eigenkapital-Finanzierung behandelt. Im einzelnen werden die Kosten der Eigenfinanzierung, der Beteiligungsfinanzierung im engeren Sinne und der Selbstfinanzierung untersucht und miteinander verglichen. Ergänzend gehe ich kurz auf die Kosten der Fremdfinanzierung ein. Die Darstellung der Finanzierungskosten erfolgt ausschließlich auf der konzeptionellen Ebene. Institutionelle Details und den für die Bestimmung von Finanzierungskosten in der Realität wichtigen Einflußfaktor Steuern[1] diskutiere ich nicht, um die grundsätzlichen Aspekte einfacher und klarer herausstellen zu können.

Die Leser sollen in diesem Kapitel lernen,

(1) wie man für die einzelnen Finanzierungsformen inhaltlich bestimmt, was überhaupt mit dem Begriff der Finanzierungskosten erfaßt werden soll,

(2) daß es eine für alle Formen der Eigenkapitalfinanzierung gemeinsame Methode gibt, mit deren Hilfe die Höhe der Finanzierungskosten bestimmt werden kann; die Methode besteht darin, das Denken in Opportunitätskosten (Alternativvertragssätzen) mit der Berücksichtigung einfacher Gleichgewichtstendenzen am Kapitalmarkt zu verknüpfen,

(3) daß die Bestimmung von Eigenkapitalkosten inhaltlich dieselbe Überlegung enthält wie die Bewertung von Unternehmungen oder Unternehmensanteilen (Aktien) und

(4) daß unter der vereinfachenden Annahme eines vollkommenen Kapitalmarktes die Finanzierungskosten aller Formen der Eigenkapital-Finanzierung gleich sind.

Dieses Kapitel knüpft inhaltlich und methodisch an die Behandlung der Investitionstheorie im zweiten Teil dieses Buches an. Dort ist herausgestellt worden, daß die Finanzierungskosten die wichtigste und bei einem vollkommenen Kapitalmarkt sogar die einzige Determinante der Kapitalkosten sind. Die Kapitalkosten verwendet man als Kalkulationszinsfuß, um an ihnen die Vorteilhaftigkeit von Investitionen zu messen. Diese beabsichtigte *Verwendung* ist für die Methode der inhaltlichen Bestimmung von Kapital- bzw. Finanzierungskosten entscheidend. Man geht dabei nämlich nicht von den Kostenbegriffen aus, die man in der gängigen Literatur zur Kostenrechnung findet, sondern man grenzt die Finanzierungskosten „entscheidungsori-

---

1 Zur Berücksichtigung von Steuern bei der Bestimmung von Eigenkapitalkosten vgl. *Swoboda* [Finanzierung], S. 53–73.

entiert" ab. Das heißt, man bestimmt sie so, daß sich mit ihrer Hilfe „möglichst gute" Investitions- und Finanzierungsentscheidungen treffen lassen[2]. Was unter „möglichst gut" zu verstehen ist, ist an den im zweiten Kapitel diskutierten Zielen zu messen, wie unten erkennbar werden soll.

In diesem Kapitel wird weitgehend die Annahme eines vollkommenen Kapitalmarktes verwendet. Sie ist sehr wichtig, denn ohne sie wären die zentralen Aussagen in diesem Kapitel nicht möglich. Man kann leicht überspitzt formulieren: Die hier zu behandelnde Theorie der Eigenkapitalkosten legt nur offen, was ohnehin in der Annahme eines vollkommenen Kapitalmarktes für Eigenkapital steckt.

Die Unsicherheit der Erwartungen wird wenigstens ansatzweise erfaßt: Eigenkapital gilt im Vergleich zum Fremdkapital als riskanter und dadurch als teurer. Ansonsten wird aber so gerechnet und argumentiert, als ob Sicherheit bestünde. Man kann dieses als die Annahme „quasi-sicherer Erwartungen" bezeichnen[3]. Sie erleichtert die darzustellenden Überlegungen beträchtlich und ist auch für ihre praktische Anwendung nötig. Abgesehen davon ist sie aber verzichtbar. In den beiden folgenden Kapiteln wird auch gezeigt, daß und wie die Unsicherheit umfassender berücksichtigt werden kann, ohne daß sich an den zentralen Aussagen und an den Problemen etwas ändert, zu denen wir in diesem Kapitel gelangen werden. Die zentralen Aussagen sind, daß die Form der (Eigenkapital-)Finanzierung für die Höhe der Finanzierungskosten irrelevant ist und daß man aus beobachtbaren Marktgrößen auf Finanzierungs- bzw. Kapitalkosten schließen kann. Das entscheidende Problem an diesen Aussagen ist, daß sie genau genommen nur gelten, wenn der Kapitalmarkt im Gleichgewicht ist. Dies ist aber unvereinbar damit, daß es überhaupt Investitionsmöglichkeiten gibt, die gemessen an der Gleichgewichtsverzinsung am Kapitalmarkt vorteilhaft sind.

Im folgenden werden schwerpunktmäßig die Finanzierungskosten von Aktiengesellschaften diskutiert, deren Aktien an gut funktionierenden Börsen[4] gehandelt werden.

9.2. Die Kosten des Eigenkapitals

9.2.1. Die Problematik der Bestimmung von Eigenkapitalkosten

Die Bestimmung von Eigenkapitalkosten ist konzeptionell schwierig, denn

(1) die Beschaffung und Verwendung von Eigenkapital erlegt der Unternehmung (bzw. ihren bisherigen Eigentümern) keine festen Auszahlungsverpflichtungen auf und

---

2 Ähnlich aber auch *Riebel* [Überlegungen] sowie *Lehmann/Schmidt* [Bankkosten].

3 *Swoboda* [Finanzierung], S. 16, interpretiert die für die Behandlung von Eigenkapitalkosten vertretbare Annahme (quasi-)sicherer Erwartungen so, daß die jeweils betrachteten Handlungsmöglichkeiten den gleichen Unsicherheitsgrad aufweisen.

4 Eine „effiziente" Börse weist vor allem drei Merkmale auf
(1) Marktwerte sind Ertragswerte,
(2) Verfügbare Information hat sich in den Preisen niedergeschlagen (sie ist „fully reflected") und daher sind Spekulationsgewinne nicht zu erwarten, und
(3) Transaktionen können zu geringen Transaktionskosten abgewickelt werden.
Diese drei Aspekte von „Effizienz" werden von *Baumol* [Stock Market] unterschieden und ausführlich diskutiert.

(2) Gewinne, die als Dividenden von der Unternehmung an die Eigentümer ausgezahlt werden, können nicht als Kosten interpretiert werden, weil wir die Unternehmung als Instrument der Eigentümer (Eigenkapitalgeber) und nicht als selbständige Einheit ansehen.

Aus (1) und (2) könnte man folgern, daß Eigenkapital kostenlos ist. Doch wie wenig haltbar diese Einschätzung ist, ergibt sich aus folgendem Gedanken: Wenn Eigenkapital kostenlos wäre, müßte es vorteilhaft sein, eine mit Eigenkapital finanzierte Investition auch dann durchzuführen, wenn ihr Interner Zinsfuß gerade 1 % betrüge. Das ist offenbar unsinnig, denn für die Eigenkapitalgeber wäre es besser, wenn sie den Investitionsbetrag ausgeschüttet bekämen und selbst alternativ anlegen könnten. Der Kapitalkostensatz ist in diesem Falle der Alternativertragssatz der Eigenkapitalgeber. Doch damit ist das Problem nur präzisiert, nicht aber gelöst, denn

(3) die Unternehmensleitung einer Aktiengesellschaft kann ihre Aktionäre nicht nach deren Alternativertragssätzen fragen.

Das zu lösende Problem besteht also darin, nach einem Maß für die Alternativertragssätze der Aktionäre zu suchen, das so operational ist, daß eine Unternehmensleitung auch praktisch in der Lage ist, die gesuchten Werte zu ermitteln.

Ich gehe nun so vor, daß ich die Lösung dieses Problems zuerst für die Eigenfinanzierung skizziere, um dann zu zeigen, daß sich die Kosten der Beteiligungsfinanzierung i.e.S. und der Selbstfinanzierung nicht wesentlich von denen der Eigenfinanzierung unterscheiden.

9.2.2. Eigenfinanzierung und Anteilsbewertung

Eigenfinanzierung ist die Beschaffung von Eigenkapital von den bisherigen Eigentümern (Eigenkapitalgebern). Der Kostensatz der Eigenfinanzierung ist der Zinssatz e, den Eigenkapitalgeber als Verzinsung ihrer Kapitalanlage fordern bzw. in einer alternativen Anlagemöglichkeit — und zwar der besten erreichbaren und risikomäßig vergleichbaren — erzielen können. Eine äquivalente Formulierung lautet: Der Kostensatz der Eigenfinanzierung ist jener Interne Zinsfuß e, den eine eigenfinanzierte Investition mindestens erbringen muß, wenn es im Interesse der Eigenkapitalgeber liegen soll, die Investition durchzuführen und durch Eigenkapitalbeschaffung von den bisherigen Eigenkapitalgebern zu finanzieren.

Eine Unternehmensleitung einer Aktiengesellschaft kann nicht alle Aktionäre nach ihren Alternativertragssätzen befragen. Aber sie kann diese aus dem Börsenkurs einer Aktie zu erschließen versuchen. Den Börsenkurs V_0 kann man nämlich als den Barwert aller zukünftigen Dividenden ansehen, mit denen die Aktionäre rechnen. Der dabei verwendete Diskontierungszinsfuß e drückt die geforderte Rendite der Investition „Kaufen oder Halten der Aktie" aus. Der Kostensatz der Eigenfinanzierung ist in der Gleichung (9.1) mit e bezeichnet. D_t sind die von den Aktionären erwarteten Dividenden (pro Aktie) zu den Zeitpunkten t (t = 1,..., ∞).

(9.1)
$$V_0 = \sum_{t=1}^{\infty} \frac{D_t}{(1+e)^t}$$

Das e aus Gleichung (9.1) ist nicht nur die *geforderte* Rendite, sondern auch die *zu erwartende* Rendite für jemanden, der die Aktie kauft oder hält. Dies folgt aus einer einfachen Umformung. Die Summe in (9.1) läßt sich zerlegen in

$$V_0 = \frac{D_1}{1+e} + \frac{1}{1+e} \sum_{t=2}^{\infty} \frac{D_t}{(1+e)^{t-1}} = \frac{D_1}{1+e} + \frac{V_1}{1+e} = \frac{D_1+V_1}{1+e}$$

Der auf den Zeitpunkt t_1 bezogene Barwert der Dividenden ab t_2 ist der Wert der Aktie im Zeitpunkt t_1. Er wird mit V_1 bezeichnet. Löst man diese Gleichung nach e auf, erhält man

$$V_0 (1+e) = D_1 + V_1 \text{ bzw. } V_0 \cdot e = D_1 + (V_1 - V_0)$$

(9.2)   und schließlich $e = \dfrac{D_1 + (V_1 - V_0)}{V_0}$

Die Rendite, die der Aktionär erhält, ist somit gleich der geforderten Rendite. Dies liegt einerseits daran, daß in diesem Modell so gerechnet wird, als ob sich die erwarteten zukünftigen Zahlungen auch wirklich ergeben würden. Es liegt aber auch daran, daß der Wert einer Aktie gemäß Gleichung (9.1) der Barwert der Dividenden ist. Die Aktionäre erhalten natürlich die geforderte Verzinsung nur, wenn bzw. weil der *Kurs* einer Aktie in diesem Modell mit dem *Wert* gleichgesetzt wird.

Der Finanzierungskostensatz e muß zugleich der *Alternativertragssatz* der Aktionäre sein. Dies ergibt sich im Umkehrschluß aus folgender Überlegung: Der Alternativertragssatz kann nicht höher und nicht niedriger als e sein. Warum kann er nicht höher als e sein? Ein einzelner potentieller Anleger, der Anlagemöglichkeiten hätte, die mehr als die Rendite e erwarten lie-ßen, würde diese vernünftigerweise wahrnehmen. Er wäre deshalb beim Kurs V_0 und der Rendite e kein Aktionär dieser Gesellschaft. Wenn alle oder viele Aktionäre bessere Anlagemög-lichkeiten als solche zu e hätten, wäre der Kurs angesichts gegebener Dividendenerwartungen geringer als V_0. Und damit wäre dann auch die Rendite der Aktien der betrachteten Gesell-schaft höher. Also ist der Alternativertragssatz nicht höher als e. Er kann auch nicht geringer als e sein, denn die Aktionäre sind auch nicht auf schlechtere Anlagemöglichkeiten als auf sol-che mit der Rendite e angewiesen: Sie könnten ja weitere Aktien dieser oder einer vergleichba-ren Unternehmung kaufen. Also ist der Alternativertragssatz nicht geringer als e. Somit muß er gleich e sein. Dies gilt, wie die ausführliche Begründung deutlich machen sollte, nur bei Gleichgewicht am (vollkommenen) Kapitalmarkt.

In der amerikanischen Literatur wird die Begründung dafür, daß eine Unternehmung Investi-tionen am Kapitalkostensatz e messen soll, mit dem Argument unterstützt, daß die Unterneh-mung immer eigene Aktien an der Börse zurückkaufen kann. Dies ist eine Investitionsmög-lichkeit. Sie hat den Internen Zinsfuß e und ist immer als mögliche Alternative zu anderen In-vestitionsvorhaben zu betrachten. In Deutschland ist aber nach dem Aktiengesetz der Rück-kauf eigener Aktien nur in Sonderfällen gestattet[5].

Der methodische Ansatz, die von Eigenkapitalgebern geforderte Mindestverzinsung aus dem Börsenkurs zu erschließen, bedeutet inhaltlich, daß man eine Bewertung von Aktien einer Un-ternehmung vornimmt. Die Gleichung (9.1) ist eine Bewertungsformel, in der sich die Bewer-tung allein auf künftige Dividenden bezieht[6] und in der diese zukünftigen Dividenden mit der besten erreichbaren Alternative verglichen werden. Dieser Ansatz verbindet das Denken in Opportunitätskosten der Aktionäre mit einer einfachen Gleichgewichtsüberlegung[7]: V_0 ist ein Gleichgewichtspreis und kein beliebiger Kurs.

---

5 § 71 AktG.
6 Vgl. z.B. *Moxter* [Unternehmensbewertung], S. 79 f.
7 Vgl. *Miller/Modigliani* [Dividendenpolitik], S. 271 f.

Dennoch hat dieser methodische Ansatz auch Schwächen:

(1) Die Gleichung (9.1) ist ein normatives Bewertungsmodell, d.h. sie gibt an, wie Aktionäre vernünftigerweise Aktien bewerten *sollten*. Aber hier wird die Überlegung umgedreht, und die Gleichung zur Bestimmung des Wertes wird als *Erklärung* des Preises (Kurses) verwendet. Es ist durchaus fraglich, ob sich Preise (Kurse) wirklich so bilden, wie es in dem normativen Bewertungsmodell empfohlen wird.

(2) Um aus der Gleichung (9.1) bei gegebenem V_0 auf e schließen zu können, müßte die Unternehmensleitung wissen, mit welchen zukünftigen Dividenden die Aktionäre rechnen. In der Regel weiß eine Unternehmensleitung aber nur, mit welchen Dividenden sie selbst rechnet. Wenn sie von ihren Erwartungen (und Planungen) bezüglich zukünftiger Dividenden ausgeht, die Aktionäre aber andere Erwartungen haben, schleicht sich ein Fehler bei der Bestimmung von e ein. Rechnen beispielsweise die Aktionäre mit geringeren Dividenden als die Unternehmensleitung, wird ein zu hoher Wert für e ermittelt.

(3) Nicht berücksichtigt wird auch die Möglichkeit, daß verschiedene Aktionäre unterschiedliche Alternativvertragssätze haben und mit unterschiedlichen Dividenden rechnen können. Die beiden Unterschiede können gerade so zusammenwirken, daß trotzdem derselbe Wert für eine Aktie resultiert. In dieser Situation wäre der Rückschluß vom Aktienkurs auf den Alternativvertragssatz der Aktionäre nicht zulässig.

(4) e ist ein Interner Zinsfuß. Bekanntlich kann, wenn man keine weiteren Vereinfachungen vornimmt, die Bestimmung von e aus (9.1) mathematisch und rechentechnisch problematisch sein. Außerdem erhält man mit e einen einheitlichen Finanzierungskostensatz für verschiedene Perioden. Die Alternativvertragssätze der Anleger können sich jedoch von Periode zu Periode unterscheiden.

Trotz der genannten Einwände gibt der beschriebene methodische Ansatz wertvolle Anhaltspunkte für die Unternehmensleitung. Operational wird er, wenn man vereinfachende Annahmen über die zeitliche Struktur der Dividenden trifft, die es erlauben, die Gleichung (9.1) zu schätzen bzw. nach e aufzulösen. Wir betrachten zwei elementare Beispiele für derartige Operationalisierungen:

1. Beispiel: Die Aktionäre erwarten einen ewigen uniformen Dividendenstrom in Höhe von D = 15. Der Kurs ist 120. Dann kann man e bestimmen aus

$$(9.3) \qquad \frac{D}{e} = V \text{ bzw. } \frac{D}{V} = e \text{ und im Beispiel } V = \frac{15}{0,125} = 120 \text{ bzw. } e = \frac{15}{120} = 12,5 \text{ \%}$$

An diesem Beispiel läßt sich der oben unter (2) genannte Einwand erläutern: Die Unternehmensleitung rechnet mit D = 15 und ermittelt e = 12,5 %. Wenn die Aktionäre jedoch mit D = 12 rechnen würden, wäre e = 10 %. Die 10 % und nicht die 12,5 % wären der Alternativvertragssatz der Aktionäre und damit der richtige Finanzierungskostensatz.

2. Beispiel: Die Aktionäre und die Unternehmensleitung rechnen mit einem von Jahr zu Jahr um die Wachstumsrate g wachsenden Dividendenstrom. Im Bewertungszeitpunkt sei gerade eine Dividende D_0 ausgezahlt worden. Die Wachstumsrate g der Dividenden sei 2,5 %. Die nächste Dividende, die nach einem Jahr erwartet wird, sei $D_1 = D_0 (1+g) = 12$, die übernächste sei $D_0(1+g)^2 = 12,30$ usw. Bei einem Diskontierungssatz e ist der Barwert der ewig wachsenden Dividendenreihe

$$(9.4) \qquad V_0 = \frac{D_1}{1+e} + \frac{D_2}{(1+e)^2} + \frac{D_3}{(1+e)^3} + \dots \quad \text{bzw.}$$

$$(9.5) \qquad V_0 = D_0 \cdot \frac{1+g}{1+e} + D_0 \frac{(1+g)^2}{(1+e)^2} + D_0 \frac{(1+g)^3}{(1+e)^3} \dots \quad \text{oder kürzer:}$$

$$(9.6) \qquad V_0 = \frac{D_0(1+g)}{e-g} = \frac{D_1}{e-g} \,^8.$$

In dem Beispiel ergibt sich

$$V_0 = 120 = \frac{12}{e-0{,}025}$$

Durch Umformung von (9.6) erhält man

$$(9.7) \qquad e = \frac{D_1}{V_0} + g \quad \text{bzw. im Beispiel} \quad e = \frac{12}{120} + 0{,}025 = 12{,}5\ \%.$$

Die von den Aktionären geforderte Rendite auf ihr Kapital, die sich angesichts der erwarteten Dividenden im Kurs der Aktie ausdrückt, setzt sich aus zwei Komponenten zusammen: aus der sog. Dividendenrendite (D_1/V_0) und der Wachstumsrate g.

g ist nicht nur die Wachstumsrate der Dividenden, sondern auch die Wachstumsrate des Aktienkurses: Man erkennt das, wenn man e festhält und den Wert V_1 der Aktie in t_1 bestimmt. Analog zu Gleichung (9.6) gilt nämlich auch

$$(9.8) \qquad V_1 = \frac{D_2}{e-g} = \frac{12.3}{0{,}125-0{,}025} = 123.$$

Einsetzen von $D_2 = D_1(1+g)$ ergibt

$$(9.9) \qquad V_1 = \frac{D_1}{e-g} \cdot (1+g)$$

bzw. unter Verwendung von Gleichung (9.6):

$$(9.10 \qquad V_1 = V_0(1+g)$$

Das im zweiten Beispiel vorgestellte Bewertungsmodell ist in der Literatur als Gordon-Modell bekannt[9]. Es ist in der Hinsicht ein Gleichgewichtsmodell, daß die Aktionäre über Kurswachstum und Dividenden eine Rendite r gemäß (9.2) auf das eingesetzte Kapital V_0 *erhalten*, die der *erwarteten und geforderten* Rendite e gemäß (9.7) entspricht.

---

8 Man kann sich diese Formel durch folgende Überlegung plausibel machen: Durch die Diskontierung werden zukünftige Dividenden „abgewertet". Ihr *heutiger Wert* ist um so kleiner, je später in der Zukunft die einzelnen Dividenden anfallen und je höher der Diskontierungszinsfuß e ist. Der *zukünftige Betrag* der einzelnen Dividenden ist aber bei kontinuierlichem Dividendenwachstum um so größer, je später in der Zukunft sie anfallen und je höher die Wachstumsrate ist. Das Wachstum wirkt auf den heutigen Wert der zukünftigen Dividenden *genau umgekehrt* wie die Diskontierung. (Daher muß e auch größer als g sein, denn sonst würde der Wert der Aktien unendlich.)

9 Vgl. *Gordon/Shapiro* [Mindestrendite] und ausführlicher *Gordon* [Investment], bes. S. 43–66, und dazu *Lehmann* [Eigenfinanzierung], S. 33–54.

In den beiden Beispielen wurden sehr einfache Formen der zeitlichen Entwicklung der Dividenden — konstant bzw. mit konstanter Rate wachsend — behandelt. Wenn diese Annahmen über die Dividendenentwicklung nicht stimmen, muß man entweder e direkt aus der unvereinfachten Gleichung (9.1) zu ermitteln versuchen oder andere, passende Approximationen suchen[10].

Bei den bisherigen Überlegungen haben wir die Idee der Aktienbewertung benutzt, um *mittelbar* über ein Bewertungsmodell den Alternativvertragssatz zu bestimmen, mit dessen Hilfe dann Kapitalwerte berechnet werden können. „Sinnvoll" ist die Verwendung dieses Finanzierungskostensatzes, weil der mögliche Konsumstrom der Eigentümer einer Unternehmung verbreitert wird, wenn eigenfinanzierte Investitionen durchgeführt werden, deren Kapitalwert, berechnet mit dem Finanzierungskostensatz e, positiv ist. Die Finanzierungskosten e sind im Sinne der Zielsetzung sinnvoll abgegrenzt.

Man kann die Idee der Aktienbewertung oder Unternehmensbewertung auch *unmittelbar* anwenden und mit Hilfe eines Bewertungsmodells ermitteln, wie hoch der Marktwert der Unternehmung[11] wäre, wenn eine betrachtete Investition durchgeführt würde. Wenn der Marktwert, der ja ein Ertragswert ist, um mehr als den von den Aktionären einzubringenden Investitionsbetrag ansteigt, ist die Investition vorteilhaft. Der Diskontierungssatz müßte dasjenige e sein, dessen Bestimmung gerade diskutiert worden ist. Diese Überlegung bezieht ihre Berechtigung aus der Zielsetzung ‚Marktwertmaximierung‘, die unter der Annahme eines vollkommenen Kapitalmarktes der Zielsetzung ‚Maximierung des Nutzens aus dem Einkommensstrom‘ entspricht. Die mittelbare und die unmittelbare Verwendung der Idee der Anteils- und Unternehmensbewertung führen bei sicheren Erwartungen und vollkommenem Kapitalmarkt zu identischen Entscheidungen, denn der Ertragswert einer betrachteten Investition ist gleich der Marktwertsteigerung der Unternehmung, die die Investition durchführt. Die Identität der Entscheidungen zeigt, daß die Finanzierungskosten auch im Hinblick auf die Zielsetzung ‚Marktwertmaximierung‘ sinnvoll abgegrenzt sind.

Wie die Kapitalzuführung organisatorisch abläuft, wurde bisher offengelassen. Man kann es sich so vorstellen, daß die Aktionäre von der AG neue Aktien zum Börsenkurs V_0 kaufen. Ziehen Sie dieses Geld aus anderen Anlagen ab, verlieren sie dort ihren Alternativvertragssatz e, und in der Unternehmung bekommen sie eine höhere Rendite, da annahmegemäß vorteilhafte Investitionsmöglichkeiten wahrgenommen werden. Man beachte, daß diese Vorstellung des zeitlichen Ablaufs der Eigenfinanzierung unterstellt, daß V_0 der Barwert der Dividenden ist, die aufgrund der *bisher schon getätigten* Investitionen erwartet werden. Die mit den neuen Investitionsmöglichkeiten verbundenen Ertragserwartungen haben sich im Zeitpunkt der Kapitalbeschaffung *noch nicht* im Aktienkurs niedergeschlagen, sie sind nicht „antizipiert". Diese Vorstellung ist nicht realistisch, wir werden sie später auch durch eine andere Vorstellung über den zeitlichen Ablauf ersetzen. Auch der organisatorische Ablauf von Maßnahmen der Eigenfinanzierung von Aktiengesellschaften ist in Deutschland anders, als er bisher unterstellt worden ist.

---

10 Vgl. die „valuation models" in der Literatur zur Wertpapieranalyse, z.B. *Sharpe* [Investments], S. 379–385.

11 Es ist rechnerisch einfacher, diese Überlegung auf den Gesamtwert zu beziehen statt auf den Wert einzelner Aktien. Man erspart sich die Division durch die sich ändernde Anzahl der Aktien.

9.2.3. Die Kosten der Beteiligungsfinanzierung und die Bewertung von Bezugsrechten

Die Beschaffung von Eigenkapital findet bei einer Aktiengesellschaft in der Form einer „ordentlichen" Kapitalerhöhung oder „Kapitalerhöhung gegen Einlagen" statt. Das bedeutet, daß die Hauptversammlung der AG beschließt, das Grundkapital zu erhöhen und neue Aktien auszugeben, deren Nennwert gleich der Grundkapitalerhöhung ist. Der *Nennwert* ist der auf der Aktienurkunde aufgedruckte Geldbetrag, im Normalfall 50 DM pro Aktie. Der Nennwert hat *nur* die Funktion anzuzeigen, welcher Anteil der Unternehmung dem Besitzer einer Aktie gehört und welchen Anteil an den Dividenden er erhält. Vom Nennwert sind der Kurswert oder Börsenkurs und der Ausgabe- oder *Emissionskurs* zu unterscheiden. Der Emissionskurs ist der Geldbetrag, den ein Aktionär, der im Zuge einer Kapitalerhöhung eine neue (oder „junge") Aktie bezieht (oder „zeichnet"), in die Unternehmenskasse einzahlen muß. Der Emissionskurs darf nicht kleiner als der Nennwert sein[12], und er kann aus praktischen Gründen nicht über dem Börsenkurs liegen. Wie hoch der Emissionskurs bei einer Kapitalerhöhung ist, muß im Hauptversammlungsbeschluß festgelegt sein. Da dieser Beschluß zeitlich vor der Durchführung der Kapitalerhöhung gefaßt werden muß und da der Börsenkurs (der Preis der alten Aktien), der am Tag der Kapitalerhöhung gelten wird, nicht genau vorhergesagt werden kann, muß der Emissionskurs unter dem voraussichtlichen Börsenkurs liegen. Andernfalls könnte es nämlich leicht vorkommen, daß, wenn der Börsenkurs in der Zwischenzeit fällt, die jungen Aktien teurer wären als die alten Aktien und deshalb nicht übernommen würden.

Es ist nun zu fragen, ob es Einfluß auf die Kosten der Eigenfinanzierung hat, wenn neue Aktien zu einem Emissionskurs ausgegeben werden, der unter dem Börsenkurs liegt. Im Zuge der Beantwortung dieser Frage wird sich eine andere stellen: Gibt es einen für die Aktionäre besonders günstigen Emissionskurs?

Da mit jeder Aktie gleichen Nennwerts ein gleicher Gewinnanteil verbunden ist, stellt es einen Vorteil dar, wenn jemand Aktien zu einem Emissionskurs unter dem Börsenkurs beziehen kann. Um diesen Vorteil unter den Aktionären gemäß ihren bisherigen Anteilen gleichmäßig zu verteilen[13], hat ein Aktionär nach deutschem Aktienrecht ein sogenanntes *Bezugsrecht*. Das Bezugsrecht ist das Recht eines Aktionärs, im Verhältnis zu seiner bisherigen Beteiligung an der AG neue Aktien zu beziehen. Das Bezugsrecht, das mit einer Aktie verbunden ist, kann verkauft werden, denn Bezugsrechte werden vor einer Kapitalerhöhung als selbständige Wertpapiere an der Börse gehandelt. Auf der Hauptversammlung, die die Kapitalerhöhung beschließt, werden der Emissionskurs und die Zahl der auszugebenden neuen Aktien festgelegt. Damit sind zugleich der Betrag, der der Unternehmung zufließt und investiert werden kann, und das Bezugsverhältnis bestimmt. Das *Bezugsverhältnis* ist das Verhältnis zwischen der Zahl (bzw. dem Nennwert) der alten und der neuen Aktien. Es gibt an, wie viele alte Aktien bzw. wie viele Bezugsrechte ein Aktionär braucht, um eine neue Aktie beziehen zu können.

---

12 Emissionen unter pari, d.h. zu einem Emissionskurs unter dem Nennwert, sind nach § 9 Abs. 1 AktG verboten, weil sie eine Gefährdung der Gläubiger darstellen würden.

13 Durch die hier gebrauchte Annahme eines vollkommenen Kapitalmarktes im Gleichgewicht wird verdeckt, daß das Bezugsrecht in der Realität eine weitere Funktion hat: Es schützt den einzelnen Aktionär davor, daß er durch Kursmanipulationen geschädigt werden kann. Wenn er sein Bezugsrecht ausübt, erhält er seinen Anteil am Kapital der Gesellschaft, unabhängig davon, ob der Börsenkurs dem Wert der Aktien entspricht oder nicht.

Anhand eines einfachen Zahlenbeispiels läßt sich zeigen, wie sich die Wahl von Emissionskurs und Bezugsverhältnis auf den Kurs der Aktie und auf die Vermögenslage eines Aktionärs auswirkt:

Eine Unternehmung hatte bisher 10.000 Aktien ausgegeben, die zum Kurs von 400 an der Börse gehandelt werden. Der Marktwert des Eigenkapitals ist also 400 mal 10.000 gleich 4 Mio. Durch die Ausgabe von 1.000 jungen Aktien zum Emissionskurs von 200 sollen zusätzliche 200.000 für Investitionen beschafft werden. Das Bezugsverhältnis ist also 10:1. Das Eigenkapital wird jedoch nur im Verhältnis 1:20 erhöht. Wenn die jungen Aktien ausgegeben und bezahlt sind, hat sich der Wert des Eigenkapitals um die eingezahlten 200.000 auf 4.200.000 erhöht. Da es nun aber 11.000 Aktien gibt, ist der Wert einer Aktie 4.200.000 : 11.000 = 381,82. Der Kurs (Wert) einer alten Aktie sinkt um die Differenz 400 — 381,82. Diese Kurssenkung bezeichnet man als *Bezugsrechtsabschlag.* Der Bezugsrechtsabschlag gleicht dem Wert des Bezugsrechts, das mit dem Besitz einer (alten) Aktie verbunden ist. Man erkennt dies an der folgenden einfachen Überlegung: Ein Anleger braucht den Emissionskurs in Geld und so viele Bezugsrechte, wie das Bezugsverhältnis beträgt, um eine neue Aktie zu bekommen. Deren Wert beträgt im Beispiel 381,82. Mit den Symbolen

BR = Wert des Bezugsrechts
nK = neuer Börsenkurs („Kurs ex Bezugsrecht")
EmK = Emissionskurs der jungen Aktien
BV = Bezugsverhältnis
aK = alter Börsenkurs

erhält man folgende Beziehung:

(9.11) $EmK + (BV \cdot BR) = nK$ bzw. im Beispiel $200 + (10 \cdot 18,18) = 381,82$

Man kann auch sagen, daß sich ein Anleger durch den Besitz von BV Bezugsrechten die Differenz zwischen dem Kurs einer Aktie nach Kapitalerhöhung (381,82) und dem Emissionskurs (200) ersparen kann. Daraus ergibt sich die *Grundformel* zur Bestimmung des Wertes eines Bezugsrechts:

(9.12) $BR = \dfrac{nK - EmK}{BV}$ bzw. $BR = \dfrac{381,82 - 200}{10} = 18,18$

Die Überlegung, mit der im Text der neue Kurs (nK) als *Mischkurs* ausgerechnet worden ist, läßt sich in der Formel

(9.13) $nK = \dfrac{aK \cdot BV + EmK}{BV + 1}$

zusammenfassen: Die Summe aus dem Wert von BV (im Beispiel 10) alten Aktien (Kurs aK) und dem Emissionskurs EmK verteilt sich nach Durchführung der Kapitalerhöhung auf BV + 1 Aktien. Das ergibt nK als Mischkurs. Diesen kann man in (9.12) einsetzen. Man erhält dann (9.14). Der Ausdruck auf der rechten Seite ist der in der Literatur gebräuchlichere Ausdruck für den Wert des Bezugsrechts[14]. Er ist aus dem mittleren durch einfache Umformung zu gewinnen, indem man EmK mit BV + 1 multipliziert und dann kürzt.

---

14 Vgl. z.B. *Wöhe* [Einführung], S. 794.

$$(9.14) \qquad BR = \frac{nK - EmK}{BV} = \frac{\frac{aK \cdot BV + EmK}{BV + 1} - EmK}{BV} = \frac{aK - EmK}{BV + 1}$$

Im Beispiel:

$$BR = \frac{381,82 - 200}{10} = \frac{\frac{400 \cdot 10 + 200}{10 + 1} - 200}{10} = \frac{400 - 200}{10 + 1} = 18,18$$

Nun werden die Bedingungen der Kapitalerhöhung im Beispiel variiert. Die 200.000 sollen nun durch die Ausgabe von 2.000 jungen Aktien beschafft werden, deren Emissionskurs entsprechend 100 sein muß. Das Bezugsverhältnis ist 10.000 : 2.000 = 5 : 1. Der Wert einer Aktie nach der Kapitalerhöhung ist 4.200.000 : 12.000 = 350. Die Differenz zwischen 400 und 350 ist zugleich der Bezugsrechtsabschlag und der Wert eines Bezugsrechts, denn man braucht jetzt nur 5 Bezugsrechte, um 350–100 zu sparen:

$$BR = \frac{350 - 100}{5} = \frac{\frac{400 \cdot 5 + 100}{5 + 1} - 100}{5} = \frac{400 - 100}{5 + 1} = 50.$$

Der rechnerische Wert des Bezugsrechts gemäß der gebrauchten Formeln ist ein *Gleichgewichtspreis:* Wäre der Preis eines Bezugsrechts höher als der rechnerische Wert, wäre es für einen Altaktionär günstiger, Bezugsrechte zu verkaufen und alte Aktien an der Börse zu erwerben. Wäre er niedriger, wäre der Kauf von Bezugsrechten und der Bezug junger Aktien von der Gesellschaft günstiger. Der Preis eines Bezugsrechts an der Börse muß sich daher so einstellen, daß es gleichgültig ist, ob jemand Bezugsrechte erwirbt und ausübt oder ob er Aktien an der Börse kauft.

Mit Hilfe der abgeleiteten Bezugsrechtsformel kann nun noch gezeigt werden, daß es ohne Einfluß auf die Vermögensposition eines Aktionärs ist,

(1) wie die Bezugsbedingungen (im Sinne einer Konstellation von Bezugsverhältnis und Emissionskurs, die eine bestimmte Kapitalzuführung an die Gesellschaft bewirken) gestaltet sind und

(2) ob er die Bezugsmöglichkeit wahrnimmt.

Dazu wird die Vermögensposition eines Aktionärs, der (mindestens) 10 Aktien und 200 Geldeinheiten hat, für zwei mögliche Verhaltensweisen und bei zwei verschiedenen Bezugsbedingungen untersucht. Die Bezugsbedingungen sind die im Beispiel schon verwendeten. Die Zahlen in Klammern beziehen sich auf die Variation des Beispiels.

(1) Die Kapitalerhöhung findet mit dem Emissionskurs 200 (100) und dem Bezugsverhältnis 10:1 (5:1) statt. Der Aktionär verkauft aber seine Bezugsrechte zum Kurs von 18,18 (50) und hat

10 Aktien zum Kurs von 381,82 (350)	= 3.818,18	(3.500)
+ 10 Bezugsrechterlöse à 18,18 (50)	= 181,82	(500)
+ 200 in bar	= 200	(200)
Das ergibt zusammen	4.200	(4.200)

(2) Die Kapitalerhöhung wird durchgeführt, und der Aktionär übt sein Bezugsrecht aus. Er hat dann

11 Aktien (12 Aktien) zum Kurs von 381,81 (350) = 4.200.

Das Bezugsrecht und ein Börsenhandel des Bezugsrechts zu einem Preis, der nahe an dem rechnerischen Wert des Bezugsrechts liegt, führen dazu, daß es für einen Aktionär *irrelevant* ist, ob neue Aktien zu einem niedrigen oder zu einem hohen Kurs ausgegeben werden. Daher kann man bei der Bestimmung der Kosten der Eigenfinanzierung so rechnen, *als ob* der Emissionskurs gleich dem Börsenkurs wäre. (Kontrollfrage: gleich aK oder nK[15]?) Außerdem ist es bei *jeder* (zulässigen) Kombination von Emissionskurs und Bezugsverhältnis für einen Aktionär gleichgültig, ob er an der Kapitalerhöhung teilnimmt. Man darf daher so rechnen, als ob er es täte. Beides zusammen erlaubt es, bei der Bestimmung der Kosten der Eigenfinanzierung nach der einfachen Methode vorzugehen, die oben im Abschnitt 9.2.2. vorgestellt worden ist: Der Finanzierungskostensatz ist auch bei realistischen Vorstellungen über den Ablauf einer Kapitalerhöhung gleich dem aus dem Börsenkurs zu erschließenden Alternativvertragssatz e.

Eine befremdende Implikation der abgeleiteten Bezugsrechtsformel ist noch zu diskutieren. Sie wird deutlich, wenn man prüft, wie die Vermögenslage des Aktionäres in dem Beispiel wäre, wenn die Unternehmung die Kapitalerhöhung *unterlassen* würde: Er hätte dann 10 Aktien zum Kurs von 400 und zusätzlich 200 (Geldeinheiten), zusammen also auch 4.200. Es scheint, daß nicht nur die *Bedingungen* der Kapitalerhöhung, sondern auch die *Kapitalerhöhung selbst* für die Aktionäre irrelevant sind. Dies muß erstaunen, denn ist eine Kapitalerhöhung nicht in der Regel die Voraussetzung für günstige Investitionen und allein deshalb schon für die Aktionäre attraktiv? Wegen dieser Implikation ist die Bezugsrechtsformel auch in der Literatur kritisiert worden[16]. Es trifft zu, daß die vorgeführte Rechnung diese Implikation hat. Der Rechenschritt, in dem sie zuerst auftaucht, ist die Bestimmung des Mischkurses: Wieso führt im dargestellten Beispiel die Einlage von 200.000 nur zu einer betragsmäßig gleichen Werterhöhung? Diese Werterhöhung kann nicht damit erklärt werden, daß 200.000 mehr in der Unternehmensklasse liegen, denn den Unternehmenswert errechnet man nicht als Summe der Einzelwerte der Vermögensgegenstände, sondern als Ertragswert. Steigt der Unternehmenswert bei der Einlage von 200.000 nur um 200.000, dann kann die Wertsteigerung von 200.000 nur der Barwert der durch die eingebrachten Mittel erzielbaren zusätzlichen Erträge sein. Wenn der Barwert der Erträge aus der Verwendung eingelegter Mittel gleich dem eingelegten Betrag ist, kann der Interne Zinsfuß der Verwendung der 200.000 nur gleich dem Diskontierungssatz e sein, bzw. der Kapitalwert der finanzierten Investition muß Null sein. Dann ist es aber überhaupt nicht mehr erstaunlich, daß die gesamte Kapitalzuführung für die Aktionäre irrelevant ist, denn die finanzierte Investition ist anscheinend auch nicht vorteilhaft. Die Folgerung drängt sich auf, daß die These von der Irrelevanz der Emissionsbedingungen nur für den trivialen Fall gilt, daß sich die zu finanzierenden Investitionen ohnehin nicht lohnen. Es sei daran erinnert, daß bei dem Vermögensvergleich, der zu der These von der Irrelevanz der Bezugsbedingungen geführt hat, die Mischkursformel verwendet worden ist.

Die absurd erscheinende Implikation berührt die Grundformel (9.12) nicht. Wenn die Kapitalerhöhung vorteilhaft ist und eine vorteilhafte Investition ermöglicht, muß man den Wert des Bezugsrechts aus (9.12) errechnen und dabei nK selbständig als Barwert der erwarteten Dividenden pro Aktie berechnen, wobei die durch die Kapitalerhöhung ermöglichten zusätzlichen Dividenden einzubeziehen sind. Man macht dann zwar keinen Fehler, aber man kommt auch nicht zu dem wichtigen Ergebnis, daß die Aktionäre auf einem vollkommenen Kapitalmarkt im Gleichgewicht gegenüber den Emissionsbedingungen indifferent sind oder vernünftigerweise sein müßten.

---

15 Die Antwort lautet: Sowohl als auch, weil nK = aK, wenn EmK = aK.
16 Vgl. *Schneider* [Investition], 1. Aufl., Seite 411–416.

Man kann aber auch die Mischformel (9.13) und dann (9.14) verwenden. Dazu muß man je-doch voraussetzen, daß sich die durch Investition und Kapitalerhöhung *zusammen* ermöglich-te Wertsteigerung im Zeitpunkt der Kapitalerhöhung *schon vollständig* im Börsenkurs V_0 (bzw. aK) niedergeschlagen hat. Wenn „die Börse" in der Erwartung, daß die Investition auch zum Finanzierungskostensatz e finanziert werden kann, die Wertsteigerung „antizipiert" hat, ist in der Tat die Kapitalerhöhung selbst für die Aktionäre wertlos, und man kann die Misch-formel verwenden. Unter den Annahmen sicherer Erwartungen und eines vollkommenen Ka-pitalmarktes ist die Erwartung, daß die Investition finanzierbar ist, auch berechtigt[17].

Wir haben damit hier eine andere Vorstellung über den *zeitlichen Ablauf* der Ereignisse einge-führt als oben auf S. 201: Zuerst taucht die Investitionsmöglichkeit auf, dann wird sie — z.B. infolge der Ankündigung einer Kapitalerhöhung — bekannt und wirkt sich als Wertsteigerung im Kurs aus, und erst danach erfolgt die Kapitalerhöhung, die selbst keine Wertsteigerung mehr mit sich bringt. Die befremdende Implikation der traditionellen, d.h. mit der Mischkurs-Rechnung operierenden Bezugsrechtsformel ist entschärft. Die Ehrenrettung der traditionel-len Rechnung hat nur einen Schönheitsfehler: Genau genommen ist es mit den Annahmen von Sicherheit und vollkommenem Kapitalmarkt nicht vereinbar, daß irgendwoher plötzlich eine bis dahin im Kurs noch nicht antizipierte vorteilhafte Investitionsmöglichkeit „auftaucht". Insofern ist die traditionelle Rechnung ohne Antizipation, bei der keine vorteilhaften Investi-tionsmöglichkeiten „auftauchen" können, weil es keine gibt, durchaus konsequent.

Auch wenn die absurd erscheinende Implikation der traditionellen Bezugsrechtsformel durch die Annahme der Antizipation wenigstens einigermaßen konsequent umgangen zu sein scheint, sei sie hier noch etwas ausführlicher betrachtet, denn wir werden in diesem Teil des Buches immer wieder auf solche Widersprüchlichkeiten stoßen. Warum sollte es so wichtig sein, die Mischformel anwenden zu können? Das wichtige an der Mischformel ist ihre Impli-kation, daß es aus der Sicht der Aktionäre keine günstigen und keine ungünstigen Emissions-bedingungen bei Kapitalerhöhungen gibt. Aus der Mischformel folgt eine „Irrelevanzthese". Wir werden in den beiden folgenden Kapiteln noch andere solcher Irrelevanzthesen oder -theoreme kennenlernen. Die Bedeutung der Irrelevanzthesen liegt zum Teil darin, daß Finan-zierungsprobleme viel einfacher werden, wenn die Art der Finanzierung — hier die Bedingun-gen von Kapitalerhöhungen — wirklich irrelevant für die Vermögenspositionen der Aktionäre ist. Ein anderer Teil ihrer Bedeutung ergibt sich daraus, daß man immer dann, wenn die Mo-dalitäten der Finanzierung irrelevant sind, Investitionsentscheidungen ohne Berücksichtigung von Finanzierungsentscheidungen treffen kann. Die Bedingungen der Trennbarkeit sind der Inhalt von sogenannten „Separationstheoremen". Es ist, wie man schon an dem einfachen Beispiel der Kapitalerhöhung erkennen kann, ein wichtiger Vorteil, daß scheinbar komplizier-te Probleme nicht bestehen (irrelevant sind) bzw. sehr stark vereinfacht, nämlich zerlegt (sepa-riert) werden können.

Ein solcher Vorteil kostet seinen Preis. Am Beispiel der Kapitalerhöhung und der Bezugs-rechtsformel kann auch dieser Preis verdeutlicht werden: Eine so wichtige und so genaue Aus-sage wie die, daß die Bedingungen einer Kapitalerhöhung irrelevant sind, kann man nur tref-fen, wenn man konsequent Gleichgewicht unterstellt. Diese Unterstellung hat aber zur Folge, daß man, um konsequent zu bleiben, auch die „praktischen Probleme", die man lösen bzw. behandeln möchte, nur noch so formulieren kann, daß sie mit der Annahme des Gleichge-wichts vereinbar sind. Und indem man die Formulierung der „praktischen Probleme" an die

---

17 So auch *H. Hax* [Bezugsrecht], S. 159.

Gleichgewichtsannahme anpaßt, die hinter den Irrelevanz- und Separationstheoremen steht, vereinfacht man sie unter Umständen so sehr, daß sie dadurch nicht mehr wiederzuerkennen sind. Welches „praktische Problem" ist in dem Beispiel bis zur Unkenntlichkeit vereinfacht worden? Es ist das praktische Problem, daß es bestimmte Investitionsmöglichkeiten geben kann, die einer Unternehmensleitung attraktiv erscheinen, die auch wirklich attraktiv sind und deren Attraktivität für mögliche Kapitalgeber nicht problemlos erkennbar ist. Das ist genau die Problembeschreibung, die im Abschnitt 8.2.4. des vorigen Kapitels als Ausgangspunkt für die neo-institutionalistische Kennzeichnung des „Grundproblems der Finanzierung" verwendet worden ist. Inwiefern wird dieses Problem verharmlost, wenn man mit der — wichtigen — traditionellen Bezugsrechtsformel rechnet? Es wird offensichtlich verharmlost, wenn man unterstellt, daß — ohne Antizipation — der Kurs nach Kapitalerhöhung der Mischkurs ist. Damit unterstellt man nämlich, daß es keine attraktiven Investitionsgelegenheiten gibt. Das Problem wird aber auch verharmlost, wenn man unterstellt, daß „die Börse" die Wertsteigerung infolge der Investition, die durch die Kapitalerhöhung finanziert werden soll, schon vollkommen antizipiert hat[18]. Damit unterstellt man nämlich, daß sich Informationen problemlos richtig übertragen lassen. Bei beiden Methoden der Verharmlosung des „praktischen Problems" bleibt von diesem nicht allzu viel übrig.

Es scheint wirklich ein Dilemma zu geben: Entweder man gelangt zu streng beweisbaren und überaus weitreichenden finanzierungstheoretischen Aussagen, die die Form von Irrelevanz- und Separationstheoremen haben, und reduziert seine „praktischen Probleme" schon in der Problembeschreibung drastisch, oder man behandelt weniger eingeschränkte Probleme und kann dann auch nur zu weniger präzisen Aussagen gelangen. Die neoklassische Richtung der Finanzierungstheorie, der ich in diesem und den nächsten beiden Kapiteln folge, entscheidet sich angesichts dieses Dilemmas eindeutig für strenge Aussagen zu stark vereinfachten Problemen. Dies ist eine konsequente Position, die man akzeptieren kann, auch wenn man ihr nicht zu folgen bereit ist. Ob das Dilemma unvermeidbar ist, will ich hier nicht diskutieren[19]. Mir kam es darauf an, anhand des sachlich einfachen Themas der Kapitalerhöhung auf dieses Dilemma hinzuweisen, das in den beiden folgenden Kapiteln immer wieder auftauchen wird.

Wir wenden uns nach dieser grundsätzlichen Betrachtung wieder den materiellen Problemen der Bestimmung der Finanzierungskosten zu. Es muß noch gezeigt werden, daß auf einem vollkommenen Kapitalmarkt die Finanzierungskosten der Beteiligungsfinanzierung i.e.S. gleich den Kosten der Eigenfinanzierung sind. Dabei können wir auf den Erläuterungen zur Bedeutung und zur Bewertung von Bezugsrechten aufbauen, zumal die Grenzen zwischen Eigenfinanzierung und Beteiligungsfinanzierung i.e.S. ohnehin fließend sind, da der Personenkreis der Aktionäre einer Gesellschaft nicht abgegrenzt ist.

Wenn sich eine Aktiengesellschaft Eigenkapital beschafft, indem sie Aktien an Personen ausgibt (oder verkauft), die bisher noch nicht zu ihren Aktionären gehört haben, liegt ein Fall von Beteiligungsfinanzierung i.e.S. vor. Die Beteiligungsfinanzierung i.e.S. ist aus der Sicht der bisherigen oder „alten" Aktionäre zu beurteilen, da die Unternehmensleitung annahmegemäß in deren Interesse handeln soll. Die Beteiligungsfinanzierung i.e.S. schafft die Möglichkeit,

---

18 Die Unterscheidung möglicher zeitlicher Abläufe und die Problematik der Vorstellung vollständiger Antizipation wird bei *Lehmann* [Eigenfinanzierung] am nachhaltigsten herausgearbeitet, vgl. bes. S. 19 f.

19 Vgl. *Schneider* [Investition], S. 551 f., und noch konsequenter *Schneider* [Geschichte], passim, sowie *meine* kritischen Anmerkungen dazu in [Lehren], bes. S. 519 f.

Investitionen durchzuführen und damit die an alle Aktionäre zusammen ausschüttbaren Dividenden zu erhöhen. Dafür müssen die alten Aktionäre den neuen Aktionären einen Anteil an den zukünftigen Dividenden abtreten. Die Kosten der Beteiligungsfinanzierung i.e.S. ergeben sich aus dem Verhältnis zwischen einerseits den zukünftigen Dividenden, die an die neuen Aktionäre zu bezahlen sind, und andererseits der *Summe* aus dem Betrag, der der Unternehmung durch die Einlage zufließt, und aus dem Betrag, den ihre bisherigen Aktionäre durch Bezugsrechts- oder Anteilsverkauf erhalten. Anders als die Eigenfinanzierung ist die Beteiligungsfinanzierung i.e.S. für die Einheit, die aus der Gesellschaft und den bisherigen Aktionären besteht, durch eine Finanzierungszahlungsreihe zu beschreiben: Auf eine Einzahlung folgen Auszahlungen. Der Interne Zinsfuß dieser Zahlungsreihe bildet die Finanzierungskosten der Beteiligungsfinanzierung i.e.S. Dies ist nun freilich eine rein formale Feststellung, die noch keine Aussage über die Höhe dieser Finanzierungskosten erlaubt. Darum ist sie inhaltlich aufzufüllen.

Neue Aktionäre stellen einer AG nur dann Kapital zur Verfügung, wenn es für sie vorteilhaft ist. Der Maßstab dafür sind die bei alternativen Anlagemöglichkeiten erzielbaren Renditen, die Alternativvertragssätze. Auf einem vollkommenen Kapitalmarkt sind die Alternativen, die sich solchen Kapitalgebern bieten, die noch nicht Aktionäre einer bestimmten Unternehmung sind, nicht schlechter als die der bisherigen Aktionäre. Der Alternativvertragssatz potentieller neuer Aktionäre kann daher nicht unter e liegen. Er kann aber auch nicht wesentlich höher als e sein, denn wenn alle potentiellen Aktionäre alternative Anlagemöglichkeiten hätten, die deutlich mehr als die Rendite e erbringen würden, wäre auch bisher niemand bereit gewesen, die Aktien zum Kurs V_0 zu kaufen. Aber aus der Tatsache, daß V_0 als Börsenkurs *notiert* wird und daß zu diesem Kurs Aktien gehandelt und an Personen verkauft werden können, die noch nicht Aktionäre sind, kann man schließen, daß es Personen gibt, deren Alternativvertragssatz nicht über e liegt. Es mag zwar Personen geben, die einen höheren Alternativvertragssatz haben, aber sie zählen nicht zu den potentiellen Aktionären.

Wenn der Alternativvertragssatz potentieller neuer Aktionäre gleich e ist, müßte es im Prinzip möglich sein, neue Aktien zum bisherigen Börsenkurs an neue Aktionäre zu verkaufen. Und wenn neue Aktionäre mit der Rendite e auf das eingesetzte Kapital zufriedenzustellen sind, gibt es keinen Grund, warum die bisherigen Aktionäre ihnen eine höhere Rendite einräumen sollten. Was sie an neue Aktionäre abtreten, geht ihnen verloren.

Die Beschaffung von neuem Eigenkapital durch den Verkauf von Aktien zum Börsenkurs an neue Aktionäre wäre „ideal": Die neuen Aktionäre bekämen ihre geforderte Mindestverzinsung in Höhe ihres Alternativvertragssatzes, und die bisherigen Aktionäre würden nicht mehr von den zukünftigen Dividenden abgeben müssen, als unbedingt nötig ist. Der sog. freihändige Verkauf von Aktien an der Börse durch die AG selbst zum aktuellen Börsenkurs ist zwar in den USA der Normalfall der Beteiligungsfinanzierung i.e.S., in Deutschland ist er aber die Ausnahme. Hier ist der Normalfall die „ordentliche Kapitalerhöhung" mit Bezugsrecht für die alten Aktionäre. Der Unterschied ist jedoch *wegen der Bewertung des Bezugsrechts* im Ergebnis neutralisiert. Wie gezeigt worden ist, bewirkt ein Bezugsrechtshandel an der Börse zu einem Kurs in der Nähe des rechnerischen Bezugsrechtswerts, daß die Emissionsbedingungen für die bisherigen Aktionäre gleichgültig sind. Wenn neue Aktionäre von den alten Aktionären Bezugsrechte kaufen müssen, um neue Aktien zum Emissionskurs beziehen zu können, sind beide Seiten so gestellt, wie wenn die neuen Aktionäre den alten Aktionären Aktien zum Börsenkurs abkaufen würden. Wenn und soweit man unterstellen kann, daß sich die Wertsteigerung infolge der „aufgetauchten" Investitionsmöglichkeit im Zeitpunkt des Bezugsrechtshandels schon voll im Aktienkurs niedergeschlagen hat, fällt die Vermögensmehrung ganz den bisherigen Aktionären zu. Daher sind die Finanzierungskosten der Beteiligungsfinanzierung — unter den gesetzten Annahmen — gleich den Finanzierungskosten der Eigenfinanzierung.

9.2.4. Die Kosten der Selbstfinanzierung und die „optimale" Dividendenpolitik

Von Selbstfinanzierung spricht man, wenn Gewinne nicht ausgeschüttet, sondern einbehalten werden. Im Gegensatz zu anderen Formen der Finanzierung ist mit der Selbstfinanzierung also kein Mittelzufluß von Kapitalgebern verbunden. Aber damit Selbstfinanzierung überhaupt möglich ist, müssen Mittel über Gütermärkte (v.a. Absatzmärkte für die Produkte oder Leistungen der Unternehmung) zugeflossen sein. Die Entscheidung, Selbstfinanzierung vorzunehmen, ist die Entscheidung, ob Mittel ausgeschüttet werden sollen oder nicht. Im Rahmen einer entscheidungsorientierten und an Zahlungsvorgängen ausgerichteten Betrachtungsweise ist es daher nur konsequent, Selbstfinanzierung als Problem der Ausschüttungspolitik zu behandeln. Die Frage nach den Kosten der Selbstfinanzierung lautet dann: Welchen Internen Zinsfuß müssen Investitionsobjekte mindestens erbringen, wenn es im Interesse der Eigentümer sein soll, Mittel einzubehalten und intern zu reinvestieren statt sie auszuschütten. Der „kritische Zinssatz" für intern finanzierte Investitionen ist der Finanzierungskostensatz der Selbstfinanzierung

Im allgemeinen Fall ist die Bestimmung der optimalen Ausschüttungspolitik deshalb so schwierig, weil die Ausschüttungen der Unternehmung den Konsumeinkommensstrom der Eigenkapitalgeber beeinflussen. Optimal ist die Ausschüttungspolitik, die dazu führt, daß die Eigentümer den Einkommensstrom mit der von ihnen gewünschten zeitlichen Struktur erhalten[20].

Im speziellen Fall einer Aktiengesellschaft, deren Aktien an der Börse gehandelt werden, ist es möglich, den Kostenansatz der Selbstfinanzierung einfacher und präziser zu bestimmen. Ist e die Aktienrendite der Aktien der betreffenden Gesellschaft, dann ist e — von Steuern und Transaktionskosten annahmegemäß abgesehen — auch der Kostensatz der Selbstfinanzierung, da die Ausschüttungsentscheidung *nicht* an den Konsumwünschen der Eigenkapitalgeber ausgerichtet werden muß; denn kann die Unternehmung Mittel intern zu einem Zinssatz reinvestieren, der größer als e ist, und entspricht die daraus resultierende zeitliche Struktur der Ausschüttungen nicht den Konsumwünschen von Eigenkapitalgebern, können diese an der Börse Teile ihres Aktienbestandes verkaufen, um so den Einkommensstrom mit der von ihnen gewünschten zeitlichen Struktur zu erreichen. Die interne Investition der Mittel zu einem Zinssatz über e schafft die besten Voraussetzungen dafür, weil Investitionen mit Internen Zinsfüßen über e zu Kurssteigerungen führen.

Auch dazu sei ein Beispiel betrachtet: Ein Aktionär habe 100 Aktien einer Unternehmung. Der Börsenkurs sei 110. Die Unternehmung könnte 10 als Dividende pro Aktie ausschütten. Dann fiele der Kurs auf 100 (Dividendenabschlag). Der Aktionär hätte dann

$$100 \times 10 = 1.000 \text{ in bar}$$
$$+ 100 \times 100 = 10.000 = \text{Wert seiner Aktien.}$$

---

20 Vgl. *Moxter* [Selbstfinanzierung], bes. Sp. 1608–1610.

Die Unternehmung könnte auch die 10 pro Aktie sehr günstig reinvestieren statt sie auszuschütten. Dadurch würde der Kurs auf 125 steigen. Der Aktionär hätte dann 100 x 125 = 12.500. Um sein gewünschtes Einkommen von 1.000 zu erhalten, müßte er nun 8 Aktien verkaufen. Er hätte dann

$$125 \times 8 = 1.000 \text{ in bar}$$
$$+ 125 \times 92 = 11.500 = \text{Wert seiner Aktien.}$$

Der Verzicht auf die Dividendenausschüttung und die Aktienkurssteigerung würden das Vermögen des Aktionärs steigern und ihm insofern nützen, als ein höheres Vermögen bei einem vollkommenen Kapitalmarkt auch bessere Konsummöglichkeiten bedeutet.

Wenn Aktionäre zur Finanzierung ihrer Konsumwünsche Aktien verkaufen, deren Börsenkurs sich aus der Diskontierung der zukünftigen Dividenden mit dem Satz e ergibt, dann geben sie eine Geldanlage auf, die ihnen die Rendite e erbringen würde. Die Finanzierungskosten der Selbstfinanzierung sind Opportunitätskosten in Höhe der Rendite der Aktien der Unternehmung. Da die Rendite im Gleichgewicht gleich dem Alternativvertragssatz e der Aktionäre ist, kostet auch die Selbstfinanzierung den Finanzierungskostensatz e.

Wenn die Unternehmung nur Möglichkeiten zur internen Reinvestition ausschüttbarer Mittel hat, die weniger als e erbringen, liegt es im Interesse der Aktionäre, wenn die Mittel ausgeschüttet werden. Sie können dann den Teil der Ausschüttungen, den sie nicht sofort verbrauchen wollen, zum Zinssatz e in Aktien derselben Unternehmung oder vergleichbarer Unternehmungen reinvestieren.

Wie bei der Beteiligungsfinanzierung i.e.S. zeigt sich auch bei der Selbstfinanzierung, daß ihre Kosten nur deshalb gleich den Kosten der Eigenfinanzierung sind, weil und wenn man unterstellen kann, daß der Börsenkurs ein Gleichgewichtspreis ist und insbesondere daß sich die Wertsteigerung der Aktien infolge der Investitionsmöglichkeiten schon voll im Kurs niedergeschlagen hat. Wenn die Wertsteigerung noch nicht antizipiert ist oder wenn aus anderen Gründen der Börsenkurs kein Gleichgewichtskurs ist, gilt nicht mehr die einfache Regel, Mittel dann einzubehalten, wenn sie intern mehr als die Rendite e erbringen. Die Ausschüttungspolitik einer AG ist dann auch nicht mehr unabhängig von den Konsumwünschen der Aktionäre. Doch selbst wenn man in der Realität Marktunvollkommenheiten vermuten kann, ist die Gleichsetzung der Kosten der Selbstfinanzierung mit dem aus dem beobachtbaren Aktienkurs zu erschließenden Alternativvertragssatz e der Aktionäre eine gute erste Approximation[21].

In der Literatur wird die Ausschüttung bzw. Selbstfinanzierung vor allem unter dem Gesichtspunkt diskutiert, ob es eine Ausschüttungspolitik gibt, die den *Marktwert* der Aktien einer AG maximiert. Ursprünglich ging es um die Frage, ob Aktionäre Dividenden oder Gewinne „lieber mögen" bzw. höher bewerten[22]. Diese Gegenüberstellung ist unter den hier verwendeten Annahmen unangebracht: Gewinne werden von Anlegern nicht um ihrer selbst willen gewünscht, sondern weil sie zu Ausschüttungen führen, entweder zu sofortigen Ausschüttungen oder zu Reinvestionen mit späteren Gewinnen, die dann später ausgeschüttet werden können. Berücksichtigt man die Reinvestition, führt die Bewertung von Dividenden und von Gewinnen zu denselben Unternehmenswerten, und es läßt sich zeigen, daß es keine optimale Ausschüt-

---

21 Der Anlaß zu dieser Einschätzung ist, daß sich die verschiedenen Effekte möglicher Kapitalmarkt-Unvollkommenheiten gegenseitig aufheben können. Jedenfalls spricht nichts für die entgegengesetzte Vermutung.

22 Vgl. *Miller/Modigliani* [Dividendenpolitik], S. 274 f.

tungspolitik gibt[23]. Dem ist entgegengehalten worden, daß Aktionäre doch eine Geldeinheit als Barausschüttung höher bewerten als eine Unternehmenswertsteigerung in gleicher Höhe infolge von Selbstfinanzierung[24]. Dies ist erst einmal überhaupt nicht plausibel. Möglicherweise kann man aber, wenn man Marktunvollkommenheiten und Informationsprobleme ernster nimmt, eine Stützung für die These finden, daß Anleger eine besondere „Barausschüttungsvorliebe" hätten, die gegen die Attraktivität der durch Gewinneinbehaltung finanzierbaren Investitionen abzuwägen wäre. Aus diesem Grunde erscheint es vorstellbar, daß es doch eine optimale Ausschüttungspolitik gibt. Auf diese Vorstellung ist zurückzukommen.

9.2.5. Der Zusammenhang zwischen den Formen der Eigenkapital-Finanzierung

Wir haben die Kosten der Eigenkapitalbeschaffung mit zwei Argumenten abgehandelt:

(1) Die Kosten der Eigenfinanzierung sind gleich der von den Eigenkapitalgebern geforderten Rendite e. Sie ist der Alternativvertragssatz der Eigentümer und kann aus dem Börsenkurs — wenigstens im Prinzip — erschlossen werden. e ist auch die Aktienrendite, die ein Aktionär erhält.

(2) Die Kosten der Beteiligungsfinanzierung i.e.S. und die der Selbstfinanzierung sind den Kosten der Eigenfinanzierung gleich. Sie betragen also auch e.

Daraus folgt als Ergebnis: Die Kosten des Eigenkapitals sind e, unabhängig davon, ob Eigenkapital durch Eigenfinanzierung i.e.S. oder durch Gewinneinbehaltung beschafft wird. Dies ist ein zweites wichtiges *Irrelevanztheorem*.

Bei der gesamten Argumentation wurde davon ausgegangen, daß die Börsenkurse Gleichgewichtspreise für Aktien sind. Wenn diese Bedingung nicht erfüllt ist, wird die Analyse der Eigenkapitalkosten zu einer unvergleichlich schwierigeren Aufgabe. Die Ausführungen gelten daher auch nicht für Personengesellschaften. Die Vorstellung, es gäbe Investitionsgelegenheiten mit positivem Kapitalwert, die sich noch nicht im Aktienkurs niedergeschlagen hätten, ist streng genommen mit der Annahme gleichgewichtiger Bewertung der Aktien am Kapitalmarkt nicht vereinbar: Profitmöglichkeiten, die über die Gleichgewichtsverzinsung hinausgehen, sind eine Ungleichgewichtserscheinung. Und daß solche günstigen Investitionsmöglichkeiten „auftauchen" können, widerspricht der Annahme sicherer Erwartungen. Auf diese Widersprüchlichkeit wurde bereits hingewiesen.

Die einzelnen Formen der Eigenkapital-Finanzierung hängen nicht nur in der Weise zusammen, daß ihre Kosten gleich sind. Ein weiterer Zusammenhang ergibt sich daraus, daß nicht einzelne Mittelbeschaffungen einzelne Mittelverwendungen finanzieren, sondern daß eine solche *Zurechnung nicht möglich* ist: Alle Mittelbeschaffungen zusammen finanzieren alle Mittelverwendungen. Von der Fremdfinanzierung abgesehen, die sich aber problemlos einbeziehen ließe, kann man diesen Zusammenhang in der „Kassengleichung" oder „Liquiditätsbedingung" einer Periode t formulieren:

Einzahlungen oder Mittelzuführungen gibt es

---

23 Das ist der Kern des Aufsatzes [Dividendenpolitik] von *Miller/Modigliani*.
24 Besonders deutlich in *Gordon* [Policy], S. 266.

— infolge von Einzahlungsüberschüssen aus früheren (alten) Investitionen (E_t^{aI}),

— infolge von Eigen- und Beteiligungsfinanzierung (E_t^{EF} und E_t^{BF})

— und infolge von Desinvestitionen (E_t^{Des}).

Ihnen sind die Auszahlungen oder Mittelabflüsse gegenüberzustellen

— für neue Investitionen (A_t^{nI}) und

— für Dividenden oder Gewinnausschüttungen (D_t).

Kassenbestandsänderungen werden als Investitionen bzw. Desinvestitionen erfaßt, und Kapitalrückzahlungen sind negative Eigen- oder Beteiligungsfinanzierungen i.e.S. In Symbolen lautet die Liquiditätsbedingung:

$$(9.15) \qquad E_t^{aI} + E_t^{EF} + E_t^{BF} + E_t^{Des} \geqq A_t^{nI} + D_t$$

Eine Erhöhung der Auszahlungen für neue Investitionen erfordert, daß die Einzahlungen aus Eigen- *oder* Beteiligungsfinanzierung *oder* aus Desinvestitionen erhöht werden *oder* daß die Dividendenzahlungen vermindert werden *oder* daß eine beliebige Kombination von Maßnahmen der externen und der internen Finanzierung gewählt werden muß. Die isolierende Gegenüberstellung in den Abschnitten 9.2.2., 9.2.4. und 9.2.5. von Investitionserträgen und Finanzierungskosten einzelner Formen der Eigenfinanzierung ist im Lichte des hier genannten liquiditätsbedingten Zusammenhangs falsch. Dies hat zwei wichtige Implikationen:

(1) Die Bedeutung der Regel, daß Eigenkapital Finanzierungskosten in Höhe des einheitlichen Satzes e hat, wird auch für lebensnahe Situationen mit einem nicht ganz vollkommenen Kapitalmarkt bzw. mit Ungleichgewichten gestärkt: Selbst wenn es bei einer Finanzierungsform, z.B. bei der Eigenfinanzierung, nicht zutreffen sollte, daß die Finanzierungskosten nur e betragen, ist zu erwarten, daß es eine andere Finanzierungsform, z.B. die Selbstfinanzierung, gibt, bei der die Finanzierungskosten nur e betragen. Es ist dann für die AG sinnvoll, daß sie die billigste Finanzierungsform wählt. Man kann daher eher davon ausgehen, daß die marginalen Kosten der Eigenkapitalfinanzierung e betragen. Die angedeutete Abschwächung der Annahmen von Marktvollkommenheit und Marktgleichgewicht bedeutet jedoch auch, daß die Finanzierungsentscheidungen nicht mehr „irrelevant" sind und die Berechtigung der Zielsetzung Marktwertmaximierung fraglich wird[25].

(2) Es ist noch weniger plausibel, als es nach den Ausführungen oben erscheinen muß, daß es eine optimale Ausschüttungspolitik gibt. Gordon, der entschiedenste Anhänger der These von der optimalen Dividendenpolitik, argumentiert so: Die Vorliebe der Aktionäre für Barausschüttungen müsse gegen den Vorteil der Mitteleinbehaltung abgewogen werden[26]. Da verstärkte Einbehaltung — angeblich — zu zusätzlichen Investitionen führt und da die Internen Zinsfüße zusätzlicher Investitionen abnehmen müßten, gäbe es eine Einbehaltungsquote, von der an der Vorteil der Ausschüttung größer als der Vorteil von Einbehaltung und interner Reinvestition ist. Die empirische Behauptung ist plausibel: Man kann nicht beliebig viel Geld zu einem konstanten Internen Zinsfuß anlegen; irgendwann kommt der Bereich fallender Grenzrenditen. Die Folgerung, daß es deshalb eine optimale Einbehaltungs- bzw. Ausschüttungsquote geben müßte, ist trotzdem falsch, selbst wenn man die zweifelhafte „Barausschüttungsvorliebe" einmal als zutreffend unterstellt: Die Folgerung setzt nämlich voraus, daß sich

---

25 Vgl. S. 211 oben.
26 Vgl. *Gordon* [Investment], S. 43–66, bes. S. 49 f. und S. 63 f.

jede Verminderung der Dividenden *nur* in einer betragsmäßig *gleichen* Erhöhung der Investitionen auswirken kann. In den Symbolen der Gleichung (9.15) hieße das:

$$\Delta A_t^{nI} = -\Delta D_t \text{ und } \Delta E_t^{aI} = \Delta E_t^{EF} = \Delta E_t^{BF} = 0$$

Es gibt aber keinen Grund, warum eine Unternehmung so „zwanghaft" nur Dividenden und Investitionen aneinander koppeln und die anderen variierbaren Zahlungen unverändert lassen sollte, zumal eine solche Koppelung dazu führt, daß die damit induzierte Investitionspolitik im Sinne der Aktionäre nicht optimal ist: Einige Investitionen mit einer internen Rendite von mehr als e würden nicht durchgeführt. Löst man die Koppelung auf, gibt es überhaupt kein (bekanntes) Argument mehr, warum *bei Marktvollkommenheit und Gleichgewicht* eine bestimmte Ausschüttungspolitik besser sein könnte als irgendeine andere. Damit ist auch die *dritte Irrelevanzthese* formuliert: Die Ausschüttungspolitik einer Aktiengesellschaft ist unter den genannten Voraussetzungen für den Marktwert und die Eigenkapitalkosten einer Unternehmung irrelevant.

9.3. Die Kosten der Fremdfinanzierung

Bei Fremdfinanzierung ist es unproblematisch, einer Finanzierungsentscheidung Zahlungen zuzurechnen. Wenn eine Unternehmung ein Darlehen aufnimmt, erhält sie Einzahlungen und verpflichtet sich zu festgelegten zukünftigen Auszahlungen. Ein Darlehen läßt sich daher problemlos durch eine Finanzierungszahlungsreihe beschreiben. Sie enthält *nur* effektive Zahlungen und *alle* effektiven Zahlungen, die durch die Entscheidung, ein Darlehen aufzunehmen, ausgelöst werden. Diese Zahlungsreihe hat bei der üblichen zeitlichen Verteilung der mit einem Darlehen verbundenen Zahlungen *einen* Internen Zinsfuß. Er ist der Finanzierungskostensatz für Fremdkapital. Zur Unterscheidung vom Internen Zinsfuß von Investitionszahlungsreihen sei er hier mit i bezeichnet. Wenn A_0 und E_t Aus- und Einzahlungen im Zusammenhang mit der Fremdkapitalbeschaffung in den Zeitpunkten $t = 0, 1, \ldots, \infty$ sind, ergibt sich i aus der Gleichung

$$(9.16) \qquad E_0 = \sum_{t=1}^{\infty} \frac{A_t}{(1+i)^t} .$$

Die Bestimmung der Kapitalkosten bei den Maßnahmen der Fremdfinanzierung, die keine zusätzlichen Einzahlungen auslösen, sondern Einzahlungen vorziehen und/oder Auszahlungen verschieben, erfolgt nach dem gleichen Prinzip: Die von einer Entscheidung abhängigen zusätzlichen Aus- und Einzahlungen werden gegenübergestellt.

Betrachten wir als Beispiel einen Lieferantenkredit: Eine Unternehmung hat Waren im Werte von 120.000 gekauft. Sie hat ein Zahlungsziel von einem Jahr. Nimmt sie den Lieferantenkredit nicht in Anspruch, braucht sie nur 100.000 zu zahlen. Die Entscheidung für die Zahlung zum früheren Termin kann man als eine Investition interpretieren: Gegenüberzustellen sind eine Mehrauszahlung jetzt von 100.000 und eine Minderauszahlung von 120.000 nach einem Jahr. Nimmt die Unternehmung den Lieferantenkredit in Anspruch, verzichtet sie auf eine mögliche Investition von 100.000 mit dem Internen Zinsfuß von 20 %. Das sind die Kosten der Auszahlungsverschiebung. Sie sind Opportunitätskosten.

Ein weiteres Beispiel ist Leasing. Der Kauf einer Anlage im Wert von 100.000 im Zeitpunkt t_0 wird vermieden. Dafür sind in den Zeitpunkten t_1, t_2 und t_3 je 50.000 an „Miete" zu zahlen. Diese Zahlungsreihe hat einen Internen Zinsfuß von 23,34 %.

Es ist mit Nachdruck darauf hinzuweisen, daß die Behandlung von Kosten der Fremdfinanzierung unter den Annahmen sicherer Erwartungen und eines vollkommenen Kapitalmarktes im Gleichgewicht nicht mehr als eine simple finanzmathematische Definition liefern kann. Alle inhaltlichen Probleme sind durch die Annahmen ausgegrenzt: Eine offensichtliche „Kostenkomponente" der Fremdfinanzierung ist darin zu sehen, daß durch Verschuldung das Risiko der Eigenkapitalgeber zunimmt. Diese Rückwirkung ist bei der Annahme (quasi-)sicherer Erwartungen nicht erfaßbar. Sie wird im nächsten Kapitel ausführlich diskutiert. Eine weitere „Kostenkomponente" sind z.B. die Auswirkungen von Besicherungsanforderungen der Fremdkapitalgeber. Diese Kosten, die Süchting als „implizite Kapitalkosten" bezeichnet[27], kann man u.a. als Auswirkung davon ansehen, daß Kapitalmärkte doch nicht in idealer Weise vollkommen sind. Dasselbe gilt für Transaktionskosten im engen Sinne wie z.B. die Kosten für den Druck von Wertpapierurkunden bei der Finanzierung mit Obligationen. Ein Teil dieser Kosten wäre in einer (neo-)institutionalistischen Betrachtung erklärbar und erfaßbar. Dies würde aber voraussetzen, daß die Annahmen der Sicherheit und der Marktvollkommenheit abgeschwächt werden. In den Rahmen dieses Kapitels passen sie jedoch nicht. Schließlich gibt es Kostenunterschiede zwischen einzelnen Formen der Fremdfinanzierung, die allein auf steuerliche Einflüsse zurückzuführen sind. Auch diese habe ich oben aus der Betrachtung ausgeschlossen.

9.4. Durchschnittliche Finanzierungskosten

Wenn die Kosten der einzelnen Finanzierungsarten bestimmt sind, kann man die durchschnittlichen Kapitalkosten — oder kürzer: die Kapitalkosten — einer Unternehmung als gewogenen Durchschnitt berechnen. Wenn man mit EK die Menge des eingesetzten Eigenkapitals, mit FK die Menge des eingesetzten Fremdkapitals, mit e den Kostensatz für Eigenkapital und mit i den Fremdkapitalkostensatz bezeichnet, erhält man die durchschnittlichen Kapitalkosten k als

$$(9.17) \qquad k = e \cdot \frac{EK}{EK + FK} \; + i \cdot \frac{FK}{EK + FK}$$

Die bei der Durchschnittsbildung gebrauchten Gewichtungsfaktoren sind die Anteile des Eigenkapitals bzw. des Fremdkapitals am Gesamtkapital einer Unternehmung. Die Definition der durchschnittlichen Kapitalkosten enthält noch keine Festlegung darüber, wie EK und FK gemessen werden sollen. Man könnte sie durch Marktwerte zum Zeitpunkt t_0 oder zum Zeitpunkt t_1 oder durch eingesetzte Geldbeträge messen. Auch Buchwerte sind eine denkbare Alternative. Im Rahmen dieses Kapitels ist der Hinweis wichtig, daß sich auf einem vollkommenen Kapitalmarkt im Gleichgewicht eingesetzte Geldbeträge und Marktwerte zum Zeitpunkt t_0 nicht unterscheiden.

---

27 Vgl. *Süchting* [Finanzmanagement] S. 382 ff.

214

Die Berechnung der durchschnittlichen Kapitalkosten mittels Gleichung (9.17) kann sowohl für einzelne Investitionsobjekte als auch für die Unternehmung als ganze vorgenommen werden. An k ist die Vorteilhaftigkeit einer Investition zu messen, die mit Eigen- und Fremdkapital finanziert werden soll. Im nächsten Kapitel wird gezeigt, ob und wie k von dem Verhältnis zwischen Fremdkapital und Eigenkapital, der sog. Kapitalstruktur, abhängt.

9.5. Zusammenfassung

In diesem Kapitel wurden hauptsächlich die Eigenkapitalkosten diskutiert. Finanzielle Mittel, die eine Unternehmung von ihren bisherigen Eigentümern bekommt, oder die sie behält, indem sie sie nicht an die Eigentümer ausschüttet, sind nicht kostenlos. Sie haben Opportunitätskosten, da die Eigentümer diese Mittel anderweitig anlegen könnten. Die Kosten der Beteiligungsfinanzierung im engeren Sinne entstehen daraus, daß neue Eigentümer durch die Zuführung von Eigenkapital einen Anspruch auf einen Anteil an den zukünftigen Gewinnen erwerben. Wenn man steuerliche Aspekte außer acht läßt, kann man über die Eigenkapitalkosten nicht viel mehr allgemeingültiges sagen. Über die Kosten des Eigenkapitals von Aktiengesellschaften, deren Aktien an der Börse gehandelt und dort auf der Basis der zukünftigen Dividenden richtig oder gleichgewichtig bewertet werden, läßt sich jedoch viel mehr sagen. Es war das methodische Ziel dieses Kapitels herauszuarbeiten, wie sehr die Finanzierungstheorie auf die Annahme eines vollkommenen Kapitalmarktes im Gleichgewicht angewiesen ist, wie weitreichend die Folgen dieser Annahme sind und wie problematisch sie zugleich ist.

Im Gleichgewicht kann man aus dem Börsenkurs der Aktien einer Gesellschaft auf den Alternativertragssatz der Aktionäre schließen. Es ist derjenige Kalkulationszinsfuß, bei dem der Kurs gleich dem Gegenwartswert der zukünftigen Dividenden ist. Im Gleichgewicht haben alle Aktionäre denselben Alternativertragssatz.

Eigenfinanzierung erfolgt in der Form der Kapitalerhöhung. Aktionäre einer AG haben ein Bezugsrecht, das sie berechtigt, neue Aktien zum Emissionskurs zu erwerben, der unter dem Börsenkurs liegen kann. Wenn diese Bezugsrechte am Kapitalmarkt richtig bewertet werden, sind die Bedingungen einer Kapitalerhöhung für die Aktionäre „irrelevant". Dies ist das erste Irrelevanztheorem dieses Kapitels. Wenn alte Aktionäre durch Bezugsrechte geschützt sind, sind im Gleichgewicht die Kosten der Beteiligungsfinanzierung i.e.S. den Kosten der Eigenfinanzierung auch dann gleich, wenn neue Aktionäre neue Aktien zum niedrigeren Emissionskurs statt zum Börsenkurs kaufen.

Die Selbstfinanzierung durch Einbehaltung (ausschüttbarer) Mittel hat auch dieselben Kosten. Daher sind die Kosten der Eigenkapital-Finanzierung unabhängig davon, auf welchem Wege Eigenkapital beschafft wird. Jede Form der Eigenkapital-Finanzierung ist auf einem vollkommenen Kapitalmarkt im Gleichgewicht für die bisherigen Aktionäre gleich günstig. Das ist das zweite Irrelevanztheorem.

Da alle Formen der Eigenkapital-Finanzierung gleich teuer sind, gibt es auch keinen Grund, warum Investitionsentscheidungen von den Ausschüttungsentscheidungen abhängen sollten: Zusätzliche Ausschüttungen könnten gegebenenfalls immer durch zusätzliche Beteiligungsfinanzierung ausgeglichen werden. Dann gibt es keine optimale Ausschüttungs- oder Dividendenpolitik. Die Dividendenpolitik hat im Gleichgewicht auf einem vollkommenen Kapitalmarkt keinen Einfluß auf den Marktwert der Aktien. Das ist das dritte Irrelevanztheorem.

Die Irrelevanztheoreme sind sehr starke Aussagen, und sie gelten auch bei Unsicherheit, so-lange ein vollkommener Kapitalmarkt und Gleichgewicht vorausgesetzt werden. Das Problem mit all diesen Theoremen ist jedoch, daß es — streng genommen — auf einem vollkommenen Kapitalmarkt im Gleichgewicht keine „attraktiven" Investitionsgelegenheiten geben *kann,* zu deren Bewertung man die Kapitalkosten zu kennen brauchte.

9.6. Literaturhinweise zum 9. Kapitel

Die bei weitem wichtigste Quelle zu diesem Kapitel ist der Aufsatz
  „Dividend Policy, Growth, and the Valuation of Shares" von *Merton H. Miller* und *Franco Modigliani* in: Journal of Business, Vol. 34 (1961), S. 411–433.
Dieser Aufsatz enthält die Thesen von der Irrelevanz der Dividendenpolitik und der Eigenfinanzierung.
Wie man aus dem Kurs auf die Eigenkapitalkosten schließen kann, zeigen
  Myron J. Gordon und *Ely Shapiro* in dem leicht lesbaren Aufsatz „Capital Equipment Analysis: The Required Rate of Profit," in: Management Science, Vol. 3 (1956), S. 102–110.
Gute Übersetzungen dieser beiden Aufsätze finden sich in dem Sammelband „Die Finanzierung der Unternehmung", hrsg. von H. Hax und H. Laux, Köln 1975.
Zu dem speziell in Deutschland relevanten Thema des Bezugsrechts und seiner Bewertung vgl.
  Herbert Hax, „Bezugsrecht und Kursentwicklung von Aktien bei Kapitalerhöhungen" in: Zeitschrift für betriebswirtschaftliche Forschung, 23. Jg. (1971), S. 157–163.
Über die Diskussion zwischen Miller/Modigliani und Gordon über die „optimale" Dividendenpolitik und einige sich anschließende Stellungnahmen informiert knapp und abwägend
  James C. Van Horne, Financial Management and Policy, 5th ed. Englewood Cliffs, N.J. 1983, S. 323–340. In der neuesten, 6. Aufl. ist dieses Kapitel (S. 298–309) gekürzt worden.
Zu den in diesem Kapitel nicht behandelten Komponenten der Finanzierungskosten einzelner Finanzierungsformen vgl.
  Udo Hielscher und *Hans-Dieter Laubscher,* „Finanzierungskosten", Frankfurt 1976.

10. Kapitel

Kapitalkosten bei gemischter Finanzierung und das Problem der optimalen Kapitalstruktur

10.1. Lernziele

Nachdem im vorangegangenen Kapitel die Kosten der einzelnen Finanzierungsformen isoliert untersucht worden sind, wird nun geprüft, wie die Kosten des Eigenkapitals und die durchschnittlichen Kapitalkosten einer Unternehmung davon abhängen, wie sehr die Unternehmung verschuldet ist. So wie im vorangegangenen Kapitel gezeigt worden ist, daß die Eigenkapitalkosten auf einem vollkommenen Kapitalmarkt von der Art der Eigenkapitalbeschaffung unabhängig sind, wird nun gezeigt, daß auf vollkommenen Kapitalmärkten für Eigen- und Fremdkapital auch die durchschnittlichen Kapitalkosten von der Zusammensetzung der Finanzierung unabhängig sind.

(1) Die Leser sollten in diesem Kapitel die sogenannte traditionelle These zur optimalen Kapitalstruktur und die Gegenthese von Modigliani und Miller (MM) kennen und vergleichen lernen.

(2) Sie sollen lernen, daß zwischen den konkurrierenden Thesen nicht nur ein inhaltlicher, sondern auch ein methodischer Unterschied besteht: Die Anhänger der traditionellen These argumentieren nur mit *Verhaltensweisen* und vergessen den Kapitalmarkt. Modigliani-Miller stützen ihre Gegenthese nicht auf andere Verhaltensannahmen, sondern sie unterstellen einen sehr einfachen *marktmäßigen Ausgleichsmechanismus* als wirksam.

(3) Die Leser sollen lernen, daß die zu vermutende reale Bedeutung der Finanzierung eine Folge der Unvollkommenheit des Kapitalmarktes sein muß. Auch wenn die These von Modigliani und Miller nicht zutreffen sollte, bildet sie doch den einfacheren gedanklichen Ausgangspunkt zur Analyse realer Finanzierungsprobleme als die traditionelle These.

(4) Außerdem sollen die Leser lernen, wie wichtig und hilfreich es ist zu wissen, ob eine Aussage eine Behauptung, eine Definition oder eine Gleichgewichtsbedingung ist. Und sie sollen die Bedeutung und die Grenzen der Annahmekritik erkennen.

10.2. Wirkungen erhöhter Verschuldung

10.2.1. Ausgangssituation und Fragestellung

Wir betrachten im folgenden eine Unternehmung, bei der die Haftung der Gesellschafter auf ihren Gesellschaftsanteil beschränkt ist. Anfangs kann dies ebenso eine GmbH wie eine AG sein. Erst später wird die Betrachtung auf Aktiengesellschaften eingeengt, deren Eigenkapital als Aktien und deren Fremdkapital als Obligationen an der Börse gehandelt werden.

Am Ende des vorigen Kapitels wurden die durchschnittlichen Finanzierungs- oder Kapitalkosten — oder einfach: die Kapitalkosten — einer Unternehmung definiert als

$$(10.1) \qquad k = e \frac{EK}{EK + FK} + i \frac{FK}{EK + FK} \; .$$

Dabei bedeutet

k = (durchschnittliche) Kapitalkosten
e = Kosten des Eigenkapitals
EK = Menge des Eigenkapitals
i = Kosten des Fremdkapitals
FK = Menge des Fremdkapitals

Als Kapitalstruktur wird allgemein das wertmäßige Verhältnis der verschiedenen Kapitalarten zueinander verstanden. In diesem Kapitel wird der Begriff enger gebraucht. Er bezeichnet hier das Verhältnis von Fremdkapital zu Eigenkapital einer Unternehmung. Die Kapitalstruktur wird mit dem Symbol $l = \frac{FK}{EK}$ abgekürzt. Obwohl die so definierte Kapitalstruktur l und der Verschuldungsgrad sachlich eng zusammenhängen, muß man die beiden Begiffe unterscheiden. Der Verschuldungsgrad ist definiert als $\frac{FK}{EK+FK}$. Einem Verschuldungsgrad von 100 % entspricht $l = \infty$. Wie man bei der Bestimmung der Kapitalstruktur bzw. des Verschuldungsgrades die Mengen an Eigen- und Fremdkapital mißt, sei vorerst offen gelassen. Später werden Eigen- und Fremdkapital über die Marktwerte der entsprechenden Wertpapiere, der Aktien und der Obligationen, gemessen. Denkbare Alternativen sind eingesetzte (zugeflossene) Geldbeträge und Buchwerte.

Eine Änderung der Kapitalstruktur sollte man sich als einen *Vorgang* vorstellen, bei dem z.B. eine bestimmte Menge an Eigenkapital zugeführt und gleichzeitig dieselbe Menge an Fremdkapital zurückgezahlt wird. Oder zusätzliches Fremdkapital wird aufgenommen, und derselbe Betrag wird an die Eigenkapitalgeber ausgeschüttet. Wesentlich an dieser Vorstellung der *Kapitalsubstitution* ist, daß die Menge des in der Unternehmung vorhandenen bzw. gebundenen bzw. investierten Kapitals nicht geändert wird. Dadurch kann gedanklich der Effekt der Kapitalstrukturänderung von den Effekten isoliert werden, die mit veränderten Investitionen verbunden wären. Statt durch die Vorstellung einer Kapitalsubstitution kann man die mit den Investitionen verbundenen Effekte gedanklich auch dadurch ausschalten, daß man eine *Alternativbetrachtung* anstellt: Zu fragen ist dann, wie hoch die Kapitalkosten sind, wenn ein bestimmter Investitionsbetrag durch alternative Kombinationen von Eigen- und Fremdkapital beschafft wird[1].

---

1 Die Unterscheidung von sukzessiver und alternativer Betrachtung und ihre mögliche Bedeutung für finanzwirtschaftlich relevante Risiken wird von *Lehmann* [Eigenfinanzierung], S. 19 f., herausgestellt.

Eine von allen Teilnehmern an der Diskussion über die optimale Kapitalstruktur akzeptierte Voraussetzung ist, daß Kapitalgeber risikoscheu sind und daß die Kapitalkosten der einzelnen Finanzierungsarten von ihrem Risiko abhängen. Weil Eigenkapitalgeber mehr Risiko tragen als Fremdkapitalgeber, sind die Eigenkapitalkosten e, deren Bestimmung im vorigen Kapitel diskutiert worden ist, höher als die Fremdkapitalkosten i.

Wenn wegen des höheren Risikos des Eigenkapitals die Eigenkapitalkosten höher als die Fremdkapitalkosten sind, könnte eine Unternehmensleitung versuchen, im Interesse der Eigenkapitalgeber die durchschnittlichen Kapitalkosten zu senken, indem sie „teures" Eigenkapital durch „billiges" Fremdkapital ersetzt und den Eigenkapitalgebern die Möglichkeit gibt, das freigesetzte Eigenkapital an anderer Stelle ertragbringender einzusetzen. Wenn e und i bei Änderungen der Kapitalstruktur konstante Größen wären, müßte das möglich sein. Man erkennt auch sofort, daß dann eine Kapitalstruktur mit mehr Fremdkapital bzw. ein höherer Verschuldungsgrad günstiger wäre. Ein Indikator dafür ist, daß die durchschnittlichen Kapitalkosten geringer wären. Es gibt einen weiteren Indikator. Auch der Unternehmenswert wäre höher, denn aus einer analogen Übertragung der dort allein auf Aktien bezogenen Grundidee des vorigen Kapitels erkennt man, daß es einen Zusammenhang zwischen den (durchschnittlichen) Kapitalkosten k und dem Unternehmensgesamtwert V gibt: Der Unternehmensgesamtwert ist der Barwert der Bruttogewinne Y_t (Dividenden plus Zinsen), berechnet mit dem (durchschnittlichen) Kapitalkostensatz k

(10.2) $$V = \sum_{t=1}^{\infty} \frac{Y_t}{(1+k)^t}.$$

Aus der Formel erkennt man, daß eine Senkung der (durchschnittlichen) Kapitalkosten k einer Erhöhung des Unternehmenswertes V entspricht.

Doch die Kosten der einzelnen Kapitalarten, also e und i, sind nicht notwendigerweise konstant, wenn sich die Kapitalstruktur *l* verändert. Daher ist genauer zu fragen, *wie* sich die Kapitalkosten des Eigen- und des Fremdkapitals ändern und ob sich nicht *trotz* der Änderungen eine „optimale", d.h. von den Eigenkapitalgebern bevorzugte Kapitalstruktur finden läßt. Es wird sich als entscheidend für die Beantwortung der aufgeworfenen Fragen erweisen, *warum* sich die Kosten der einzelnen Kapitalarten ändern, wenn sich die Kapitalstruktur ändert.

10.2.2. Geschäftsrisiko und Finanzierungsrisiko

Die Rendite r auf das *gesamte* in einer Unternehmung eingesetzte Kapital ist eine Zufallsvariable, d.h. eine unsichere Größe, die mit bestimmten Wahrscheinlichkeiten verschiedene Werte annehmen kann. Sie kann beispielsweise durch folgende Wahrscheinlichkeitsverteilung beschrieben werden:

$$r = \begin{cases} 4\,\% & \text{mit } p(s_1) = 1/3 \\ 8\,\% & \text{mit } p(s_2) = 1/3 \\ 12\,\% & \text{mit } p(s_3) = 1/3 \end{cases}$$

Die Mehrwertigkeit von r bezeichnet man als Geschäftsrisiko (business risk) oder als Investitionsrisiko oder als Ertragsrisiko einer Unternehmung. Das Geschäftsrisiko hängt allein davon ab, welche Investitionen durchgeführt werden. Es ist unabhängig davon, wie die Investitionen finanziert werden. Im achten Kapitel ist wiederholt hervorgehoben worden, daß diese Annahme eine wichtige Vereinfachung in der Beschreibung des Finanzierungsproblems darstellt. Man erkennt hier schon, daß die Literatur zum Kapitalstrukturproblem, in der das Geschäftsrisiko und damit die Wahrscheinlichkeitsverteilung der Investitionserträge als vorgeben behandelt wird, der neoklassischen Sicht der Finanzierung als Partenteilung zuzurechnen ist.

Wenn die Investitionen einer Unternehmung zum Teil mit Eigenkapital und zum Teil mit Fremdkapital finanziert werden, ist die (unsichere) Rendite r_e auf das eingesetzte Eigenkapital anders als die (unsichere) Rendite r auf das eingesetzte Gesamtkapital. Auf das Fremdkapital sind *fest vorgegebene* Zinszahlungen in Höhe von i·FK zu leisten. Die Eigenkapitalgeber bekommen das, was von dem unsicheren Investitionsertrag r · (EK + FK) verbleibt, wenn die Fremdkapitalzinsen i · FK abgezogen sind, also r·(EK + FK) – i·FK. Bezieht man das auf das eingesetzte Eigenkapital, erhält man die (unsichere) Eigenkapitalrendite[2]:

(10.3) $$r_e = \frac{r \cdot (EK + FK) - i \cdot FK}{EK}$$

Mit der o.a. Wahrscheinlichkeitsverteilung für die Rendite auf das Gesamtkapital und mit den angenommenen Zahlen

EK + FK = Investitionsbetrag = 100
FK   = 50
i   = 6 %
i · FK   = Zinsen = 3

ergibt sich im Beispiel folgende Wahrscheinlichkeitsverteilung für die Eigenkapitalrendite:

$$r_e = \begin{cases} \dfrac{100 \cdot 0{,}04 - 50 \cdot 0{,}06}{50} = 2\ \%\ \text{mit } p(s_1) = \dfrac{1}{3} \\[2mm] \dfrac{8 - 3}{50} = 10\ \%\ \text{mit } p(s_2) = \dfrac{1}{3} \\[2mm] \dfrac{12 - 3}{50} = 18\ \%\ \text{mit } p(s_3) = \dfrac{1}{3} \end{cases}$$

Aus der Umformung der Gleichung (10.3) kann man ersehen, daß die (unsichere) Rendite r_e auf das eingesetzte Eigenkapital eine *lineare* Funktion der Kapitalstruktur *l* ist:

(10.4) $r_e \cdot EK = r \cdot (EK + FK) - i \cdot FK = r \cdot EK + (r-i) \cdot FK$ und

(10.5) $r_e = r + (r-i) \cdot \dfrac{FK}{EK} = r + (r-i) \cdot l$

Je nach der Höhe von *l* ist die Wahrscheinlichkeitsverteilung der Eigenkapitalrendite breiter (riskanter) oder enger (weniger riskant). In der folgenden Tabelle sind die Wahrscheinlich-

---

2 Die Definition der Eigenkapitalrendite in (10.3) gilt gleichermaßen für die Zufallsvariable r wie für die Eigenkapitalrendite in einem Zustand, daher ist das „unsicher" eingeklammert.

keitsverteilungen für die Eigenkapitalrendite des Beispiels bei vier verschiedenen Kapitalstrukturen angegeben:

s \ l	l = 0:100 ($r_e = r$)	l = 25:75	l = 50:50	l = 75:25
s_1	4 %	3,33 %	2 %	− 2 %
s_2	8 %	8,67 %	10 %	14 %
s_3	12 %	14 %	18 %	30 %

Tab. 10.1: Eigenkapitalrenditen bei verschiedenen Kapitalstrukturen

Die Zahlen in der Tabelle 10.1 liefern eine *intuitive* Vorstellung davon, daß die Eigenkapitalrendite mit zunehmender Verschuldung riskanter wird. Dieser Sachverhalt wird als *Finanzierungs- oder Kapitalstrukturrisiko* (financial risk) bezeichnet. Es gibt also einen Zusammenhang zwischen der Kapitalstruktur *l* und dem Risiko des Eigenkapitals: Bei stärkerer Verschuldung ist die Eigenkapitalrendite riskanter oder unsicherer als bei geringerer Verschuldung.

Um welche Art von Aussage handelt es sich bei der Aussage über den Zusammenhang zwischen Risiko und Kapitalstruktur? Ist sie eine Behauptung oder ist sie eine Definition? Eine Behauptung ist eine Aussage, die über die Welt informiert. Man erkennt das daran, daß sie auch faktisch falsch sein kann. Eine Definition ist eine Aussage, die über die Sprache informiert. Sie sagt, wie ein Begriff gebraucht wird[3]. Die Aussage über den Zusammenhang zwischen Kapitalstruktur und Risiko des Eigenkapitals hat einen Doppelcharakter. Sie kann sowohl als Behauptung als auch als Definition verstanden werden. Wenn man das Risiko mit dem Verhältnis von Fremd- zu Eigenkapital gleichsetzt, liegt eine Definition vor. Macht man *l* zum Risikomaß, wie es in der Tabelle 10.1 getan wird, liegt derselbe Fall vor. Wer behaupten würde, daß das Eigenkapitalrisiko *nicht* mit dem Verhältnis FK:EK ansteigt, würde damit nur zu erkennen geben, daß er nicht verstanden hat, daß Risiko und Kapitalstruktur gleichbedeutend sind. Er hätte die (hier durch Tabelle 10.1 nahegelegte) Definition mißverstanden. Um andererseits die Aussage, deren Art hier erörtert wird, als eine Behauptung auffassen zu können, muß man „Risiko" und *l* unterscheiden. Dazu muß man „Risiko" anders als durch *l* messen. Dies ist, wie schon im sechsten Kapitel hervorgehoben wurde, eine bisher nicht gelöste Aufgabe, denn es gibt kein allgemeines Risikomaß. Aber es gibt eine intuitive Vorstellung, was „Risiko" ist. Erfaßt man diese intuitive Vorstellung z.B. durch die Varianz oder die Konkurswahrscheinlichkeit als Maßgrößen, dann ist die Aussage, ein höheres Fremdkapital-Eigenkapital-Verhältnis führe zu einem höheren Risiko, nicht mehr aus logischen Gründen wahr. Sie *kann* dann faktisch falsch sein.

Soll die Aussage über den Zusammenhang zwischen Risiko und Verschuldung nun als Behauptung oder als Definition verstanden werden? Soweit das Risiko des eingesetzten Eigenkapitals betroffen ist, scheint mir beides gleichermaßen sinnvoll — nur muß man wissen, was man meint! Die Tabelle 10.1 zeigt, daß die Aussage als Behauptung zumindest recht plausibel wäre. Der Umstand, daß es kein allgemeines Risikomaß gibt, legt es andererseits nahe, das Eigenkapitalrisiko und das Verhältnis von Fremd- zu Eigenkapital definitorisch gleichzusetzen oder — was dasselbe ist — das „Risiko" durch *l* zu messen. Erst vom Abschnitt 10.2.3. an

---

3 Zur Erklärung, woran man eine Behauptung und eine Definition erkennt, vgl. z.B. *Schanz* [Einführung], S. 34–56, hier bes. S. 44.

wird es wichtig zu unterscheiden, ob eine Behauptung oder eine Definition vorliegt — und genau deshalb wurde der Unterschied hier schon eingeführt.

Dieselbe Unterscheidung kann man auch an dem Zusammenhang zwischen dem Risiko der Fremdkapitalgeber und der Kapitalstruktur verdeutlichen. Da l als ein wenig geeignetes Maß für das Risiko von Fremdkapitalgebern erscheint, wird man eine Aussage über den Zusammenhang zwischen l und dem Fremdkapitalrisiko nicht als Definition verstehen, sondern als eine Behauptung. Sie lautet: Wegen der Art der Risikoverteilung steigt das Risiko von Fremdkapitalgebern erst bei starker Verschuldung an[4].

Zurück zum Risiko der Eigenkapitalgeber: Gleichgültig, ob eine Definition oder eine Behauptung vorliegt, muß man beachten, daß hier außer dem „business risk" nur das „financial risk" behandelt wird. Andere denkbare Risiken wie z.B. das Risiko der Zahlungsunfähigkeit (Illiquiditätsrisiko) und das Risiko der Vermögensverschiebung, die in der älteren Literatur und im Rahmen des neo-institutionalistischen Ansatzes der Finanzierungstheorie berücksichtigt werden, sind hier nicht erfaßt. Das Finanzierungsrisiko ist nicht mit dem Illiquiditätsrisiko zu verwechseln. So wie der Begriff hier gebraucht wird, besteht das Finanzierungsrisiko *nur* darin, daß bei stärkerer Verschuldung die möglichen Eigenkapitalrenditen stärker um ihren Mittelwert streuen.

10.2.3. Die Wirkung der Verschuldung auf den Ertrag des Eigenkapitals

Als Ertrag gilt hier wieder der Erwartungswert der Rendite auf das eingesetzte Eigenkapital bzw. auf das Gesamtkapital. Wir bezeichnen die Erwartungswerte mit den Symbolen μ_e bzw. μ.

Die Gleichung (10.5) gilt für alle möglichen Werte der Renditen r_e bzw. r. Daher gilt sie gemäß der Definition des Erwartungswertes auch für μ_e bzw. μ:

(10.6) $\qquad \mu_e = \mu + (\mu - i) \cdot l$

Wenn die erwartete Rendite auf das Gesamtkapital größer als i ist *und* wenn i unabhängig von l ist, steigt die erwartete Eigenkapitalrendite mit l *linear* an. Die Differenz zwischen μ und i ist die „Gewinnmarge", die sich ergibt, wenn Fremdkapital zu i beschafft und zu μ investiert wird. l dient hier als Risikomaß. Daher kann man das Produkt $(\mu - i) \cdot l$ als eine Risikoprämie deuten. Man nennt die durch Verschuldung ermöglichte Steigerung der erwarteten Eigenkapitalrendite auch „Leverage-Ertrag". „Leverage" bedeutet so etwas wie Hebelwirkung des Fremdkapitals. Wird Eigenkapital durch Fremdkapital ersetzt, steigt die erwartete Rendite auf das *eingesetzte* Eigenkapital in der durch Gleichung (10.6) angegebenen Weise. Was mit der Rendite des *gesamten* Eigenkapitals der Eigentümer geschieht, hängt von der Verwendung des *freigesetzten* Eigenkapitals ab.

Die erläuterte Beziehung zwischen der Kapitalstruktur und der Eigenkapitalrendite lädt förmlich zu Mißverständnissen ein. Daher muß man sich wieder klarmachen, welcher Art die Aussage in der Gleichung (10.6) über den linearen Zusammenhang zwischen μ_e und l ist. Ist sie ei-

---

4 Bei dieser Behauptung wird stillschweigend unterstellt, daß das Risiko der Fremdkapitalgeber anders, z.B. durch die Wahrscheinlichkeit für eine nicht vertragsgemäße Verzinsung und Rückzahlung, gemessen wird.

ne *Behauptung* über die Realität oder eine *Definition*? Die Gleichung (10.6) ist eine Mischung von beidem. Den Charakter einer Behauptung über die Realität hat sie, weil in ihr offenbar unterstellt wird, daß μ und i Konstanten sind. Diese Unterstellung kann falsch sein. Daher ist (10.6) informativ, d.h. eine Behauptung. Anders als oben im Zusammenhang mit dem Risiko des Eigenkapitals erscheint mir die Deutung der Aussage als Behauptung jedoch weniger angemessen. In der Literatur wird der Zusammenhang auch so dargestellt, daß man eher eine Definition vermuten muß[5]. Dies setzt freilich voraus, daß μ und i in Bezug auf die Kapitalstruktur Konstanten sind und daß μ größer als i ist. Die Voraussetzung, μ sei nicht von *l* abhängig, erscheint[6] unproblematisch, denn eine Änderung der Kapitalstruktur wird ja als Ersetzung einer Kapitalart durch die andere gedacht, und die Investitionen werden durch die Kapitalsubstitution nicht berührt. Ebenso wird $\mu > i$ als unproblematisch vorausgesetzt. Unter diesen Voraussetzungen ist die Aussage, daß der Ertrag des Eigenkapitals mit steigender Verschuldung zunimmt — und bei konstantem i sogar *linear* ansteigt — keine Behauptung über die Realität. Sie *kann nicht* faktisch falsch sein, daher ist sie nicht informativ. Man erkennt an der Herleitung über (10.3) und (10.5), daß die Aussage *im Kern eine umgeformte Definition* für den Begriff „Eigenkapitalrendite" ist. Die Linearität der Beziehung (10.6) ist — konstantes i vorausgesetzt — von der Sprachregelung erzwungen. In den nächsten Abschnitten werden Beziehungen zwischen Kapitalstruktur und Eigenkapitalkosten vorgestellt, die genau so aussehen wie die Beziehung (10.6) zwischen Kapitalstruktur und Eigenkapitalrendite, die aber keine Definitionen sind.

10.3. Die Bewertung alternativer Kapitalstrukturen: die sogenannte traditionelle These

Bei der Suche nach einer für die Eigenkapitalgeber einer Aktiengesellschaft optimalen Kapitalstruktur könnte man so vorgehen, daß man die Vor- und Nachteile zunehmender Verschuldung gegenüberstellt. Optimal wäre die Kapitalstruktur, die die durchschnittlichen Kapitalkosten minimiert bzw. den Gesamtwert der Unternehmung maximiert. Bei ihr wären die Vorteile der letzten Einheit eingesetzten Fremdkapitals gerade noch größer als ihre Nachteile. Folgende drei Effekte sind zu beachten:

(1) Bei zunehmender Verschuldung wird „teures" Eigenkapital durch „billiges" Fremdkapital substituiert.
(2) Dafür wird das Eigenkapital „riskanter", und die von Eigenkapitalgebern *geforderte* Rendite steigt an.
(3) Bei starker Verschuldung steigen auch die Fremdkapitalkosten, da Gläubiger ihre „Parten" für riskant zu halten beginnen.

Der erste Effekt bewirkt eine Verminderung der durchschnittlichen Kapitalkosten, der zweite und der dritte Effekt lassen die durchschnittlichen Kapitalkosten ansteigen, wenn das Verhält-

---

5 Vgl. schon *Solomon* [Theory], S. 74.
6 Siehe aber unten S. 241.

nis von Fremd- zu Eigenkapital in der Unternehmensfinanzierung zunimmt. Die drei Effekte und ihr Zusammenwirken sind in der Gleichung

$$(10.7) \qquad k(l) = e(l) \, \frac{EK}{EK + FK} \; + \; i(l) \, \frac{FK}{EK + FK}$$

zusammenfassend ausgedrückt.

Es ist der Kern der sog. *traditionellen These* zum Kapitalstrukturproblem, daß es ein Minimum der (durchschnittlichen) Kapitalkosten und somit eine optimale Kapitalstruktur gibt. Die Funktion k(l) hat einen u-förmigen Kurvenlauf. In der Abbildung 10.1 sind die drei Effekte dargestellt. Die obere Kurve zeigt die Eigenkapitalkosten, die untere die Fremdkapitalkosten, jeweils in Abhängigkeit von der Kapitalstruktur. Die mittlere Kurve zeigt den gewogenen Durchschnitt der Eigen- und der Fremdkapitalkosten, d.h. die durchschnittlichen Kapitalkosten. Sie haben ihr Minimum bei der optimalen Kapitalstruktur l*. Bis zur optimalen Kapitalstruktur l* überwiegt der erste Effekt. Von l* an ist der durch zunehmende Verschuldung ausgelöste Anstieg der Eigenkapitalkosten — und bei noch höherer Verschuldung auch der Anstieg der Fremdkapitalkosten — so ausgeprägt, daß die durchschnittlichen Kapitalkosten trotz des ersten Effektes ansteigen.

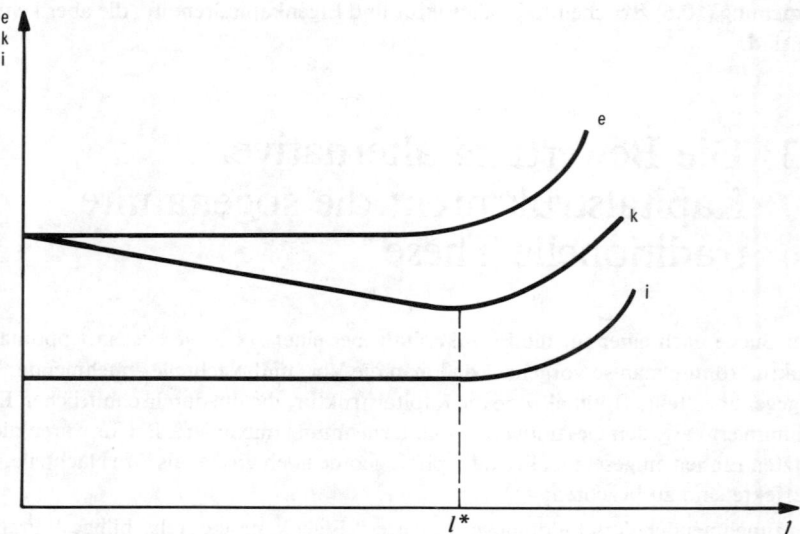

Abb. 10.1: Kapitalkosten gemäß der traditionellen These

Zum Verständnis der sog. traditionellen These und um sie mit der unten darzustellenden Gegenthese vergleichen zu können, ist es sehr wichtig, sich den Aufbau der Abbildung 10.1 bewußt zu machen: Die durchschnittlichen Kapitalkosten k(l) sind das *„Ergebnis"*, die Eigen- und Fremdkapitalkosten sind die *„Ursachen"*. Die Verläufe der oberen und der unteren Kurve gehen ihrerseits auf *Verhaltensannahmen* zurück, die als durchaus plausibel gelten können: Eigenkapitalgeber „freuen sich" über die durch zusätzliche Verschuldung mögliche Renditesteigerung, aber das zusätzliche Risiko „stört" sie nicht, solange die Verschuldung „mäßig"

224

ist. Möglicherweise nehmen sie das Risiko auch nicht wahr. Erst von einem bestimmten Verschuldungsgrad an reagieren sie auf das zusätzliche Risiko mit erhöhten Renditeforderungen. Die Fremdkapitalgeber reagieren — wenn überhaupt[7] — noch später, weil mögliche Verluste ja erst von den Eigenkapitalgebern getragen werden, ehe sie auf das Fremdkapital durchschlagen. Wie die Kurve e(*l*) genau verläuft, ist für die traditionelle These nicht entscheidend. Wichtig ist nur, daß die Steigerung von e(*l*) von einem gewissen Verschuldungsgrad an den kapitalkostenmindernden Effekt der Substitution überwiegt. Der Anstieg der Fremdkapitalkosten ist für die Ableitung der traditionellen These also auch nicht entscheidend.

Bei dieser Erläuterung der traditionellen These wurde auf die Verhaltensweisen der Kapitalgeber gegenüber dem Finanzierungsrisiko Bezug genommen. Ich habe dabei das finanzielle Risiko mit dem Verhältnis von Fremd- zu Eigenkapital gleichgesetzt, den Zusammenhang zwischen Risiko und Kapitalstruktur also als definitorischen Zusammmenhang behandelt. Die Behauptungen sind die Verhaltensannahmen darüber, wie Kapitalgeber auf Risikosteigerungen reagieren. Eine andere, aber keineswegs widersprechende, Erläuterung der traditionellen These kann man geben, wenn man den Zusammenhang zwischen finanziellem Risiko und Verschuldung nicht als Definition, sondern als Behauptung formuliert. Man kann dann sagen, daß Kapitalgeber gemäß der traditionellen These das finanzielle Risiko nicht mit der Verschuldung gleichsetzen. Möglicherweise messen sie das finanzielle Risiko als Konkurs- oder Verlustwahrscheinlichkeit. Die traditionelle These enthält aber auch dann als wichtigsten Bestandteil Verhaltensannahmen darüber, als wie riskant Kapitalgeber unterschiedliche Kapitalstrukturen ansehen. In jedem Fall sind Verhaltensannahmen das zentrale Element der These.

Wenn die traditionelle These zutrifft, ist die Kapitalstruktur für die Kapitalkosten, für den Gesamtwert einer Aktiengesellschaft, für den Wohlstand der Aktionäre und für die Bestimmung des „richtigen" Kalkulationszinsfußes für Investitionsentscheidungen wichtig. Die Kapitalstruktur ist dann nicht „irrelevant".

Wie kann man die traditionelle These, die durchaus plausibel ist, kritisieren? Ein möglicher Ansatzpunkt der Kritik sind die *Verhaltensannahmen*. Man könnte der traditionellen These entgegenhalten, daß ihre Annahmen über die Verhaltensweisen der Eigenkapitalgeber recht willkürlich sind. Warum sollten diese das Kapitalstrukturrisiko nicht schon bei kleinen Werten von *l* als unangenehm empfinden (bzw. wahrnehmen) und mit einer höheren Renditeforderung reagieren, d.h. Aktien geringer bewerten? Hieran wird deutlich, daß die Verhaltensannahmen der traditionellen These nicht völlig überzeugend sind; aber das können Verhaltensannahmen auch nicht sein, denn sie sind ja Behauptungen über die Realität und müssen damit falsch sein *können*. Man kann Verhaltensannahmen direkt durch Beobachtung zu prüfen versuchen. Das ist in dem hier diskutierten Zusammenhang jedoch nicht realisierbar. Ein anderer Weg der Prüfung besteht darin, diejenigen Verhaltensannahmen zu suchen, die zu einer Aussage führen würden, die der traditionellen These widersprechen würde. Dann kann man immerhin vergleichen, welche Verhaltensannahmen plausibler erscheinen. Dieser Weg wird nun

---

7 Wie sich mögliche Reaktionen von Fremdkapitalgebern auf die Fremdkapitalkosten der Unternehmung auswirken ist gleichwohl fraglich. Wenn das befürchtete Ausfallrisiko wirklich besteht, unterscheiden sich die nominelle oder vereinbarte Verzinsung und die erwartete Verzinsung. Letztere ist geringer. Ob sie auch ansteigt, folgt aus dem Anstieg der nominellen Verzinsung nicht. Es ist eher angebracht, nicht die vereinbarte, sondern die erwartete Verzinsung als Kapitalkostensatz für risikobehaftetes Fremdkapital zu verwenden. Tut man das, steigt der Fremdkapitalkostensatz trotz Ausfallrisiko nicht notwendigerweise so, wie es oben in der Abbildung 10.1 und in der Literatur allgemein angenommen wird.

beschritten. (Die dabei eingeführten Formeln (10.8) bis (10.10.) und die erläuterten formalen Zusammenhänge werden im nächsten Abschnitt noch gebraucht.)

Eine Alternative zu den Verhaltensannahmen der traditionellen These wäre die, daß Fremdkapitalgeber überhaupt nicht auf eine erhöhte Verschuldung reagieren und daß *jede* Veränderung der Kapitalstruktur eine *gleiche* Erhöhung der von den Eigenkapitalgebern geforderten Rendite auslösen würde. Die von den Eigenkapitalgebern geforderte Rendite würde dann mit dem Verschuldungsgrad *linear* ansteigen. Eine solche veränderte Verhaltensmaßnahme hätte keinen u-förmigen Verlauf der Kapitalkostenkurve zur Folge, und es gäbe auch *keine optimale* Kapitalstruktur, die *sowohl* Eigen- *als auch* Fremdkapital enthielte.

Nimmt man linear mit *l* ansteigende Eigenkapitalkosten an, erhält man — jedoch *nur* bei einer *bestimmten* Konstellation der Parameter — einen linearen Verlauf der Kapitalkostenkurven wie in Abbildung 10.2.

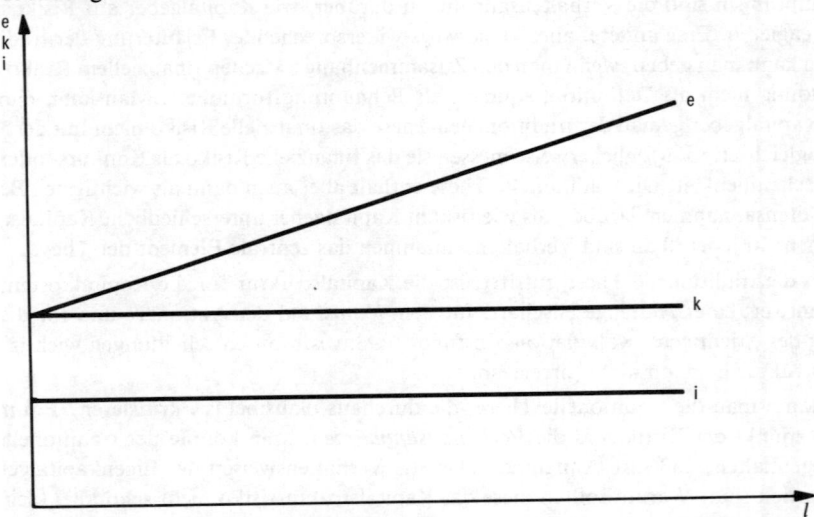

Abb. 10.2: Kapitalkostenverläufe bei speziellen Verhaltensannahmen

Wie kommt ein Verlauf der „Kurve" k(*l*) wie in Abbildung 10.2 zustande? Offenbar kompensieren sich der erste und der zweite der oben genannten Effekte gerade gegenseitig: Der „Leverage-Ertrag" zusätzlicher Verschuldung wird immer gerade durch das „Leverage-Risiko" — bzw. durch die von ihm abhängige Steigerung der Eigenkapitalkosten — ausgeglichen. Es gibt dann *keine optimale* Kapitalstruktur. Alle Kapitalstrukturen sind gleich günstig bzw. ungünstig. Für dieses Ergebnis genügt es aber nicht, daß die Eigenkapitalkosten linear mit *l* ansteigen. Aus dem Ergebnis, daß die durchschnittlichen Kapitalkosten k(*l*) konstant sind, kann man rückschließen, welche Parameter (Achsenabschnitt und Steigung) die Gerade e(*l*) bei konstantem i haben muß. Nur wenn diese Gerade die Form

$$(10.8) \qquad e(l) = e_0 + (e_0 - i) \cdot l$$

aufweist, d.h., wenn der Achsenabschnitt e_0 beträgt und die Steigung $(e_0 - i)$, ist k (*l*) konstant. Das erkennt man durch Einsetzen von (10.8) in die Gleichung (10.7). Man erhält dann für k (*l*) den Ausdruck

226

$$(10.9) \qquad k(l) = \frac{EK}{EK + FK} \left[e_0 + (e_0 - i) \cdot \frac{FK}{EK} \right] + \frac{FK}{EK + FK} \cdot i.$$

Ausmultiplizieren in der eckigen Klammer, Kürzen und Umstellen führt zu

$$k(l) = \frac{EK}{EK + FK} \cdot \frac{e_0 \cdot EK + e_0 \cdot FK - i \cdot FK}{EK} + \frac{i \cdot FK}{EK + FK} \text{ und}$$

$$(10.10) \qquad k(l) = \frac{e_0 \cdot (EK + FK) - i \cdot FK + i \cdot FK}{EK + FK} = e_0.$$

Die durchschnittlichen Kapitalkosten k gleichen dem Achsenabschnitt e_0 der Geraden (10.8). Inhaltlich gibt dieser Achsenabschnitt die Eigenkapitalkosten einer *unverschuldeten* Unternehmung ($l = 0$) an. Das Steigungsmaß der Geraden (10.8) ist $e_0 - i$. Inhaltlich bedeutet das, daß die Eigenkapitalkosten bei einer Steigerung von l um eine Einheit gerade um so viel ansteigen, wie zugleich durch den Einsatz des billigeren Fremdkapitals erspart wird.

Die Eigenkapitalgeber müssen sich offenbar in ihrer Renditeforderung so verhalten, wie (10.8) angibt, wenn die durchschnittlichen Kapitalkosten konstant sein sollen. Die Linearität der Funktion (10.8) allein genügt also nicht! Wenn die Steigung größer als $(e_0 - i)$ ist, ist die vollständige Eigenfinanzierung optimal. Ist sie geringer, wären die durchschnittlichen Kapitalkosten dann am geringsten, wenn die Unternehmung nur mit Fremdkapital finanziert wäre — was praktisch ausgeschlossen ist.

Man sieht nun leicht, daß die Verhaltensannahmen, bei denen die in Abbildung 10.2 dargestellten Kurvenverläufen gelten, sehr spezifisch sind. Für ihre Geltung spricht nichts, und im Vergleich zu den Annahmen, die hinter der traditionellen These stecken, sind sie bestimmt nicht plausibler. Dies ist ein wichtiges Zwischenergebnis: Solange man nur mit Verhaltensweisen argumentiert, erscheint die traditionelle These von der Existenz einer optimalen Kapitalstruktur der entgegengesetzten These deutlich überlegen.

Es ist aber nicht nötig, sich bei der Diskussion der Kapitalstruktur nur auf Verhaltensannahmen zu stützen. Im nächsten Abschnitt werden wir eine andere Argumentation kennenlernen, die begründet, warum die Gleichungen (10.8) und (10.10) gelten, *ohne* daß willkürliche Verhaltensannahmen gemacht werden müssen. Vorher ist aber noch auf Entsprechungen und einen wichtigen Unterschied zwischen (10.8) und (10.6) hinzuweisen. Die beiden Gleichungen entsprechen sich *in der Form* genau. Aber hinsichtlich der *Aussagenart* gibt es einen Unterschied: Die Gleichung (10.6) ist, wie oben betont wurde, eine umgeformte *Definition;* die Gleichung (10.8) ist eine Verhaltensgleichung, also eine *Behauptung. Inhaltlich* unterscheiden sie sich auch. Die Gleichung (10.6) gibt die *erwartete* Rendite an, und die Gleichung (10.8) bezeichnet die *geforderte* Rendite. Wie im vorigen Kapitel im Abschnitt 9.3. erläutert worden ist, besteht aber ein enger Zusammenhang zwischen der geforderten und der erwarteten Rendite: Wenn Aktien einer Unternehmung an der Börse gleichgewichtig bewertet werden, sind geforderte und erwartete Rendite gleich. Daher kann man für *Aktiengesellschaften* im *Gleichgewicht* das e_0 aus der Gleichung (10.8) durch μ ersetzen. Dann sind beide Gleichungen formal völlig identisch. Um so wichtiger ist es, unterscheiden zu können, um welche Art von Aussage es sich jeweils handelt.

10.4. Die Modigliani-Miller-These von der „Irrelevanz" der Kapitalstruktur

10.4.1. Der gleichgewichtstheoretische Ansatz

Mit einem ganz anderen Denkansatz als die Vertreter der sog. traditionellen These haben Modigliani und Miller (MM) bewiesen, daß die Unabhängigkeit der durchschnittlichen Kapitalkosten von der Kapitalstruktur eine Folge des Gleichgewichts am Kapitalmarkt ist[8]. Das entscheidend Neue an dem Denkansatz von MM ist, daß diese Autoren nicht mit Kapitalkosten und Verhaltensannahmen beginnen. Vielmehr gehen sie von der Annahme aus, daß *gleiche Güter* auf einem *vollkommenen Markt* denselben Preis haben. Alles andere folgt daraus. Weil sich der Gleichgewichtsprozeß am (Kapital-)Markt abspielt, sind die entscheidenden Größen die Marktwerte. EK ist der Marktwert des Eigenkapitals (der Aktien), FK ist der Marktwert des Fremdkapitals (der Obligationen). Der Gesamtwert des Kapitals oder der Unternehmenswert wird mit V bezeichnet. Er ist *definitionsgemäß* gleich der Summe aus den Marktwerten des Eigen- und Fremdkapitals:

$$(10.11) \qquad V = EK + FK$$

Wenn es verschuldete Unternehmen (Index v) und unverschuldete Unternehmen (Index u) gibt, gilt gleichermaßen

$$(10.11a) \qquad V_v = EK_v + FK_v \qquad \text{und} \qquad (10.11b) \qquad V_u = EK_u$$

Wenn von den gleichen Gütern gesprochen wird, ist zu fragen, woran man die Gleichheit erkennt: Gleich sind bei MM „assets", d.h. Vermögenspositionen, mit

(a) gleichem Geschäftsrisiko *und*
(b) gleichem Finanzierungs- oder Kapitalstrukturrisiko, oder
  einfacher: mit gleicher Kapitalstruktur.

Unternehmungen mit gleichem Geschäftsrisiko gehören, wie MM sagen, zu einer Risikoklasse. Man beachte, daß man mit solchen Risikodefinitionen nicht *Risikounterschiede* messen kann. Aber das versuchen MM auch nicht. Für ihre These ist es nur nötig, entscheiden zu können, ob Risiken gleich oder verschieden sind. Man sieht hier auch, daß MM finanzielles Risiko und Kapitalstruktur definitorisch gleichsetzen. Der empirische Zusammenhang zwischen dem — wie auch immer gemessenen — „Risiko" und der Kapitalstruktur interessiert sie nicht, *weil* er für ihre Argumentation nicht wichtig ist.

MM zeigen, daß zwei Unternehmungen, die sich *nur* hinsichtlich des Finanzierungsrisikos unterscheiden, auf einem vollkommenen Kapitalmarkt keine verschiedenen Unternehmenswerte

---

8 Die folgenden Ausführungen stützen sich auf die ursprüngliche Fassung der These, die *Modigliani* und *Miller* in [Cost] veröffentlicht haben. Sie selbst und andere Autoren haben später die Irrelevanzthese verallgemeinert und auch neue Beweistechniken verwendet. Die Originalarbeit und wichtige frühe Stellungnahmen sind in *Hax/Laux* [Finanzierung] zusammengestellt. Einen ausführlichen Überblick über die neueren Diskussionsbeiträge enthält *Swoboda* [Finanzierung].

228

haben können. Hätten zwei Unternehmungen, die sich nur durch ihre Kapitalstruktur unterscheiden, verschiedene Unternehmenswerte, wäre Arbitrage möglich, d.h. es bestünde solange eine *risikolose* Gewinnmöglichkeit, bis sich die Unternehmenswerte angeglichen hätten.

10.4.2. Der Arbitragebeweis

Gegeben seien zwei Unternehmungen aus derselben Risikoklasse. Die V-AG sei verschuldet, die U-AG sei unverschuldet. Beide haben einen erwarteten Bruttogewinn Y (vor Abzug von Zinsen) in Höhe von 150.000. Von Steuern und (anderen) Marktunvollkommenheiten sei abgesehen. Für die Unternehmungen gelten folgende Zahlen[9]:

	U-AG	V-AG
Erwarteter Bruttogewinn Y	150.000	150.000
Fremdkapital FK	0	700.000
Zinssatz i	–	10 %
Zinsen i · FK	0	70.000
Eigenkapital (Marktwert) EK	1.000.000	500.000
Gesamtwert V	1.000.000	1.200.000
Eigenkapitalkostensatz e	?	?

Tab. 10.2: Arbitragebeispiel

Nimmt man wie MM an, daß die Gewinnströme ewig fließen, kann man aus dem Nettogewinn (Bruttogewinn minus Zinsen) und dem Marktwert des Eigenkapitals auf den Eigenkapitalkostensatz schließen. Für die U-AG beträgt er 150.000 : 1 Mio. = 15 %, für die V-AG läßt er sich als

$$\frac{150.000 - 70.000}{500.000} = 16 \%$$

bestimmen.

Die in der Tabelle 10.2 beschriebene Situation mit $V_u = 1$ Mio und $V_v = 1,2$ Mio bzw. mit $e_u = 15 \%$ und $e_v = 16 \%$ ist kein Gleichgewicht. Das läßt sich folgendermaßen zeigen: Ein Aktionär der V-AG, der z.B. 1 Prozent der V-Aktien hält, kann seine Lage verbessern, wenn er seine V-Aktien für 5.000 verkauft und dafür U-Aktien kauft. Solange er V-Aktien hält, hat er als Eigenkapitalgeber der V-AG ein Kapitalstrukturrisiko zu tragen, bei den U-Aktien dagegen nicht. Die beiden Positionen sind daher nicht vergleichbar. Sie werden erst vergleichbar, wenn der Aktionär sich beim Kauf der U-Aktien ein Kapitalstrukturrisiko *schaffen* kann, das dem Kapitalstrukturrisiko bei einer Beteiligung an der V-AG entspricht. Das Verhältnis FK:EK bei der V-Aktie ist 7:5. Wenn der Aktionär 5.000 durch den Verkauf der V-Aktien erlöst, einen Kredit in Höhe von 7.000 zum Zinssatz i aufnimmt und den dann vorhandenen Betrag von insgesamt 12.000 in U-Aktien anlegt, hat er für sich *privat* dieselbe „Kapitalstruktur" von 7:5 hergestellt, die er auch als V-Aktionär hatte.

---

9 Das Zahlenbeispiel und die folgenden Erläuterungen sind an *Swoboda* [Finanzierung], S. 122, angelehnt.

Das Einkommen des Aktionärs aus den V-Aktien war 1 Prozent vom Gewinn Y der V-AG *nach* Abzug der Zinsen, also 800.

Der Anteil des Aktionärs am Gewinn der U-AG entspricht seinem Anteil an den U-Aktien, nämlich $12.000:1.000.000 = 1,2$ Prozent. Da die U-AG unverschuldet ist, kann der gesamte (Brutto-)Gewinn von 150.000 als Dividende an alle Aktionäre zusammen ausgeschüttet werden. Wenn man wie MM mit einem ewigen Strom erwarteter Bruttogewinne in gleicher Höhe pro Periode rechnet, unterstellt man, was für die Gültigkeit des Beweises aber nicht entscheidend ist, daß der Gewinn immer ausgeschüttet wird. Der Aktionär erhält 1.800. Da er auf seinen privaten Kredit in Höhe von 7.000 Zinsen von $7.000 \cdot 0,1 = 700$ bezahlen muß, verbleiben ihm 1.100. Der Tausch von Aktien der verschuldeten Unternehmung gegen private Verschuldung und Aktien der unverschuldeten Unternehmen hat dem Aktionär eine Steigerung seines Einkommens gebracht. Sein Risiko — business risk *und* financial risk — ist gleich geblieben, und er hat auch nicht mehr an eigenen Mitteln eingesetzt als in der Ausgangsposition.

Die Differenz zwischen 1.100 und 800 (pro Periode) ist ein Arbitragegewinn. Solange die Möglichkeit besteht, Arbitragegewinne zu erzielen, liegt ein Ungleichgewicht vor. Wie man aus dem Zahlenbeispiel ersehen kann, sind Arbitragegewinne nur dann ausgeschlossen, wenn die Marktwerte der beiden Unternehmungen gleich sind ($V_u = V_v$). Es ist für V-Aktionäre so lange vorteilhaft, auf private Verschuldung und U-Aktien umzusteigen, wie der Gesamtwert der V-AG größer als der Gesamtwert der U-AG ist. Für die Ausschaltung der Arbitragemöglichkeit ist es nicht wichtig, ob sich der Gesamtwert der V-AG an den der U-AG anpaßt oder umgekehrt oder ob sich beide im Zuge der Anpassung verändern. Im Gleichgewicht muß gelten

(10.12) $\qquad V_u = V_v$ und damit $EK_u = EK_v + FK$[10].

Um die Darstellung einfach zu halten, nehmen wir an, daß die U-AG mit $V_u = 1$ Mio richtig bewertet ist und daß sich der Börsenkurs und somit der Marktwert des Eigenkapitals der V-AG daran anpaßt. In dem betrachteten Zahlenbeispiel ist im Gleichgewicht

$$1.000.000 = 300.000 + 700.000$$

Es sei nun überprüft, ob die Arbitragemöglichkeit noch besteht: Der Aktionär erlöst 3.000 durch den Verkauf. Das Kapitalstrukturrisiko bei V-Aktien beträgt 7:3. Er muß nun die mittelbare Verschuldung, die er als Besitzer von V-Aktien hatte, durch eine unmittelbare Verschuldung ersetzen, wenn er Aktien der unverschuldeten U-AG kauft. Er muß dazu einen Kredit in Höhe von 7.000 aufnehmen und kann dann 10.000 in U-Aktien investieren. Dadurch erhält er einen Anspruch auf 1 Prozent der Gewinne der U-AG. Er bekommt (pro Periode) 1.500. Davon sind die Zinsen von 700 abzuziehen. Es verbleiben ihm 800. Das ist genau gleich dem einen Prozent der Nettogewinne, die er als V-Aktionär bekommen hätte.

Der dargestellte Vorgang des Tausches von V-Aktien gegen U-Aktien und private Verschuldung („homemade leverage") ist schwieriger zu verstehen als die umgekehrte Operation. Sie würde darin bestehen, daß ein U-Aktionär auf V-Anteile, d.h. auf Aktien *und* Obligationen, umsteigt. Als Aktionär der unverschuldeten Unternehmung bekommt er ein Prozent des (Brutto-)Gewinns Y, unabhängig davon, wie hoch dieser Gewinn ist. Um bei der V-AG auch

---

10 FK trägt keinen Index, weil nur die V-AG Fremdkapital in ihrer Kapitalstruktur aufweist.

in jedem Falle ein Prozent des Bruttogewinns zu bekommen, muß er offenbar ein Prozent des Eigenkapitals (der Aktien) und ein Prozent des Fremdkapitals (der Obligationen) halten. Dadurch würde er für sich den „Leverage-Effekt" gerade ausgleichen und sich demselben Kapitalstrukturrisiko — nämlich dem von Null — aussetzen wie vorher. Im Beispiel würde er beim Verkauf von einem Prozent der U-Aktien 10.000 erlösen. Um Anspruch auf ein Prozent des Bruttogewinns der V-AG zu bekommen, brauchte er bei den in Tabelle 10.2 angenommenen Zahlen 5.000 (für 1 % von EK) und 7.000 (für 1 % von FK), also 12.000. Er müßte bei dem Tausch 2.000 zulegen, um seine Einkommenserwartungen nicht zu verschlechtern. Auch daran zeigt sich wieder, daß $EK_v = 300.000$ (und nicht die 500.000 in der Tabelle 10.2) der Gleichgewichtswert für alle Aktien der V-AG ist.

Für die Geltung des Arbitragearguments ist es, wie gesagt, nicht wesentlich, daß die unverschuldete Unternehmung „richtig" bewertet ist und daß sich EK_v anpaßt. Betrachten wir daher kurz den umgekehrten Fall, in dem die U-Aktien überbewertet und die V-Aktien „richtig" bewertet sind. Dazu müssen wir das Zahlenbeispiel in Tabelle 10.2 variieren. Nehmen wir an, der Gesamtwert der U-AG wäre 1,5 Mio, der der V-AG wie vorher 1,2 Mio. Ein Aktionär verkauft 1 Prozent der U-Aktien. Er erlöst 15.000. Dafür kann er 1,25 Prozent der V-Aktien *und* der V-Obligationen erwerben. Er erhält dann 1,25 Prozent von 80.000 und 1,25 Prozent von 70.000, also 1.875. Das sind 1,25 Prozent vom Bruttogewinn Y. Vor dem Umtausch hatte er bei gleichem Geschäfts- und Finanzierungsrisiko nur 1.500, d.h. 1 Prozent vom Bruttogewinn Y bekommen. Die Arbitrage ist so lange möglich, bis ihm der Verkauf der U-Aktien nur noch 12.000 einbringt. Daher ist $V_v = EK_u = 1.200.000$ der Gleichgewichtswert.

Das durch den Arbitrageprozeß zustande kommende Gleichgewicht zwischen den Gesamtwerten V_u der unverschuldeten Unternehmung und V_v der verschuldeten Unternehmung ist also unabhängig von der Ausgangssituation. Es ist die wichtigste Aussage von MM, daß sich die Gesamtwerte von zwei Unternehmungen in einer Risikoklasse, die gleiche erwartete Bruttogewinne aufweisen, trotz unterschiedlicher Kapitalstrukturen nicht unterscheiden können. Durch private Verschuldung bzw. durch Beteiligung am Fremdkapital einer verschuldeten Unternehmung können Anleger, die Aktien einer Gesellschaft halten, unter den getroffenen Annahmen für sich immer eine Vermögensposition herstellen, die genau so viel Geschäfts- und Finanzierungsrisiko enthält wie die Aktien der anderen Unternehmung. Zwei gleich riskante Vermögenspositionen müssen im Gleichgewicht auf einem vollkommenen Markt den gleichen Preis haben.

Der gedachte Anpassungsprozeß, der von einem Ungleichgewicht zum Gleichgewicht führt, läuft in der Weise ab, daß sich der Marktwert EK des Eigenkapitals ändert, solange man, MM folgend, das Fremdkapital als risikolos betrachtet. Dessen Marktwert FK ist dann gegeben und von der Kapitalstruktur unabhängig.

Betrachten wir die Bestimmung von EK_v im Gleichgewicht genauer. Die *Definition* (10.11a) für den Gesamtwert V_v läßt sich umformen zu

$$(10.13) \qquad EK_v = V_v - FK.$$

Diese Beziehung ist nicht informativ; sie gilt immer, weil V_v so definiert ist. Erst wenn man über die *Gleichgewichtsbedingung* (10.12) V_v durch V_u ersetzt, erhält man eine informative Aussage über EK_v:

$$(10.14) \qquad EK_v = V_u - FK$$

Die Beziehung (10.13) ist wie (10.11 und 10.11a) eine Definition. Die Beziehung (10.14) ist wie (10.12) eine Gleichgewichtsbedingung. Wenn V_u und FK gegeben sind und wenn — im Gleichgewicht — V_u gleich V_v ist, muß sich EK_v so anpassen, daß die Gleichheit in (10.14) hergestellt ist.

Die zentrale Aussage von MM läßt sich nun noch einmal ganz einfach zeigen, indem man die Definition und die Gleichgewichtsbedingungen kombiniert. Setzt man (10.14) in (10.11) ein, erhält man

$$(10.15) \qquad V_v = EK_v + FK = (V_u - FK) + FK = V_u$$

Daran sieht man, daß der Gesamtwert V_v von der Aufteilung in EK und FK unabhängig ist. Mit anderen Worten: *Die Kapitalstruktur ist irrelevant für den Marktwert einer Aktiengesellschaft.*

Die Aussage wird konkreter, evtl. sogar für die praktische Bewertung des Eigenkapitals einer verschuldeten Unternehmung verwendbar[11], wenn man nun noch zusätzlich annimmt, daß V_u der mit dem Eigenkapitalkostensatz e_u für unverschuldete Unternehmen dieser Risikoklasse berechnete Barwert des Gewinn- und Dividendenstroms Y ist. Man erhält dann die Formel

$$(10.16) \qquad EK_v = \frac{Y}{e_u} - FK$$

In Worten: Der Wert des Eigenkapitals ist der Barwert des Bruttogewinns vermindert um den Marktwert (= Betrag = Nominalwert) des Fremdkapitals. Doch für die Geltung der zentralen These von der Irrelevanz der Kapitalstruktur als Gleichgewichtsbedingung ist es unerheblich, ob man die Konkretisierung, die in (10.16) steckt, vornehmen kann oder nicht. Auch die konkrete Beziehung

$$EK_v + FK = \frac{Y}{e_u}$$

ist m.E. sinnvollerweise nur als eine (konkretisierte) Gleichgewichtsbedingung zu deuten. Man könnte sie jedoch auch anders, nämlich als eine *Behauptung* verstehen. Dazu müßte man aber zugleich behaupten, daß in der Realität Kapitalmärkte wirklich vollkommen sind, daß wirklich Gleichgewicht vorliegt, und daß die anderen genannten Annahmen wirklich erfüllt sind. Eine solche Deutung des MM-Theorems als einer Behauptung über die Realität geht m.E. unvertretbar weit.

Der Arbitragemechanismus führt zu einem Gleichgewicht der Bewertung *innerhalb* der Risikoklasse. Wie die Bewertung der (Brutto-)Erträge einer Risikoklasse im Vergleich zu anderen Risikoklassen erfolgt, wird in dem Beweis von MM nicht behandelt. e_u ist vorgegeben. Damit ist auch ungeklärt, wann das Eigenkapital einer Unternehmung „richtig" bewertet ist[12].

---

11 Dieser Anspruch auf praktische Verwendbarkeit wird besonders kritisch von *Moxter* [Verschuldungsumfang], bes. S. 153 f, diskutiert.
12 Diese Beschränkung wird im nächsten Kapitel aufgehoben.

10.4.3. Kapitalkosten gemäß Modigliani-Miller

Auch wenn sich die Argumentation von MM nur auf die Anpassung von Marktwerten bezieht, hat dieser Gleichgewichtsmechanismus doch auch Implikationen für die Eigenkapitalkosten verschuldeter Unternehmungen und für deren durchschnittliche Kapitalkosten. Sie sollen nun herausgearbeitet werden, um den Gegensatz zur traditionellen These zu verdeutlichen.

Die analytische und graphische Darstellung der Kapitalkosten wird erleichtert, wenn wir, wie bisher MM folgend, annehmen, daß alle Zahlungsströme ewig fließende uniforme Ströme sind und daß die Zinsen auf das Fremdkapital sicher sind. Diese beiden Annahmen sind jedoch nicht wesentlich.

Der Eigenkapitalkostensatz e_v für verschuldete Unternehmen ist anknüpfend an das vorangegangene Kapitel als derjenige Kalkulationszinsfuß definiert, bei dem der Barwert der (erwarteten) Dividenden dem Marktwert gleich ist.

Ausgehend von der Gleichgewichtsbedingung (10.12) kann man die Eigenkapitalkosten als Funktion der Kapitalstruktur bestimmen. Aus der Definition des Eigenkapitalkostenansatzes folgt

$$(10.17) \qquad e_v = \frac{Y - i \cdot FK}{EK_v} \, .$$

Im Nenner stehen die (erwarteten) Nettogewinne, die als Dividenden ausgeschüttet werden. Mit Hilfe von Gleichgewichtsbedingungen wird nun (10.17) auch in eine Gleichgewichtsbedingung für e_v umgeformt: Im Gleichgewicht ist für ewig fließende Zahlungsströme $V_u = \frac{Y}{e_u}$. Einsetzen in (10.17) ergibt

$$(10.18) \qquad e_v = \frac{e_u \cdot V_u - i \cdot FK}{EK_v} \, .$$

Im Gleichgewicht ist auch $V_u = EK_v + FK$.
Ersetzt man V_u, erhält man

$$(10.19) \qquad e_v = \frac{e_u \cdot (EK_v + FK) - i \cdot FK}{EK_v} \, .$$

Durch Ausmultiplizieren, Umstellen und Kürzen gewinnt man die *lineare* Funktion (10.20). In ihr sind die speziellen Symbole e_u und e_v durch die allgemeineren Symbole e_0 und $e(l)$ ersetzt. Der Index bzw. der Klammerzusatz bezeichnen das nun als Variable behandelte Verhältnis von Fremd- zu Eigenkapital:

$$(10.20) \qquad e(l) = e_0 + (e_0 - i) \cdot \frac{FK}{EK} = e_0 + (e_0 - i) \cdot l$$

In Worten: Im Gleichgewicht sind die Eigenkapitalkosten eine lineare Funktion der Kapitalstruktur l. Von der Form her ist die lineare Beziehung für die Eigenkapitalkosten, d.h. für die von den Eigenkapitalgebern geforderte Verzinsung nicht von den oben eingeführten Beziehungen (10.5) und (10.8) zu unterscheiden.

Da in die Ableitung von (10.20) ohnehin schon Gleichgewichtsbedingungen eingehen, kann man nun noch e_0 durch μ ersetzen: Die von den Eigenkapitalgebern *geforderte* Rendite ist, wenn die Aktien an der Börse aufgrund ihrer Ertragsaussichten richtig bewertet werden, *im Gleichgewicht* so hoch wie die Rendite, die sie *bekommen* : $e_0 = \mu$. Setzt man dies in (10.20) ein, erhält man die Gleichgewichtsrendite auf das Eigenkapital verschuldeter Unternehmungen in Abhängigkeit von der (erwarteten) Rendite auf das *gesamte* Kapital *und* von der *Kapitalstruktur*:

(10.21) $\mu(l) = e_0(l) = \mu + (\mu-i) \cdot l$

Die Gleichungen (10.6), (10.8) und (10.20) bzw. (10.21) entsprechen sich vollständig, aber

– Gleichung (10.6) ist eine Definition,

– Gleichung (10.8) ist eine Verhaltensannahme, und die

– Gleichungen (10.20) und (10.21) sind Gleichgewichtsbedingungen.

Betrachten wir nun die durchschnittlichen Kapitalkosten. Sie sind in der Gleichung (10.1) definiert und in der Gleichung (10.9) aus den Komponenten e(l) und i(l) errechnet. Da im Gleichgewicht die lineare Beziehung zwischen e und *l resultiert,* die oben auf Seite 227 als Verhaltensannahme *unterstellt* wird, braucht die Berechnung von k(l) hier nicht wiederholt zu werden[13]. Ihr Ergebnis lautet: Die durchschnittlichen Kapitalkosten einer verschuldeten Unternehmung sind eine Konstante. Sie gleichen den (Eigen-)Kapitalkosten einer unverschuldeten Unternehmung aus derselben Risikoklasse, und sie gleichen der (Gesamt-)Kapitalrendite in der Risikoklasse. Die Kapitalkosten sind unabhängig von der Kapitalstruktur. Es gibt keine optimale Kapitalstruktur. Dies hat eine wichtige Implikation für die Investitionsplanung: Bei Geltung der MM-These braucht man bei Investitionsentscheidungen die Zusammensetzung der Finanzierung nicht zu beachten. Kurz gefaßt: In der Modellwelt von MM

– ist die Kapitalstruktur „*irrelevant"* für den Marktwert und die Kapitalkosten, und

– daher können Investitions- und Finanzierungsentscheidungen getrennt oder „*separiert"* werden.

Investitionsentscheidungen über *einzelne* Investitionsobjekte können korrekt isoliert getroffen werden. Als Kriterium für Investitionsentscheidungen kann der mit dem Kalkulationszinsfuß k bzw. e_0 berechnete Kapitalwert verwendet werden. Damit ist das im zweiten Teil dieses Buches für den Fall sicherer Erwartungen entwickelte Entscheidungskriterium in der Modellwelt von MM auch, trotz unsicherer Erwartungen, anwendbar.

Der charakteristische Unterschied zwischen der traditionellen These und der MM-These ist nicht nur im Ergebnis zu sehen, sondern vor allem in der Art der Argumentation. Um diesen methodischen Unterschied deutlich zu machen, sei das Ergebnis noch einmal in graphischer Form veranschaulicht. Die Abbildung 10.3 entspricht genau der Abbildung 10.2. Nur ist hier die logische Reihenfolge umgekehrt: Der *erste* und zentrale Schritt ist, daß der Gesamtwert wegen Arbitrage konstant ist. Da definitionsgemäß die Kapitalkosten einer Unternehmung gleich demjenigen Kalkulationszinsfuß sind, bei dem der Barwert *aller* Auszahlungen an Kapitalgeber, d.h. Dividenden *und* Zinsen, gleich dem Marktwert von Eigen- und Fremdkapital ist, kann man die Unabhängigkeit des Unternehmenswertes von der Kapitalstruktur auch dadurch ausdrücken, daß man in Abbildung 10.3 k(l) als Parallele zur Abszisse einzeichnet. Der *zweite* Schritt ist, i bzw. FK als gegeben zu berücksichtigen. i(l) muß nicht parallel zur Abszisse bzw. zu k(l) verlaufen, aber für einen anderen Verlauf spricht wenig[14]. Der *dritte* Schritt be-

---

13 Vgl. Gleichungen (10.8) bis (10.10) oben.
14 Vgl. Anm. 7 oben auf Seite 225.

steht darin, e(*l*) einzutragen. So wie EK eine Residualgröße ist, die durch V und FK bestimmt wird, ist auch e(*l*) eine Residualgröße: Weil k(*l*) konstant ist und wenn i(*l*) auch konstant ist, *muß* e(*l*) eine lineare Funktion des Fremdkapital-Eigenkapitalverhältnisses mit der Steigung (e_0-i) sein. Die Zahlen an den Geraden zeigen die logische Reihenfolge an, in der die Abbildung 10.3 konstruiert ist. Oben in der Abbildung 10.2 ist die Reihenfolge umgekehrt.

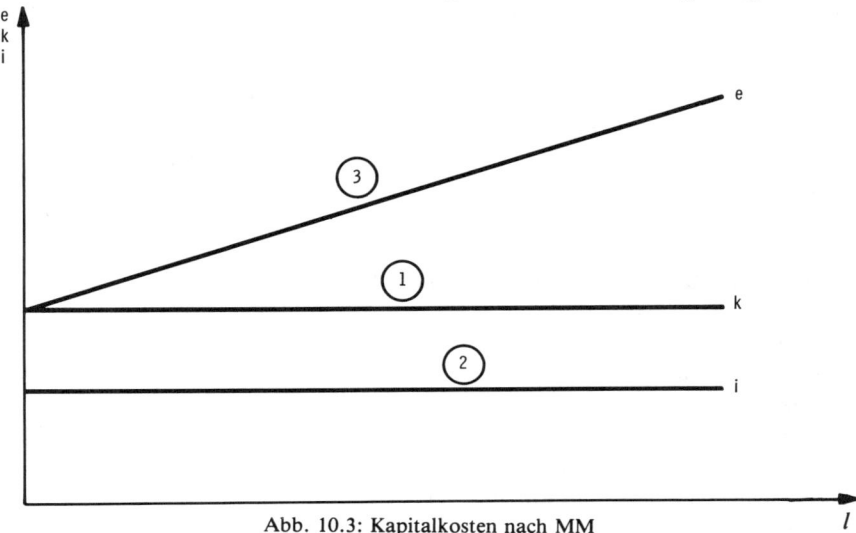

Abb. 10.3: Kapitalkosten nach MM

Der Unterschied im logischen Aufbau der Abbildungen, die die Kapitalkosten gemäß der traditionellen These und gemäß der MM-These darstellen, wird besonders deutlich, wenn man – aus welchen Gründen auch immer – annimmt, daß die Fremdkapitalkosten bei hohem

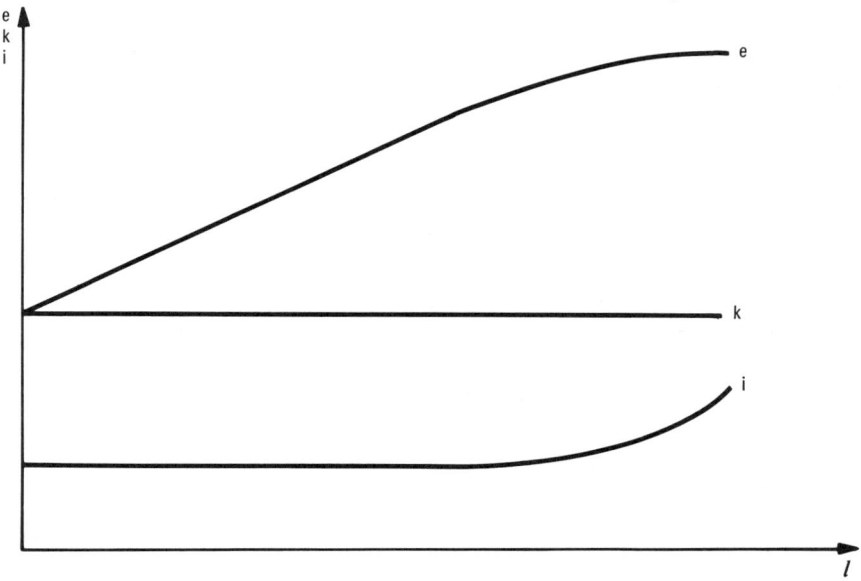

Abb. 10.4: Kapitalkosten nach MM bei steigenden Fremdkapitalkosten

l ansteigen[15]. Gemäß der traditionellen These steigen die Eigenkapitalkosten an (Verhaltensannahme); und als Resultat steigen auch die durchschnittlichen Kapitalkosten an; vgl. Abbildung 10.1. Gemäß der MM-These sind Gesamtwert und durchschnittliche Kapitalkosten konstant (Gleichgewichtsbedingung). Und als Resultat steigen dann die Eigenkapitalkosten mit *abnehmender* Rate an. Dieser Zusammenhang ist in der Abbildung 10.4 dargestellt[16].

Für die Einschätzung, ob die Kurve k(*l*) einen u-förmigen Verlauf aufweist oder ob sie eine Parallele zur Abzisse bildet, ist es sehr wichtig zu wissen, wie man zu diesem Ergebnis kommt: Wäre der Verlauf von k(*l*) nur die Folge von Verhaltensannahmen, wäre der parallele Verlauf äußerst unplausibel. Das ist oben gezeigt worden. Wenn aber gemäß der Logik von MM der Verlauf von k(*l*) eine Folge des Gleichgewichts ist, ist ein u-förmiger Kurvenverlauf sehr wenig plausibel. Er würde im Rahmen der MM-Annahmen voraussetzen, daß *ganz bestimmte* Ungleichgewichte *auf Dauer* bestehen bleiben.

10.4.4. Annahmen und Annahmenkritik

Es ist sehr wichtig zu erkennen, welche Annahmen in dem an die Originalarbeit von Modigliani und Miller angelehnten Beweis für die These von der Irrelevanz der Kapitalstruktur stecken. Die wichtigsten sind:

(1) Eigen- und Fremdkapitalparten werden auf Kapitalmärkten gehandelt, und die Märkte für Eigen- und Fremdkapital sind vollkommen.
(2) Es gibt kein Liquiditäts- und Konkursrisiko.
(3) Die Investitionspläne, die die erwarteten zukünftigen Bruttogewinne Y bestimmen, sind gegeben und von der Finanzierung unabhängig.
(4) Unternehmungen lassen sich in Risikoklassen einteilen, die allein durch das Geschäftsrisiko ausreichend gekennzeichnet sind.
(5) Es gibt keine unterschiedliche steuerliche Behandlung von Eigen- und Fremdkapital bzw. von Dividenden und Zinserträgen.

Man kann nun versuchen, die einzelnen Annahmen daraufhin zu prüfen, ob sie die Realität einigermaßen zutreffend beschreiben. Man wird dann feststellen, daß schon die erste Annahme offensichtlich falsch ist: Es gibt nicht nur Transaktionskosten in der Realität, sondern auch die Möglichkeiten von Unternehmungen, Kredite aufzunehmen, sind – so scheint es jedenfalls – eindeutig besser als die von Privatpersonen. Das allein wäre ausreichend, um an der Wirksamkeit des Arbitragemechanismus in der Realität zu zweifeln. Gegen die anderen Annahmen sind ähnliche Einwände zu erheben. So gibt es insbesondere in der Realität die Konkursgefahr.

Man muß wissen, was die Annahmen besagen und ob sie zutreffen. Dabei darf man aber nicht zu schnell urteilen. So ist der Vergleich zwischen den Möglichkeiten zur Kreditaufnahme für eine Unternehmung und eine Privatperson durchaus heikel. Einerseits ist ein Kredit an eine Privatperson für eine Bank mit einem anderen Risiko behaftet als ein Kredit an eine große Ak-

---

15 Vgl. dazu *Robichek/Myers* [Decisions], S. 28.
16 Eine inhaltliche Begründung für diesen verblüffenden Verlauf der e(*l*)-Kurve kann in folgendem gesehen werden: Wenn die Fremdkapitalgeber Risiko tragen, entlasten sie die Eigenkapitalgeber von einem Teil des Risikos. Dieser Vorteil wirkt sich dahingehend aus, daß die geforderte Eigenkapitalrendite unterproportional steigt.

tiengesellschaft. Herr Schmidt kann sich dem Zugriff seiner Bank schneller entziehen als die Hoechst-AG. Andererseits hat die Hoechst-AG eine beschränkte Haftung, während Herr Schmidt als Privatmann unbeschränkt haftet. Er muß der Bank Zinsen und Tilgung bezahlen, auch wenn die AG, deren Aktien er auf Kredit kauft, in Konkurs gehen sollte. Was wir als Unternehmenskredit und als Kredit einer Privatperson beobachten können, ist im Hinblick auf das Risiko für Kreditgeber durchaus verschieden. Man kann daher selbst auf einem vollkommenen Kapitalmarkt nicht erwarten, daß beide gleich viel kosten.

Dieses Beispiel mag ausreichen, um zu verdeutlichen, daß sich der Realismus von Annahmen nicht leicht abschätzen läßt. Darauf kommt es aber nicht an, denn es ist sehr fraglich, ob man eine These wie die von der Irrelevanz der Kapitalstruktur allein anhand der Kritik der *isolierten* Annahmen beurteilen kann. An zwei Beispielen sei gezeigt, wo die Grenzen der Annahmenkritik liegen:

(1) Betrachten wir die zweite der oben angeführten Annahmen: Offenbar gibt es Liquiditätsprobleme und Konkursgefahren in der Realität. Betrachtet man diese Annahme aber nicht isoliert, sondern im Zusammenhang mit den anderen Annahmen, dann erscheint auch sie ganz plausibel: Warum sollte es denn Liquiditätsprobleme und Konkurs überhaupt geben, wenn die Kapitalmärkte vollkommen und die Investitionspläne gegeben sind und wenn die Marktteilnehmer am Kapitalmarkt alles über eine Unternehmung wissen, was man wissen kann? Liquiditätsprobleme könnten dann jederzeit durch weitere Kapitalbeschaffung behoben werden, und Konkurse wären überflüssig, weil alle Kapitalgeber gegebenenfalls volles Einvernehmen darüber herstellen könnten, daß es in ihrem gemeinsamen Interesse liegt, die Unternehmung aufzulösen, wenn das der beste Investitionsplan sein sollte. Im Kontext gesehen wäre sogar die entgegengesetzte Annahme, daß es Liquiditätsprobleme gibt, willkürlich und damit auch unplausibel. Diese „Verteidigung" der zweiten Annahme hätte ihrerseits Rückwirkungen auf die Plausibilität der ersten Annahme: Warum sollten sich denn Unterschiede zwischen Unternehmungen und Privatpersonen hinsichtlich der Verschuldungsmöglichkeiten ergeben und im Zeitablauf erhalten können, wenn die Verschuldung beider für ihre Kreditgeber erkennbar risikolos ist?

(2) Betrachten wir die vierte der genannten Annahmen: Das Konzept der „Risikoklasse" ist ausgesprochen vage. Und wenn man es zu präzisieren versucht, gelangt man leicht dazu, daß jede Unternehmung für sich eine Risikoklasse bildet. Wenn das so ist, gelingt der oben beschriebene Arbitragebeweis nicht. Doch auch diese Kritik ist weniger gravierend als sie scheint, denn der Beweis der Irrelevanzthese kann auch ohne diese Annahme geführt werden[17].

Allgemein gilt, daß die Kritik an einer Annahme nur dann als Kritik an der Geltung des abgeleiteten Satzes, des Theorems, anzusehen ist, wenn sich nachweisen läßt, daß der Beweis ohne die betreffende Annahme nicht gelingt. Die neuere Literatur über die Modigliani-Miller-These zeigt, daß sich die Irrelevanz der Kapitalstruktur aus bedeutend schwächeren Annahmen als den oben genannten ableiten läßt[18].

---

17 Ein Beweis, der ohne das Konzept der Risikoklassen auskommt, wird unten im Abschnitt 11.5.1. dargestellt.

18 Die wichtigsten Verallgemeinerungen des MM-Theorems sind *Stiglitz* [Re-Examination], *Schall* [Valuation], *Stiglitz* [Irrelevance] und *Fama* [Effects].

10.5. Erweiterungen und Einschätzungen

Wenn die Kritik der isolieren Annahmen keine ausreichende Basis – aber trotzdem einen wichtigen Baustein – zur Beurteilung der Irrelevanzthese bietet, muß eine andere Basis zur Beurteilung gesucht werden. Eine mögliche Basis wäre die empirische Bestätigung: Sind, so ist zu fragen, die durchschnittlichen Kapitalkosten realer Unternehmungen konstant? Die bisherigen Tests der MM-These haben nicht zu eindeutigen Ergebnissen geführt. Dies liegt u.a. an der Schwierigkeit, Risikoklassen abzugrenzen und den in den USA gewichtigen Einfluß der Besteuerung auf die Kapitalkosten zu eliminieren[19]. Diese Beurteilungsbasis ist also nicht aussagekräftig.

Eine andere mögliche Beurteilungsbasis ist die Konsequenz oder Stringenz des methodischen Ansatzes. Verwendet man diese Basis, um die MM-These mit der sog. traditionellen These zu vergleichen, erscheint mir die Einschätzung sehr einfach. Die MM-These ist aus methodischen Gründen überlegen, denn in der traditionellen These wird die Wirkung eines marktmäßigen Gleichgewichtsmechanismus einfach vergessen. Es wäre falsch zu sagen, die traditionelle These enthielte eine andere Auffassung über den Marktmechanismus als die MM-These, vielmehr enthält sie überhaupt keine!

Die methodische Überlegenheit zeigt sich m.E. auch an dem Verlauf der langen Diskussion, die sich in der Fachliteratur an die Veröffentlichung der Originalarbeit von MM angeschlossen hat[20]. Immer wieder haben Kritiker der These Bedenken gegen einzelne Annahmen ausgedrückt, und immer wieder ist es MM und ihren Parteigängern gelungen, die Vermeidbarkeit der kritisierten Annahmen nachzuweisen und immer einfachere Beweise für die These zu liefern. In dieser Diskussion hat sich gezeigt, daß zwei Annahmen entscheidend sind, nämlich

(1) die des vollkommenen Kapitalmarktes und

(2) die der gegebenen Investitionspläne.

Gerade diese Annahmenkombination ist kennzeichnend für die neoklassische Richtung der modernen Investitions- und Finanzierungstheorie. Es ist darum auch nicht verblüffend, daß sich die These von der Irrelevanz der Kapitalstruktur in einfacherer Weise beweisen läßt, als es MM ursprünglich gezeigt haben.

Der m.E. einfachste und zugleich allgemeinste Beweis beruht auf einer Überlegung, die sich anknüpfend an die Vorstellung der Finanzierung als Partenteilung und an die bestandsökonomische Darstellung wiedergeben läßt. Die Annahme gegebener Investitionspläne liegt der bestandsökonomischen Darstellung zugrunde. Die zu finanzierende und aufzuteilende „Position" ist von der Aufteilung unabhängig. Damit ist auch vorgegeben, wieviel mit welcher Wahrscheinlichkeit an alle Anspruchsberechtigten zusammen verteilt werden kann. Verschiedene Finanzierungsweisen oder verschiedene Kapitalstrukturen oder verschiedene Partenteilungen sind nichts weiter als unterschiedliche Aufteilungsregeln. Nun wird die Annahme des vollkommenen Kapitalmarktes extrem weitgehend interpretiert. Sie besagt dann:

(1) Das Aufteilen einer Position in Parten ist kostenlos – und zwar für jeden, der eine Position in Parten zerlegen will.

(2) Alle durch die Teilung einer Position entstehenden Parten werden auf vollkommenen Märkten gehandelt.

---

19 Vgl. z.B. *Miller/Modigliani* [Estimates] und *Barges* [Effect].

20 Hervorragende Überblicke über den Verlauf der Diskussion geben *Krahnen* [Entwicklung] und *Swoboda* [Finanzierung], S. 130–182.

(3) Alle Marktteilnehmer haben gleichen Zugang zu diesen Märkten.

Unter diesen Bedingungen gibt es keine Kapitalstruktur, die den Marktwert maximiert, und eine Unternehmensleitung braucht sich nicht um ihre Finanzierung zu kümmern, *selbst wenn* es eine bestimmte Kapitalstruktur *geben sollte,* die, aus welchen Gründen auch immer, von den Partenkäufern, d.h. von allen Kapitalgebern, bevorzugt wird. Nennen wir die von allen Kapitalgebern bevorzugte Kapitalstruktur l^*. Bei ihr ist der Unternehmenswert $V(l^*)$. Daß l^* von allen bevorzugt wird, bedeutet, daß $V(l^*) \geqq V(l)$ für alle möglichen l.

Wenn nun die Unternehmensleitung eine Kapitalstruktur $l \neq l^*$ mit $V(l) < V(l^*)$ wählt, bietet sich die Möglichkeit, alle Parten zum Preis $V(l)$ am Kapitalmarkt aufzukaufen, die Kapitalstruktur von l in l^* zu verändern und die neuen Parten zum Preis $V(l^*)$ zu verkaufen. Wer diese „Umfinanzierung" vornimmt, „verdient" die Differenz $V(l^*) - V(l)$. Da annahmegemäß das Bilden und Umbilden von Parten kostenlos ist und von jedem vorgenommen werden kann, wird die Konkurrenz um diese Profitmöglichkeit den Marktwert $V(l)$ auf $V(l^*)$ hinauftreiben. Daher ist im Gleichgewicht der Unternehmenswert immer $V(l^*)$, unabhängig von der durch die Unternehmung selbst gewählten Kapitalstruktur[21].

Mit dieser Überlegung wird auch verständlich, warum die Konkursmöglichkeit *allein* die Irrelevanz nicht in Frage stellt: Wenn Konkurs möglich ist, ohne daß die an alle Kapitalgeber zusammen verteilbaren (unsicheren) Einzahlungsüberschüsse davon tangiert werden, gilt das gerade vorgetragene Argument uneingeschränkt. Es ist nämlich nicht davon abhängig, daß es eine risikolose Parte gibt. Nicht die Konkursmöglichkeit, sondern nur Konkurskosten *könnten* die These von MM erschüttern[22]. Die mögliche Bedeutung der Konkurskosten würde sich daraus ergeben, daß infolge der Möglichkeit des Konkurses bei starker Verschuldung die „Position" verändert wird. Es gibt dann mögliche Umweltzustände, in denen infolge der Konkurskosten an alle Kapitalgeber zusammen weniger verteilt werden kann, als wenn eine weniger „riskante" Kapitalstruktur gewählt wird. Doch auch diese verbreitete Überlegung[23] hält einer gleichgewichtstheoretischen Überprüfung nicht stand: Wenn die Konkurskosten eine Folge der gewählten Finanzierungsweise sind, findet sich im Gleichgewicht und bei vollkommenem Kapitalmarkt – annahmegemäß – immer jemand, der einen Gewinn in Höhe der erwarteten Konkurskosten machen möchte und – annahmegemäß – machen kann, indem er die Kapitalstruktur so ändert, daß es nicht zum Konkurs kommt[24].

Die Entwicklung der Diskussion, die mit der MM-These begonnen hat, weist eine klare innere Logik auf: Die Annahme der Vollkommenheit des Kapitalmarktes ist immer konsequenter entfaltet worden. Man hat immer mehr erkannt, was in ihr steckt. Es ist eine Stärke einer Theorie, eine solche innere Logik zu besitzen[25]. Dies macht die Entwicklung der Theorie überschaubar, und es läßt praktische Schlußfolgerungen zu, die nicht willkürlich sind.

Betrachten wir kurz die *Empfehlungen für die Finanzierungspraxis,* die sich aus der MM-These ableiten lassen. Dies geschieht zum Teil um seiner selbst willen und zum Teil, um die

---

21 Dieser Beweis stammt von *Schall* [Valuation]; vgl. auch *Haley/Schall* [Theory], S. 202–208.

22 Vgl. *Stiglitz* [Re-Examination] und *Fama* [Effects].

23 Dies ist ein Teil der in amerikanischen Textbooks vorherrschenden „Kompromißformel". Dort wird die MM-These zwar für eine Welt ohne Steuern und Konkursmöglichkeiten als zutreffend eingestuft, aber es soll trotzdem eine optimale Kapitalstruktur bei „mäßiger" Verschuldung geben: Verschuldung ist günstig, weil Fremdkapital (in den USA) steuerbegünstigt ist, aber bei hoher Verschuldung übersteigen die erwarteten Konkurskosten den Steuervorteil. Vgl. z.B. *Van Horne* [Management], S. 262 f. Sehr kritisch dazu *Miller* [Debt].

24 Vgl. *Haugen/Senbet* [Insignificance].

25 Vgl. dazu ausführlicher *Schmidt* [Methodology].

239

Beurteilung der MM-These anhand eines weiteren Gesichtspunktes vorzubereiten. Aus der Theorie von MM folgt *nicht,* daß Finanzmanager die Hände in den Schoß legen oder Golf spielen gehen sollen. Es folgt jedoch, daß sie keine Scheinprobleme „lösen" sollen. Die Suche nach der Finanzierungsweise oder den Parten, die den möglichen Kapitalgebern besonders „gefallen", ist solange ein solches Scheinproblem, wie die Kapitalgeber ohnehin bisher schon die Möglichkeit haben, solche Parten (zu Gleichgewichtspreisen) am Kapitalmarkt zu kaufen. Wenn die MM-These und die anderen mit ihr zusammenhängenden Thesen zur „Irrelevanz der Finanzierung"[26] auch nur annähernd zutreffen, gehen Finanzmanager häufig Scheinproblemen nach. Sie suchen optimale Kapitalstrukturen, optimale Emissionsbedingungen u. dgl., was sie wegen der Gleichgewichtstendenzen am Kapitalmarkt, die auch in der Realität wirksam sein dürften, vermutlich nicht finden. Es ist auch – aus der Sicht der MM-Anhänger – verfehlt, irgendwelche Finanzierungsinstrumente wie z.B. Optionsanleihen zu kreieren oder wiederzubeleben, weil sie den Anlegern „gefallen" könnten. Finanzierung ist „irrelevant" und eine Routineangelegenheit, solange der Kapitalmarkt als vollkommen angesehen wird.

Für die MM-Anhänger ist Finanzierung daneben auch ein „Marketingproblem": Es geht nicht darum, Parten anzubieten, die die Kapitalgeber gern übernehmen, sondern solche, die sie wünschen *und bisher nicht bekommen haben* und deshalb, gemessen am Gleichgewicht, zu teuer bezahlen würden[27]. Interessant wird die Finanzierungspolitik, wenn Marktunvollkommenheiten gesucht und möglicherweise gefunden werden. So würde ein entschiedener MM-Anhänger z.B. die Ausgabe von Optionsanleihen gegebenenfalls ausschließlich deshalb als sinnvoll ansehen, weil er der Meinung wäre, mit diesem Finanzierungsinstrument einen *unbefriedigten* Anlagewunsch erfüllen und damit ein Marktungleichgewicht ausnützen zu können. Man mag diese Sicht der praktischen Finanzierungsprobleme für zu eng halten, aber sie ist konsequent. Wenn man ihr entgegentritt, muß man dies entschieden tun. Die Einschätzung, daß die MM-Position in ihrer extremen Fassung „zu weit" geht, wäre nicht hilfreich, weil sie für Theorie und Praxis keine Perspektive enthielte.

Eine letzte Beurteilungsbasis ist nun zu nennen: Wenn die Kritik an einzelnen Annahmen und an „überzogenen" Positionen innerhalb der konsequenten Entwicklung der MM-These wenig überzeugend ist, kann und sollte man fragen, ob die Annahmen *in ihrer Gesamtheit* eine überzeugende Beschreibung der Realität enthalten und ob die gesamte von MM begonnene Entwicklung – bei aller unbestrittenen Konsequenz – in eine *sinnvolle Richtung* führt. Ich tendiere dazu, diese Fragen mit Nein zu beantworten. Gerade wegen ihrer Konsequenz ist die neoklassische Denkrichtung der Finanzierungstheorie steril. In der von MM und ihren Nachfolgern beschriebenen Modellwelt gibt es zu viele von den Phänomenen nicht, die es in der Realität gibt. So gibt es bei MM keine Banken, keine Bilanzen und keine Konkursrichter. Diese Phänomene sind nicht etwa nur der Vereinfachung halber weggelassen. Sie einzubeziehen würde vielmehr bedeuten, das Modell mit einem inneren Widerspruch zu belasten und ihm damit gerade seine größte Stärke zu nehmen. Es *kann* sie in einer Welt, wie sie MM beschreiben, nicht geben, und sie scheinen dort nicht notwendig. Dies allein scheint mir ein schwerer wiegender Einwand gegen ihre Modellwelt – und damit auch gegen die Geltung der Irrelevanzthese in der Realität – zu sein als der mangelnde Realismus einzelner Annahmen. Einer Theorie, die die Realität so beschreibt, daß es Finanzierungsprobleme eigentlich nicht geben kann, kann ich auch nicht in der Einschätzung folgen, daß die Finanzierungsprobleme zum einen Teil irrelevant und zum anderen Teil nur „Marketingprobleme" sind.

---

26 Vgl. bes. *Stiglitz* [Irrelevance].
27 So insbesondere *Brealey/Myers* [Principles], S. 355.

Prüft man die Annahmen daraufhin, welche wohl schuld daran ist, daß es nicht möglich ist, die reale Vielfalt finanzieller Institutionen und wirkliche Finanzierungsprobleme im Modell zu erfassen, erweist sich die Annahme gegebener Investitionspläne als besonders problematisch. Diese Annahme verbaut den Zugang zu dem, was im achten Kapitel als das Grundproblem der Finanzierung bezeichnet worden ist: Finanzierung ist mehr als Partenteilung, die Art der Finanzierung hat Rückwirkungen auf zukünftiges Geschehen. Darum ist sie nicht irrelevant[28]. Gleichwohl bleibt die These von Modigliani und Miller die bisher wichtigste Aussage der Finanzierungstheorie: Wir müssen immer prüfen, ob nicht ein realer Marktmechanismus ein vermeintliches Problem gegenstandslos macht, und reale Probleme kann es immer nur geben, soweit die Irrelevanzthese nicht gilt[29]. Nimmt man Anreiz- und Informationsprobleme, aus denen sich eine Abhängigkeit der Investitionserträge von der Finanzierungsweise ergeben kann und die zugleich für Kapitalmarktunvollkommenheiten verantwortlich sein können, hingegen ernster als die strikten Anhänger von MM, kann man der MM-These jedoch entschieden entgegentreten. In der vereinfachten Modellwelt ist die These von MM der traditionellen These zwar eindeutig überlegen, aber die Welt ist *wesentlich* komplexer; darum ist die MM-These nicht mehr als ein gedanklicher Ausgangspunkt der Finanzierungstheorie.

10.6. Zusammenfassung

Dieses Kapitel verallgemeinert die Überlegungen des vorangegangenen Kapitels auf den Fall der gemischten Finanzierung mit Eigen- und Fremdkapital. Die Theorie der Kapitalstruktur behandelt die Fragen, ob es überhaupt eine optimale Kapitalstruktur gibt und wodurch diese bestimmt wird.

Der Einsatz von Fremdkapital erscheint aus der Sicht der Eigenkapitalgeber vorteilhaft, weil dadurch die erwartete Rentabilität des eingesetzten Eigenkapitals erhöht werden kann. Andererseits erhöht er auch ihr Risiko und damit die Eigenkapitalkosten. Es gibt im wesentlichen zwei konkurrierende Auffassungen darüber, wie die beiden Effekte zusammenwirken. Nach der sogenannten traditionellen These steigen die Eigenkapitalkosten bei „mäßiger" Verschuldung noch nicht an. Der Einsatz des billigeren Fremdkapitals senkt die durchschnittlichen Kapitalkosten. Es gibt aber einen Verschuldungsgrad, bei dem die Eigenkapitalgeber ein Finanzierungsrisiko empfinden. Von diesem Punkt an nehmen die Eigenkapitalkosten mit der Verschuldung zu. Die optimale Kapitalstruktur ist dort erreicht, wo die Steigerung der Eigenkapitalkosten durch zusätzliche Verschuldung den Vorteil aus dem Einsatz des billigeren Fremdkapitals ausgleicht.

Der Verlauf der Kapitalkostenkurven gemäß der traditionellen These ergibt sich aus recht plausiblen Annahmen über die Verhaltensweisen von Kapitalgebern. Wenn aus diesen Annahmen der u-förmige Verlauf der Kapitalkostenkurve resultieren soll, muß man aber zudem unterstellen, daß es keinen wirksamen Marktmechanismus gibt, der ein Gleichgewicht zwischen den Marktwerten von unterschiedlich stark verschuldeten Unternehmungen herbeiführt.

Modigliani und Miller als die Begründer der nach ihnen benannten Gegenthese kümmern sich überhaupt nicht um die Verhaltensannahmen. Sie argumentieren ausschließlich mit Gleichge-

---

28 Vgl. auch *Jensen/Meckling* [Theory], bes. S. 333.
29 Vgl. auch *Swoboda* [Finanzierung], S. 17.

wichtsüberlegungen. Sie zeigen, daß die mit der traditionellen These beschriebene Situation ein Ungleichgewicht darstellt: Wenn zwei ansonsten gleiche Aktiengesellschaften nur wegen unterschiedlicher Kapitalstrukturen unterschiedliche (durchschnittliche) Kapitalkosten und damit unterschiedlich hohe Marktwerte aufweisen, bietet sich für Aktionäre die Möglichkeit, ohne Risiko und ohne Einsatz eigener Mittel ihr Einkommen zu erhöhen. Diese Arbitragemöglichkeit beruht darauf, daß Aktionäre die Verschuldung von Unternehmungen durch eigene Verschuldung ersetzen können bzw. die Verschuldung einer Unternehmung für sich neutralisieren können. Infolge der Arbitrage werden die Gesamtwerte gleich großer Unternehmungen in einer Risikoklasse gleich. Daraus – und nicht aus Verhaltensannahmen – folgt, daß die Eigenkapitalkosten eine linear steigende Funktion des Verhältnisses von Fremd- zu Eigenkapital sind und daß die durchschnittlichen Kapitalkosten im Gleichgewicht unabhängig von der Verschuldung sind. Es gibt auf einem vollkommenen Kapitalmarkt im Gleichgewicht keine optimale Kapitalstruktur. Investitionsentscheidungen können in diesem Falle mit einem von der Finanzierung unabhängigen Kalkulationszinsfuß getroffen werden.

Die nachfolgende Diskussion in der Literatur hat gezeigt, daß sich die MM-These beträchtlich verallgemeinern läßt. Auf die angreifbare Annahme bei MM, daß Fremdkapital risikolos ist, kann man verzichten. Nicht verzichtbar erscheinen jedoch die Annahmen, daß die Investitionspläne von der Finanzierung unabhängig sind und daß der Kapitalmarkt vollkommen ist. „Reale" Finanzierungsprobleme dürften sich wohl nur erfassen lassen, wenn man diese beiden Annahmen aufhebt oder abschwächt.

10.7. Literaturhinweise zum 10. Kapitel

Die wichtigste Quelle ist ohne Zweifel die Originalarbeit
   „The Cost of Capital, Corporation Finance and the Theory of Investment" von *Franco Modigliani* und *Merton H. Miller* (American Economic Review, Vol. 48 (1958), S. 261–297).
Die deutsche Übersetzung in *Hax/Laux* (Hrsg.): Die Finanzierung der Unternehmung, Köln 1975, ist nur mit Vorbehalten zu empfehlen. Unter den Verallgemeinerungen der MM-These scheint mir *Famas* Aufsatz
   „The Effect of a Firm's Investment and Financing Decisions on the Welfare of its Security Holders" (American Economic Review, Vol. 68 (1978), S. 272–284)
am lesenswertesten. Dieser Aufsatz ist zudem ohne mathematische Kenntnisse gut zu verstehen.
Einen interessanten ersten Versuch, über den methodischen Ansatz von MM hinauszugehen, enthält der Aufsatz
   „Theory of the Firm: Managerial Behavior, Agency Costs and Ownership Structure" von *Michael C. Jensen* und *William H. Meckling* im Journal of Financial Economics, Vol. 3 (1976), S. 305–360.
Eine hervorragende Darstellung der gesamten Diskussion seit MM gibt
   Peter Swoboda „Betriebliche Finanzierung", Würzburg/Wien 1981, S. 120–184.

11. Kapitel

Kapitalkosten und Risiko

11.1. Lernziele und Einordnung

In diesem Kapitel soll das sogenannte „Capital Asset Pricing Model" (CAPM) der Kapitalmarkttheorie dargestellt werden, und es soll gezeigt werden, wie sich mit seiner Hilfe ein Kapitalkostensatz für Investmententscheidungen bestimmen läßt, der das Risiko der betrachteten Investitionsobjekte ausdrücklich zu berücksichtigen erlaubt. Damit werden drei Fragen erneut aufgegriffen, die in den vorangegangenen Kapiteln immer wieder gestellt worden sind:

(1) die Frage nach der Vergleichbarkeit zwischen Investitionen und der zur Beurteilung herangezogenen Alternative(n),

(2) die Frage nach der Methode der Risikomessung für Investitionsobjekte und

(3) die Frage nach der Bedeutung der Einbindung von Unternehmungen in einen Kapitalmarkt.

Daraus ergeben sich folgende Lernziele für dieses letzte Kapitel vor der Zusammenfassung:

(1) Die Leser sollen die einfache Grundidee des CAPM verstehen.

(2) Sie sollen erkennen, daß und warum im Rahmen des CAPM Risiko anders gemessen wird, als es bisher in diesem Buch dargestellt worden ist.

(3) Sie sollen verstehen, wie das Thema dieses Kapitels an den Punkten ansetzt, an denen die Ausführungen in den Teilen Investitionstheorie, Entscheidungstheorie und Finanzierungstheorie aufgehört haben.

(4) Schließlich sollen sie erkennen, daß und warum das CAPM allenfalls eine vorläufige und pragmatische Lösung des Problems der Investitionsentscheidung unter Unsicherheit bietet.

Vermutlich ist das dritte Lernziel am schwierigsten zu erreichen. Daher sei vorweg noch einmal zusammengefaßt, wo sich die Anknüpfungspunkte an die vorangegangenen Teile des Buches finden. In der Investitionstheorie ist vor allem das Problem des „richtigen" Kalkulationszinsfußes als im Grunde ungelöstes Problem herausgestellt worden. Um es lösen zu können, braucht man eine Theorie über die Finanzierungs- und Anlagemöglichkeiten am Kapitalmarkt. Die Investitionstheorie macht die Funktion des Kapitalkostensatzes oder Kalkulationszinsfußes als Vergleichsbasis klar. Sie bietet aber, weil sie weitgehend mit der Annahme sicherer Erwartungen arbeitet, keine ausreichende Basis zu einer markttheoretischen Bestimmung des Kapitalkostensatzes.

In dem Teil über Entscheidungstheorie ist die Unsicherheit der Zukunft berücksichtigt worden. Aus der Theorie der Portefeuillebildung ergibt sich auch eine Theorie des Marktgleichgewichts bei Unsicherheit. Diese Kapitalmarkttheorie ist aber oben noch nicht zu einer Bestimmung von Kapitalkostensätzen ausgebaut worden.

Im neunten Kapitel sind die Kosten der Finanzierung mit Eigenkapital behandelt worden. Dabei sollte erkennbar werden, daß die Marktbewertung von Unternehmensanteilen und die Bestimmung von Kapitalkosten inhaltlich dasselbe sind. Der Einfluß des Risikos wurde bei diesen Überlegungen jedoch weitgehend vernachlässigt.

Im letzten Kapitel wurde ein Aspekt des Risikos, das „financial risk", berücksichtigt. Es wurde gezeigt, daß die konsequente Beachtung marktmäßiger Ausgleichsmechanismen zur These von der Irrelevanz der Kapitalstruktur für den Unternehmenswert führt. Aus den Überlegungen von MM ergeben sich auch Aussagen zu den Kapitalkosten bei (partieller) Erfassung des Risikos: Die Gleichgewichtsverzinsung des Eigenkapitals und damit die Eigenkapitalkosten sind — unter den Modellannahmen von MM — eine *lineare* Funktion des als *Risikomaß* dienenden Verschuldungsgrades. Und es gibt einen einheitlichen Kapitalkostensatz zur Beurteilung der Vorteilhaftigkeit von Investitionen.

Damit der für die Beweisführung von MM wesentliche Arbitrageprozeß ablaufen kann, muß es zwei Unternehmungen aus einer „Risikoklasse" geben, die sich nur hinsichtlich des Verschuldungsgrades unterscheiden. Dies zeigt, wie wenig allgemein der (ursprüngliche) Beweis von MM ist und wie wenig allgemein die Empfehlung ist, zur Beurteilung von Investitionen den Kapitalkostensatz e_0 bzw. k zu verwenden. Er gilt immer nur für eine „Risikoklasse". Daher ist er auch nur geeignet, Investitionen zu beurteilen, die eben dieser „Risikoklasse" angehören. Was man braucht, ist also eine Regel zur Beurteilung „unterschiedlich riskanter" Investitionen und ein dazu passendes Meßverfahren für Risiko. Diese Regel sollte im Interesse der Einfachheit zu einem vom Risiko abhängigen Kapitalkostensatz führen, mit dem Investitionen bewertet werden können. Damit die Verwendung und Bestimmung eines Kalkulationszinsfußes nicht willkürlich ist, sollte sich dieser aus einer Markttheorie ableiten lassen, die die Risikoaversion der Anleger berücksichtigt und Arbitragemöglichkeiten ausschließt.

Es soll im folgenden in zwei Schritten vorgegangen werden: Im ersten Schritt wird die Grundidee der *Verwendung* eines risikoangepaßten Kalkulationszinsfußes dargestellt. Dabei werden Annahmen gemacht, die die Überlegungen sehr erleichtern. Im zweiten Schritt, der sich auf die Portefeuille- und Kapitalmarkttheorie stützt, werden die Annahmen gerechtfertigt, und damit wird die *Bestimmung* eines risikoangepaßten Kalkulationszinsfußes behandelt.

11.2. Die Grundidee risikoabhängiger Kapitalkosten

Annahme 1: Wir betrachten Investitionen mit der Laufzeit einer Periode. Am Periodenende erbringen sie einen (unsicheren) Einzahlungsüberschuß, der mit $\tilde{V}_1$ bezeichnet wird. Entsprechend ist auch die Rendite für die eine betrachtete Periode unsicher.

Annahme 2: Investitionen werden nur mit Eigenkapital finanziert. Diese beiden Annahmen werden erst am Ende des Kapitels modifiziert.

Annahme 3: Aktionäre können durch Geldanlage am (vollkommenen) Kapitalmarkt Risiko-Ertrags-Kombinationen erreichen, die sich durch folgende lineare „Marktbewertungslinie" beschreiben lassen:

(11.1) $e_i = i_f + \lambda\, b_i$

wobei e_i = Ertrag der Investition i pro eingesetzter Geldeinheit,
            i_f = risikoloser Zinssatz,
            λ = Risikoprämie pro Risikoeinheit,
            b_i = Risikomenge der Investition i.

In Worten besagt die Beziehung (11.1): Die für Anleger am Kapitalmarkt erreichbare Rendite e_i setzt sich zusammen aus einem risikolosen Basiszinssatz i_f, der als Entgelt für die Kapital-überlassung gedeutet werden kann, und einer Risikoprämie, die als Entgelt für die Risikoüber-nahme gedeutet werden kann. Die Risikoprämie hängt davon ab, wieviel Risiko ein Anleger durch seine Anlage übernimmt (b_i) und wie hoch die Risikoprämie pro Einheit des übernom-menen Risikos am Kapitalmarkt (λ) ist. In dieser „Marktbewertungslinie" sind i_f und λ vom Kapitalmarkt vorgegebene Größen; sie sind Marktparameter. Nur b_i und damit e_i sind wähl-bar. Wie „Ertrag" und „Risiko" in (11.1) gemessen werden, bleibt hier absichtlich unbe-stimmt.

Annahme 4: Die in Betracht gezogenen Investitionsobjekte lassen sich jeweils isoliert durch zwei Werte, einen für „Ertrag" und einen für „Risiko", kennzeichnen. Die Maßgrößen für „Ertrag" und „Risiko" sind dieselben, die auch in (11.1) gebraucht werden; abgesehen davon sind sie aber noch unbestimmt. Insbesondere wird nicht angenommen, daß das Risikomaß die Varianz oder die Standardabweichung der Verteilung möglicher Investitionsrenditen ist.

Die Annahmen 3 und 4 über die alternativ erreichbaren Risiko-Ertrags-Kombinationen und über die Möglichkeit der isolierten Kennzeichnung einzelner Investitionsobjekte lassen sich kombinieren und wie z.B. in der Abbildung 11.1 graphisch darstellen.

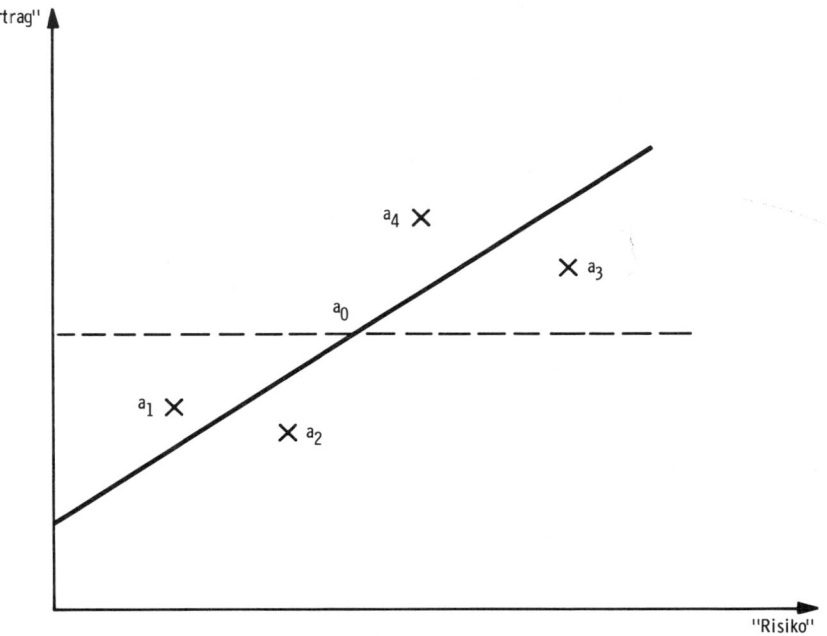

Abb. 11.1: Marktbewertungslinie

Der Punkt a_0 auf der „Marktbewertungslinie" gibt die als Risiko-Ertrags-Kombination aus-gedrückte Marktbewertung der betrachteten Unternehmung wieder, von der — wirklich nur der Vereinfachung halber — unterstellt wird, sie sei ausschließlich mit Eigenkapital finanziert (Annahme 2). Die Risiko-Ertrags-Kombination des Punktes a_0 ist zu erreichen, wenn man Aktien der betreffenden Gesellschaft kauft oder hält. Der Ordinatenwert zu a_0 stellt die Kapitalkosten der bisher getätigten Investitionen der Unternehmung dar. Er entspricht dem e_0 bzw. k bei MM. Die Punkte a_1, a_2, a_3 und a_4 sind in Betracht gezogene Investitionen, die sowohl einzeln als auch in beliebigen Kombinationen von der Unternehmung durchgeführt werden können.

Eine Entscheidungsregel für die Unternehmung liegt auf der Hand: Die links oben von der Marktbewertungslinie liegenden Investitionsobjekte wie a_1 und a_4 sind günstiger als die Risiko-Ertrags-Kombinationen, die die Aktionäre am Kapitalmarkt selbst erreichen können. Sie sollten angenommen werden, wenn die Unternehmensleitung im Aktionärsinteresse handeln möchte. Rechts unterhalb der Marktbewertungslinie liegende Investitionsobjekte wie a_2 und a_3 sind zu verwerfen. An den Investitionsobjekten a_1 und a_3 läßt sich die Bedeutung der expliziten Risikoberücksichtigung erkennen: a_1 ist vorteilhaft, *obwohl* sein Ertrag *geringer* ist als derjenige, den die Aktionäre bisher erreicht haben (Punkt a_0), also auch kleiner als das, was man gemäß der Theorie von MM als „die" Kapitalkosten der Unternehmung ansehen könnte. Das „Risiko" des Investitionsobjekts 1 ist aber um so viel geringer als das bisherige „business risk" der Unternehmung, daß die Ertragsminderung mehr als aufgewogen wird. Entsprechende Überlegungen zeigen, warum das Investitionsobjekt 3 trotz höheren Ertrags unvorteilhaft ist.

Bevor wir uns der Frage zuwenden, ob die Annahmen 3 und 4 gerechtfertigt sind, sei noch eine Umformung der Beziehung (11.1) gezeigt, die später (und vor allem in der weiterführenden Literatur) gebraucht wird. Die Beziehung (11.1) ist in der Dimension Rendite (Prozentsatz) formuliert, und die Abbildung 11.1 enthält einen Vergleich der riskanten Renditen von Investitionsobjekten mit den am Kapitalmarkt erreichbaren Alternativen gleichen Risikos. Sie ist eine graphische Anwendung der *Methode des Internen Zinsfußes.* Eine zu (11.1) entsprechende Beziehung läßt sich mit Bestandsgrößen in der Dimension Marktwerte (Betrag, Geldeinheiten), formulieren. Der *Erwartungswert* der unsicheren Einzahlungen einer Investition i im Zeitpunkt t_1 wird mit $E(\tilde{V}_{i1})$ bezeichnet. Die Anschaffungsauszahlung und der Kapitalwert werden wie bisher mit A_{i0} und K_{i0} bezeichnet. Der mit $\tilde{V}_{i0}$ bezeichnete *Ertragswert* ist die Summe aus A_{i0} und K_{i0}. Er ergibt sich, wenn man den Erwartungswert von $\tilde{V}_{i1}$ mit dem risikoangepaßten Zinssatz diskontiert, da dieser ja die vergleichbare Alternative darstellt.

$$(11.2) \qquad V_{i0} = \frac{E(\tilde{V}_{i1})}{1 + i_f + \lambda b_i}$$

Der Kapitalwert ist entsprechend

$$(11.3) \qquad K_{i0} = \frac{E(\tilde{V}_{i1})}{1 + i_f + \lambda b_i} - A_{i0}$$

Statt der Berechnung des Kapitalwertes durch Diskontierung des *Erwartungswertes der unsicheren* Einzahlungen mit einem *risikoangepaßten* Zinssatz kann man auch ein *Sicherheitsäquivalent* für die *unsicheren* Einzahlungen bestimmen und dieses mit dem vergleichbaren Zinssatz diskontieren. Vergleichbar ist der *risikolose* Zinssatz i_f. Solange aber noch nicht inhaltlich ausgefüllt ist, was der Parameter λ und das Risikomaß b_i darstellen, ist es verfrüht, das Sicherheitsäquivalent weiter zu erläutern.

11.3. Die Bewertungslinie der Kapitalmarkttheorie: Das „Capital Asset Pricing Model"

11.3.1. Rückbezug zur Portefeuille- und Kapitalmarkttheorie

Die Frage, ob die im Abschnitt 11.2. getroffenen Annahmen 3 und 4 berechtigt sind, d.h. ob es eine lineare Beziehung zwischen Risiko und Ertrag für einzelne Investitionsobjekte gibt, wie dafür das Risiko zu messen ist und ob es überhaupt zulässig ist, das Risiko einzelner Investitionsobjekte isoliert zu erfassen, soll auf der Basis der Portefeuille- und Kapitalmarkttheorie beantwortet werden, die im siebten Kapitel ausführlich dargestellt worden sind. Hier sind nur die wichtigsten Ergebnisse kurz zu wiederholen: Risikoscheue Anleger am Kapitalmarkt halten Portefeuilles, die in den Größen Ertrag und Risiko effizient sind. Ertrag und Risiko werden durch den Erwartungswert und die Standardabweichung oder die Varianz der einperiodischen Portefeuillerenditen gemessen. Die Menge der effizienten Portefeuilles, die nur Aktien (marktgängige riskante Vermögensgüter) enthalten, ist als die durchgezogene konkave Linie in Abbildung 11.2 (entspricht Abbildung 7.6 oben) dargestellt. Wenn keine Möglichkeit zu einer risikolosen Geldanlage besteht, wählt jeder Anleger jenen Punkt auf der „effizienten Linie", der seiner Risikoneigung am besten entspricht. Jeder Punkt auf der „effizienten Linie" bezeichnet ein ganz bestimmtes Portefeuille, dessen Zusammensetzung festliegt. Man kann sich einen Punkt wie P oder M in Abbildung 11.2 als einen Investmentfonds vorstellen, dessen Fondsvermögen in einer ganz bestimmten Weise auf einzelne Aktien aufgeteilt ist.

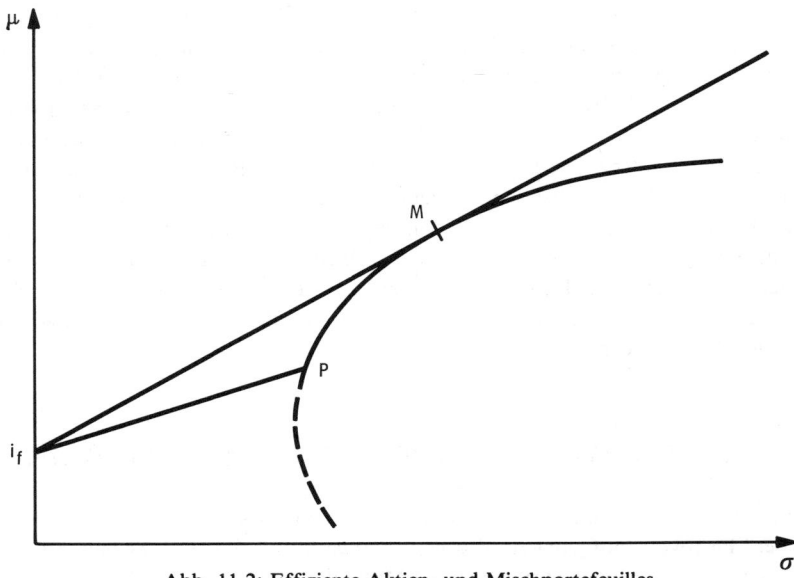

Abb. 11.2: Effiziente Aktien- und Mischportefeuilles

Wenn die Möglichkeit der risikolosen Geldanlage zum Zinssatz i_f besteht, kann ein Anleger sein Geld auf ein Aktienportefeuille (oder einen Investmentfonds, der nur Aktien enthält), wie P oder M und die risikolose Anlagemöglichkeit aufteilen. Dadurch werden Risiko-Ertrags-Kombinationen erreichbar, die auf den Verbindungsgeraden zwischen i_f und P bzw. M liegen. Diese Mischportefeuilles sind besser als die reinen Aktienportefeuilles, die links unterhalb der Punkte P bzw. M auf der „efficient frontier" liegen. Da M der Tangentialpunkt des Strahls von i_f an die effiziente Linie ist, geht nur das Aktienportefeuille M in effiziente Mischportefeuilles ein. Besteht zusätzlich die Möglichkeit risikoloser Verschuldung zum Satz i_f, gilt das Separationstheorem von Tobin. Auf der Geraden durch i_f und M links von M liegen die Risiko-Ertrags-Kombinationen, die ein Anleger erreichen kann, wenn er sein Geld auf die sichere Anlage und das Portefeuille M aufteilt. Geradenpunkte rechts von M sind erreichbar, wenn ein Anleger Geld zum Zinssatz i_f aufnimmt und dieses Geld zusammen mit dem ursprünglich anzulegenden Betrag in das Portefeuille M investiert. Da keine besseren Risiko-Ertrags-Kombinationen als die auf der Geraden durch i_f und M erreichbar sind, hält ein Anleger Aktien in dem Verhältnis, das der Zusammensetzung des Portefeuilles M entspricht. Die Risikoneigung bestimmt nicht die Zusammensetzung des Aktienportefeuilles, sondern nur den Anteil des insgesamt anzulegenden Betrages, der in Aktien investiert werden soll.

In der Kapitalmarkttheorie fragt man, welche Eigenschaften ein Gleichgewicht am Kapitalmarkt aufweist, wenn sich alle Anleger so verhalten, wie es die Portefeuilletheorie empfiehlt.

Haben die Anleger homogene Erwartungen und gleichen Marktzugang und ist der Markt vollkommen, gilt die oben dargestellte Überlegung für jeden einzelnen Anleger. Jeder wird seiner Risikoneigung gemäß einen (nicht notwendigerweise positiven) Teil seines Geldes risikolos und einen Teil riskant anlegen. Jeder wird, soweit er Aktien kauft, das Portefeuille M halten. Hier ist die Vorstellung hilfreich, daß das Portefeuille als ein Investmentfonds gedeutet werden kann. Die Situation ist so, als ob alle Anleger Geld teilweise sicher und teilweise in dem einen Investmentfonds investiert hätten.

Die Zusammensetzung oder Struktur des Portefeuilles M läßt sich daraus ableiten, daß alle Anleger Aktien nur in der Zusammensetzung des Portefeuilles M halten. Dies ist eine Gleichgewichtsbedingung: Das Portefeuille M muß alle Aktien im Verhältnis ihrer Marktwerte enthalten, denn alle Anleger zusammen müssen alle Aktien halten, die einen positiven Kurs haben. Daher heißt M das Marktportefeuille. Bleiben wir bei der Vorstellung des Investmentfonds. Sein Fondsvermögen ist im Verhältnis der Marktwerte der am Markt umlaufenden Aktien zusammengesetzt. Wenn es z.B. 50.000 A-Aktien, 20.000 B-Aktien usw. gibt und wenn der Kurs der A-Aktien 200 (Geldeinheiten), der der B-Aktien 300 usw. beträgt, ist der Marktwert der A-Aktien 10 Mio. (= 50.000 mal 200), der der B-Aktien 6 Mio. (= 20.000 mal 300) usw. Die wertmäßigen Anteile der Aktien der einzelnen Gesellschaften am Fondsvermögen verhalten sich wie 10 zu 6 zu ... Teilt man diese Zahlen durch ihre Summe, erhält man die Portefeuilleanteile x_i (i = 1,...,m) am Fondsvermögen bzw. am Marktportefeuille bzw. am Aktienportefeuille aller Anleger.

11.3.2. Die Risiko-Ertrags-Beziehung für einzelne Aktien

Der Ertrag des Marktportefeuilles ist die Rendite, die man erwarten kann, wenn man ein im Verhältnis der Marktwerte aufgeteiltes, also sehr breit gestreutes Portefeuille hält. Sie kann errechnet werden als das gewogene arithmetische Mittel der erwarteten Renditen der einzelnen

Aktien, wobei die (wertmäßigen) Anteile am Marktportefeuille — und damit auch die Anteile an den individuellen Aktienportefeuilles — als Gewichtungsfaktoren dienen.

Die erwartete Rendite des Marktportefeuilles läßt sich sehr leicht auf die einzelnen Aktien aufteilen: Der Beitrag einer einzelnen Aktie i zum Ertrag des Marktportefeuilles pro investierter Geldeinheit ist die erwartete Aktienrendite μ_i. Man kann einfacher sagen: μ_i ist der Ertrag einer Aktie i, *auch* wenn sie als Teil eines Portefeuilles gehalten wird.

Das Risiko des Marktportefeuilles ist die Standardabweichung oder die Varianz der möglichen Renditen des Marktportefeuilles. Trotz der breiten Streuung im Marktportefeuille ist dessen Rendite unsicher. Man betrachte nur, wie stark sich ein Aktienindex wie z.B. der FAZ-Index, der ja die Tendenz des gesamten Aktienmarktes erfassen und insofern, abgesehen von Dividenden, die Wertentwicklung des Portefeuilles M widerspiegeln soll, im Laufe eines Jahres verändern kann. Die Varianz und die Standardabweichung der Rendite des Marktportefeuilles bezeichnen wir mit Var $(\tilde{r}_M)$ oder σ_M^2 bzw. mit $\sigma(\tilde{r}_M)$ oder σ_M. Hier interessiert nun, wie sich das Risiko des Marktportefeuilles auf die einzelnen Aktien „aufteilen" läßt. Der rechnerischen Einfachheit halber verwenden wir hier die Varianz als Risikomaß.

Im Abschnitt 7.2. ist dargestellt worden, wie sich bei zwei Aktien die Varianz der Portefeuillerendite aus den Varianzen und der Kovarianz der Einzelrenditen ergibt. Die Kovarianz geht in die Formel (7.10) zweimal ein, wobei die Portefeuilleanteile als Gewichtungsfaktoren dienen. Dies ändert sich nicht, wenn die Zahl der Aktien im Portefeuille m (mit m > 2) ist. In der Verallgemeinerung der Formel (7.10) bezeichnen die Indizes i und k zwei beliebige Aktien. Die Portefeuillevarianz beträgt

$$(11.4) \qquad \text{Var}(\tilde{r}_M) = \sigma_M^2 = \sum_{i=1}^{m} x_i^2 \sigma_i^2 + 2 \sum_{i=1}^{m} \sum_{k>i}^{m} x_i x_k \text{cov}\,(\tilde{r}_i, \tilde{r}_k)$$

$$\begin{array}{ccc} \text{Portefeuille-} & = & \text{Summe der Einzel-} & + & \text{zweimal Summe der} \\ \text{varianz} & & \text{varianzen} & & \text{paarweisen Kovarianzen} \end{array}$$

Auch wenn es nicht so scheint, ist die Formel (11.4) sehr einfach. Schreibt man σ_{ik} für cov $(\tilde{r}_i, \tilde{r}_k)$ und σ_{ii} für σ_i^2 — die Varianz ist ein Sonderfall der Kovarianz —, dann kann man (11.4) umformen zu

$$(11.5) \qquad \sigma_M^2 = \sum_{i=1}^{m} x_i^2 \sigma_{ii} + \sum_{\substack{i=1 \\ k \neq i}}^{m} \sum_{k=1}^{m} x_i x_k \sigma_{ik} = \sum_{i=1}^{m} \sum_{k=1}^{m} x_i\, x_k\, \sigma_{ik}.$$

Der Faktor 2 vor der Summe der Kovarianzen in (11.4) verschwindet in (11.5) wegen der Änderung der Summationsgrenzen.

Man kann nun x_i vor die innere Summation ziehen, d.h. sozusagen ausklammern, und erhält

$$(11.6) \qquad \sigma_M^2 = \sum_{i=1}^{m} x_i\, (\sum_{k=1}^{m} x_k \sigma_{ik}).$$

Der Ausdruck in der runden Klammer ist eine durchschnittliche Kovarianz! Zum Beispiel ist bei i = 3 der Klammerausdruck die Summe der gewichteten Kovarianzen der Aktie 3 mit der Aktie 1, mit der Aktie 2, mit der Aktie 3 — das ist die Varianz der Aktie 3! —, mit der Aktie 4, mit der Aktie 5 usw. Die Gewichtungsfaktoren sind die x_k, also die Anteile der Aktien am Marktportefeuille. In der Klammer steht also die *durchschnittliche Kovarianz* der Aktie i mit den Aktien im Marktportefeuille oder die *Kovarianz der Rendite der Aktie i mit der Rendite des Marktportefeuilles*. Bezeichnet man diese als $\mathrm{cov}(\tilde{r}_i, \tilde{r}_M)$, dann gilt:

$$(11.7) \qquad \mathrm{Var}(\tilde{r}_M) = \sigma_M^2 = \sum_{i=1}^{m} x_i \, \mathrm{cov}\,(\tilde{r}_i, \tilde{r}_M)$$

In Worten: Die Varianz der Rendite des Marktportefeuilles ist das gewogene arithmetische Mittel der Kovarianzen der Renditen der einzelnen Aktien i (i = 1,...,m) mit der Rendite des Marktportefeuilles, wobei die x_i als Gewichtungsfaktoren dienen.

Jetzt kann man sofort sehen, wieviel eine Aktie pro investierter Geldeinheit zum Risiko des Marktportefeuilles beiträgt: So viel, wie ihre Kovarianz mit dem Marktportefeuille beträgt.

Ein Blick auf die Gleichung (11.7) läßt erkennen, daß nicht die Varianz der Rendite einer Aktie, sondern die durchschnittliche Kovarianz mit den Renditen aller Aktien bestimmt, wieviel Risiko diese Aktie zum Risiko eines breit gestreuten Portefeuilles beiträgt. Das individuelle Risiko, die Varianz, wird durch die Portefeuillebildung nahezu völlig ausgeglichen. Man erkennt das am besten an (11.4): Die Varianz der Aktie i ist nur einer von m Summanden, aus denen sich die Kovarianz mit der Marktrendite ergibt. Wenn die Zahl m der Aktien im Marktportefeuille groß ist, ist der Anteil der Varianz(en) der Aktienrendite(n) an der Varianz des Marktportefeuilles im Vergleich zum Anteil der Kovarianzen klein[1]. Durch die Portefeuillebildung kann aber das Kovarianz-Risiko nicht eliminiert werden, das deshalb auch das ,,systematische Risiko'' genannt wird. Wenn Aktien als Bestandteile von Portefeuilles gehalten werden, ist das sinnvolle Risikomaß für sie ihr Beitrag zum Portefeuillerisiko, also ihr ,,systematisches Risiko''.

Wir halten als Zwischenergebnis fest:

(1) Der ,,Ertrag'' des Marktportefeuilles ist der Erwartungswert der Rendite des Marktportefeuilles.

(2) Der ,,Ertrag'' einer einzelnen Aktie ist ihr Beitrag zum ,,Ertrag'' des Marktportefeuilles. Das ist der Erwartungswert ihrer Rendite.

(3) Das ,,Risiko'' des Marktportefeuilles ist die Standardabweichung oder die Varianz der Portefeuillerendite.

(4) Das für die Bewertung am Markt relevante ,,Risiko'' einer einzelnen Aktie ist ihr Beitrag zum ,,Risiko'' des Marktportefeuilles, also $\mathrm{cov}(\tilde{r}_i, \tilde{r}_M)$.

Damit ist schon eine der Fragen beantwortet, die im Abschnitt 11.2. offen geblieben sind: Das *Risikomaß* $\mathrm{cov}\,(\tilde{r}_i, \tilde{r}_M)$ für einzelne Aktien ist so geartet, daß man eine Möglichkeit zur Geldanlage am Kapitalmarkt isoliert durch dieses Risikomaß kennzeichnen kann. Die Möglichkeit zur isolierten Risikomessung einer Geldanlagemöglichkeit läßt sich formal so ausdrücken: Das Risikomaß ist linear. Der Wert, den dieses Risikomaß für ein Bündel von (z.B. drei) Geldanlagemöglichkeiten annimmt, ist das gewogene arithmetische Mittel der Werte, die dieses Risikomaß für die (drei) einzelnen Anlagemöglichkeiten annimmt. Die Gewichtungsfaktoren sind die anteiligen Geldbeträge, die in den (drei) Geldanlagemöglichkeiten investiert werden.

Die Linearität dieses Risikomaßes läßt sich auch so formulieren, daß die Entsprechung zu dem Ertragsmaß und der Gegensatz zu dem im siebenten Kapitel gebrauchten Risikomaß deutlich wird:

---

1 Vgl. *Sharpe* [Portfolio], S. 128 f.

Der Ertrag eines Bündels von Geldanlagemöglichkeiten ist *gleich* dem Durchschnitt der einzelnen Erträge,

und

das für die Marktbewertung relevante Risiko eines Bündels von Geldanlagemöglichkeiten ist *auch gleich* dem Durchschnitt der einzelnen Risiken.

Die Durchschnittsbildung oder Bündelung, bringt keine Risikoreduktion mehr. Dies liegt natürlich daran, daß annahmegemäß alle Diversifikationseffekte ohnehin schon voll ausgenutzt sind, da alle Anleger das vollkommen diversifizierte Marktportefeuille M halten.

Hier ist vor einem Mißverständnis zu warnen: Das Risikomaß $cov(\tilde{r}_i, \tilde{r}_M)$ gilt nur für den Anleger, der das effiziente Aktienportefeuille M hält. Wenn jemand — aus welchen Gründen auch immer — eine einzelne Aktie hält, trägt er das gesamte Risiko $\sigma^2(\tilde{r}_i)$. Wer sich bei der Geldanlage in Aktien nur nach dem Risikomaß $cov(\tilde{r}_i, \tilde{r}_M)$ richtet, muß zusätzlich darauf achten, daß er das „unsystematische Risiko" durch Diversifikation zum Verschwinden bringt, sofern er seine Vermögensposition nach den Maßgrößen Ertrag und Risiko beurteilt[2].

Es bleibt nun noch zu zeigen[3], daß für die im Gleichgewicht am Kapitalmarkt erreichbaren Ertrags-Risiko-Kombinationen für einzelne Anlagemöglichkeiten die im Abschnitt 11.2. einfach unterstellte lineare Beziehung zwischen Risiko und Ertrag gilt.

Für diesen Nachweis ist es hilfreich, den (erwarteten) Ertrag des Marktportefeuilles und einzelner Aktien als die Summe aus dem risikolosen Zinssatz i_f und einer Risikoprämie auszudrücken:

$$\mu_M = i_f + (\mu_M - i_f) \text{ und}$$

$$\mu_i = i_f + (\mu_i - i_f)$$

Die Risikoprämien pro Risikoeinheit muß für alle Aktien gleich sein. Für zwei beliebige Aktien i und k gilt dann:

$$(11.8) \qquad \frac{\mu_i - i_f}{cov(\tilde{r}_i, \tilde{r}_M)} = \frac{\mu_k - i_f}{cov(\tilde{r}_k, \tilde{r}_M)}$$

Wäre es anders, wäre eine Aktie, die z.B. mehr Ertrag pro Risikoeinheit erwarten läßt, als Baustein von Portefeuilles begehrt. Sie würde am Kapitalmarkt verstärkt nachgefragt. Dadurch würde ihr Kurs steigen bzw. ihre Rendite sinken, bis die Gleichheit gemäß (11.8) hergestellt ist.

Jedes Portefeuille und somit auch das Portefeuille M ist eine Zusammenfassung von Aktien. Was für die einzelnen Aktien in (11.8) ausgedrückt ist, gilt wegen $\sum_i x_i = 1$ bzw. wegen der Proportionalität gemäß (11.8) auch für das Portefeuille M:

---

2 Nicht jede Wirtschaftseinheit muß „vernünftigerweise" Anlagemöglichkeiten anhand von Ertrag und *Gesamtrisiko* bewerten. Wenn Unternehmungen (einschließlich Banken) z.B. Aktien kaufen, brauchen sie sich in der Modellwelt, die hier diskutiert wird, nicht um das unsystematische Risiko zu kümmern, da dies ihre eigenen Aktionäre selbst tun können. Unternehmungen, die im Interesse ihrer Aktionäre handeln und daher ihren Marktwert maximieren wollen, brauchen nur auf den Ertrag und das (bewertungsrelevante) *systematische Risiko* der von ihnen erworbenen Vermögensgegenstände zu achten. Vgl. zum Beweis z.B. *Haley/Schall* [Theory], S. 442–445.

3 Zu einem Beweis vgl. *Sharpe* [Portfolio], S. 87.

$$(11.9) \qquad \frac{\mu_i - i_f}{\text{cov}(\tilde{r}_i, \tilde{r}_M)} = \frac{\sum\limits_{i=1}^{m} x_i (\mu_i - i_f)}{\sum\limits_{i=1}^{m} x_i \text{cov}(\tilde{r}_i, \tilde{r}_M)}$$

Die mit den Portefeuilleanteilen gewichteten Durchschnitte der erwarteten Renditen und der Kovarianzen sind nach den Gleichungen (7.2) und (11.7) die erwartete Rendite des Marktportefeuilles bzw. seine Varianz. Wir erhalten damit die Gleichgewichtsbedingung

$$(11.10) \qquad \frac{\mu_M - i_f}{\text{Var}(\tilde{r}_M)} = \frac{\mu_i - i_f}{\text{cov}(\tilde{r}_i, \tilde{r}_M)} \; .$$

Aus ihr läßt sich unmittelbar die wichtige Formel

$$(11.11) \qquad \mu_i = i_f + \frac{\mu_M - i_f}{\text{Var}(\tilde{r}_M)} \cdot \text{cov}(\tilde{r}_i, \tilde{r}_M)$$

ableiten. Sie drückt aus, daß im Gleichgewicht am Kapitalmarkt zwischen dem individuellen Risiko einer Aktie und ihrem Ertrag eine lineare Beziehung besteht. Die Gleichung (11.11) ist das „Capital Asset Pricing Model" (CAPM) in seiner Standardform[4], und sie entspricht genau der „Marktbewertungslinie", deren Geltung im Abschnitt 11.2. unterstellt worden ist. Man beachte folgende Entsprechungen:

— Die Funktion ist linear. Der „Ertrag" ist der Erwartungswert der Rendite.

— i_f und $(\mu_M - i_f)/\text{Var}(\tilde{r}_M) = \lambda$ sind als Basiszinssatz und Risikoprämie pro Risikoeinheit vom Markt her vorgegeben und somit nicht unternehmensindividuelle Größen.

— Nur das Risikomaß $\text{cov}(\tilde{r}_i, \tilde{r}_M)$ ist pro Geldanlagemöglichkeit individuell verschieden. (Es wurde oben mit b_i bezeichnet.)

— Und dieses Risikomaß ist linear, d.h. für einzelne Anlagemöglichkeiten isoliert angebbar.

Damit ist auch die Annahme 3 gerechtfertigt.

11.4. Eine einfache Entscheidungsregel für Investitionsentscheidungen

Da das CAPM die am Kapitalmarkt alternativ erreichbaren Risiko-Ertrags-Kombinationen angibt, die in Bezug auf das für die Bewertung relevante Risiko vergleichbar sind, kann es genau so verwendet werden wie die Marktbewertungslinie in Gleichung (11.1) bzw. in Abbildung 11.1: Für eine in Betracht gezogene Investition wird geprüft, ob sie mehr Ertrag bringt, als der risikoangepaßte Kapitalkostensatz beträgt. Ist dies der Fall, wird die Investition angenommen, anderenfalls wird sie verworfen.

An dieser Stelle ist auf zwei theoretische oder konzeptionelle Schwierigkeiten hinzuweisen, die die Anwendung des CAPM zur Lösung von Investitionsentscheidungsproblemen angreifbar machen:

---

4 Vgl. Anm. 17 oben auf S. 164.

(1) Die Entscheidung, daß eine betrachtete Investition durchgeführt werden soll, ändert schon das Marktportefeuille, denn die Investition mit ihren unsicheren Erträgen wird Teil des Marktportefeuilles. Stellt man die erwartete Kovarianz-Ertrag-Kombination einer Aktie einer *gegebenen* Marktbewertungslinie gegenüber, nimmt man eine Partialbetrachtung vor, d.h. man vernachlässigt mögliche Rückwirkungen der Entscheidung auf das Marktportefeuille und auf die Parameter der Wahrscheinlichkeitsverteilung seiner Rendite. Es liegt nahe zu vermuten, daß man diesen möglichen Einfluß auch wirklich vernachlässigen kann, weil bzw. wenn die betrachtete Investition im Vergleich zum Marktportefeuille, das ja alle bisher getätigten Investitionen enthält, klein ist. Die Vermutung mag berechtigt sein, doch ihre Überprüfung ist sehr schwierig[5].

(2) Die Vorstellung, daß es überhaupt Investitionsobjekte gibt, die mehr als den risikoangepaßten Alternativvertragssatz erwarten lassen, ist — streng genommen — mit der Kapitalmarkttheorie nicht vereinbar: Das Marktportefeuille enthält ja annahmegemäß alle risikobehafteten Vermögensgüter, und da eine im Vergleich zur Marktbewertungslinie günstige Investitionsmöglichkeit auch ein „risky asset" ist, müßte sie eigentlich Teil des Marktportefeuilles sein, und sie müßte dann im Gleichgewicht auf der Marktbewertungslinie liegen. Man mag sich hier mit der Vorstellung helfen, daß das Investitionsprojekt erst in den Markt und damit in das Marktportefeuille eingefügt wird. Die in Abbildung 11.1 dargestellte Situation mit den Investitionsmöglichkeiten a_1 und a_4 wäre dann als eine Ungleichgewichtssituation denkbar, die nur kurzfristig besteht und durch einen Anpassungsprozeß ausgeglichen wird. Diese gedankliche Hilfskonstruktion ist plausibel, aber ob sie auch richtig ist, läßt sich nicht entscheiden, denn das CAPM ist keine Ungleichgewichtstheorie und enthält auch keine Aussagen darüber, ob und ggfs. wie ein Anpassungsprozeß abläuft.

Gravierender als diese beiden theoretischen Einwände gegen die praktische Verwertung einer umfassenden Gleichgewichtstheorie als partialanalytische Entscheidungshilfe in einer Ungleichgewichtssituation sind praktische Probleme, besonders das der Datenbeschaffung. Die Mehrperiodigkeit der Erträge aus der Investition und die Möglichkeit der Fremdfinanzierung schließen wir vorerst noch aus der Betrachtung aus. Wir betrachten also ein nur eigenfinanziertes einperiodisches Investitionsobjekt. Das Investitionsobjekt kostet einen bestimmten Betrag A_{i0} und erbringt eine unsichere Einzahlung $\tilde{V}_{i1}$. Daher lassen sich verschiedene mögliche Interne Zinsfüße $\tilde{r}_i$ errechnen. Deren Verteilung weist einen Erwartungswert und eine bestimmte — d.h. genauer: zu bestimmende bzw. abzuschätzende — Kovarianz mit der Rendite (dem Internen Zinsfuß) des Marktportefeuilles auf. Den Erwartungswert der Rendite des betrachteten Investitionsobjekts bezeichnen wir zur Unterscheidung mit $\bar{\mu}_i$. Setzt man $cov(\tilde{r}_i, \tilde{r}_M)$ in die Gleichung (11.11) ein, läßt sich die (erwartete) Gleichgewichtsrendite errechnen, die das Investitionsobjekt erbringen würde, wenn es schon am Kapitalmarkt gehandelt und gemäß seinem Risikobeitrag, d.h. gleichgewichtig bewertet würde. Zu prüfen ist dann, ob

$$(11.12) \qquad \bar{\mu}_i \gtreqless i_f + \frac{\mu_M - i_f}{Var(\tilde{r}_M)} \cdot cov(\tilde{r}_i, \tilde{r}_M)$$

ist.

Die Methode der Datenbeschaffung für die Abschätzung der Verteilung der Internen Zinsfüße unterscheidet sich *im Prinzip* nicht von der Methode, die im dritten Kapitel erläutert worden ist: Einem Investitionsobjekt sind die und nur die zusätzlichen Zahlungen zuzurechnen, die

---

5 Darauf weist bes. *Saelzle* [Kapitalmarktreaktionen] hin.

durch die Investitionsentscheidungen gegebenenfalls ausgelöst würden. Besondere Probleme bereitet die Abschätzung von $\text{Var}(\tilde{r}_M)$ und $\text{cov}(\tilde{r}_i, \tilde{r}_M)$. Hier hilft es, die Gleichung (11.11) umzustellen zu

$$(11.13) \qquad \mu_i = i_f + (\mu_M - i_f) \cdot \beta_i \text{ mit } \beta_i = \frac{\text{cov}(\tilde{r}_i, \tilde{r}_M)}{\text{Var}(\tilde{r}_M)}.$$

Der Koeffizient β — im folgenden als Beta ausgeschrieben, wenn er im Rahmen des CAPM betrachtet wird, — ist von seiner Interpretation her weiterhin ein individuelles Risikomaß für einzelne Aktien oder Investitionsobjekte. Von seiner Form her ist er ein Regressionskoeffizient.

Dies sei am Beispiel von Aktien erläutert: Die Rendite $\tilde{r}_M$ des Marktes und die Rendite $\tilde{r}_i$ einer Aktie i sind beide unsicher. Wertepaare für diese Renditen (z.B. aus der Vergangenheit) kann man in einem Diagramm wie in Abbildung 11.3 als Punkte darstellen. Wenn ein systematischer Zusammenhang zwischen den Abweichungen der beiden Renditen von ihren jeweiligen Mittelwerten besteht, sind die Punkte mehr oder weniger eng um eine Ausgleichslinie herum verteilt. Eine solche Ausgleichslinie nennt man Regressionsgerade.

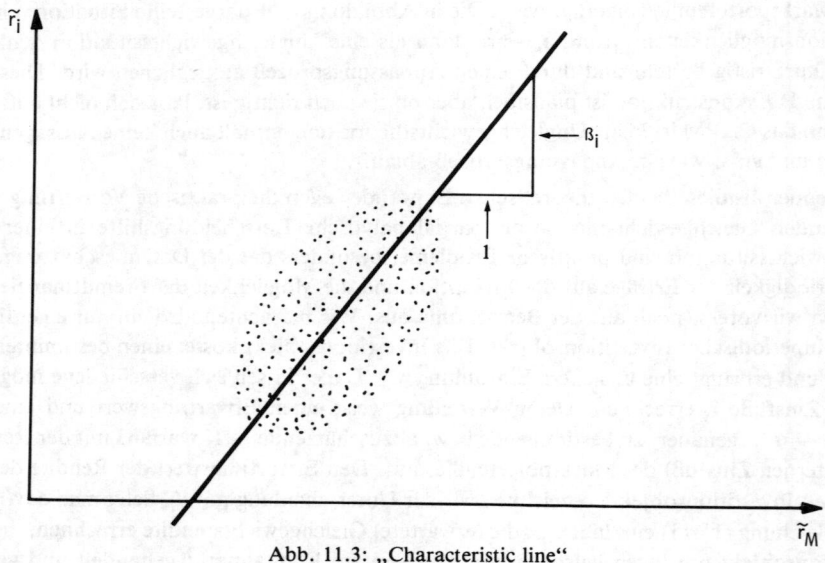

Abb. 11.3: „Characteristic line"

Die Steigung der Regressionsgeraden, die in der Literatur als „characteristic line" bezeichnet wird[6], ist der Koeffizient β_i. Er gibt an, wie stark die Rendite der Aktie i *im Durchschnitt* von ihrem Erwartungswert abweicht, wenn die Rendite des Marktes um eine Einheit von ihrem Erwartungswert abweicht:

$$\beta_i = \frac{\text{relative Abweichung der Aktienrendite}}{\text{relative Abweichung der Marktrendite}}$$

---

6 Vgl. *Sharpe* [Portfolio], S. 91–94 und S. 156.

Das Steigungsmaß der Regressionsgeraden ist ein Maß für die Empfindlichkeit der Aktienrendite gegenüber allgemeinen Marktschwankungen. Von Aktie zu Aktie ist es verschieden, wie eng der Zusammenhang zwischen der Aktienrendite und der Marktrendite ist. Ist er eng, liegen die Punkte in Abbildung 11.3 nahe bei der Regressionsgeraden. Dann ist das Gesamtrisiko einer Aktie weitgehend „systematisches Risiko". Ist der Zusammenhang lose, liegen die Punkte weiter von der Geraden entfernt. Dann überwiegt das „unsystematische Risiko", das aber nicht bewertungsrelevant ist, weil es durch Diversifikation zum Verschwinden gebracht werden kann[7].

Für die Gleichgewichtsrendite ist nicht die Enge des Zusammenhanges, sondern die Richtung wichtig. Der Regressionskoeffizient β_i ist unabhängig davon, wie eng der Zusammenhang zwischen Aktien- und Marktrendite ist, denn er zeigt nur die Richtung der Abhängigkeit an. Der Durchschnitt der β-Werte aller Aktien und damit das β des Marktportefeuilles muß 1 sein. Eine Aktie, deren Kurs tendenziell überproportional auf eine allgemeine Markttendenz reagiert, hat ein β über 1, eine „konservative" Aktie, die unterproportional reagiert, hat ein β unter 1. Negative Werte für β sind möglich, wenn auch selten. Eine Aktie, deren Kurs der allgemeinen Markttendenz entgegenläuft, hat ein negatives β. Goldminen-Aktien könnten ein Beispiel sein: Schlechte Zeiten sind gute Zeiten für Goldminen. In Abbildung 11.4 sind die „characteristic lines" verschiedener Aktien und (fett gezeichnet) die des Marktes dargestellt.

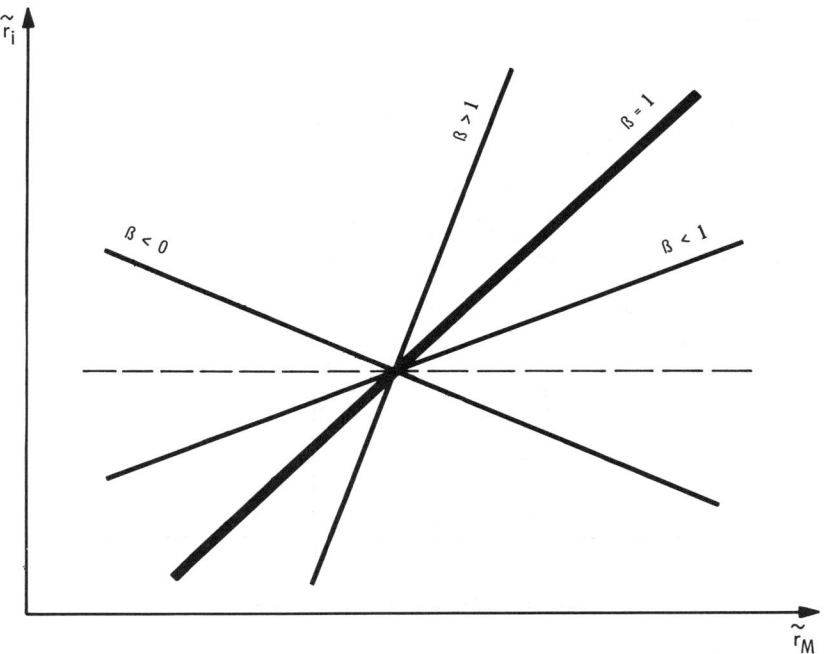

Abb. 11.4: Verschiedene „characteristic lines"

---

7 Aus der Enge des Zusammenhanges zwischen der Aktienrendite und der Marktrendite läßt sich nach der Methode der Varianzzerlegung bestimmen, welcher Anteil am Gesamtrisiko einer Aktie „systematisches" Risiko ist und welcher durch Diversifikation verschwindet. Berechnungen für amerikanische Aktien zeigen, daß im Durchschnitt nur ein Drittel des Gesamtrisikos „systematisch" ist; vgl. z.B. *Sharpe* [Investments], S. 150.

Die „characteristic line" und ihr Steigungsmaß β bilden einen *empirischen* Zusammenhang zwischen den *einzelnen* möglichen Werten der Aktienrendite und den möglichen Werten der Marktrendite ab. Dieser Zusammenhang ist nicht wie das CAPM eine *Gleichgewichtsbeziehung*. Dennoch kann man das empirische β verwenden und als Beta in die Gleichgewichtsbeziehung (11.13) einsetzen, obwohl diese keine Aussage über einzelne Werte der Aktienrendite, sondern nur über deren *Erwartungswert* enthält[8].

Wie sich aus der Definition für Beta in Gleichung (11.13) ergibt, ist Beta wie die Kovarianz ein *lineares* Risikomaß. Das Beta einer Unternehmung ist der gewogene Durchschnitt der Beta-Werte der einzelnen in einer Unternehmung zusammengefaßten Investitionen. Dies erlaubt folgende Überlegung: Wenn eine betrachtete Investition mit den ihr zurechenbaren Zahlungen eine eigene am Kapitalmarkt gehandelte Aktiengesellschaft wäre, wie stark würde der Kurs ihrer Aktien im Durchschnitt auf allgemeine Marktentwicklungen reagieren? Die Antwort auf diese Frage liefert eine Schätzung des β der betrachteten Investition, und dieses könnte als Beta in die Gleichung (11.13) eingesetzt bzw. in Abbildung 11.5 eingetragen werden.

Die Abbildung 11.5 entspricht der Abbildung 11.1 bis auf die Achsenbezeichnungen. a_0 ist die bisherige Position der annahmegemäß richtig bewerteten Aktien der Unternehmung. Der Beta-Wert des Marktportefeuilles $Beta_M$ ist definitionsgemäß gleich 1. a_1 stellt die Investition dar, deren Vorteilhaftigkeit geprüft wird.

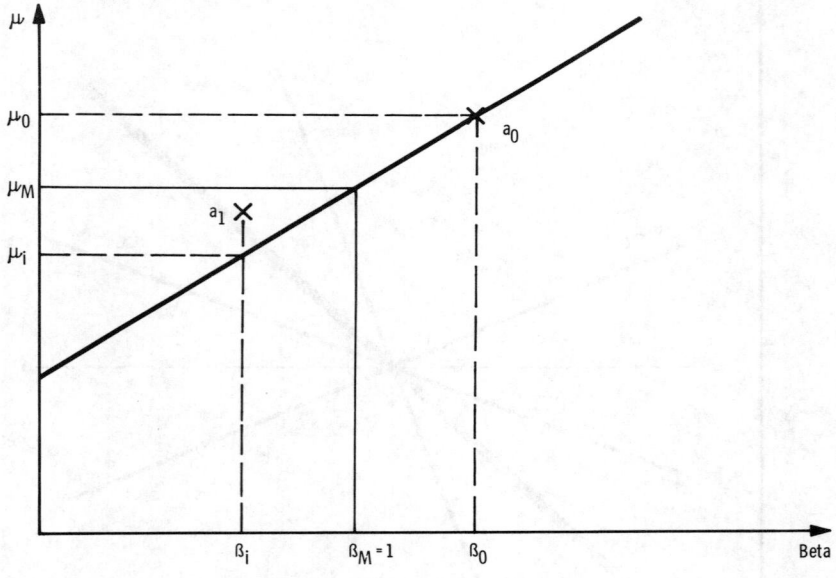

Abb. 11.5: Marktbewertungslinie des CAPM

Damit ist die Darstellung des einfachsten Falles der Anwendung des CAPM auf Investitionsentscheidungen abgeschlossen. Betrachten wir dazu ein Beispiel: Die Empfindlichkeit der Rendite einer Investition i gegenüber der allgemeinen Tendenz am Kapitalmarkt werde mit 0,8 geschätzt. Wird i_f auf 0,06 und die erwartete Rendite des Marktportefeuilles auf 0,12 ge-

---

8 Vgl. *Fama* [Foundations], S. 344.

schätzt, erhält man als Kalkulationszinsfuß

$$\mu_i = 0,06 + (0,12\text{—}0,06)\,0,8 = 0,108.$$

oder 10,8 %. Dies ist der risikomäßig vergleichbare Alternativvertragssatz, mit dem die erwartete Rendite der Investition zu vergleichen ist. Man beachte, daß seine Berechnung unabhängig davon ist, wie hoch der Beta-Wert der Unternehmung bisher war.

Zur Ergänzung sei noch auf die beiden Fassungen der Kapitalwertformel unter Unsicherheit eingegangen, die sich aus dem CAPM herleiten lassen. Bei der Fassung, in der ein Risikozuschlag zum Kalkulationszinsfuß verwendet wird, diskontiert man den Erwartungswert der Einzahlung aus der Investition i im Zeitpunkt t_1, $E(\tilde{V}_{i1})$ mit dem risikoangepaßten Zinssatz gemäß (11.13). Man erhält als Kapitalwert

$$(11.14) \qquad K_{i0} = \frac{E(\tilde{V}_{i1})}{1 + i_f + (\mu_M - i_f)\beta} - A_{i0}.$$

Dies entspricht der Gleichung (11.3) oben. Zu prüfen ist, ob der Kapitalwert positiv ist. Bei der anderen Fassung wird der Kapitalwert durch Diskontierung des Sicherheitsäquivalents $SÄ(\tilde{V}_{i1})$ der unsicheren Einzahlungen mit dem risikolosen Zinssatz errechnet:

$$(11.15) \qquad K_{i0} = \frac{SÄ(\tilde{V}_{i1})}{1 + i_f} - A_{i0}$$

Faßt man (11.14) und (11.15) zusammen, kann man einen expliziten Ausdruck für das Sicherheitsäquivalent bekommen. Dazu schreiben wir wieder

$$\frac{\mu_M - i_f}{Var(\tilde{r}_M)} \cdot cov(\tilde{r}_i, \tilde{r}_M) \quad \text{anstelle von} \quad (\mu_M - i_f)\,\beta_i$$

und ersetzen den Bruch durch das Symbol λ. λ ist eine Konstante. Dann kann man umformen und nach $SÄ(\tilde{V}_1)$ auflösen. Da der Kapitalwert eine Bestandsgröße ist, sollte sich auch das Sicherheitsäquivalent als Differenz von zwei Bestandsgrößen, dem Erwartungswert und dem Risikoabschlag, ausdrücken lassen. Und da der Erwartungswert eine auf den Zeitpunkt t_1 bezogene Größe ist, sollte der Risikoabschlag auch in Größen ausgedrückt werden, die sich auf den Zeitpunkt t_1 beziehen. V_{i0} ist der Ertragswert der Investition i im Zeitpunkt t_0.
Wir gehen aus von

$$(11.14a) \qquad K_{i0} + A_{i0} = V_{i0} = \frac{E(\tilde{V}_{i1})}{1 + i_f + \lambda cov(\tilde{r}_i, \tilde{r}_M)} \quad ,$$

multiplizieren beide Seiten mit dem Nenner des Bruches und stellen um zu

$$V_{i0}(1 + i_f) = E(\tilde{V}_{i1}) - V_{i0}\lambda cov(\tilde{r}_i, \tilde{r}_M).$$

Nun ist noch der Kovarianzausdruck in Bestandsgrößen für t_1 umzuformen. Die Kovarianz zweier Zufallsvariablen ändert sich nicht, wenn man zu den Zufallsvariablen Konstante addiert, weil damit auch die Mittelwerte um diese Konstanten zunehmen. Daher gilt

$$V_{i0}(1 + i_f) = E(\tilde{V}_{i1}) - V_{i0}\lambda \, cov\left(\left[1 + \tilde{r}_i\right], \left[1 + \tilde{r}_M\right]\right).$$

Die Multiplikation der Zufallsvariablen mit Konstanten ändert den Wert der Kovarianz. Dies kann ausgeglichen werden, indem man die Kovarianz durch die Konstanten dividiert:

$$V_{i0}(1 + i_f) = E(\tilde{V}_{i1}) - V_{i0}\lambda \frac{1}{V_{i0}V_{M0}} \text{cov}(V_{i0}\left[1 + \tilde{r}_i\right], V_{M0}\left[1 + \tilde{r}_M\right])$$

Nun kann man kürzen und innerhalb des Kovarianzausdrucks ausmultiplizieren und $V_{i0}(1 + \tilde{r}_i)$ bzw. $V_{M0}(1 + \tilde{r}_M)$ durch $\tilde{V}_{i1}$ bzw. $\tilde{V}_{M1}$ ersetzen. Dadurch erhält man die gewünschte Formulierung für das Sicherheitsäquivalent:

$$(11.16) \qquad V_{i0}(1 + i_f) = E(\tilde{V}_{i1}) - \frac{\lambda}{V_{M0}} \text{cov}(\tilde{V}_{i1}, \tilde{V}_{M1}) = \text{SÄ}\,(\tilde{V}_{i1}).$$

Setzt man diese Formulierung in (11.15) ein, errechnet man mit der Formel

$$(11.17) \qquad K_{i0} = \frac{E(\tilde{V}_{i1}) - \frac{\lambda}{V_{M0}} \text{cov}(\tilde{V}_{i1}, \tilde{V}_{M1})}{1 + i_f} - A_{i0}$$

dieselben Kapitalwerte wie mit der Formel (11.14). Der Risikoabschlag vom Erwartungswert ist wie der Risikozuschlag zum Kalkulationszinsfuß ein Produkt aus einem vom Markt her determinierten Faktor und einem aktien- oder projektspezifischen Risikomaß. Der Kapitalwert kann *auch bei Risiko als eine Vermögensmehrung* angesehen werden. Da die Gleichungen (11.14) und (11.17) aus einer Marktbewertungstheorie abgeleitet sind, ist V_{i0} gemäß (11.16) ein Marktwert, bzw. K_{i0} gemäß (11.14) und (11.17) ist eine Marktwertsteigerung, die durch die Investition möglich wird.

Die Existenz von Projekten mit positivem Kapitalwert ist ein Zeichen von Ungleichgewicht am Kapitalmarkt. Den oben angesprochenen Anpassungsprozeß zur Wiederherstellung des Gleichgewichts kann man sich im Zusammenhang mit der Abbildung 11.5 so vorstellen: Wird bekannt, daß eine Unternehmung eine Investitionsmöglichkeit mit positivem Kapitalwert wie a_1 hat, steigt der Kurs ihrer Aktien. Dadurch sinkt die erwartete Rendite, bis die Aktien wieder auf der Marktbewertungslinie liegen[9].

Jedenfalls für Investitionen, deren Laufzeit eine Periode beträgt, liefert das Capital Asset Pricing Model die Marktbewertungstheorie unter Unsicherheit, deren Bedeutung in den früheren Kapiteln mit Nachdruck hervorgehoben wurde. Die Gleichgewichtsverzinsung μ_i entspricht inhaltlich dem e_0 bei MM, ohne daß aber die Geltung der Theorie auf Investitionen aus einer Risikoklasse beschränkt wäre.

Bei mehrperiodischer Anwendung sind die beiden Fassungen der Kapitalwertformel allein aus praktischen Erwägungen nicht gleichwertig. Unterschiede zwischen den Perioden sind der wichtigste Grund, warum bei mehrperiodischen Investitionsprojekten die Diskontierung des Sicherheitsäquivalents mit dem risikolosen Zinssatz generell den besseren methodischen Ansatz darstellt als die Diskontierung des Erwartungswertes mit einem risikoangepaßten Zinssatz. Die Ermittlung des Risikoabschlags vom Erwartungswert zwingt dazu, sich die Frage bewußt zu machen, wieviel Risiko auf die betrachtete Periode entfällt. Die Verwendung eines Risikozuschlags zum Kalkulationszinsfuß verleitet hingegen dazu, unberechtigte Pauschalannahmen zu treffen: Setzt man in die Kapitalwertformel einen von Periode zu Periode einheitlichen Risikozuschlag zum Zinsfuß ein und diskontiert man damit Einzahlungsüberschüsse verschiedener Zeitpunkte, unterstellt man, daß sich die Unsicherheit von Periode zu Periode mechanisch erhöht. Dies führt allenfalls aus Zufall zu sinnvollen Ergebnissen[10].

9 Vgl. *Rubinstein* [Synthesis], S. 172.
10 Vgl. *Brealey/Myers* [Principles], S. 181–185 und 187 f. Die zweifelhaften Implikationen der Anwendung eines konstanten Risikozuschlags bei mehrperiodischer Bewertung zeigt eindrucksvoll *Ballwieser* [Wahl].

11.5. Zwei Ergänzungen

In diesem Abschnitt soll in sehr kurzer Form diskutiert werden, ob das bisher abgeleitete Ergebnis noch gilt, wenn die Annahmen aufgehoben werden, daß Investitionen nur mit Eigenkapital (Aktien) finanziert werden und daß die Laufzeit von Investitionen nur eine Periode beträgt.

11.5.1. Kapitalstruktur und CAPM

Die Berücksichtigung von Fremdfinanzierung in der Form der Emission von festverzinslichen Wertpapieren bereitet keine grundsätzlichen Schwierigkeiten. Die Annahmen, unter denen das Capital Asset Pricing Model abgeleitet werden kann, entsprechen den Annahmen von MM, nur sind sie spezifischer (weshalb man auch zu spezifischeren Aussagen gelangen kann). Insbesondere wird im CAPM wie bei MM unterstellt, daß der Kapitalmarkt vollkommen ist. Daher läßt sich im Rahmen des CAPM auch relativ leicht beweisen, daß der Wert der Unternehmung gleich der Summe aus dem Wert des Eigenkapitals und dem Wert des Fremdkapitals am Kapitalmarkt ist. Der Beweis wird durch die Linearität des Risikomaßes Kovarianz bzw. Beta ermöglicht. Zur Vereinfachung betrachten wir hier nur den Fall, daß Fremdkapital risikolos ist[11]. Dann ist auch das Sicherheitsäquivalent gleich dem Rückzahlungsbetrag. Dieser Betrag am Periodenende sei mit FK_1 bezeichnet; er schließt Zinsen ein. Der unsichere Wert des Eigenkapitals am Periodenende sei $\widetilde{EK}_1$[12].

Man kann die Bewertungsformel (11.16) *jeweils einzeln* auf FK_1 und $\widetilde{EK}_1$ anwenden und die Einzelwerte addieren:

$$(11.18) \qquad FK_0 + EK_0 = \frac{FK_1}{1+i_f} + \frac{E(\widetilde{EK}_1) - \frac{\lambda}{V_{M0}} \cdot cov(\widetilde{EK}_1, \tilde{V}_{M1})}{1+i_f}$$

Da sich die Kovarianz nicht ändert, wenn man zu der Zufallsvariablen $\widetilde{EK}_1$ eine Konstante addiert, und da man an die Stelle der sicheren Größe FK_1 auch ihren Erwartungswert $E(FK_1)$ einsetzen kann, läßt sich (11.18) umformen zu

$$(11.19) \qquad FK_0 + EK_0 = \frac{E(FK_1 + \widetilde{EK}_1) - \frac{\lambda}{V_{Mo}} cov\left([FK_1 + \widetilde{EK}_1], \tilde{V}_{M1}\right)}{1+i_f} \quad .$$

Nun ist aber der (unsichere) Gesamtwert $\tilde{V}_{i1}$ der Unternehmung i im Zeitpunkt t_1 definitionsgemäß gleich $FK_1 + \widetilde{EK}_1$. Wenn man dies im Zähler der rechten Seite von Gleichung (11.19) einsetzt, erhält man genau dasselbe, wie wenn man die Bewertungsgleichung (11.16) auf $\tilde{V}_{i1}$ anwendet:

$$(11.20) \qquad V_{i0} = \frac{E(\tilde{V}_{i1}) - \frac{\lambda}{V_{Mo}} cov(\tilde{V}_{i1}, \tilde{V}_{M1})}{1+i_f} = FK_0 + EK_0$$

Der Gesamtwert ist also gleich der Summe der selbständig ermittelten Werte für Fremdkapital und Eigenkapitel. Dies gilt unabhängig davon, welche Werte für FK_1 und EK_1 gewählt wer-

---

11 Zu dem entsprechenden Beweis bei risikobehaftetem Fremdkapital vgl. *Haugen/Pappas* [Equilibrium].

12 Der Wert des Eigenkapitals kann als Kassenbestand (Einzahlungen im Zeitpunkt t_1) oder als Barwert späterer Einzahlungen, bezogen auf den Zeitpunkt t_1, verstanden werden.

den, d.h. es gilt für *jede Kapitalstruktur.* Daher gilt auch im CAPM wie bei MM, daß die Kapitalstruktur ohne Einfluß auf den Unternehmenswert ist. Von Steuern absehend kann man daher immer so rechnen, als wäre eine Unternehmung unverschuldet.

Der Zusammenhang zwischen dem bewertungsrelevanten Risiko der einzelnen von einer Unternehmung ausgegebenen Wertpapierarten und dem Risiko der gesamten Unternehmung (oder einer Investition) bestimmt die vom Markt im Gleichgewicht geforderte Aktienrendite: Der Beta-Wert der Unternehmung insgesamt ist der gewogene Durchschnitt der Beta-Werte der von der Unternehmung ausgegebenen Wertpapiere. Bezeichnet man den Beta-Wert des investierten Kapitals mit Beta_i, den der Aktien mit Beta_{EK} und den der Schuldverschreibungen mit Beta_{FK}, gilt

$$(11.21) \qquad \text{Beta}_i = \frac{EK}{EK + FK} \cdot \text{Beta}_{EK} + \frac{FK}{EK + FK} \cdot \text{Beta}_{FK}.$$

Aus (11.20) kann man im Umkehrschluß Beta_{EK} und daraus die geforderte Aktienrendite ermitteln, wenn man nach der oben beschriebenen Methode Beta_i geschätzt hat. Im obigen Beispiel war $\text{Beta}_i = 0{,}8$. Wir nehmen an, die Kapitalstruktur sei EK:FK = 2:1. Vereinfachend sei angenommen, daß das Fremdkapital risikolos ist. Dann muß Beta_{EK} 1,2 betragen, damit die Gleichung (11.21) erfüllt ist. Die vom Markt geforderte Rendite auf Aktien der betrachteten Unternehmung ist dann

$$(11.22) \qquad i_f + (\mu_M - i_f) \cdot \text{Beta}_{EK} = 6\,\% + (14\,\% - 6\,\%) \cdot 1{,}2 = 15{,}6\,\%.$$

Diese geforderte Gleichgewichtsverzinsung entspricht dem e(*l*) bei MM. Seine Höhe ergibt sich aus der Kapitalstruktur und aus dem systematischen Risiko der zu finanzierenden Investition. Wenn man mit dem so bestimmten Eigenkapitalkostensatz und dem Fremdkapitalkostensatz die durchschnittlichen Kapitalkosten bestimmt, ergibt sich k(*l*) als eine Konstante in Höhe von μ_i.

11.5.2. Mehrperiodische Bewertung mit dem CAPM

Weitaus problematischer ist die andere Annahme: Das CAPM ist eine einperiodische Bewertungstheorie. Investitionen erbringen hingegen typischerweise Einzahlungsüberschüsse in mehreren Perioden. Ob und wie sich das CAPM auf die Bewertung mehrperiodischer Vorteilsströme anwenden läßt, ist immer noch umstritten[13].

Die Grundidee ist folgende: Wenn eine Investition Einzahlungsüberschüsse in T Perioden erbringt, kann man das CAPM zuerst auf die letzte Periode anwenden und den aus der Sicht des Zeitpunktes T-1 unsicheren Einzahlungsüberschuß $\tilde{E}_T$ im Zeitpunkt T auf den Periodenanfang diskontieren. Dadurch erhält man einen (sicheren) Wert V_{T-1} im Zeitpunkt T–1. Er setzt sich aus zwei Komponenten zusammen: aus dem Einzahlungsüberschuß E_{T-1} im vorletzten Zeitpunkt und dem unter Verwendung des CAPM bestimmten „Barwert" der Einzahlung $\tilde{E}_T$ im Zeitpunkt T. Dieser Wert $\tilde{V}_{T-1}$ ist aus der Sicht des Zeitpunktes T-2 unsicher. Er kann durch Anwendung des CAPM auf die vorletzte Periode bewertet werden. Zusammen mit dem

---

13 Vgl. *Stapelton/Subrahmanyam* [Equilibrium] und *Haley/Schall* [Theory], S. 194–202, sowie die dort genannten Quellen.

Einzahlungsüberschuß im Zeitpunkt T-2 ist dieser Barwert aus der Sicht des Zeitpunktes T-3 unsicher. Schrittweise rückwärts rechnend und das CAPM jeweils auf die Summe aus dem Einzahlungsüberschuß am Periodenende und dem Barwert der späteren Einzahlungsüberschüsse anwendend gelangt man — im Prinzip — zu dem Wert im Entscheidungszeitpunkt t_0.

Dieses Vorgehen stößt jedoch auf drei Schwierigkeiten, wenn man es konsequent verwirklichen wollte:

Erstens sind die vom Markt her determinierten Größen λ und i_f nicht von Periode zu Periode gleich. Dieser Schwierigkeit kann man noch Rechnung tragen, indem man die periodenspezifischen Werte einsetzt — vorausgesetzt, daß man sie hätte oder abschätzen kann, was freilich die Datenbeschaffungsprobleme potenziert.

Zweitens ist es bei mehrperiodischen Investitionen fraglich, welches Risiko in den Beta-Koeffizienten eingeht, mit dem man für einen Zeitpunkt t den Wert des unsicheren Endvermögens im nächsten Zeitpunkt (t + 1) bestimmt: Ist es die Kovarianz zwischen der Rendite (oder dem Wert) des Marktportefeuilles nur mit dem unsicheren Einzahlungsüberschuß im Zeitpunkt t + 1 oder mit der Summe aus dem Einzahlungsüberschuß in t + 1 und dem Gegenwartswert in t + 1 der ab t + 2 erfolgenden Zahlungen? Außer in Sonderfällen ändert sich in jedem Zeitpunkt die Erwartung über die Zukunft. Dies muß im Risikomaß für die Periode erfaßt werden, und es hat zur Folge, daß sich das richtige periodenbezogene Risikomaß einer Investition von Periode zu Periode unterscheidet. Daher sind auch die Risikozuschläge zum Kalkulationszinsfuß gemäß Gleichung (11.14) bzw. die Risikoabschläge vom Erwartungswert gemäß Gleichung (11.15) von Periode zu Periode verschieden. Typischerweise löst sich im Zeitablauf ein Teil der Unsicherheit über die Zukunft auf. Daher ist typischerweise ein Investitionsprojekt in den dem Entscheidungszeitpunkt näherliegenden Jahren im Rahmen des CAPM riskanter als in seinen späteren Jahren. Auch diese Schwierigkeit läßt sich noch erfassen, wenn man periodenweise prüft, wie sich das Risiko auflöst[14].

Am größten ist die dritte Schwierigkeit: Im CAPM wird nur eine „Quelle" des Risikos (oder der Unsicherheit) erfaßt, nämlich nur das Risiko, das mit den aus den Investitionen fließenden Zahlungen verbunden ist. Man sollte sich dieses als Unsicherheit über die physische Produktivität der Investitionen einer Unternehmung bzw. — beim Marktportefeuille — aller Unternehmungen vorstellen. Die Marktgrößen λ und i_f sind hingegen in CAPM gegeben und *sicher*. Bei der mehrperiodischen Betrachtung würde es eine willkürliche und nicht plausible Annahme darstellen, daß im Entscheidungszeitpunkt t_0 sicher sei, welche Werte diese Marktparameter ab t_1 haben werden. Man weiß doch heute nicht sicher, welche Zinssätze in drei, vier und fünf Jahren gelten werden! Wesentlich plausibler ist die Annahme, daß die Marktparameter für zukünftige Perioden unsicher sind und sich im Zeitablauf ändern können. Insbesondere steht zu vermuten, daß es stochastische Verbindungen zwischen der Höhe des Einzahlungsüberschusses in einem Zeitpunkt und der Höhe der Werte für die Marktparameter in der anschließenden Periode gibt.

Zur Verdeutlichung der Wirkung dieser Unsicherheit stelle man sich eine Investition vor, die nur in den Zeitpunkten t_1 und t_2 zu unsicheren Einzahlungen $\tilde{E}_1$ und $\tilde{E}_2$ führt. Der aus der Sicht des Zeitpunktes t_0 unsichere Wert $\tilde{V}_1$ im Zeitpunkt t_1 ist die Summe aus $\tilde{E}_1$ und dem Barwert von $\tilde{E}_2$. Dieser Barwert hängt *auch* von den Marktparametern ab. Ändern sich diese beim Übergang von der ersten Periode zur zweiten, steigt z.B. der Zinssatz, ändert sich auch der Barwert von $\tilde{E}_2$ im Zeitpunkt t_1. Die Unsicherheit über die zukünftigen Werte der Marktpara-

---

14 Vgl. *Brealey/Myers* [Principles], S. 184 f.

meter für die zweite Periode schafft also schon für die erste Periode ein Risiko. Dieses Risiko kann nicht durch Diversifikation zwischen Aktien zum Verschwinden gebracht werden, da es ja Größen des Gesamtmarktes betrifft. Daher beeinflußt es das Verhalten aller Anleger und das Marktgleichgewicht. Es entstehen insbesondere Anreize, sich gegen das Risiko einer Vermögensänderung in t_1 zu schützen. Eine Folge dieser Anreize ist, daß das Separationstheorem in der oben dargestellten Fassung und das CAPM in seiner Standardform nicht mehr gelten. Nur durch sehr spezielle Annahmen — die krasseste ist die, daß alle zukünftigen Anlagemöglichkeiten schon in t_0 sicher sind[15] — kann man die mehrperiodische Geltung des einfachen periodenweise anzuwendenden CAPM erhalten. Im allgemeinen sprengt die Mehrperiodenbetrachtung hingegen den theoretischen Rahmen des CAPM in seiner Standardform. Die vorsichtige und den ersten beiden Schwierigkeiten Rechnung tragende Anwendung des CAPM zur Bestimmung des Marktwertes oder des Kapitalwertes von Investitionen mit Einzahlungen in mehreren Perioden ist darum auch nur eine Näherungslösung. Um die Mehrperiodigkeit konsequenter erfassen zu können, muß man nach dem gegenwärtigen Kenntnisstand zu anderen Marktmodellen übergehen. Deren Darstellung würde aber den Rahmen dieses Buches sprengen[16].

11.6. Eine vorsichtige Einschätzung

Als Ergebnis ist festzuhalten, daß das CAPM als theoretische Basis für die Ableitung der Investitionskriterien nur bedingt geeignet ist. Es schafft praktische Probleme, insbesondere solche der Datenbeschaffung, und dies insbesondere bei mehrperiodischer Verwendung. Die theoretische Geschlossenheit wird dann, wenn man das CAPM zur Bestimmung einer Alternativrendite heranzieht, auch fraglich. Eine dritte Schwierigkeit ist noch überhaupt nicht genannt worden: Gilt die Gleichgewichtsbeziehung zwischen Ertrag und Risiko in der Realität überhaupt? Diese Frage mag überraschen, denn das CAPM ist ja (im siebten und in diesem Kapitel) logisch einwandfrei abgeleitet worden. Ist es dann überhaupt möglich, daß das CAPM nicht gilt? Die Antwort ist eindeutig: Nein, es ist nicht möglich, denn das CAPM ist in der dargestellten Form eine analytische Beziehung. Sie gilt aus logischen Gründen. Genau dies ist aber auch ihre Schwäche: Wenn eine Aussage nicht falsch sein kann, hat sie auch keinen Informationsgehalt. Analytisch ist das CAPM, wenn man *unterstellt,* man würde das (effiziente) Marktportefeuille kennen[17]. Empirisch wird das CAPM, wenn man ein empirisches, d.h. beobachtbares Marktportefeuille einsetzt. Dann lernt man aus dem CAPM viel, denn dann kann es auch falsch sein. Ob das CAPM als empirische Beziehung aber richtig oder falsch ist, ist eine bisher noch offene Frage, und es gibt Gründe zu bezweifeln, ob je eine befriedigende empirische Prüfung möglich sein wird[18].

Aber alle diese Schwächen gelten natürlich erst recht für eine Investitionstheorie, in der von der Unsicherheit ganz abgesehen und trotzdem ein vollkommener Kapitalmarkt unterstellt

---

15 So *Fama* [Discount Rates]. Auf die entsprechende Annahme Famas bei seiner Behandlung der mehrperiodischen Spar-Konsum-Entscheidung ist oben auf Seite 140 f. hingewiesen worden.

16 Die wichtigsten beiden anderen Modelltypen sind das „time state preference model" und das verallgemeinerte Wertadditionsprinzip; vgl. dazu *Haley/Schall* [Theory], S. 184–238 mit weiteren Hinweisen. Vgl. auch *H. Hax* [Finanzierungs- und Investitionstheorie], bes. S. 54–58.

17 Vgl. dazu vor allem *Roll* [Critique].

18 Ähnlich auch *Schneider* [Investition], S. 551 f.

wird (Kapitel 3 und 4). Andere Ansätze weisen andere Schwierigkeiten theoretischer und praktischer Art auf. Man sollte daher m.E. das CAPM trotz der geäußerten Vorbehalte nicht nur in theoretischer und konzeptioneller Hinsicht gegenüber den Ansätzen der Investitionstheorie, die sichere Erwartungen unterstellen und zur simultanen Totalplanung zwingen (Kapitel 5), und gegenüber denen, die eine naive direkte Anwendung der Entscheidungstheorie empfehlen (Kapitel 6), als Fortschritt ansehen: Das CAPM ist, weil es die isolierte Betrachtung von Objekten erlaubt, auch unter Gesichtspunkten der Praktikabilität vorzuziehen. Es stellt zwar bisher noch keine praktikable Methode zur Beurteilung von Investitionen dar, aber es ist mehr als alle bekannten Alternativen als Ausgangsbasis zur Erarbeitung praktikabler Methoden geeignet. Man wird dann fallweise beurteilen müssen, ob und wie weit man die für das CAPM zentrale Annahme der Marktvollkommenheit als Vereinfachung zu akzeptieren bereit ist.

11.7. Zusammenfassung

In diesem Kapitel ist das „Capital Asset Pricing Model" (CAPM) der Kapitalmarkttheorie abgeleitet worden, und es ist gezeigt worden, daß sich mit seiner Hilfe die ursprünglich für den Fall sicherer Erwartungen entwickelten finanzmathematischen Methoden zur Beurteilung einzelner Investitionen auch im Fall unsicherer Erwartungen verwenden lassen.

Das CAPM ist eine Gleichgewichtsbeziehung zwischen dem Ertrag und dem Risiko einzelner risikobehafteter Geldanlagemöglichkeiten. Es besagt, daß die erwartete Gleichgewichtsrendite eine *lineare* Funktion „des Risikos" ist. Das relevante Risikomaß ist die Kovarianz der Rendite der Anlagemöglichkeit mit der Rendite des Marktportefeuilles, das alle risikobehafteten Anlagemöglichkeiten enthält. Die Besonderheit dieses Risikomaßes ist, daß es zuläßt, das Risiko einer Geldanlage *isoliert* anzugeben. Nicht das gesamte Risiko einer Geldanlage ist für seine Bewertung im Kapitalmarkt relevant, sondern nur der Teil, der durch Diversifikation nicht verschwindet. Das durch Diversifikation verschwindende Risiko wird am Kapitalmarkt im Gleichgewicht nicht durch eine Risikoprämie kompensiert.

Es ist gezeigt worden, wie man im Prinzip versuchen kann, das bewertungsrelevante Risiko abzuschätzen. Bei einer Aktie ist es ermittelbar, indem man prüft, wie empfindlich der Kurs der Aktie im Durchschnitt auf eine allgemeine Börsentendenz reagiert. Das so empirisch ermittelte „systematische" Risiko kann in das CAPM eingesetzt werden. Man erhält dann — im Falle einperiodischer Investitionen — den „richtigen" Risikozuschlag zum Zinsfuß bzw. das „richtige" Sicherheitsäquivalent. Mit beiden läßt sich ein korrekter Kapitalwert bei Unsicherheit errechnen.

Auch wenn seine Verwendung im Mehrperiodenfall nicht nur praktische, sondern auch theoretische oder konzeptionelle Schwierigkeiten bereitet, ist das CAPM doch die Markt-Bewertungstheorie unter Unsicherheit, die am Ende der früheren Kapitel wiederholt gefordert worden ist. Sie ist von der Konzeption her klar, nicht willkürlich und weitgehend geschlossen, und sie könnte auch der Ausgangspunkt für die Entwicklung praktikabler Rechenverfahren sein. Der Endpunkt der Investitions- und Finanzierungstheorie ist das CAPM aber sicher nicht. Das liegt unter anderem daran, daß es uneingeschränkt der neoklassischen Denktradition zugehört und deren Schwächen teilt. Auch in der Welt des CAPM ist kein Platz für finanzielle Institutionen, und finanzwirtschaftliche Entscheidungsprobleme sind auch in ihr nur allzu verkürzt formulierbar.

11.8. Literaturhinweise zum 11. Kapitel

Auf allgemeine Literatur zum „Capital Asset Pricing Model" ist schon am Ende des siebten Kapitels hingewiesen worden. Ergänzend sei hier noch der Überblicksartikel von

Bernd Rudolph „Zur Theorie des Kapitalmarktes — Grundlagen, Erweiterungen und Anwendungsbereiche des ‚Capital Asset Pricing Model (CAPM)'" in: Zeitschrift für Betriebswirtschaft, 49. Jg. (1979), S. 1034–1063, genannt.

Die theoretischen Aspekte der Übertragung des (einperiodischen) CAPM auf die unternehmerischen Investitions- und Finanzierungsentscheidungen sind in

Mark E. Rubinstein, „A Mean-Variance Synthesis of Corporate Financial Theory" in: Journal of Finance, Vol. 28 (1973), S. 167–181,

sehr klar und einfach dargestellt. Diesen Artikel sollte jeder Student lesen (und lesen können). Eher auf die praktischen Aspekte der Übertragung beziehen sich

Otto L. Adelberger, „Das ‚capital asset pricing model' — eine Lösung des Kalkulationszinsfußproblems für die betriebliche Praxis?" in: E. Rühli/J.P. Thommen (Hrsg.), Unternehmungsführung aus finanz- und bankwirtschaftlicher Sicht, Stuttgart 1981, S. 99–120, und im Rahmen ihres Lehrbuches *Richard Brealey* und *Stewart Myers,* Principles of Corporate Finance, 2nd ed., New York 1984, S. 164–192.

Besonders interessant ist bei Brealey/Myers, daß sie auf den Aspekt der Mehrperiodigkeit ausführlich eingehen, ohne dabei formal anspruchsvoll zu werden.

Vom Anspruchsniveau her schwerer als die bisher genannte Literatur und im Ergebnis kritischer gegenüber dem CAPM ist die ausführliche Diskussion bei

Dieter Schneider, Investition und Finanzierung, 5. Auflage, Wiesbaden 1980, S. 566–610.

V. Teil

Schluß

12. Kapitel

Rückblick und Ausblick

12.1. Rückblick

12.1.1. Übersicht über Problemkreise und Entwicklungen in der Lehre von den Finanzen

Das Übersichtsschema der Abbildung 12.1 auf der nächsten Seite bildet den Kern dieses Kapitels. Es enthält die m.E. zentralen elf Themen oder Problemkreise innerhalb der Lehre von den Finanzen, die ich in diesem Buch zu behandeln versucht habe. Unterschiede und Gemeinsamkeiten sollen durch die Einteilung mit Hilfe der senkrechten Striche zum Ausdruck kommen. Die Pfeile zeigen, zwischen welchen Themenkreisen die inhaltlichen Zusammenhänge besonders ausgeprägt sind. Schließlich gibt es eine historische Ordnung allein aufgrund der ungefähren Zeitpunkte, zu denen die grundlegenden Arbeiten geschrieben bzw. veröffentlicht worden sind. Mit dieser historischen Zuordnung ist freilich nicht gesagt, daß die Forschungsarbeit auf einem der Themengebiete abgeschlossen wäre.

Ein Blick auf die Entwicklung soll es den Lesern erleichtern, eigene Fragestellungen und erlernte Antworten einzuordnen. Die inhaltliche und historische Einordnung der elf Themen soll zudem die „Prozeßhaftigkeit" aller wissenschaftlichen Entwicklungen erkennen lassen: Es ist regelmäßig so, daß jede neue Lösung eines alten Problems ihrerseits neue Fragestellungen aufwirft. Das Ziel dieses Buches ist erreicht, wenn sich der Leser seine Wiederholung des Stoffes aus der Abbildung 12.1 allein erarbeiten kann:

— Er sollte zu jedem der elf Themen die Problemstellung angeben können.
— Er sollte sich zu jedem Thema die zentralen Aussagen und die wichtigsten Begriffe vergegenwärtigen können.
— Er sollte sich die Bedeutung der Pfeile verdeutlichen und zeigen können, inwiefern ein Thema auf anderen aufbaut bzw. inwiefern es die Formulierung und Lösung neuer Probleme vorbereitet.

Ich empfehle jedem Leser nachdrücklich, diese eigenständige Wiederholung zu versuchen, ehe er weiterliest!

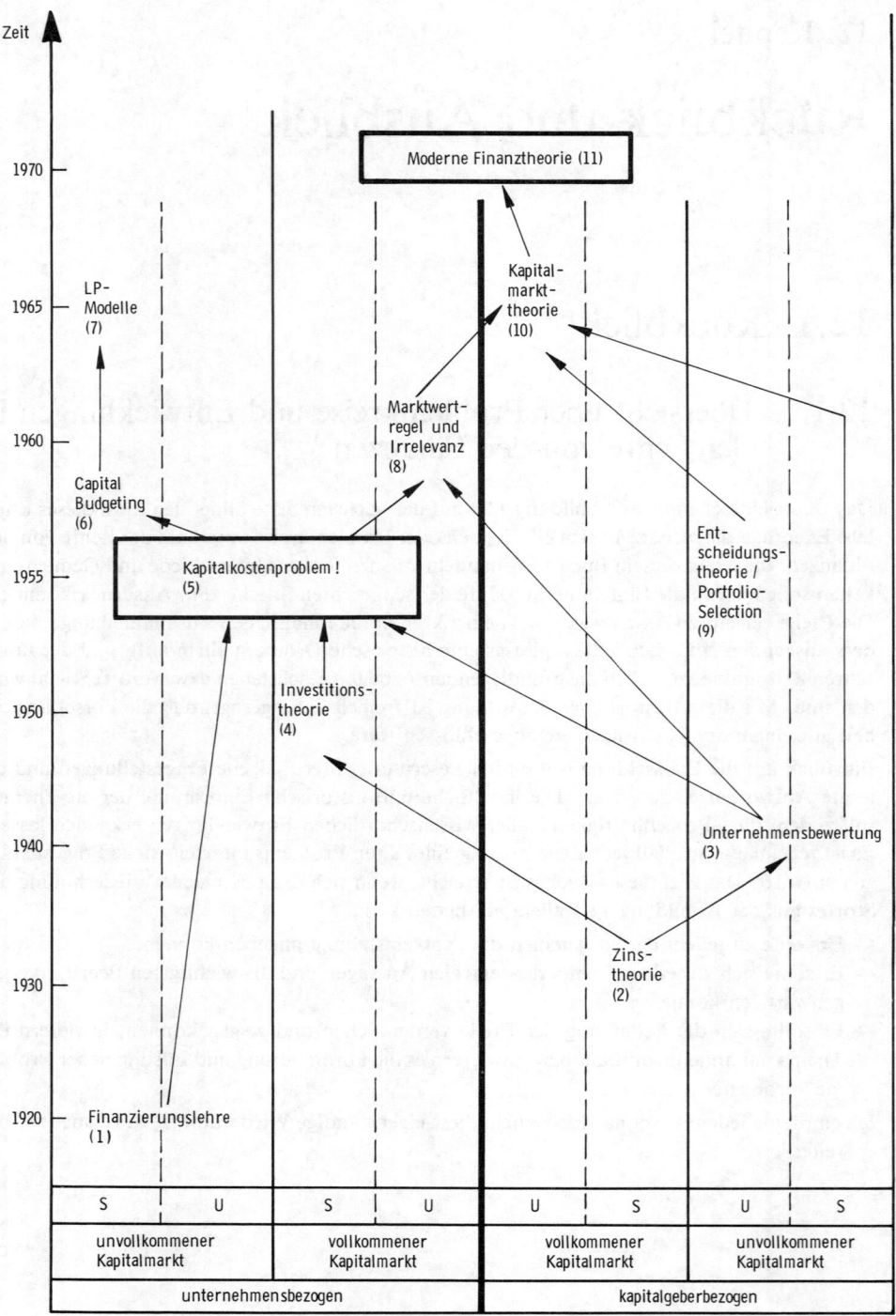

Abb. 12.1: Problemkreise und Entwicklungen

12.1.2. Allgemeine Erläuterungen zu dem Entwicklungsschema

(1) Es versteht sich von selbst, daß eine Einordnung wie die in Abbildung 12.1 ein beträchtliches Maß an Vereinfachungen enthält und meine persönliche Einschätzung ausdrückt. Ich verwende hier auch Einteilungskriterien, die einer heute aktuellen Problemsicht entsprechen. Die Problemsicht war zu den Zeiten, als die hier eingeordneten Arbeiten entstanden sind, vermutlich anders. Die Zuordnung nach den Kriterien Marktvollkommenheit und Berücksichtigung der Unsicherheit ergibt sich nur bei den neueren Themen aus ausdrücklich getroffenen Annahmen in den entsprechenden Arbeiten. Bei der traditionellen Finanzierungslehre (Thema 1), muß man aus der Problemformulierung und der Problembehandlung zurückschließen, daß Unvollkommenheiten des Kapitalmarktes und unsichere Erwartungen berücksichtigt werden. Auch die Einordnung der Bewertungstheorie (Thema 3) und der Portefeuilletheorie (Thema 9) erfordert einen solchen Rückschluß.

(2) Die linke Hälfte der Abbildung enthält diejenigen Themen, die in einem engeren Sinne als „betriebswirtschaftlich" gelten können. Sie beziehen sich direkt auf Entscheidungsprobleme in Unternehmungen. Die Themen auf der rechten Hälfte betreffen eher Entscheidungen von Kapitalgebern. Damit soll nicht gesagt werden, daß Unternehmungen nicht auch z.B. Lehren der Entscheidungstheorie nutzen könnten oder sollten, aber diese mögliche Verwendung hat keine gravierende Auswirkungen auf das, was in der Entscheidungstheorie diskutiert wird.

Die linke und die rechte Hälfte gehören zusammen, denn die Entscheidungen von Kapitalgebern bestimmen nicht nur die Finanzierungsmöglichkeiten und die Kosten der Finanzierung, sondern aus ihnen ergeben sich auch die Maßstäbe, an denen Investitions- und Finanzierungsentscheidungen in Unternehmungen ausgerichtet werden können. Besonders deutlich wird diese Verbindung, wenn Entscheidungen in Unternehmungen gemäß der Zielsetzung „Marktwertmaximierung" getroffen werden (sollen). Erst in der sog. modernen Finanztheorie[1] (Thema 11) ist der Zusammenhang zwischen dem unternehmensbezogenen und dem kapitalgeberbezogenen Bereich voll entwickelt. Bei den Themen 5 (Kapitalkosten) und 8 (Marktwertregel/Irrelevanzthese) ist er insofern noch unvollständig, als die Unsicherheit nur teilweise berücksichtigt ist bzw. die Marktbewertung selbst unerklärt bleibt.

(3) Die beiden Einteilungskriterien Marktvollkommenheit und Berücksichtigung der Unsicherheit sind der Art und der Bedeutung nach verschieden. Daß die Annahme der Sicherheit falsch ist, ist unbestreitbar und unbestritten. Mit der vereinfachenden Annahme der Sicherheit zu rechnen, ist das Ergebnis einer methodologischen Vorentscheidung[2]. Hingegen glauben wohl einige Fachvertreter, daß die Annahme der Marktvollkommenheit eine im Grunde faktisch richtige Annahme und nicht nur eine Vereinfachung ist[3]. Ich halte es jedoch wie Schneider[4] für angebrachter, die umfassende, nicht nur die Aktienbörse betreffende Annahme eines vollkommenen Kapitalmarktes auch als eine Vereinfachung einzustufen. Die Bedeu-

---

1 Die Bezeichnung ist angelehnt an den Titel des Buches [Finance] von *Fama/Miller*.
2 Zur Deutung von (vereinfachenden) Annahmen als „methodologischen Vorentscheidungen", und nicht als Behauptungen, vgl. *Schneider* [Geschichte], bes. S. 38 und S. 312.
3 Als eine faktisch zutreffende Behauptung wird die Annahme der Marktvollkommenheit offenbar von Merton Miller angesehen; vgl. *Miller* [Debt], S. 261 f.
4 Vg. *Schneider* [Investition], S. 530 in Verbindung mit [Geschichte], S. 366.

tungsunterschiede zwischen den beiden Kriterien ergeben sich daraus, daß die wichtigsten qualitativen Aussagen der Investitions- und Finanzierungstheorie nicht von der Annahme über die Sicherheit, sondern von der Annahme über die Vollkommenheit des Kapitalmarktes abhängen: Die Irrelevanz- und Separationstheoreme gelten in der Zinstheorie von Fisher (2) ebenso wie in der Theorie von Modigliani und Miller (8) und in der Kapitalmarkttheorie (10). Daher ist die Sicherheit das untergeordnete Kriterium. Zudem hängen die beiden Kriterien meiner Einschätzung nach zusammen: Unvollkommenheiten des Kapitalmarktes halte ich vor allem für eine Folge von Informationsproblemen. Diese kann es nur bei Unsicherheit geben. Trotzdem habe ich die Kriterien unterschieden, um die spezifischen *Annahmenkombinationen* herausstellen zu können, die in der Entwicklung des Faches wirksam sind.

(4) Innerhalb der Entwicklung haben die Themen 5 und 11 eine Sonderstellung. Sie sind Knotenpunkte der Entwicklung. Das Kapitalkostenproblem (5) erscheint in der Abbildung an zentraler Stelle, und es ist im Verlauf der vorangegangenen Kapitel immer wieder aufgegriffen worden. Es verknüpft die Teilbereiche Investition und Finanzierung (vgl. Kapitel 5) und erschließt die Lehre von der Unternehmens- und Aktienbewertung für die Lehre von den Finanzen (vgl. Kapitel 9). Es führt aber nicht nur vergangene Entwicklungen zusammen und schließt sie damit in gewisser Weise ab, sondern es schafft auch den „Problemdruck", der zu neuen Entwicklungen führt: Eine ist die Simultanplanung (Themen 6 und 7). Die andere ist die Markt-Gleichgewichtstheorie von MM (Thema 8), von der die moderne Finanztheorie (Thema 11) einen ihrer wesentlichen Impulse empfangen hat.

Eine ähnliche Rolle wie das Kapitalkostenproblem könnte die moderne Finanztheorie spielen: Sie führt die Grundidee von MM, daß es ein Gleichgewicht gibt und daß dies wesentliche Implikationen für Investitions- und Finanzierungsentscheidungen hat, weiter und verbindet diese unternehmensbezogene Grundidee mit der Bewertungstheorie der kapitalgeberbezogenen Portefeuille- und Kapitalmarkttheorie. Auch die moderne Finanztheorie stellt so etwas wie einen Endpunkt einer Entwicklung dar, der zu qualitativ neuen Anfängen in der Entwicklung des Faches zwingen könnte.

12.1.3. Erläuterungen zu den einzelnen Problemkreisen

Die folgenden knappen Erläuterungen dienen der Wiederholung. Die Nummerierung entspricht der in Abbildung 12.1. Die zu jedem Thema angegebenen „klassischen" Quellen sollte ein Student, der das Fachgebiet Investition und/oder Finanzierung intensiv studiert, bis zum Ende seines Studiums kennengelernt haben. Die vollständigen Quellenangaben finden sich im Literaturverzeichnis.

(1) Die traditionelle *Finanzierungslehre* behandelt die Möglichkeiten einer Unternehmung, einen gegebenen *Kapitalbedarf* zu decken, diskutiert Vor- und Nachteile einzelner Finanzierungsformen und betrachtet das Problem des „finanziellen Gleichgewichts", insbesondere der *Liquidität*, einer Unternehmung. Die Finanzierungslehre ist zu einem beträchtlichen Teil beschreibend und systematisierend. Im Vergleich zu späteren Entwicklungen ist ihr Abstraktionsniveau gering und ihr Bezug zur betrieblichen Praxis ausgeprägt. Diese beiden Kennzeichen haben eine bemerkenswerte Folge: Es ist *noch* möglich, die Fragen nach den Finanzierungsmöglichkeiten einer Unternehmung und nach dem finanziellen Gleichgewicht zum Problem zu machen, ohne daß dieses durch die Wahl von Modellannahmen (sichere Erwartungen, vollkommener Kapitalmarkt) gleich wieder bagatellisiert oder ganz zum Verschwinden gebracht

wird. Trotz ihrer konzeptionellen Schwächen ist die Finanzierungslehre dadurch nicht nur für die Finanzierungspraxis, sondern auch für die Theorie unverzichtbar. Sie erhält das Bewußtsein für die Komplexität der Probleme des Faches[5].

Als „klassische Texte" zur Finanzierungslehre können die Bücher „Finanzierungen" von *Eugen Schmalenbach* und „The Financial Policy of Corporations" von *A.S. Dewing* gelten.

(2) Der volkswirtschaftlichen *Zins- und Kapitaltheorie* verdankt die moderne Betrachtungsweise innerhalb der Lehre von den Finanzen die theoretische Basis ihres zentralen Konzepts, nämlich der *Diskontierung*. Aus der Zinstheorie kann man lernen, daß der Wert einer Zahlung, die eine Person erhält, von dem Zeitpunkt abhängt, in dem die Zahlung erfolgt. Außerdem zeigt die Zinstheorie, warum und wie zeitlich unterschiedliche Zahlungen „gleichnamig" gemacht, also auf einen Zeitpunkt umgerechnet werden können.

Die Zinstheorie ist eine der wesentlichen theoretischen Grundlagen der (klassischen) Investitionstheorie (Thema 4). Sie enthält auch die Rechtfertigung für die Zielsetzung „Marktwertmaximierung". Die in der Investitions- und Finanzierungstheorie am stärksten rezipierte Zinstheorie ist die von Fisher. Sie ist eine Gleichgewichtstheorie. Der im Hauptwerk von *Irving Fisher* („The Theory of Interest", 1930) wichtige Aspekt des Marktgleichgewichts findet sich später in verallgemeinerter Form in der Kapitalmarkttheorie (Thema 10)[6].

(3) Der Grundgedanke der Diskontierung zukünftiger Erträge wurde zu einer *Theorie der Bewertung von Vermögensgegenständen* verallgemeinert. In dem 1938 erschienenen Buch „The Theory of Investment Value" hat *John B. Williams* die Grundlagen der Theorie der *Unternehmens- und Anteilsbewertung* gelegt: Der Wert jedes ertragbringenden Vermögensgutes ist der auf den Bewertungszeitpunkt diskontierte Wert aller Erträge (oder Einzahlungen, und allgemeiner: aller relevanten Vorteile), die man in der Zukunft aus dem Vermögensgut zu erzielen erwartet. Diesen „ökonomischen Wert" bezeichnet man als *Ertragswert*. Diese Theorie wird später zur Bestimmung der Eigenkapitalkosten einer Aktiengesellschaft verwendet (Thema 5).

(4) Die *Investitionstheorie* überträgt die unter (2) und (3) genannten Grundideen der Diskontierung und der Ertragsbewertung auf betriebliche Investitionsentscheidungen. Gesucht werden praktikable und zugleich theoretisch richtige Methoden zur Bestimmung der Vorteilhaftigkeit einzelner Investitionsobjekte. Besondere Bedeutung kommen hierbei der *Kapitalwert-Methode* und der *Methode des Internen Zinsfußes* zu. Diese werfen drei Fragen auf, die zugleich theoretisch und praktisch relevant sind:

(a) Welche der beiden Methoden führt zu der richtigen Investitionsentscheidung, wenn die zwei Methoden unterschiedliche Handlungsalternativen empfehlen?

(b) Mit welchem Kalkulationszinsfuß soll die Kapitalwertberechnung einer Investition erfolgen, bzw. an welchem Zinssatz soll der Interne Zinsfuß einer Investition gemessen werden?

(c) Wie kann man die Unsicherheit der Erwartungen berücksichtigen?

Die Frage nach der überlegenen Methode läßt sich für den Fall eines vollkommenen Kapitalmarktes eindeutig beantworten: Im Zweifel sollte man der Kapitalwert-Methode folgen. In den frühen Arbeiten zur Investitionstheorie wurde weitgehend mit der Annahme sicherer Erwartungen operiert, und die gesamte Finanzierungsproblematik wurde durch die Annahme

---

5 Vgl. dazu ausführlicher *Schmidt* [Entwicklung], S. 468f.
6 Die Entsprechung wird bei einer anderen als der in diesem Buch dargestellten Fassung der Kapitalmarkttheorie noch deutlicher, nämlich in dem sog. „time-state-preference-model". Vgl. dazu vor allem *Hirshleifer* [Investment].

ausgeschaltet, es gäbe einen vollkommenen Kapitalmarkt. Die Probleme der Bestimmung eines Kalkulationszinsfußes für Investitionsentscheidungen und der Unsicherheit waren damit zwar nicht gelöst, aber sie wurden als wichtig erkennbar. Das Kapitalkostenproblem wird als Thema 5 behandelt, und das Problem der Unsicherheit als Thema 9. In den Themen 8 und 11 werden beide miteinander verknüpft.

Die Grundgedanken der Investitionstheorie sind vor dem zweiten Weltkrieg entwickelt worden. Die für ihre Verbreitung entscheidenden Monographien von *Friedrich und Vera Lutz* („The Theory of Investment of the Firm") und von *Erich Schneider* („Wirtschaftlichkeitsrechnung") sind aber erst 1951 erschienen.

(5) Das *Kapitalkostenproblem* besteht darin, denjenigen Kalkulationszinsfuß zu finden, dessen Verwendung zu optimalen Investitionsentscheidungen führt. Den Begriff „Kapitalkostensatz" kann man als gleichbedeutend mit „richtiger Kalkulationszinsfuß" gebrauchen.

Das Kapitalkostenproblem hat einen formalen und einen materiellen Aspekt. Der *formale* Aspekt, der oben im fünften Kapitel behandelt wird, besteht darin, daß der Kalkulationszinsfuß in der Investitionsrechnung die beste durch die Investion gerade ausgeschlossene Alternative repräsentieren soll. Im Falle eines unvollkommenen Kapitalmarktes weiß man aber, wenn die Entscheidung über ein einzelnes Investitionsobjekt getroffen werden soll, noch nicht, welche Alternativen dadurch gerade ausgeschlossen werden. Die konsequente Formulierung des Kapitalkostenproblems macht deutlich, daß es bei einem unvollkommenen Kapitalmarkt nicht möglich ist, isolierte Entscheidungen über einzelne Investitionsobjekte zu treffen. Der richtige Kalkulationszinsfuß ergibt sich erst aus einer Programmplanung (Themen 6 und 7).

Eine Determinante des Kapitalkostensatzes sind die Finanzierungskosten. Im Falle eines vollkommenen Kapitalmarktes kann man sogar Kapitalkosten und Finanzierungskosten gleichsetzen. Dies führt zum *materiellen* Aspekt des Kapitalkostenproblems: Wie kann man Finanzierungskosten und insbesondere die Kosten des Eigenkapitals ermitteln? In der Literatur wird vorgeschlagen, als Eigenkapitalkostensatz denjenigen Diskontierungssatz zu verwenden, mit dem „die Börse" die erwarteten Dividenden diskontiert. Man kann diesen Satz durch eine Umkehrung der Grundidee der Ertragsbewertung aus dem Börsenkurs zu ermitteln versuchen. Hat man konzeptionell und möglicherweise sogar praktisch die Kosten einzelner Finanzierungsarten bestimmt, drängt sich die nächste Frage auf: Wie hoch sind die Kapitalkosten, wenn eine Unternehmung Eigen- *und* Fremdkapital einsetzt. Man beachte, daß sich die materielle Frage nach der Höhe der Finanzierungs- bzw. Kapitalkosten auch dann stellt, wenn man mit einem vollkommenen Kapitalmarkt rechnet.

Die Diskussion über das Kapitalkostenproblem ist zwischen 1955 und 1965 geführt worden. Als „klassische Quelle" kann *Ezra Solomons* Buch „The Theory of Financial Management" (1963) gelten.

(6) Bei unvollkommenem Kapitalmarkt ist es nur unter besonderen Umständen möglich, die Vorteilhaftigkeit einer Investition isoliert zu bestimmen, da der „richtige" Kalkulationszinsfuß oder der Kapitalkostensatz nicht exogen vorgegeben werden kann. Es ist daher notwendig, über das gesamte Investitions- und Finanzierungsprogramm zugleich (simultan) zu entscheiden und dadurch die Verwendung eines Kapitalkostensatzes überflüssig zu machen. Eine einfache Methode dazu ist das *Capital Budgeting*. Diese Methode veranschaulicht ausreichend die Grundidee der Simultanplanung. Sie zeigt, daß man den „richtigen" Kalkulationszinsfuß erst zugleich mit dem optimalen Investitions- und Finanzierungsprogramm kennenlernt. Dann braucht man ihn aber nicht mehr. Die Methode des „Capital Budgeting", die von Joel Dean in seinem schon 1951 erschienenen gleichnamigen Buch entwickelt worden ist, hat enge Gren-

zen der Anwendbarkeit und ist gravierenden theoretischen Einwänden ausgesetzt. Der wichtigste ist, daß Kapitalmarktunvollkommenheiten nur in der ersten Planungsperiode berücksichtigt werden können. Eine mehrperiodische Variante ist erforderlich. Sie bildet das Thema 7.

(7) In der Literatur sind kurz nach 1960 Modelle zur *mehrperiodischen simultanen Investitions- und Finanzierungsplanung* mit Hilfe der *Linearen Programmierung* veröffentlicht worden. Diese Rechentechnik erlaubt es, eine (lineare) Zielfunktion unter mehreren (linearen) Nebenbedingungen zu maximieren. Die theoretisch interessantesten unter den Nebenbedingungen in den finanzwirtschaftlichen LP-Modellen sind die Liquiditätsbedingungen. Durch die Art ihrer Formulierung kann der Unvollkommenheit des Kapitalmarktes in *mehreren* Perioden Rechnung getragen werden. Ein wichtiges Problem bei der Formulierung der LP-Modelle bildet die Zielfunktion. Um die bei Kapitalmarktunvollkommenheiten angreifbare Zielgröße „Kapitalwert" zu vermeiden, sind Planungsmodelle entwickelt worden, in denen direkt der Einkommensstrom des Investors optimiert wird.

Das entscheidende Problem aller LP-Modelle liegt aber nicht in der Formulierung. Vielmehr ist es die den Modellen zugrunde liegende Annahmenkombination sicherer Erwartungen und (grob) unvollkommener Kapitalmärkte. Diese Annahmenkombination ist wenig plausibel und zudem unfruchtbar. Aus dem Thema 7 haben sich auch keine für das Fach wesentlichen neuen Impulse ergeben.

Die Darstellung und Kritik des „Capital Budgeting" und der LP-Modelle finden sich in diesem Buch im fünften Kapitel. Dort sind auch die „klassischen" Arbeiten von *Albach, Weingartner* und *Hax* zur mehrperiodischen simultanen Investitions- und Finanzierungsplanung genannt.

(8) Nicht die Annahmenkombination sicherer Erwartungen und unvollkommener Kapitalmärkte, sondern die umgekehrte Annahmenkombination unsicherer Erwartungen und (trotzdem) vollkommener Märkte hat die weitere Entwicklung des Faches nachhaltig geprägt. Der wichtigste Ausgangspunkt dieser als neoklassisch zu bezeichnenden Denkrichtung ist der Aufsatz „The Cost of Capital, Corporation Finance and the Theory of Investment" von *Franco Modigliani* und *Merton H. Miller*. Wie sie als erste bewiesen haben, hat unter bestimmten Bedingungen bei vollkommenen Kapitalmärkten für Eigen- und Fremdkapital die Zusammensetzung der Finanzierung keinen Einfluß auf den Gesamtwert und auf die (durchschnittlichen) Kapitalkosten einer Aktiengesellschaft. Es gibt daher keine *optimale Kapitalstruktur*. Diese *Irrelevanzthese* kann sogar noch zu dem verblüffenden Ergebnis verallgemeinert werden, daß bei vollkommenen Kapitalmärkten die gesamte Finanzierung einer Aktiengesellschaft für den Unternehmenswert und für den Reichtum und die Wohlfahrt ihrer Aktionäre irrelevant ist. Wenn dies zutrifft, ist das *formale* Kapitalkostenproblem (Thema 5) gelöst. Dies würde Investitionsentscheidungen beträchtlich vereinfachen, weil sie unabhängig von der Finanzierung getroffen werden könnten.

Der Beweis der Irrelevanzthese von MM baut auf der Annahme auf, daß es im Interesse der Aktionäre ist, den *Marktwert* des Eigenkapitals der Aktiengesellschaft zu maximieren, und der Beweis von MM rechtfertigt seinerseits die Verwendung dieser Zielsetzung. Das wirft die Frage auf, wovon der Marktwert, der Wert der Aktien an der Börse, denn genau abhängt. Um diese Frage beantworten zu können, genügt der Grundgedanke der Ertragsbewertung nicht. Es muß auch geklärt werden, wie Aktionäre das Risiko einer Aktie messen und bewerten (Themen 10 und 11).

(9) Investitionsentscheidungen sind immer Entscheidungen unter Unsicherheit. Wie man Entscheidungsprobleme unter Unsicherheit formulieren und lösen soll, ist der Gegenstand der *Entscheidungstheorie*.

Es gibt zwei wichtige methodische Ansätze in der *Entscheidungstheorie*: (a) Man kann ein Entscheidungsproblem (korrekt) in der Form einer Ergebnismatrix formulieren und dann mit Hilfe einer Entscheidungsregel lösen. Die wichtigste Entscheidungsregel ist das „Bernoulli-Kriterium". (b) Man kann ein Entscheidungsproblem (u.U. vereinfacht und nicht immer korrekt) formulieren, indem man für jede in Betracht gezogene Handlungsmöglichkeit je eine Kennziffer für „Ertrag" und „Risiko" ermittelt. Zur Lösung braucht man dann eine Bewertungsvorschrift, die angibt, wie Ertrag und Risiko gegeneinander abzuwägen sind.

Die Entscheidungstheorie ist nicht nur für Investitions- sondern auch für Finanzierungsentscheidungen wichtig, denn ob und zu welchen Bedingungen eine Unternehmung Kapital zur Durchführung von Investitionen erhalten kann, hängt — unter anderem — davon ab, wie Kapitalgeber ihr Risiko messen und beurteilen. Dabei ist folgende Überlegung sehr wichtig: Kapitalgeber können ihr Risiko reduzieren, indem sie ihr Kapital auf verschiedene Anlageobjekte aufteilen. Besonders für Eigenkapitalgeber von Aktiengesellschaften ist die Möglichkeit der *Diversifikation*, d.h. der Risikominderung durch Anlagestreuung, gegeben. Diversifikation seitens der Kapitalgeber mindert die Eigenkapitalkosten für Unternehmungen. Wie dies geschehen kann, wird in der Lehre von der Wertpapiermischung (*Portfolio Selection*) untersucht. Sie ist als eine spezielle Entscheidungstheorie für Kapitalanleger an der Börse entstanden und war ursprünglich nicht mit der Investitions- und Finanzierungstheorie verbunden. Erst die Kapitalmarkttheorie (Thema 10) stellte diese Verbindung her. Die klassische Quelle zur „Portfolio Selection" ist der gleichnamige Aufsatz von *Harry Markowitz* aus dem Jahre 1952.

(10) Ausgehend von der Annahme, daß alle Kapitalgeber die Möglichkeit zur Diversifikation systematisch nutzen, gibt die *Kapitalmarkttheorie* eine einfache Regel dafür an, wie Aktien und andere risikobehaftete Vermögensgüter („assets") am Kapitalmarkt bewertet werden: Der Marktwert von Aktien und damit auch der Marktwert des Eigenkapitals von Aktiengesellschaften wird nur durch den erwarteten Ertrag und das sogenannten systematische Risiko bestimmt. Das für die Marktbewertung von Aktien bestimmende Risikomaß ist nicht die Varianz der Rendite einer Aktie, sondern die Kovarianz ihrer Rendite mit der Rendite des Marktportefeuilles, d.h. ihre Empfindlichkeit gegenüber einer allgemeinen Börsentendenz. Mit dieser Theorie der *Marktbewertung* von Aktien wird die Zielsetzung „Marktwertmaximierung" konkretisiert.

Die drei „klassischen" Aufsätze zur Kapitalmarkttheorie von *William F. Sharpe, John Lintner* und *Jan Mossin* sind zwischen 1964 und 1966 erschienen[7].

(11) Als „*moderne Finanztheorie*" wird die Richtung der Investitions- und Finanzierungstheorie bezeichnet, in der auf der Kapitalmarkttheorie aufbauend Kriterien für optimale Investitions- und Finanzierungsentscheidungen für Unternehmungen angegeben werden. Die moderne Finanztheorie berücksichtigt,

(a) daß Investitionen Entscheidungen unter Unsicherheit sind,
(b) daß Kapitalgeber i.d.R. risikoscheu sind,
(c) daß es einen organisierten Markt für (viele) Aktien gibt und Anleger durch Diversifikation Risiken vermindern können und

---

7 Vgl. *Sharpe* [Prices], *Lintner* [Valuation] und *Mossin* [Equilibrium].

(d) daß die Kurse auf diesem Markt das Ergebnis der Erwartungen und Bewertungen eine großen Zahl von Anlegern widerspiegeln.

In allen früheren Entwicklungsstufen der Investitions- und Finanzierungstheorie wird der Fehler gemacht, daß mindestens einer der Punkte (a) bis (d) vergessen wird und dadurch Investitions- und Finanzierungsprobleme falsch oder unvollständig behandelt werden. Gleichwohl hat auch die moderne „Theory of Finance" bestimmte Mängel. Sie geht — jedenfalls gegenwärtig — von unrealistisch strengen Annahmen über die Vollkommenheit von Kapitalmärkten aus. Das hat unter anderem zur Folge, daß die Probleme, die Gegenstand der „traditionellen Finanzierungslehre" sind, nicht adäquat erfaßt werden können. Diese Probleme sind aber existent, und man wird versuchen müssen, sich ihnen zu nähern, indem man die Annahme der Vollkommenheit der Kapitalmärkte abschwächt, ohne jedoch die genannten Punkte (a) bis (d) zu vergessen.

12.2. Ausblick

Gewiß wird auch in den nächsten Jahren an den Themen weitergearbeitet, die in diesem Buch vorgestellt worden sind. Daneben wird es aber auch qualitativ neue Entwicklungen geben. Darüber kann man zwar nur Vermutungen äußern, aber diese lassen sich begründen, denn die Anfänge des Neuen sind in den Mängeln des Alten schon angelegt. Genau deshalb habe ich in diesem Buch auch immer wieder betont, was Anlaß zu fundamentaler, auf die Konzeption gerichteter Kritik an den bestehenden theoretischen Ansätzen bietet.

Das „kritische Leitmotiv" in der ersten Hälfte des Buches lautet, daß man den Kapitalmarkt nicht vergessen darf. Ein Grund für diese Forderung nach einer expliziten Berücksichtigung von Ausgleichsmechanismen am Kapitalmarkt ist, daß diese einen wichtigen Teil der in Betracht zu ziehenden Realität darstellen. Der andere Grund ist, daß die den Kapitalmarkt vernachlässigten Aussagen zusammenhanglos und insofern willkürlich sind.

In der zweiten Hälfte des Buches, besonders vom neunten Kapitel an, wird systematisch markttheoretisch argumentiert. Das „capital asset pricing model" scheint die Erfüllung der vorher aufgestellten Forderung zu sein. Aber wieder gibt es ein „kritisches Leitmotiv". Es lautet: Die neoklassische Marktgleichgewichtstheorie ist steril; das „eigentliche" Finanzierungsproblem wird nicht erfaßbar, und die in der Realität wichtigen finanziellen Institutionen wie Banken, Bilanzen und Konkursrichter lassen sich weder verstehen noch in die Theorie einbauen.

Die Entwicklung des Faches „Finanzen" wird in den nächsten Jahren vermutlich von den Versuchen geprägt sein, das Dilemma von Willkürlichkeit (oder zu wenig Berücksichtigung von Markt) und Sterilität (oder zu starken Annahmen über Marktvollkommenheit) zu mildern.

Ein einfacher, pragmatischer Kompromiß, bei dem man „etwas Marktunvollkommenheit" und „etwas Ungleichgewicht" annimmt, wäre vermutlich nicht hilfreich. Zumindest wäre er von vornherein mit dem Makel der Willkürlichkeit behaftet. Die internationale Diskussion[8] weist eher in eine andere Richtung: Erst fragt man, warum die neoklassische Theorie von MM bis zum CAPM steril ist. Die Antwort dürfte sein, daß man Informations- und Anreizprobleme vergessen hatte.

---

8 Vgl. bes. *Jensen/Meckling* [Theory].

Finanzierungsvereinbarungen haben ja ebenso wie Versicherungsverträge, Prämiensysteme für Manager und viele andere Verträge eine doppelte Wirkung: Sie bestimmen nicht nur, wer unter welchen Bedingungen wieviel bekommt (Verteilungsregelung), sondern sie schaffen auch Anreize für die Betroffenen, ihr Verhalten auf die Verteilungsregelung einzustellen (Anreizeffekt). Ein Manager, dessen Entlohnung in einer unsicheren ergebnisabhängigen Prämie besteht, wird die Handlungsmöglichkeit wählen, bei der der Wert seiner Prämie am höchsten wird. Das ist nicht immer die von den Eigentümern bevorzugte Handlungsmöglichkeit. Wer sein Haus vollständig versichert hat, wird weniger zur Feuerverhütung aufwenden. Auch bei der Finanzierung gibt es solche Anreizeffekte. Daß sie sich nicht ausschließen lassen, ist eine Folge von Informationsproblemen: Entscheidungsprozesse sind nur in Grenzen kontrollierbar. Wenn aus Anreizeffekten infolge der Informationsprobleme Anreizprobleme werden, ist es konsequent, d.h. nicht-willkürlich, die Rückwirkung von Anreiz- und Informationsproblemen auf die Funktionsfähigkeit von Kapitalmärkten zu beachten. Man erkennt dann, daß *und warum* Kapitalmärkte unvollkommen sein müssen. Diese Nicht-Willkürlichkeit ist für die Entwicklungsfähigkeit der Theorie wichtig.[9]

Die umfassende und systematische Einbeziehung der Anreizeffekte dürfte einer der nächsten Schritte in der Entwicklung der Finanztheorie sein. Vorarbeiten dazu enthält die Organisationstheorie, in der diskutiert wird, wie sich das Verhalten von beauftragten Managern u.a. durch Prämiensysteme steuern läßt. Aus dieser Diskussion lernt man, daß es eine generelle Lösung des Anreizproblems nicht geben kann[10]. Eine weitere Lehre deutet sich zumindest an: Marktmechanismen beschränken die möglichen Erscheinungsformen und Auswirkungen von Anreizeffekten, und sie beschränken den Kreis der Handlungsmöglichkeiten, die eingesetzt werden können, um das Anreizproblem zu mildern. Diese Wirkung des Marktes ist der von MM geschilderten ähnlich: Der Arbitragemechanismus beschränkt die Menge der möglichen Konstellation von Marktwerten des Eigen- und des Fremdkapitals. Aber während der Marktmechanismus in der Modellwelt von MM einfach zu durchschauen ist und für das mögliche Geschehen enge Grenzen setzt, sind die Wirkungen marktmäßiger Ausgleichsmechanismen in einer Welt mit Informations- und Anreizproblemen schwerer zu erkennen und vermutlich auch weniger ausgeprägt. Dies darf jedoch nicht dazu verleiten, daß man — wieder — den Markt in der Theorie vergißt.

Es wird viel Mühe kosten, bis es der Finanztheorie gelingen wird, Anreiz- und Informationsprobleme und die beschränkte Funktionsfähigkeit von Marktmechanismen in exakten Modellen und vielleicht sogar empirisch prüfbaren Hypothesen zu verbinden. Aber die Mühe verspricht einen Lohn: Wenn in der sich bereits in Umrissen abzeichnenden neuen Modellwelt Kapitalmärkte nicht so vollkommen sein können wie bei MM oder im CAPM, gelten innerhalb der Theorie die Irrelevanz- und Separationstheoreme nicht mehr. Damit wird es wieder mit der Theorie vereinbar, daß es wirkliche Finanzierungsprobleme und komplexere finanzwirtschaftliche Institutionen gibt. Die drei wichtigsten Teile des Faches „Finanzen", die Theorie, die Politik und die Institutionenlehre, können dann wieder zusammengeführt werden.

---

9 Vgl. dazu ausführlicher *Schmidt* [Methodology].
10 Vgl. bes. *Ross* [Agencies].

Literaturverzeichnis

Soweit in den Fußnoten zum Text abgekürzte Titelangaben verwendet sind, sind die als Kurztitel gebrauchten Worte hier in Klammern gesetzt.

Adelberger, Otto L: Das „Capital Asset Princing Model" — eine Lösung des Kalkulationszinsfußproblems für die betriebliche Praxis?, in: Unternehmungsführung aus finanz- und bankwirtschaftlicher Sicht, hrsg. v. E. Rühli und J. P. Thommen, Stuttgart 1981, S. 99—120.

Adelberger, Otto L./Günther, Horst: [Fall- und Projektstudien] zur Investitionsrechnung, München 1982.

Akerlof, George A.: The [Market] for „Lemons": Qualitative Uncertainty and the Market Mechanism, in: Quarterly Journal of Economics, Vol. 84 (1970), S. 488—500.

Albach, Horst: [Investition] und Liquidität, Wiesbaden 1962.

Albach, Horst (Hrsg.): Investitionstheorie, Köln 1975.

Albert, Hans: Das [Werturteilsproblem] im Lichte der logischen Analyse, in: Zeitschrift für die gesamte Staatswissenschaft, 112 Bd. (1956), S. 410—436.

Albert, Hans: Die [Wissenschaft] und die Suche nach Wahrheit, in: Fortschritt und Rationalität der Wissenschaft, hrsg. v. G. Radnitzky und G. Andersson, Tübingen 1980, S. 221—245.

Arnold, Hans: [Risikentransformation]; Finanzierungsinstrumente und Finanzierungsinstitute als Institutionen zur Transformation von Unsicherheitsstrukturen, Diss. Saarbrücken 1964.

Arrow, Kenneth J.: Social [Choice] and Individual Values, 2nd ed., New York/London/Sydney 1963.

Arrow, Kenneth J.: The [Role] of Securities in the Optimal Allocation of Risk-Bearing, in: Review of Economic Studies, Vol. 31 (1963/64), S. 91—96.

Ballwieser, Wolfgang: Die [Wahl] des Kalkulationszinsfußes bei der Unternehmensbewertung unter Berücksichtigung von Risiko und Geldentwertung, in: Betriebswirtschaftliche Forschung und Praxis, 33. Jg. (1981), S. 97—114.

Ballwieser, Wolfgang: [Unternehmensbewertung] und Komplexitätsreduktion, Wiesbaden 1983.

Ballwieser, Wolfgang/Schmidt, Reinhard H.: [Unternehmensverfassung], Unternehmensziele und Finanztheorie, in: Unternehmensverfassung als Problem der Betriebswirtschaftslehre, hrsg. v. K. Bohr u.a., Berlin 1981, S. 645—682.

Baltensperger, Ernst: Credit [Rationing]: Issues and Questions, in: Journal of Money, Credit and Banking, Vol. 10 (1978), S. 170—183.

Bamberg, Günter/Coenenberg, Adolf G.: Betriebswirtschaftliche [Entscheidungslehre], 3. Aufl., München 1981.

Barges, Alexander: The [Effect] of Capital Structure on the Cost of Capital, Englewood Cliffs (N.J.) 1963.

Baumol, William J.: The [Stock Market] and Economic Efficiency, New York 1965.

Baumol, William J.: Business [Behavior], Value and Growth, New York 1967.

Bawa, Vijay S./Brown, Stephen J./Klein, Roger W.: [Estimation] Risk and Optimal Portfolio Choice, Amsterdam 1979.

Beckmann, Liesel: Die betriebswirtschaftliche [Finanzierung], 2. Aufl., Stuttgart 1956.

Bellinger, Bernhard: Langfristige [Finanzierung], Wiesbaden 1964.

Bidlingmaier, Johannes: Zur [Zielbildung] in Unternehmungsorganisationen, in: Zeitschrift für betriebswirtschaftliche Forschung, 19. Jg. (1967), S. 246—256.

Bitz, Michael: Entscheidungstheorie, München 1981.

Blohm, Hans/Lüder, Klaus: Investition, 5. Aufl., München 1983.

Blumentrath, Ulrich: Investitions- und [Finanzplanung] mit dem Ziel der Endwertmaximierung, Wiesbaden 1969.

Borch, Karl: Economic [Objectives] and Decision Problems, in: IEEE Transactions on Systems Science and Cybernetics (Stanford, Cal.), Vol. SSC-4, No. 3 (1968), S. 266—270.

Borch, K[arl]: A [Note] on Uncertainty and Indifference Curves, in: Review of Economic Studies, Vol. 36 (1969), S. 1—4.

Boulding, Kenneth E.: [Time] and Investment, in: Economica, N.S., Vol. 3 (1937), S. 196—220.

Brealey, Richard/Myers, Stewart: [Principles] of Corporate Finance, 2nd ed., New York 1984.

Bromwich, Michael: The [Economics] of Capital Budgeting, London 1976.

De Angelo, Harry: Competition and [Unanimity], in: American Economic Review, Vol. 71 (1981), S. 18—27.

Dean, Joel: Capital Budgeting, New York, 1951.

Debreu, Gerard: The [Theory] of Value, New York 1959.

Deppe, Hans-Dieter: Betriebswirtschaftliche [Grundlagen] der Geldwirtschaft, Bd. 1: Einführung und Zahlungsverkehr, Stuttgart 1973.

Deppe, Hans-Dieter: [Grundriß] einer analytischen Finanzplanung, Göttingen 1975.

Deppe, Hans-Dieter: [Konzeption] einer wissenschaftlichen Bankbetriebslehre in drei Doppelstunden, in H.-D. Deppe: (Hrsg.), Bankbetriebliches Lesebuch, Ludwig Mühlhaupt zum 65. Geburtstag, Stuttgart 1978, S. 1—93.

Dewing, Arthur S.: The Financial Policy of Corporations, New York 1920.

Drukarczyk, Jochen: [Investitionstheorie] und Konsumpräferenz, Berlin 1970.

Drukarczyk, Jochen: Finanzierungstheorie, München 1980.

Drukarczyk, Jochen: Finanzierung, 2. Aufl., Stuttgart 1985.

Engelhardt, Werner: Die [Finanzierung] aus Gewinn im Warenhandelsbetrieb und ihre Einwirkungen auf Betriebsstruktur und Betriebspolitik, Berlin 1960.

Engels, Wolfram: [Rentabilität], Risiko und Reichtum, Tübingen 1969.

Engels, Wolfram/Sablotny, Herbert/Zickler, Dieter: Das [Volksvermögen], Frankfurt/New York 1974.

Engels, Wolfram: Betriebswirtschaftliche [Bewertungslehre] im Licht der Entscheidungstheorie, Köln/Opladen 1962.

Fama, Eugene F.: Multiperiod Consumption-Investment [Decisions], in: American Economic Review, Vol. 60 (1970), S. 163—174.

Fama, Eugene F.: [Foundations] of Finance, New York 1976.

Fama, Eugene F.: Risk Adjusted [Discount Rates] and Capital Budgeting under Uncertainty, in: Journal of Financial Economics, Vol. 5 (1977), S. 3—24.

Fama, Eugene F.: The [Effects] of a Firm's Investment and Financing Decisions on the Welfare of its Security Holders, in: American Economic Review, Vol. 68 (1978), S. 272—284.

Fama, Eugene F./Miller, Merton H.: The Theory of [Finance], New York u.a. 1972.

Fischer, Otfried: [Finanzwirtschaft] der Unternehmung I, Tübingen/Düsseldorf 1977.

Fisher, Irving: The Theory of [Interest], New York 1930 (reprint New York 1965).

Franke, Günter: [Kapitalmarkt] und Separation, in: Zeitschrift für Betriebswirtschaft, 53. Jg. (1983), S. 239—260.

Franke, Günter/Laux, Helmut: Die [Ermittlung] der Kalkulationszinsfüße für investitionstheoretische Partialmodelle, in: Zeitschrift für betriebswirtschaftliche Forschung, 20. Jg. (1968), S. 740—759.

Gordon, Myron J.: The [Investment], Financing, and Valuation of the Corporation, Homewood (Ill.) 1962.

Gordon, Myron J.: Optimal Investment and Financing [Policy], in: Journal of Finance, Vol. 18 (1963), S. 264—272.

Gordon, Myron J./Shapiro, Eli: Capital Equipment Analysis: The Required Rate of Profit, in: Management Science, Vol. 3 (1956), S. 102—110; deutsche Übersetzung: Analyse der Vorteilhaftigkeit von Investitionen: Die [Mindestrendite], in: Die Finanzierung der Unternehmung, hrsg. v. H. Hax und H. Laux, Köln 1975, S. 54—64.

Gutenberg, Erich: Grundlagen der Betriebswirtschaftslehre, Bd. 1: Die [Produktion], 24. Aufl., Berlin/Heidelberg/New York 1983.

Gutenberg, Erich: Grundlagen der Betriebswirtschaftslehre, Bd. 3: Die [Finanzen], 8. Aufl., Berlin/Heidelberg/New York 1980.

Hakansson, Nils H.: Optimal Investment and Consumption [Strategies] under Risk for a Class of Utility Functions, in: Econometrica; Vol. 38 (1970), S. 587—607.

Haley, Charles W./Schall, Lawrence D.: The [Theory] of Financial Decisions, 2nd ed., New York 1979.

Hansen, Gerd: [Methodenlehre] der Statistik, 2. Aufl., München 1977.

Haugen, Robert A./Pappas, James L.: [Equilibrium] in the Pricing of Capital Assets, Risk-Bearing Debt Instruments, and the Question of Optimal Capital Structure, in: Journal of Financial and Quantitative Analysis, Vol. 6 (1971), S. 943—953.

Haugen, Robert A./Senbet, Lemma W.: The [Insignificance] of Bankruptcy Costs to the Theory of Optimal Capital Structure, in: Journal of Finance, Vol. 33 (1978), S. 383—393.

Hax, Herbert: [Investitions- und Finanzplanung] mit Hilfe der linearen Programmierung, in: Zeitschrift für betriebswirtschaftliche Forschung, 16. Jg. (1964), S. 430—446.

Hax, Herbert: [Bezugsrecht] und Kursentwicklung von Aktien bei Kapitalerhöhungen, in: Zeitschrift für betriebswirtschaftliche Forschung, 23. Jg. (1971), S. 157—163.

Hax, Herbert: Investitionstheorie, 5. Aufl., Würzburg/Wien 1985.

Hax, Herbert: [Unternehmungspolitik] und betriebliche Finanzpolitik, in: Unternehmungsführung aus finanz- und bankwirtschaftlicher Sicht, hrsg. v. E. Rühli und J.P. Thommen, Stuttgart 1981, S. 7—22.

Hax, Herbert: Finanzierungs- und Investitionstheorie, in: H. Koch (Hrsg.), Neuere Entwicklungen der Unternehmungstheorie, Wiesbaden 1982, S. 49—68.

Hax, Herbert/Laux, Helmut: Flexible Planung — [Verfahrensregeln] und Entscheidungsmodelle für die Planung bei Ungewißheit, in: Zeitschrift für betriebswirtschaftliche Forschung, 24. Jg. (1972), S. 318—340.

Hax, Herbert/Laux, Helmut (Hrsg.): Die [Finanzierung] der Unternehmung, Köln 1975.

Hax, Karl: Art. „Langfristige Finanz- und [Investitionsentscheidungen]", in: Handbuch der Wirtschaftswissenschaften, Bd. 1, Betriebswirtschaftslehre, hrsg. von K. Hax und Th. Wessels, 2. Aufl., Köln/Opladen 1966, S. 399—489.

Heinen, Edmund: Grundlagen betriebswirtschaftlicher Entscheidungen: Das [Zielsystem] der Unternehmung, 3. Aufl., Wiesbaden 1976.

Heinen, Edmund: Art. „Ziele und Zielsysteme in der Unternehmung", in: Handwörterbuch der Wirtschaftswissenschaft, hrsg. v. W. Albers u.a., Bd. 9, Stuttgart/Tübingen/Göttingen 1982, S. 616—623.

Heister, Matthias: [Rentabilitätsanalyse] von Investitionen, Köln/Opladen 1962.

Hertz, David B.: Investment [Policies] that Pay Off, in: Harvard Business Review, Vol. 64 (1968), S. 96—108.

Hesse, Konrad: [Grundzüge] des Verfassungsrechts der Bundesrepublik Deutschland, 13. Aufl., Heidelberg 1982.

Hielscher, Udo/Laubscher, Hans-Dieter: Finanzierungskosten, Frankfurt/M. 1976.

Hirshleifer, J[ack]: On the [Theory] of Optimal Investment Decision, in: Journal of Political Economy, Vol 66 (1958), S. 329—352.

Hirshleifer, Jack: [Investment], Interest and Capital, Englewood Cliffs (N.J.) 1970.

Jacob, Herbert: Neuere [Entwicklungen] in der Investitionsrechnung, in: Zeitschrift für Betriebswirtschaft, 34. Jg. (1964), S. 487—507 und S. 551—594.

Jensen, Michael C./Meckling, William H.: [Theory] of the Firm: Managerial Behavior, Agency Costs and Ownership Structure, in: Journal of Financial Economics, Vol. 3 (1976), S. 305—360.

Kilger, Wolfgang: Zur [Kritik] am internen Zinsfuß, in: Zeitschrift für Betriebswirtschaft, 35. Jg. (1965), S. 765—798.

Kirsch, Werner: Die entscheidungs- und systemorientierte [Betriebswirtschaftslehre]; Wissenschaftsprogramm, Grundkonzeption, Wertfreiheit und Parteilichkeit, in: Wissenschaftstheorie und Betriebswirtschaftslehre, hrsg. v. G. Dlugos, G. Eberlein und H. Steinmann, Düsseldorf 1972, S. 153—184.

Kolbeck, Rosemarie: Art. „[Unternehmen] I: Unternehmen und Betrieb", in: Handwörterbuch der Wirtschaftswissenschaft, hrsg. v. W. Albers u.a., Bd. 8, Stuttgart/Tübingen/Göttingen 1980, S. 65—71.

Krahnen, Jan-P.: Zur [Entwicklung] der mikro-ökonomischen Finanztheorie: Die Diskussion um die optimale Kapitalstruktur, Arbeitspapier FU-Berlin 1981.

Krümmel, Hans-Jacob: [Finanzierungsrisiken] und Kreditspielraum, in: Zeitschrift für Betriebswirtschaft, 36. Jg. (1966), 1. Ergänzungsheft, S. 134—157.

Kruschwitz, Lutz: Investitionsrechnung, 2. Aufl., Berlin 1985.

Laux, Helmut: Flexible [Investitionsplanung], Opladen 1971.

Laux, Helmut: Expected Utility Maximization and Capital Budgeting Subgoals, in: Unternehmensforschung, 15. Jg. (1971), S. 130—146, deutsche Übersetzung: [Nutzenmaximierung] und finanzwirtschaftliche Unterziele, in: Die Finanzierung der Unternehmen, hrsg. v. H. Hax und H. Laux, Köln 1975, S. 65—84.

Laux, Helmut: [Entscheidungstheorie], Bd. 1, Grundlagen, Berlin/Heidelberg/New York 1982.

Lehmann, Matthias: Zur Theorie der [Zeitpräferenz], Berlin 1975.

Lehmann, Matthias: Zwei [Probleme] der Kapitaltheorie: Intertemporale Nutzenfunktionen und Kapitalkosten bei vollkommenem Kapitalmarkt, in: Zeitschrift für betriebswirtschaftliche Forschung, 27. Jg. (1975), S. 40—59.

Lehmann, Matthias: [Eigenfinanzierung] und Aktienbewertung, Wiesbaden 1978.

Lehmann, Matthias/Schmidt, Reinhard H.: [Bankkosten] und Bankpreise im Massengeschäft, in: Kredit und Kapital, 15. Jg. (1982), S. 341—365.

Lersch, Philipp: [Aufbau] der Person, 6. Aufl., München 1953.

Levy, Haim/Sarnat, Marshall: [Investment] and Portfolio Analysis, New York u.a. 1972.

Lewellen, Wilbur G.: The [Cost] of Capital, Belmont (Cal.) 1969.

Lintner, John: The [Valuation] of Risk Assets and the Selection of Risky Investments in Stock Portfolios and Capital Budgets, in: Review of Economics and Statistics, Vol. 47 (1965), S. 13—37.

Lohmann, Karl: Finanzmathematische [Wertpapieranalyse], Göttingen 1978.

Lutz, Friedrich/Lutz, Vera: The [Theory] of Investment of the Firm, Princeton (N.J.) 1951.

Markowitz, Harry: Portfolio [Selection], in: Journal of Finance, Vol. 7 (1952), S. 77–91.

Markowitz, Harry M.: [Portfolio] Selection, Efficient Diversification of Investments, New York 1959.

Mellwig, Winfried: [Sensitivitätsanalyse] des Steuereinflusses in der Investitionsplanung, in: Zeitschrift für betriebswirtschaftliche Forschung, 32. Jg. (1980), S. 16–39.

Miller, Merton H.: [Debt] and Taxes, in: Journal of Finance, Vol. 32 (1977), S. 261–275.

Miller, Merton H./Modigliani, Franco: Dividend Policy, Growth, and the Valuation of Shares, in: Journal of Business, Vol. 34 (1961), S. 411–433; deutsche Übersetzung: [Dividendenpolitik], Wachstum und die Bewertung von Aktien, in: Die Finanzierung der Unternehmung, hrsg. v. H. Hax und H. Laux, Köln 1975, S. 270–300.

Miller, Merton H./ Modigliani, Franco: Some [Estimates] of the Cost of Capital to the Electric Utility Industry 1954–1957, in: American Economic Review, Vol. 56 (1966), S. 333–391.

Modigliani, Franco/Miller, Merton H.: The [Cost] of Capital, Corporation Finance and the Theory of Investment, in: American Economic Review, Vol. 48 (1958), S. 261–297; deutsche Übersetzung: Kapitalkosten, Finanzierung von Aktiengesellschaften und Investitionstheorie, in: Die Finanzierung der Unternehmung, hrsg. v. H. Hax und H. Laux, Köln 1975, S. 86–119.

Mossin, Jan: [Equilibrium] in a Capital Asset Market, in: Econometrica, Vol. 34 (1966), S. 768–783.

Mossin, Jan: Optimal [Multiperiod] Portfolio Policies, in: Journal of Business, Vol. 41 (1968), S. 215–229.

Moxter, Adolf: Lineares [Programmieren] und betriebswirtschaftliche Kapitaltheorie, in: Zeitschrift für handelswirtschaftliche Forschung, N.F., 15. Jg. (1963), S. 285–309.

Moxter, Adolf: [Präferenzstruktur] und Aktivitätsfunktion des Unternehmens, in: Zeitschrift für betriebswirtschaftliche Forschung, 16. Jg. (1964), S. 6–35.

Moxter, Adolf: Offene [Probleme] der Investitions- und Finanzierungstheorie, in: Zeitschrift für betriebswirtschaftliche Forschung, 17. Jg. (1965), S. 1–10.

Moxter, Adolf: Die [Grundsätze] ordnungsmäßiger Bilanzierung und der Stand der Bilanztheorie, in: Zeitschrift für betriebswirtschaftliche Forschung, 18. Jg., 1966, S. 29–58.

Moxter, Adolf: Optimaler [Verschuldungsumfang] und Modigliani-Miller-Theorem, in: Aktuelle Fragen der Unternehmensfinanzierung und Unternehmensbewertung, hrsg. v. K.-H. Forster und P. Schumacher, Stuttgart 1972, S. 128–155; Wiederabdruck in: Die Finanzierung der Unternehmung, hrsg. v. H. Hax und H. Laux, Köln 1975, S. 133–159.

Moxter, Adolf: Bilanzlehre, 2. Aufl., Wiesbaden 1976.

Moxter, Adolf: Grundsätze ordnungsmäßiger [Unternehmensbewertung], 2. Aufl., Wiesbaden 1983.

Moxter, Adolf: Art. „[Selbstfinanzierung], optimale", in: H.E. Büschgen (Hrsg.), Handwörterbuch der Finanzwirtschaft, Stuttgart 1976, Sp. 1603–1619.

Moxter, Adolf: Art. „[Bilanztheorien]", in: Handwörterbuch der Wirtschaftswissenschaft, hrsg. v. W. Albers u.a., Bd. 1, Stuttgart/Tübingen/Göttingen 1977, S. 670–686.

Moxter, Adolf: Betriebswirtschaftliche [Gewinnermittlung], Tübingen 1982.

Mühlbradt, Frank W./Reiss, Winfried: Das [Verhalten] deutscher Aktienkurse, in: Die Aktiengesellschaft, 25. Jg. (1980), S. 113–125.

Porterfield, James T.S.: Investment [Decisions] and Capital Costs, Englewood Cliffs (N.J.) 1965.

Pratt, John W.: [Risk Aversion] in the Small and in the Large, in: Econometrica, Vol. 32 (1964), S. 122–136.

Preiser, Erich: Der [Kapitalbegriff] und die neuere Theorie, in: Die Unternehmung im Markt, hrsg. v. J. Fettel und H. Linhardt, Stuttgart/Köln 1953, S. 14–38.

Raiffa, Howard: [Einführung] in die Entscheidungstheorie, München/Wien 1973.

Riebel, Paul: [Überlegungen] zur Formulierung eines entscheidungsorientierten Kostenbegriffs, in: H. Müller-Merbach (Hrsg.), Quantitative Ansätze in der Betriebswirtschaftslehre, München 1978, S. 127–146.

Rittershausen, Heinrich: Industrielle [Finanzierungen], Wiesbaden 1964.

Robichek, Alexander A./Myers, Stewart C.: Optimal Financing [Decisions], Englewood Cliffs (N.J.) 1965.

Roll, Richard: A [Critique] of the Asset Pricing Theory's Tests; Part 1: On Past and Potential Testability of the Theory, in: Journal of Financial Economics, Vol. 4 (1977), S. 129–176.

Ross, Stephen A.: The Theory of [Agencies]: The Principal's Problem, in: American Economic Review, Vol. 73 (1963), S. 134–139.

Rothschild, Michael/Stiglitz, Joseph E.: Increasing [Risk] I: A Definition, in: Journal of Economic Theory, Vol. 3 (1970), S. 225–243.

Rubinstein, Mark E.: A Mean-Variance [Synthesis] of Corporate Financial Theory, in: Journal of Finance, Vol. 28 (1973), S. 167–181.

Rudolph, Bernd: Die [Kreditvergabeentscheidung] der Banken, Opladen 1974.

Rudolph, Bernd: Zur Theorie des Kapitalmarktes — Grundlagen, Erweiterungen und Anwendungsbereiche des „Capital Asset Pricing Model" (CAPM), in: Zeitschrift für Betriebswirtschaft, 49. Jg. (1979), S. 1034–1067.

Rudolph, Bernd: Die [Bedeutung] der kapitaltheoretischen Separationstheoreme für die Investitionsplanung, in: Zeitschrift für Betriebswirtschaft, 53 Jg. (1983), S. 261–287.

Saelzle, Rainer: [Investitionsentscheidungen] und Kapitalmarkttheorie, Wiesbaden 1976.

Saelzle, Rainer: [Kapitalmarktreaktionen] bei Investitionsentscheidungen, in: Die Unternehmung, 30. Jg. (1976), S. 319–331.

Schall, Lawrence D.: Asset [Valuation], Firm Investment, and Firm Diversification, in: Journal of Business, Vol. 45 (1972), S. 11–28.

Schanz, Günther: [Einführung] in die Methodologie der Betriebswirtschaftslehre, Köln 1975.

Schauenberg, Bernd: Zur [Logik] kollektiver Entscheidungen, Wiesbaden 1978.

Schelling, Thomas C.: The [Strategy] of Conflict, paperback ed., London 1963.

Schmalenbach, Eugen: Finanzierungen, 6. Aufl., Leipzig 1937 (1. Aufl. 1915).

Schmalenbach, Eugen: [Kapital], Kredit und Zins in betriebswirtschaftlicher Beleuchtung, 4. Aufl., bearbeitet von Richard Bauer, Köln/Opladen 1961.

Schmalenbach, Eugen: [Dynamische] Bilanz, 13. Aufl., bearbeitet von Richard Bauer, Köln/Opladen 1962.

Schmidt, Ralph-Bodo: [Wirtschaftslehre] der Unternehmung. Grundlagen, Stuttgart 1969.

Schmidt, Reinhard H.: Aktienkursprognose, Wiesbaden 1976.

Schmidt, Reinhard H.: Ein neo-institutionalistischer [Ansatz] der Finanzierungstheorie, in: Unternehmungsführung aus finanz- und bankwirtschaftlicher Sicht, hrsg. v. E. Rühli und J.P. Thommen, Stuttgart 1981, S. 135–154.

Schmidt, Reinhard H.: [Grundformen] der Finanzierung. Eine Anwendung des neo-institutionalistischen Ansatzes, in: Kredit und Kapital, 14. Jg. (1981), S. 186–221.

Schmidt, Reinhard H.: [Methodology] and Finance, in: Theory and Decision, Vol. 14 (1982), S. 391–413.

Schmidt, Reinhard H.: Zur [Lösbarkeit] von Vorentscheidungsproblemen, in: OR-Proceedings 1982, hrsg. v. W. Bühler u.a., Berlin, Heidelberg, New York 1983, S. 417–425.

Schmidt, Reinhard H.: [Lehren], Rationalität und Leitbilder, in: Zeitschrift für betriebswirtschaftliche Forschung, 35. Jg. (1983), S. 503–525.

Schmidt, Reinhard H.: Zur [Entwicklung] der Finanztheorie, in: W.F. Fischer-Winkelmann (Hrsg.), Paradigmawechsel in der Betriebswirtschaftslehre?, Spardorf 1983, S. 465–500.

Schneeweiß, Hans: [Entscheidungskriterien] bei Risiko, Berlin/Heidelberg/New York 1967.

Schneider, Dieter: [Bilanzgewinn] und ökonomische Theorie, in: Zeitschrift für handelswissenschaftliche Forschung, N.F., 15. Jg. (1963), S. 457–474.

Schneider, Dieter: Steuerbilanzen, Wiesbaden 1978.

Schneider, Dieter: [Investition] und Finanzierung, 5. Aufl., Wiesbaden 1980 (1. Aufl., Opladen 1970).

Schneider, Dieter: [Geschichte] betriebswirtschaftlicher Theorie, München/Wien 1981.

Schneider, Erich: Wirtschaftlichkeitsrechnung, 7. Aufl., Tübingen/Zürich 1968 (1. Aufl. 1951).

Seelbach, Horst: [Planungsmodelle] in der Investitionsrechnung, Würzburg/Wien 1967.

Sharpe, William F.: Capital Asset [Prices]: A Theory of Market Equilibrium under Conditions of Risk, in: Journal of Finance, Vol. 19 (1964), S. 425–442.

Sharpe, William F.: [Portfolio] Theory and Capital Markets, New York 1970.

Sharpe, William F.: Investments, 2nd ed., Englewood Cliffs (N.J.) 1981.

Solomon, Ezra: [Measuring] a Company's Cost of Capital, in: Journal of Business, Vol. 38 (1955), S. 240–252; deutsche Übersetzung: Die Messung der Kapitalkosten einer Aktiengesellschaft, in: Die Finanzierung der Unternehmung, hrsg. v. H. Hax und H. Laux, Köln 1975, S. 36–53.

Solomon, Ezra: The [Arithmetic] of Capital Budgeting Decisions, in: Journal of Business, Vol. 29 (1956), S. 124–129.

Solomon, Ezra: The [Theory] of Financial Management, New York/London 1963.

Stapelton, Richard C./Subrahmanyam, Marti G.: Multiperiod [Equilibrium]: Some Implications for Capital Budgeting, in: Portfolio Theory, 25 Years After, hrsg. v. E. J. Elton und M. J. Gruber, Amsterdam 1979, S. 233–248.

Stiglitz, Joseph E.: A [Re-Examination] of the Modigliani-Miller Theorem, in: American Economic Review, Vol. 59 (1969), S. 784–793.

Stiglitz, Joseph E.: On the [Irrelevance] of Corporate Financial Policy, in: American Economic Review, Vol. 64 (1974), S. 851–866.

Streißler, Erich/Watrin, Christian (Hrsg.): Zur [Theorie] marktwirtschaftlicher Ordnungen, Tübingen 1980.

Stützel, Wolfgang: [Bankpolitik] heute und morgen, Frankfurt am Main 1964.

Stützel, Wolfgang: Entscheidungstheoretische [Elementarkategorien] als Grundlage einer Begegnung von Wirtschaftswissenschaft und Rechtswissenschaft, in: Zeitschrift für Betriebswirtschaft, 36. Jg. (1966), S. 769–789.

Stützel, Wolfgang: Die [Relativität] der Risikobeurteilung von Vermögensgegenständen, in: H. Hax (Hrsg.), Entscheidung bei unsicheren Erwartungen, Köln/Opladen 1970, S. 9–26.

Süchting, Joachim: Finanzmanagement, 4. Aufl., Wiesbaden 1984.

Swoboda, Peter: Die [Ermittlung] optimaler Investitionsentscheidungen durch Methoden des Operations Research, in: Zeitschrift für Betriebswirtschaft, 31. Jg. (1961), S. 96–103.

Swoboda, Peter: [Investition] und Finanzierung, 2. Aufl., Göttingen 1977.

Swoboda, Peter: Betriebliche [Finanzierung], Würzburg/Wien 1981.

Swoboda, Peter: Art. „[Investitionsrechnung], dynamische (simultane)" in: Handwörterbuch des Rechnungswesens, 2. Aufl., hrsg. v. E. Kosiol, K. Chmielewicz und M. Schweitzer, Stuttgart 1981, Sp. 803–818.

Teichmann, Heinz: Die [Investitionsentscheidung] bei Unsicherheit, Berlin 1970.

Tobin, James: Liquidity [Preference] as Behavior Towards Risk, in: Review of Economic Studies, Vol. 25 (1957/58), S. 65–86.

Uhlenbruck, Wilhelm: Insolvenzrecht, Baden-Baden 1983 (unveränderter Nachdruck).

Van Horne, James C.: Financial [Management] and Policy, 6th ed., Englewood Cliffs (N.J.) 1983.

Vormbaum, Herbert: Die [Finanzierung] der Betriebe, 6. Aufl., Wiesbaden 1981.

Wagner, Franz W./Dirrigl, Hans: Die [Steuerplanung] der Unternehmung, Stuttgart 1980.

Wald, Abraham: Statistical Decision [Functions], New York u.a. 1950.

Weber, Helmut K.: Betriebswirtschaftliches [Rechnungswesen], 2. Aufl., München 1978.

Weber, Max: [Wirtschaft] und Gesellschaft, 5. Aufl., Tübingen 1972.

Weingartner, H. Martin: Mathematical [Programming] and the Analysis of Capital Budgeting Problems, Englewood Cliffs (N.J.) 1963.

Weingartner, H. Martin: Capital Rationing: n [Authors] in Search of a Plot, in: Journal of Finance, Vol. 32 (1977), S. 1403–1431.

Wiethölter, Rudolf: [Interessen] und Organisation der Aktiengesellschaft im amerikanischen und deutschen Recht, Karlsruhe 1961.

Williams, John B.: The Theory of Investment Value, Cambridge (Mass.) 1938, reprint New York 1970.

Wöhe, Günter: [Einführung] in die Allgemeine Betriebswirtschaftslehre, 15. Aufl., München 1984.

Stichwortverzeichnis

Portefeuillerendite, 147, 248 f.
Portefeuillerisiko, 147
Portefeuillestruktur, 159, 163, 248
Portfolio Selection, 143 ff., 247 f.
Position, 19, 175
prekäre Partnerschaft, 177, 189
Prestige, 29
Programmentscheidungen, 81
Programmplanung, 101 ff.
Reinvestitionsannahmen, 68, 73, 76 f., 86
Rendite, 76, 146
Risiko, 171
–, systematisches, 165, 255 f., 274
Risikoanalyse, 134, 136
Risiko-Ertrags-Kombinationen, 125 f., 248
Risikoklasse, 228, 237, 244
risikolose Geldanlage, 159, 164, 248
Risikomaß, 126, 133, 161, 221, 250, 254, 256
Risikoscheu, 129 f., 133 f., 145, 159
Risikoreduktion, 144 ff.

Schuldscheindarlehen, 181
Selbstfinanzierung, 209
Seperationstheorem, 103, 160, 206, 234
Sicherheit, 30
Sicherheitsäquivalent, 131, 246, 257
Simulation, 134
Simultanplanung, 103, 105 ff., 270
Skepsis, 177, 190
soziale Verantwortung, 29
Standardabweichung, 126, 148
Stromgrößen, 17 f.

traditionelle These, 223 f.

Umsatz, 31
Umweltzustände, 122, 146
Unabhängigkeit, 30
Unternehmenserhaltung, 31
Unternehmensgesamtplanung, 14

Varianz, 126, 147
Vereinfachung, 57, 114, 124
Vermögen, 10, 17, 18, 35
Vermögensmaximierung, 38
Verschuldungsgrad, 218
Verteilungsrisiko, 177, 222
Verzinsung, kontinuierliche, 94 f.

Wachstum, 32, 199 f.
Wahrscheinlichkeiten, 123, 146
Wahrscheinlichkeitsverteilung, 124, 136
Wandelanleihe, 183
Wertpapiere, 143
Wohlstandsmaximierung, 38

Zahlungsreihen, 17 f., 58 f.
Zeitpräferenz, 12, 138
Zeitpräferenzrate, marginale 103
Ziele, 23 ff.
–, nichtfinanzielle, 29
–, Ziele der Unternehmung, 26
Zielkonflikte, 28, 42
Zinssatz, kritischer, 76
–, risikoangepaßter, 246, 257
Zufallsvariable, 145